Ricarda Octavia Huch

Blütezeit der Romantik

Ricarda Octavia Huch

Blütezeit der Romantik

ISBN/EAN: 9783743353985

Hergestellt in Europa, USA, Kanada, Australien, Japan

Cover: Foto ©ninafisch / pixelio.de

Ricarda Octavia Huch

Blütezeit der Romantik

Blüthezeit der Romantik.

Von

Ricarda Huch.

Leipzig 1899.

Verlag von H. Haessel.

Vorrede.

Es sind jetzt gerade hundert Jahre her, daß eine Geistesrichtung sich in Deutschland zu entwickeln begann, zu der die in der zweiten Hälfte unseres Jahrhunderts herrschende einen Gegensatz bildet, die aber seit etwa zwei Jahrzehnten einer Wiedergeburt entgegenzugehen scheint. Deshalb dürfte in unserer Zeit, wo man nach einer vorangegangenen gänzlichen Abwehr der romantischen Ideen sie um sich herum von Neuem aufleben sieht, ein größeres Verständniß dafür möglich sein, als eine frühere Generation haben konnte. In dieser Meinung habe ich das vorliegende Buch geschrieben, das sich den über denselben Gegenstand bereits bestehenden Werken nicht an die Seite stellen, geschweige denn sie verdrängen soll. Denn ich beabsichtige nur den Sinn der Romantik darzustellen, das Denken der Romantiker, wie es aus ihrem Wesen hervorging, und habe deshalb versucht, ein Bild der Menschen, die in Betracht kommen, zu geben, und dann ihrer Ideen.

Meine Quellen waren einzig die Werke der Romantiker, ihre Briefe und sonstiges Biographische mit eingeschlossen.

Während der vorliegende Band das Entstehen und Er=
blühen der Romantik zum Gegenstande hat, will ich in einem
folgenden versuchen, ihr Reifen und Abwelken darzustellen.
Er soll die sogenannte jüngere romantische Schule umfassen
oder besser gesagt, alle diejenigen Erscheinungen, die die an=
geregten romantischen Ideen weitergeführt oder irgendwie
innerhalb derselben gelebt und gewirkt haben; wobei es
mein Bestreben sein wird, nichts Wesentliches zu übersehen.

Ich hoffe, diesen Band nach Verlauf eines Jahres
vollendet zu haben.

Inhalt.

Die Gebrüder Schlegel.

Eine Schaar junger Männer und Frauen stürmt erobernd über die breite träge Masse Deutschlands. Sie
kommen wie vor Jahrhunderten die blonden germanischen
Stämme der Wanderung: abenteuerlich, siegesgewiß, heilig
erfüllt von ihrer Sitte und ihrem Leben, mit übermüthiger
Verachtung die alte morsche Kultur über den Haufen werfend.
Von der scheuen Ehrfurcht vor überlegener Gewalt, die die
feine Ausbildung des Römischen Reiches trotz alledem den
barbarischen Eroberern einflößte, empfanden freilich die
Romantiker nichts. Sie standen den eigenen Vorfahren
gegenüber, deren Schwächen sie durch und durch kannten,
und deren Vorzüge ihnen wenig imponirten; ihre Bewunderung griff in entlegene Vorzeit zurück, wo sie die
Eigenart ihres Stammes rein ausgeprägt zu finden glaubten.

Das sonnige Glänzen junger wandernder Sieger liegt
blendend über dem kleinen furchtlosen Trupp. Aber am
meisten gleichen sie gerade jenen Stämmen der Völker-
wanderung, den blühendsten, genialsten, die in der Fremde,
wo sie heimisch zu werden gedachten, früh untergingen, die
Frucht ihrer Kämpfe Späterkommenden überlassend. Sie
verbrauchten ihre Kräfte in der muthwilligen Verschwendung
des ersten Sturmes, kindisch und sorglos schwelgten sie in
leichten Siegen über schwächliche Gegner, die sie verachteten,
verspritzten ihr schäumendes Blut ohne Noth, aus Lust des
Kampfens und Ringens, hielten ihren Besitz nicht zu Rathe

Huch, Romantiker. 1

und dauerten nicht aus. Ueber der freudigen Pracht ihrer
Triumphe liegt schwer schattend der frühe, nicht ruhmlose,
aber zunächst erfolglose Ausgang und macht sie zu tragischen
Erscheinungen.

Derjenige, der als Führer des streitbaren Häufchens
angesehen wird, Wilhelm Schlegel, war kein Feldherrngenie,
kein Herrscher von Gottes Gnaden, vor dem sich Alles
niederwirft, unwillkürlich einer elementaren Macht huldigend.
Er war ein Mensch von hellem und weitem, aber fast ausschließlich äußerem Bewußtsein, von Umsicht und Klarheit;
es war kein Lodern allgewaltiger Leidenschaft um ihn her,
aber ein vielfarbiges, reizendes Raketensprühen beweglichen
Geistes blitzte aus seinen Augen. Leicht, elegant, freundlich,
ritterlich, als immer bereite Waffe in der Hand den anmuthig geformten Dolch haarscharfen Witzes, so müssen wir
uns sein Bild ausmalen, wie er in guter Stunde war.
„Das, was ich am Meisten an Dir liebe", schrieb ihm sein
zärtlicher Bruder, „ist am Sichtbarsten, wenn Du glücklich
bist." Jung hätte er sterben sollen, in der Fülle des Gelingens; das war die Tragik des eisernen, folgerichtigen
Schicksals für ihn, daß er so lange lebte und das Alter
erfuhr, das er sein Leben lang mit ahnender Angst gefürchtet hatte. Dies sich Anklammern an die Jugend war
nicht etwa Mangel an Fähigkeit oder gutem Willen, die
Dinge ernst zu nehmen. Aus dem tändelnden Jüngling
wurde sogar, wenn er arbeitete, ein gelehrter Pedant, als
welcher er ja auch in der Erinnerung der späteren Geschlechter fortlebte, die für die „übermüthigen Götterbuben",
wie Wieland die Brüder Schlegel nannte, kein Verständniß
mehr hatten. Jetzt immer noch kennt man ihn hauptsächlich
als den gründlichen Forscher, den unermüdlichen Uebersetzer,
der von sich selbst sagte: „Im Stehn, im Gehn, im Wachen

und im Bette, auf Reisen selbst, wie unter'm Schutz der
Laren, stets dichtend." Diese eigenthümliche Mischung von
Anmuth, Oberflächlichkeit und Pedanterie beruht auf dem
Mangel an Gewicht. Es fehlte ihm an Masse, an dem
unbewußten Kern, der die Grundlage des Menschen bildet.
Alles läßt sich daraus erklären: in seinen Beziehungen zu
den Frauen die Unfähigkeit, große, stätige Leidenschaften zu
erregen und zu empfinden. Er suchte und fand viel
Neigung der Frauen, liebenswürdig, wie er war, mit dem
feuchten Schimmer, der seine glänzenden braunen Augen so
anziehend machen konnte; aber nur gaukelndes Schmetter=
lingsglück, alle Lieblichkeit eines spielenden Jünglingslebens
war ihm beschieden, niemals das satte, stolze Genügen einer
kraftvollen Natur. Von der einzigen Frau, für die er ein
echtes, ernstes Gefühl hatte, soweit er das haben konnte,
von Karoline muß man wohl sagen, daß sie ihn niemals
wahrhaft geliebt hat. In seinem fünfundzwanzigsten Lebens=
jahre schrieb ihm sein jüngerer Bruder warnend: „Ich wünschte
nicht, daß Du die Zeit Deiner Jugend und das Jugendliche
in Deiner Liebe als Dein ganzes Leben ansähest . . .
Warum wolltest Du das Ende der jugendlichen Liebe als
das Ende Deiner Herrlichkeit des Lebens überall betrachten?
Sie sollte eigentlich nur den Enthusiasmus in Deiner Seele
stark und vollkommen gemacht haben, dessen Gegenstand als=
dann im männlichen Alter der Wille und die Gedanken
Deines eigenen besseren Selbst sein könnte." — „Das
kannst Du, wenn Du willst", fuhr Friedrich fort; aber
der unglückliche Narcissus, der sein besseres Selbst über
dem zitternden Spiegelbild der unstäten Wellen, in das er
verliebt war, vergaß, hätte das nicht einmal wollen können.
Wenn er nicht der junge, blonde, muthwillige Schwärmer
sein konnte, wollte er nicht leben. Er war ganz ohne

1 *

Größe und darum ohne Fähigkeit, das Große ganz zu erkennen, zu lieben, zu wollen. Das ist der Kern all der
zarten und liebevollen Ermahnungen, die Friedrich an ihn
richtete: wenn er ihn vor Zerstreuung warnt, die der Tod
aller Größe sei. — Größe sei nur mit Concentration aller
Kräfte verbunden möglich; wenn er ihn bittet, er möchte
sich die Begeisterung nicht schwinden lassen, wenn er fürchtet,
es möchte eine gewisse unzufriedene Kälte bei ihm herrschend
werden. Wilhelm's „uralter Haß gegen die Vernunft"
bildete einen beständigen Streitpunkt zwischen den Brüdern,
„seine Idiosynkrasie gegen die Vernunft, das Denken", die
es ihm unmöglich machte, wie Friedrich sagte, das Große,
z. B. in Schiller's Person zu verstehen. Unter Vernunft
begriff nämlich Friedrich das Vermögen der Ideale; er
nannte sie einen Grundtrieb, den nach dem Ewigen. Wenn
nun auch Wilhelm dichtete:

> „Ich wollte dieses Leben
> Durch ein unendlich Streben
> Zur Ewigkeit erhöh'n",

so besagt das nichts Andres, als daß er geschmackvoll und
klug genug war, um zu wissen, was man thun und sein
müsse. Grundtriebe aber besaß er gar nicht, das war
eben das Ein und Alles, was ihm fehlte. Auch die pein=
liche, stets verletzte Eitelkeit, zu der er verdammt war, hatte
in diesem Mangel ihren Grund. Es ist eigenthümlich, wie
alle eiteln Menschen den Eindruck einer großen inneren Leere
erwecken. In dem dunkeln Gefühl, keinen nährenden Kern
im Innern zu haben, hungert es sie beständig nach andern
Menschen, an denen sie zehren können. Sie gehören nicht zu
den guten Menschen, von denen Salomon in den Sprüchen sagt,
daß sie von sich selber gesättigt werden. Eitelkeit ersetzt das
Selbstbewußtsein; sie ist wie ein Corsett oder Geradehalter,

der Einem das Ansehen eines aufrechten, starken Menschen
geben soll, eine Art Auto=Suggestion: wenn der Schwache
sich nicht überschätzte, würde er aus Mangel an Selbst=
vertrauen zusammenbrechen. Diejenige Selbstliebe, die
Friedrich meinte, wenn er schrieb: „Wer sich selbst liebt,
der ist auf dem Wege, etwas Großes zu werden", die fehlte
Wilhelm. Er war wie ein Schiff ohne Ballast, nur auf
einem kleinen ruhigen Gewässer zu spielen gemacht.

In den Augenblicken, wo er das Herz hatte, ganz ehr=
lich zu sein, gestand er sich, daß ihm in der Kunst der
schönste Kranz versagt bleiben müsse. Dann brandmarkte
er, wie Friedrich sagt, seine Kraft, in die innerste Eigen=
thümlichkeit eines großen Geistes einzugehen, unmuthig mit
dem Namen „Uebersetzertalent". Was für eine reizbare
Empfänglichkeit für das Schöne, welches Verständniß für
fremdes Genie, was für ein erstaunliches Sprachgefühl und
Gedächtniß mit angestrengtem Fleiße zusammenkommen
mußten, damit die unsterbliche Shakespeare=Uebersetzung ent=
stehen konnte, das kann nie genug hervorgehoben werden.
Und dennoch — liest man darin, so empfindet, so denkt
man an Shakespeare, nicht an Wilhelm Schlegel. Des
Dichters Persönlichkeit kann man nur in seinen eigenen
Werken suchen. Schlegel's Gedichte belehren uns in feinster
Weise darüber, wie aller gute Geschmack und alles Wissen
von dem, was schön und nicht schön ist, die geheimnißvoll
wirkende Kraft, die blind das Gute hervorbringt, nicht zu
ersetzen vermögen. Wie klar sah er, worauf es ankommt.
„Unser Dasein", sagt er gelegentlich, „ruhet auf dem Un=
begreiflichen, und die Poesie, die aus diesen Tiefen hervor=
geht, kann dieses nicht rein auflösen wollen. Dasjenige
Volk, wofür es sich der Mühe verlohnt, zu dichten, hat
hierüber, wie über Vieles, die natürliche Gesinnung bei=

behalten; Alles verstehen d. h. mit dem Verstande begreifen wollen, ist gewiß ein sehr unpopuläres Begehren. Beispiele werden dies einleuchtend machen. Die Bibel, wie sie gegen= wärtig in den Händen des Volkes ist, wird nur sehr un= vollkommen verstanden, ja vielfältigst mißverstanden, und dennoch ist sie ein äußerst populäres Buch. Von unsern neueren Exegeten zum allgemeinen Verständnisse zugerichtet, würde sie unfehlbar ihre Popularität großentheils ein= büßen. Die alten, besonders katholischen Kirchenlieder, voll der kühnsten Allegorie und Mystik, waren und sind höchst populär; die neuen bild= und schwunglosen, vernünftig ge= meinten und wasserklaren, die man an ihre Stelle gesetzt hat, sind es ganz und gar nicht. Und warum sind sie es nicht? Weil in ihrer ekeln Einförmigkeit nichts die Auf= merksamkeit weckt, nichts das Gemüth plötzlich trifft und es in die Mitte desjenigen versetzt, was ihm durch förmliche Belehrung nicht zugänglich werden würde. Mit einem Worte, wer für das Volk etwas schreiben will, das über dessen irdische Bedürfnisse hinausgehen soll, darf in der weißen Magie oder in der Kunst der Offenbarung durch Wort und Zeichen nicht unerfahren sein."

Aber er selbst war kein Magier. Es war nichts, gar nichts Dämonisches in ihm. In seinen Liebesgedichten fehlt der süße Schmelz starker Sinnlichkeit, und nur sein un= bestechlicher Geschmack bewahrte ihn davor, anstatt dessen witziger Lüsternheit Raum zu geben, die dagegen in seinen satyrischen Scherzgedichten gern hervortritt. Seine Schwester Charlotte traf ganz das Richtige, wenn sie ihn mit Wieland verglich, indem sie sagte, die beste und wirksamste Kritik eines Autors sei ihrer Meinung nach, in eben dem Fache ein besserer Schriftsteller zu sein, und sie traue Wilhelm zu, auf diese Art gegen Wieland zu Felde ziehen zu können.

Fast niemals fehlt ihm Grazie, die freilich zu elegant ist, um die Grazie eines Naturkindes zu sein. Nicht die Anmuth, die aus Kraft hervorgeht, beseelt seine Gedichte; aber es ist doch etwas Schwebendes in ihnen, wie wenn die Naturtriebe mit der Schwere ihres Müssens nicht auf ihn wirkten. Zarte, im Kopf entstandene Empfindungen hauchen leicht vorüber; man kann wohl unmuthig werden über die seifenblasenartige Glätte und Leere dieser angeblichen Leidenschaften; dafür senken sich die Verse auch niemals mit schwüler Schwermuth belastend auf's Gemüth, des Dichters Geistesunfreiheit verrathend. Man möchte ihm einen Erguß heißen irdischen Blutes in die Adern mehr wünschen, er ist wie eine lose, flatternde Blume, in deren zierlichen Stengel die Säfte der Erde nicht hinaufströmen können.

Nur einmal ist er, wie auch Goethe urtheilte, über sich selbst hinausgegangen: in der Zueignung des Trauerspiels „Romeo und Julia", an Karoline gerichtet, die damals endlich seine Frau geworden war. Mag ihm hier auch seine innige Vertrautheit mit der Dichtung zu Gute gekommen sein, so ist es doch das nicht allein; indem er sein die poetische Weisheit Shakespeare's rechtfertigt, die Romeo und Julia gerade deshalb auf der Höhe des Glückes und der Liebe sterben läßt, damit nicht sie — ein weit herzzerreißender Untergang — ihre Liebe überleben, mochte er die Gefahr mit dunkler Wehmuth ahnen, die in seinem eigenen Wesen und Geschick lag. Kein feindlicher Anblick schreckt Liebe, im Kampfe schwillt ihr Muth, sie schaudert nicht, bei Todten sich zu betten —

> „Ach, schlimmer drohn ihr lächelnde Gefahren,
> Wenn sie des Zufalls Tücken überwand.
> Vergänglichkeit muß jede Blüth' erfahren:
> Hat aller Blüthen Blüthe mehr Bestand?

> Die wie durch Zauber fest geschlungen waren,
> Löst Glück und Ruh und Zeit mit leiser Hand,
> Ach, jedem fremden Widerstand entronnen
> Erträuft sich Lieb' im Becher eigner Wonnen."

Es liegt eine wahre und keusche Trauer in den Versen. Das gedämpfte Herzklopfen einer furchsamen Wehmuth über die eigene Gebrechlichkeit und Vergänglichkeit, das ist, was er am Wahrsten und Tiefsten in sich durchlebte, und überall, wo das anklingt, berührt uns, wenn auch nur ganz leise, der geheimnißvolle Zauber, der aus den Elementen der Natur und des Menschen dringen kann:

> „Nicht bloß die Blume welkt, das Duftgewebe
> Der Frühe reißt, entflieht des Lenzes Prangen,
> Nicht bloß erbleichen junge Rosenwangen,
> Dem Geist auch droht's, daß er sich überlebe.
> Wie kühn er erst auf freien Flügeln schwebe,
> Dumpf g'nügsam bleibt er bald am Boden hangen.
> O wißt Ihr für sein grenzenlos Verlangen,
> Weis' oder Dichter, keinen Trank der Hebe?"

Die Mängel in Wilhelm's Natur schlossen freilich auch große Vorzüge ein. Frisch und kräftig befaßte er sich nicht mit Psychologie, schrieb einmal Karoline, was hier als ent= schiedenes Lob gemeint ist; er zerfaserte nicht das Innere, wie es damals die Darstellungsweise der modernen Schrift= steller wurde, denen es dabei nur selten gelang, eine ganze Erscheinung lebendig vor die Augen zu stellen. „Du bist gewaltig bei Frommann's gelobt worden", schrieb sie ihm ein ander Mal, „Du könntest, was Du wolltest und thätest, was Du könntest und wärest ein Kleinod von Rechtlichkeit." Ja, das Kränkliche, Unbestimmte, in's Grenzenlose Aus= schweifende der meisten übrigen Romantiker lag nicht in seinem Wesen. Alles, was er schrieb, wenn es auch tiefer und bedeutender hätte sein können, war doch ein Ganzes,

abgerundet, hatte Form. Er verfügte über das, was man
Mache oder Virtuosität nennt. Eine gewisse Behendigkeit
des Handelns und Ausführens machte ihn im praktischen
Leben den Gefährten überlegen, die sich zum Theil mit der
Unermeßlichkeit ihrer Pläne begnügten. So wurde er der
Direktor, Wortführer, Herausgeber, Anordner, Antreiber;
so ist er noch jetzt als das Haupt der romantischen Schule
bekannt. Als Vorkämpfer des Guten, Neuen und Bekämpfer
des Schlechten in der Literatur, hat er jedenfalls unter allen
das Meiste geleistet, der unermüdliche Rufer im Streit.

Die Reinheit und Schärfe seines Verstandes, seine unfehlbare Empfindung für das Schöne, wie für das Häßliche
und Lächerliche, sein Muth, seine schneidige Kampflust
machen viele seiner kritischen Schriften zu kleinen Kunst-
werken. Er selber sagte in späteren Jahren, zwischen Ernst
und Ironie, von seinen Leistungen auf diesem Gebiete:
„Der Kritiker, aus dessen Schriften man hier eine Auswahl
gesammelt findet, stand in seinen jüngeren Jahren in üblem
Rufe. Man schilderte ihn wie einen Wütherich, einen
Herodes, der an einer Menge unschuldiger Bücher nichts
Geringeres als einen bethlehemitischen Kindermord verübt
habe. Man hat, wie mich dünkt, dem Manne Unrecht gethan. Er hat sein lästiges Amt mit Mäßigung und
Schonung verwaltet." Und wirklich wird man in seinen
schärfsten Angriffen fast nie die Höflichkeit des Weltmanns
vermissen, der sich selbst zu hoch schätzt, um grob oder
plump zu werden. Sein Witz ist zu anmuthig, um nicht
die Beleidigung durch die spielende Form zu mildern. Und
die unerbittliche Schärfe dem Schlechten gegenüber ist besonders nachdrücklich, wenn das Schlechte überschätzt wird
und unverdiente Lorbeeren erntet: er suchte sich gern mächtige
Gegner, er machte es sich nicht leicht. Was aber seine An-

griffsluft um so schätzenswerther macht, ist sein ritterliches
Einstehen für das Schöne, das ihm nie entging. Er hatte
genug Muth und Zutrauen zum eignen Urtheil, um verborgene, namenlose Talente zu entdecken, verunglimpfte zu
vertheidigen; war er doch der Erste, der den jungen Tieck
ermunterte und anpries, der Einzige, der sich des unglücklichen Bürger gegen Schiller's allzuharte, verständnißlose
Kritik annahm. So erfreulich aber auch diese ernste
Würdigung eines großen Todten ist, am Gelungensten sind
doch seine übermüthigen Streifzüge in's feindliche Philister-
lager. Hier vor Allem findet sich die Urbanität und Festivi-
tät des Styles, um die Friedrich seinen Bruder so sehr
beneidete, während er „sententiae vibrantes fulminis instar"
vermißte.

Eigenthümlich ist es, daß, wenn man noch eben diese
Vorzüge Wilhelm's aufrichtig bewunderte, einem doch wieder
ein Ausspruch von seiner Schwester Charlotte Ernst in den
Sinn kommen kann, die einmal an Novalis über ihre Brüder
schrieb: „Wenn sie sich recht strenge selbst prüfen wollten,
so würden sie finden, daß nicht allein die reine Liebe zum
Guten und Wahren ihre Triebfeder ist, sondern daß etwas
Muthwille zu Grunde liegt und eine Eitelkeit, ihre brillant
witzigen Einfälle nicht unterdrücken zu können." Diese Eitelkeit ist vielleicht zu allgemein menschlich, um nicht vollkommen
entschuldbar zu sein, und doch ist es so: man weiß, es war
ihnen ernst; sie sagten ihre Ueberzeugung, auch wenn es
gegen ihren Vortheil war, und trotzdem empfinden wir nicht
die Bewunderung und Sympathie, die wir für ein muth-
volles und uneigennütziges Betragen haben. Vielleicht hängt
es mit dem Gefühl zusammen, als hätten sie nicht so handeln müssen, als sei Absicht dabei gewesen; und man schätzt
nun einmal den blinden Trieb zum Guten höher als die

löblichste Absicht. Charlotte's Tadel bezieht sich auf beide
Brüder; Wilhelm allein eigen — sogar im Gegensatze zu
Friedrich — ist eine Eigenschaft, die noch ärgerlicher berührt,
als Muthwille oder Eitelkeit; die Correktheit, die über sein
ganzes Wesen und alle seine Handlungen ausgegossen war.
Schon seine äußere Erscheinung war peinlich correkt, „allerliebst geputzt und gesalbt", wie Karoline neckend sagte; aber
auch das jedenfalls nicht zuviel. Ebenso wenig war jemals
etwas an seinem Betragen auszusetzen. Ob Karoline ihm
einen Korb gab oder seine Hülfe beanspruchte oder sich von
ihm scheiden lassen wollte — er war immer gleich höflich,
ohne sich wegzuwerfen, gefaßt und entgegenkommend, ohne
frivol zu sein; that, was in seiner Macht stand, um sie zu
schonen, ohne zu zögern noch auch zu überstürzen, sowohl
ohne Schwäche wie ohne Gewaltsamkeit. Einzig in einer
gewissen Schärfe des Wesens verrieth sich zuweilen seine
Unzufriedenheit. Ebenso im brüderlichen Verhältniß: Fried=
rich bat ihn nie umsonst um Geld, er war immer hülfsbereit,
und zwar ohne seine Gabe durch mehr Vorwürfe und Er=
mahnungen als nöthig waren zu vergällen; obwohl er viel
zu verständig war, um verschwenderisch oder auch nur be=
sonders freigebig zu sein, hätte man ihn doch nicht berechnend
nennen können. Mustergültig war auch sein Benehmen gegen
literarische Feinde und Angreifer: er bediente sich nur ehr=
licher Mittel im Kampf, nie war er falsch oder hinterlistig,
die Geringeren beachtete er kaum, sondern stürmte neuen
Feinden entgegen. Andrerseits athmete auch die erwähnte
Ehrenrettung Bürger's vollendete Tadellosigkeit aus. Kurz
man muß immer loben, wie er handelte; und doch ist viel=
leicht diese einwandfreie Correktheit gerade das, was ihn der
wärmeren Zuneigung am meisten entrückt.

Wie ganz anders Friedrich, an dem seinem Freunde

Schleiermacher die „Leichtigkeit, mit der er sich bisweilen einem unrechtlichen Verfahren in seinen Angelegenheiten nähert", auffiel. „Schlegel ist aber eine hohe, sittliche Natur", setzte Schleiermacher voll Anerkennung hinzu, und es scheint fast, als ob dem ernsten, unbestechlich rechtlichen Geistlichen diese Mischung von hoher Sittlichkeit und moralischer Nachlässigkeit sehr gefallen habe. Wieviel mehr Liebe und Freundschaft erfuhr der stets incorrekte Friedrich als sein Bruder! Wenn Wilhelm der Leichte war — zierlich und beweglich, aber ohne Größe — so war Schwere Friedrich's Wesen. Er sei, sagte seine Gattin Dorothea von ihm, was die Orgel unter den Instrumenten, die Orangenblüthe unter den Blumen, die Pfirsich unter den Früchten; höchst charakteristische Vergleiche für diesen Menschen von imponirender, aber nur schwer beweglicher Masse, der erfüllt war von Gedanken und Gefühlen, von sinnlich-geistigen Schätzen, die aber, allzu tief in den Grund seines Wesens eingewühlt, nur selten, nach den mächtigsten Erschütterungen, gegen die Oberfläche stiegen. Während man Wilhelm beklagen muß, daß er nicht mehr war, möchte man Friedrich vorwerfen, daß er nicht mehr wurde. Denn die Bestimmung zur Größe war in ihm und hatte keinen andern Feind, als seine weibischträge Sinnlichkeit. Bewege, tummle dich, schaffe, handle, möchte man ihm immer zurufen, der nicht viel Andres that als lesen, lesen und lesen. Er las so viel, wie Wilhelm schrieb. Unablässig vermehrte er seine Kenntnisse, häufte Ideen auf Ideen, die seinen schwerfälligen Geist belasteten. Es sei keine Gefahr, sagte einmal Dorothea, daß er jemals an Gehalt zu Geisteswerken verarme, allein die Gefahr sei, daß er an seiner Ideenmasse ersticke. In seiner Constitution lag eine Neigung zum körperlichen und geistigen Fettwerden. Sein großer, runder, priesterlicher Kopf mit den etwas schweren, sinnenden Augen und dem vollen weichlichen Kinn, das sich zu einem doppelten ausbildete, zeigt einen bedeutenden, aber bequemen und sinnlichen Menschen. „Die Männlichkeit seiner Gestalt offenbarte sich nicht in der hervorgedrängten Kraft der Muskeln. Vielmehr waren die Umrisse sanft, die Glieder voll und rund, doch war nirgends ein Ueberfluß. In hellem Licht bildete die Oberfläche überall breite Massen"; so beschreibt er selbst mit Wohlgefallen seinen behaglichen Körper. Weniges klingt so aus seinem Herzen gekommen, wie seine Lobpreisungen des Müßiggangs. „O Müßiggang, Müßiggang, du bist die Lebensluft der Unschuld und der Begeisterung; dich athmen die Seligen, und selig ist, wer dich hat und hegt, du heiliges Kleinod, einziges Fragment von Gottähnlichkeit, das uns noch aus dem Paradiese blieb." Das Sprechen und Bilden sei nur Nebensache in allen Künsten und Wissenschaften, das Wesentliche sei das Denken und Dichten, und das sei nur durch Passivität möglich. Je schöner das Klima, desto passiver sei man. Nur die Italiener wissen zu gehn und die Orientalen zu liegen, am Zartesten und Süßesten habe sich der Geist in Indien gebildet. Das war nicht nur Humor der Uebertreibung; er begnügte sich wirklich mit dem Denken und Dichten und verachtete das Bilden und Ausführen, er hat jedenfalls wirklich unzählige Male „wie ein nachdenkliches Mädchen in einer gedankenlosen Romanze am Bach" gesessen, „gleich einem Weisen des Orients versunken in heiliges Hinbrüten und ruhiges Anschauen der ewigen Substanzen." Er erinnert an einen jungen Mann, von dem Steffens in seinen Lebenserinnerungen erzählt, er sei so faul gewesen, daß er ein förmliches Studium darauf verwendet habe, auf welche Weise man am Längsten im Stuhle sitzen könne, ohne seine Stellung zu verändern.

Diesem Trägen hatte sein Genius eine beschwerliche

Lebensbahn ausgesucht, aber er verstand die weise Absicht,
benutzte den Wink nicht. Womöglich ließ er immer Andre
für sich arbeiten. Und er hatte eine gewisse zuthunliche
Kindlichkeit an sich, die machte, daß es thätige Menschen
natürlich fanden, etwas für ihn zu thun.

Die Jünglingsjahre, die Wilhelm so leicht und geräuschlos abliefen, verbrachte er unter peinvollen Zuckungen und
Krämpfen seines Innern. Er litt unter einem beständigen
Mißklang, den er in sich fühlte, und dessen letzte Ursache
war, daß er kein hinreichendes Gegengewicht besaß für sein
ungeheures Denkvermögen, für seine Receptivität. Das Vermögen und die Lust, hervorzubringen und zu handeln, worin
sein aufgespeicherter Ideenstoff sich hätte verarbeiten können,
war Wilhelm allein zugetheilt. So gut wie Friedrich sich
seines mächtigen Verstandes bewußt war, wußte er, daß ihm
etwas Großes fehlte, welches Etwas er verschieden benannte,
sehr häufig aber Liebe, die Seele der Seele. Nicht um
Verstand möchte er Gott bitten, sondern um Liebe. Die
stets rege, Alles durchschauende Kritik seines Verstandes erschwerte ihm das unbefangene Liebhaben, wonach er doch
schmachtete. Je nachdem ob er die reich ausgestattete Seite
seines Wesens genoß oder die verkümmerte entbehrte, wechselte
ein gerechtfertigtes Gefühl von Ueberlegenheit mit einem
Gefühl von Ohnmacht und Einsamkeit, was ihn scheinbar
unvermittelt zwischen den höchsten Höhen und den tiefsten
Tiefen auf- und abschwanken ließ. Er lebte in einem beständigen Wechsel von Schwermuth und Ausgelassenheit, sagt
er in der „Lucinde". Rührend ist es, wie er zu sein oder
auf die Menschen zu wirken wünschte, nämlich so, „daß von
meiner Rechtschaffenheit immer mit Achtung, von meiner
Liebenswürdigkeit oft und viel mit Wärme geredet würde.
Von meinem Geiste brauchte gar nicht die Rede zu sein,

oder höchstens sollte man mich verständig finden. Jedermann
sollte mich gut nennen, wo ich hintrete, sollte sich Alles er-
heitern, Jeder sich nach seiner Art an mich schmiegen, und
die sich was dünken, mich gnädig anlächeln. Aber längst
habe ich bemerkt, welchen Eindruck ich immer mache. Man
findet mich interessant und geht mir aus dem Wege. Wo
ich hinkomme, flieht die gute Laune, und meine Nähe drückt.
Am Liebsten besieht man mich aus der Ferne wie eine gefährliche Rarität. Gewiß, Manchem flöße ich bitteren Widerwillen ein. Und der Geist? Den Meisten heiße ich doch
ein Sonderling, das heißt ein Narr mit Geist."

Wie deutlich sieht man hier, was er war — klug, geist-
reich, witzig, interessant, bedeutend — und was er nicht war:
unbefangen, liebenswürdig, heiter, herzlich. Erstaunlich ist
es, mit welcher Schärfe er seine Größe und seinen unersetz-
lichen Mangel sah: daß er nicht lieben konnte, weder Andre
noch sich selbst. „Ich weiß, daß ich gar nicht leben kann,
wenn ich nicht groß bin, d. h. mit mir zufrieden. Denn
mein Verstand ist so, daß wäre Alles ihm gleich und Harmonie in mir, so wäre ich's schon."

Das Ideal seines Wesens sah er in Hamlet. Nicht, daß
er es ausdrücklich sagte; aber seine Auffassung Hamlet's ist
so persönlich, wie man einen fremden Charakter nur ver-
mittels seines eigenen faßt, weil man mit seiner Seele lebt,
oder was dasselbe sagen will, ihm die eigene Seele zum
Leben leiht. Der Grund zu Hamlet's innerer Zerrüttung,
sagt er, liege in ihm selbst, in dem Uebermaß seines Verstandes und dem Mangel verhältnißmäßiger Kraft der Vernunft. Wäre er weniger groß, so würde er ein Heros sein.
Seine Unentschlossenheit rühre daher, daß er eine zahllose
Menge von Verhältnissen übersehe. „Durch eine wunderbare
Situation wird alle Stärke seiner edeln Natur in den Ver-

stand zusammengedrängt, die thätige Kraft aber ganz vernichtet. Sein Gemüth trennt sich wie auf der Folterbank
nach entgegengesetzten Richtungen auseinander gerissen; es
zerfällt und geht unter im Ueberfluß von müßigem Verstand,
der ihn selbst noch peinlicher drückt, als Alle, die ihm nahen.
Es gibt vielleicht keine vollkommenere Darstellung der un-
auflöslichen Disharmonie, welche der eigentliche Gegenstand
der philosophischen Tragödie ist, als ein so grenzenloses
Mißverhältniß der denkenden und der thätigen Kraft, wie
in Hamlet's Charakter. Der Totaleindruck dieser Tragödie
ist ein Maximum der Verzweiflung. Alle Eindrücke, welche
einzeln groß und wichtig scheinen, verschwinden als trivial
vor dem, was hier als das letzte einzige Resultat alles Seins
und Denkens erscheint, vor der ewigen kolossalen Dissonanz,
welche die Menschheit und das Schicksal unendlich trennt.“
Ganz ebenso erschien Friedrich damals seinen Freunden:
„Deine urtheilende Idee steht mit Deiner genießenden im
Mißverhältniß“, schrieb ihm Novalis. Nur daraus, daß er
sich eins mit Hamlet fühlte, krank an derselben unheilbaren
Disharmonie, läßt sich seine Meinung erklären, die Tragödie
könne unter Umständen augenblicklichen Selbstmord veranlassen.
Diese Umstände waren eben die seinigen. „Wenn ich auf
dem Wege, den ich in Göttingen ging, beständig mit dem
Verstande zu genießen ohne zu handeln, blieb, so hätte er
mich in Kurzem zum Selbstmorde geführt. Die Liebe zu
einem Gegenstande, der Kampf mit Hindernissen und die
Freude des erkämpften Gelingens muß unsern eilenden Geist
aufhalten; denn sonst wird diesem Kurzsichtigen die Welt
bald zu klein.“ Selbstmord war denn auch lange Zeit sein
täglicher Gedanke, und er wäre, wie er selbst sagt, diesen
Entschluß auszuführen wohl fähig gewesen, „wenn er überhaupt zu einem Entschluß hätte kommen können.“

Ich will anführen, wie er selbst den qualvollen Zustand dieser Jahre, wo er „unthätig und mit sich uneins" war, schildert:

„Eine Liebe ohne Gegenstand brannte in ihm und zerrüttete sein Inneres. Bei dem geringsten Anlaß brachen die Flammen der Leidenschaft aus: aber bald schien diese aus Stolz oder Eigensinn ihren Gegenstand selbst zu verschmähen und wandte sich mit verdoppeltem Grimme zurück in sich und auf ihn, um da am Marke des Herzens zu zehren. Sein Geist war in einer beständigen Gährung; er erwartete in jedem Augenblick, es müsse ihm etwas Außerordentliches begegnen. Nichts würde ihn befremdet haben, am Wenigsten sein eigener Untergang. Ohne Geschäft und ohne Zweck trieb er sich umher und unter den Menschen wie Einer, der mit Angst etwas sucht, woran sein ganzes Glück hängt. Alles konnte ihn reizen, nichts mochte ihm genügen. — Er konnte mit Besonnenheit schwelgen und sich in den Genuß gleichsam vertiefen. Aber weder hier noch in den mancherlei Liebhabereien und Studien, auf die sich oft sein jugendlicher Enthusiasmus mit einer gefräßigen Wißbegier warf, fand er das hohe Glück, das sein Herz mit Ungestüm forderte. Und so verwilderte er denn immer mehr und mehr aus unbefriedigter Sehnsucht, ward sinnlich aus Verzweiflung am Geistigen, beging unkluge Handlungen aus Trotz gegen das Schicksal und war wirklich mit einer Art von Treuherzigkeit unsittlich."

Ohne Zweifel hätte er sich herausreißen können. „Es ist Trägheit, was uns an peinliche Zustände kettet", sagt Novalis. Aber träge war er eben; der Elasticität seines Freundes Novalis gegenüber war er wie etwa eine Kuh, vor deren Augen eine Lerche pfeilschnell in die Wolken steigt. Was für goldene Worte wußte er seinem Bruder über den Nutzen eines bürgerlichen Amtes zu sagen: ein vollkommener Querpfeifer erfülle doch sein Wesen, nämlich die Querpfeiferei; wenn er einen guten Pfiff thue, könne er ebenso zufrieden mit sich sein wie Gott, wenn er eine Welt gemacht habe. Durch sein ganzes Leben hindurch zieht sich der Wunsch, ein Amt, einen festen Beruf zu haben, seinem Hange zum be-

quemen Sichgehenlassen ganz entgegen; und doch wich er
gern aus, wenn sich eins bieten wollte. Wenn er seinem
Bruder predigte: „Es kommt nur auf dich an, ein großer
Mensch zu werden" oder „Laß doch ja nicht die Gottheit
aus deiner Brust aus Trägheit allmälig entweichen" oder
er solle sein Glück für seine Vortrefflichkeit nützen, so er-
mahnte er damit eigentlich mehr sich selbst als Wilhelm, für
den diese Lehren gar nicht paßten und kaum verständlich
sein mochten. Klopstock, Schiller, Luther, Fichte, Männer
von frischer Thatkraft, waren die Muster, die er aufstellte,
die er groß nannte. An Einsicht konnte es ihm bei seinem
umfassenden Verstande nicht fehlen; aber er war wie die
Jünger, denen Christus zurief: „Könnet ihr denn nicht eine
Stunde mit mir wachen? Siehe, der Geist ist willig, aber
das Fleisch ist schwach."

Das Außerordentliche, das er so lange dunkel erwartet
hatte, geschah: er lernte Karoline kennen, und die Liebe, die
zerrüttend in ihm gebrannt hatte, weil ihr der Gegenstand
fehlte, begrüßte entzückt die endlich Gefundene. Im Allgemeinen waren ihm die Frauen zu platt — denn sie wären
noch platter als die Männer, sagte er — um sich mit ihnen
abzugeben. Daß er auf diejenigen mit dem Geiste herabsah,
die seine Sinnlichkeit mächtig anzogen, war stets die Ursache
zu quälenden Conflikten, wenn er mit Frauen in Berührung
kam. Damals meinte er, er sei reiner Liebe wohl nur zu
Männern fähig. Und die Leidenschaft zu einer Frau, die
er als Student in Leipzig durchmachte, war allerdings eine
dermaßen verzerrte „armselige Raserei", daß man ihre Geschichte in seinen Briefen nicht ohne Ekel und Mitleiden lesen
kann. Karoline ergriff ihn ganz. Da gab es keine Spaltung
in seinem Gefühl, wie es keine in ihrem Wesen gab: seine
Freundschaft, seine Bewunderung, sein Urtheil gehörten ihr

wie seine blinde Zuneigung. Aber indem er sich seine
schrankenlose Liebe gestand, schwur er sich zugleich Entsagung;
denn diese einzig verehrte Frau war die Geliebte Wilhelm's,
seines heißgeliebten Bruders. Nie erscheint Friedrich liebens-
werther als damals, wo er, still und anspruchslos verzichtend,
sich dankbar des Glückes freute, der heimlich Geliebten, die
zugleich Freundin seines Bruders war, dienen zu können,
des Glückes zu lieben überhaupt. Durch Karoline fühlte er
sich dem Leben wiedergegeben; in der Liebe, die eine positive
Thätigkeit des Gemüthes ist, fand er das Gegengewicht gegen
den negativen Verstand.

Von dem Zeitpunkt an, wo die Liebe der beiden Brüder,
durch das Gefühl für dieselbe Frau nicht aufgelöst, sondern
erhöht, einen so schönen Triumph feierte, ging sie ihrem
Niedergange entgegen. So langsam allerdings, daß das
Verhältnis durch eine Reihe von Jahren noch unverändert
blieb, ja sogar in vollerer Blüthe zu stehen schien. Beide,
Wilhelm sowohl wie Friedrich, konnten glauben, jetzt dem
Höhepunkte des Glückes nahe zu sein. Was er so lange
vergebens ersehnt hatte, Freundschaft und Liebe, fand Friedrich
reichlich in Berlin, wohin er sich als fünfundzwanzigjähriger
junger Mann begab: die Freundschaft Schleiermacher's, die
Liebe von Dorothea Veit, der Tochter von Moses Mendelssohn. Ein Bild hoher Freundschaft hatte ihm immer vor
der Seele geschwebt; er hielt sich für geschaffen, es zu verwirklichen. „Ich bin nun einmal eine unendlich gesellige und
in der Freundschaft unersättliche Bestie", sagte er von sich
selbst. Er konnte durchaus nicht allein sein, nichts allein
treiben; er brauchte Jemanden zum Symphilosophiren, zum
Symfaullenzen, kurz zum Symexistiren — eine charakteristische Wortbildung, die er sich erfunden hatte und gern
gebrauchte. „Mittheilung, Theilnahme, Arm, an dem du

2

wandelst, das wird dir fehlen, und wird dir fehlen, wie es
Keinem fehlt", schrieb ihm Novalis einmal, als er nach einer
anderen Stadt übergesiedelt war, wo er Niemanden kannte.
Aber der „gute innige" Schlegel hatte einen Teufel in sich,
der ihm die liebsten Freunde muthwillig und bösartig ver-
scheuchte. So sagte er Novalis geradezu in's Gesicht, daß
er ihn zuweilen verachte, und begriff kaum, daß der Be-
leidigte diese Erklärung nicht mit seinem Wahrheitsdrange
oder seiner Eigenheit „Dolche zu reden", wenn es die Gelegenheit mit sich brachte, entschuldigte. Später freilich zog
sich der Zwist wieder zu; Friedrich's „Zauberkraft auf menschlichen Geist" war so groß, seine kindliche Offenheit und Um-
gangslust so versöhnlich, daß seine Freunde ihm nicht leicht
Etwas nachtrugen. Damals aber führte das Leben ihm
Schleiermacher zu, der von allen Männern, die Friedrich
nahe traten, ihm die zärtlichste und dauerndste Neigung geschenkt hat.

Mit seinen lebhaften Augen, der Schärfe seines Blickes,
die sogar etwas Zurückstoßendes haben konnte, mit seinen
streng geschlossenen Lippen, immer überlegt und besonnen,
war Schleiermacher ein bestimmter Gegensatz zu dem weichen,
behaglich trägen Schlegel. Dieser Verschiedenheit waren sie
sich auch wohl bewußt und nannten ihr Verhältnis scherz-
weise eine Ehe, in der Schleiermacher die Frau war. Mit
weiblicher Innigkeit hing der kleine, zarte, etwas verwachsene
Jüngling an dem schönen, stattlichen Freunde. Friedrich's
Kindlichkeit und Naivetät, die Heftigkeit seiner Wünsche,
Neigungen und Abneigungen, ja sogar seine Leichtfertigkeit
entzückten ihn. Alles, was Schleiermacher fehlte, hatte
Friedrich im Uebermaß. Ein großes Wort habe Friedrich
einmal von ihm gesagt, schreibt Schleiermacher, „nämlich ich
müsse aus allen Kräften darauf arbeiten, mich immer frisch

und lebendig zu erhalten. Niemand ist dem Verwelken und dem Tode immerfort so nah als ich." Friedrich war eher in Gefahr des Erstickens oder dem Tode durch Ueberfütterung nahe. Ihren Verstand bewunderten sie gegenseitig. Und wenn Friedrich durch seine Natur, durch die Wucht seiner Persönlichkeit imponirte, gestand er selbst wiederum Schleiermacher, obwohl er der Jüngere war, eine gewisse Ueber= legenheit zu, die ihren Grund in seiner Frühreise, Besonnen= heit, Zielbewußtheit, seinem thätigen Fleiß, seinem Ernst hatte. Friedrich hatte ein sinnliches, Schleiermacher ein moralisches Uebergewicht. Damit hing zusammen, daß Schleiermacher ganz unkünstlerisch war, was aber nicht störend empfunden ward; denn Ethik, Psychologie, Religion, kurz die Wissen= schaft war ein so großes Gebiet gemeinsamen Interesses, daß es an Stoff zu endlosem „Symphilosophiren" nicht fehlte.

Die Freundschafts=ehe hinderte aber beide Theilnehmer nicht, auch Frauenliebe zu suchen. Während Schleiermacher einen eigenthümlich geistig=herzlichen Verkehr mit der be= rühmten Schönheit Henriette Herz pflegte, stürzte sich Friedrich in zügellose Leidenschaft zu der häßlichen Dorothea. Auch Dorothea ergänzte Schlegel: sie war immer thätig, geschickt zu aller Arbeit, ebenso behende zum Schreiben und Schaffen, wie er schwerfällig. Freilich gab es in ihr auch nicht ent= fernt so viel Gehalt zu verarbeiten. Sie galt für klug und bedeutend; auch dürfte man nicht das Gegentheil von ihr behaupten; aber weder logisch noch tief zu denken war ihre Sache. Daß sie lebhaft, leicht und viel sprach, eine rasche Fassungsgabe besaß, auch gescheidt genug war, um nichts Dummes zu sagen, Nichtwissen einzugestehen und wo es an= gebracht war, zu schweigen, ließ sie geistvoller erscheinen als sie war. So selbständig sie im Handeln sein konnte, im Denken war sie durchaus abhängig. Grade das machte sie

zu einer bequemen Frau für Friedrich. Während sie alles
Praktische für ihn besorgte, so viel als möglich für ihn
arbeitete, ordnete sich ihr Verstand dem seinigen völlig unter,
und da ihre weibliche Hingebung keine Grenzen kannte, wurde
er der Gott dieser unschönen, aber liebevollen, strebsamen
und temperamentvollen Frau, der gegenüber sein Mißtrauen
und seine Empfindlichkeit ihn bald verließen. Sich so be-
dingungslos angebetet zu fühlen, das war es, was ihm immer
gefehlt hatte; daß sie ihm das gab, zog ihn hauptsächlich zu
ihr hin; bei ihm vertraten allmälig Dankbarkeit, Bequemlichkeit und Gewöhnung die Stelle der Liebe, soweit sie nicht
nur Sinnlichkeit war. Es ist begreiflich, daß fast alle Freunde
Friedrich's sich von diesem Verhältniß, auf das Dorothea
so stolz war, peinlich berührt fühlten. Ja, vielleicht haben
Diejenigen nicht Unrecht, die sie späterhin seinen bösen Dämon
genannt haben. Denn mit ihrer blinden Unterwürfigkeit
konnte sie nichts als seiner Trägheit Vorschub leisten. Sie
hatte jene Affenliebe für ihn, die Müttern als Sünde an-
gerechnet wird; es war nicht sein guter Genius, den sie in
ihm erkannte und liebte. Das Temperament seines Wesens,
seine gemüthliche Kindlichkeit, die olympische Ruhe, die er
haben konnte, hätten ihn nach zwei Seiten führen können:
zur heiteren Ueberlegenheit des Weisen und Glücklichen oder
zur immer stumpfer werdenden Behäbigkeit eines Harems-
weibes. Ohne es zu ahnen, trieb ihn Dorothea den bösen
Weg abwärts. Sein durch ihre geistige Unterordnung ge-
lähmter Intellekt trat mehr und mehr in den Dienst seiner
stärker anschwellenden materiellen Seite. Sie hätte ihn beflügeln sollen und zog ihn, in der Meinung, sein Wohl zu
befördern, mit starkem Gewicht zur Erde.

Wie anders, wie fördernd wirkte Karoline durch die
Ueberlegenheit ihres Geistes auf die Männer ein, die ihr

nahestanden, obwohl sie nicht weniger thätig und liebevoll
war. Man kann sich eines wehmüthigen Lächelns nicht ent=
halten, wenn man sich erinnert, was für Grundsätze Friedrich
in Bezug auf Freundschaft und Liebe hatte. Von keiner
andern wollte er etwas wissen, als die auf gegenseitiger
Anregung zur Sittlichkeit beruhe. Als Karoline das erste
Mal Wilhelm's Antrag zurückgewiesen hatte, tröstete er den
betrübten Bruder, indem er ihm rieth, seinerseits sie zu ver-
werfen und sich dadurch über den Verlust hinwegzusetzen:
„Deine Liebe zu ihr war nur Mittel zu einem hohen Zweck,
den das Mittel zu zerstören droht. Du hast sie nur gebraucht, und mit Recht wirfst Du sie weg, da sie Dir schädlich
wird. Oder weißt Du etwa nicht, daß Du in ihr Dein
eigenes Ideal der Größe liebtest?" Und über ihr eigenes
brüderliches Verhältniß schrieb er an Wilhelm: „Ich sage
Dir aber, daß ich es so mit dir halte, wie Lavater mit
Christus, der ihm geradezu erklärt, daß, wenn er ein noch
besseres Medium mit Gott findet, er den ersten Platz räumen
muß." Als er Karolinen kennen lernte, entsagte er dem
Glück, „aber er beschloß es zu verdienen und Herr über
sich selbst zu werden."

Jetzt berauschte er sich in dem Genuß, dessen Entbehrung
so peinlich an ihm gezehrt hatte. Nun hatte er, was er
vor Jahren als das Wünschenswertheste hingestellt: die Liebe
zu einem Gegenstande, den Kampf mit Hindernissen und
die Freude des erkämpften Gelingens; denn da Dorothea
verheirathet war, fehlte es nicht an Widerstand und Schwierigkeit von allen Seiten. Da die „Wuth der Unbefriedigung"
gestillt war, wurde er liebenswürdiger, zuversichtlicher, froher.
Muthig und stolz sah er in's Leben; niemals vorher hatte
er eine so rege und fruchtbare Thätigkeit entfaltet. Bis dahin
hatte er mit einer Mühseligkeit gearbeitet, die an einem

Menschen, der sich selbst zum Schriftsteller bestimmt, etwas
Komisches hat. Das elegante, liebenswürdige Sichausströmen
Wilhelm's hatte ihm als Ideal vorgeschwebt, wiewohl er
sich halb und halb seiner gediegeneren, körnigeren Eigenart
nicht ohne Genugthuung bewußt war. Jetzt glaubte er seines
Bruders Geschmeidigkeit mit seiner Kraft und Tiefe ver=
einigt zu haben. Wirklich vollendete er mehrere Aufsätze
ästhetischen Inhalts voll neuer Gesichtspunkte, originaler
Ideen, weiter Aussichten. Er lud einmal etwas ab von dem
großen Haufen angesammelter Entwürfe.

Von langer Dauer war indessen dieser Aufschwung nicht.
Nachdem der Kampf vorüber war und das Glück gesichert,
sank Friedrich tiefer als vorher in seine Trägheit zurück; eine
zunehmende Hypochondrie war die Folge. „Wird er aber
schwer über den Dingen", erzählte Dorothea, „oder die
Dinge schwer über ihm, das ist nicht zu entscheiden, aber
gewiß ist, daß das Leben ihm sauer wird"; und in komischem
inneren Conflikt zwischen praktischer Einsicht und miß=
verstandenem Idealismus: „Friedrich wird das Dichten
immer leichter, dafür aber — soll ich leider sagen? — das
eigentliche Arbeiten und alles Geschäft immer schwerer."
An Gründen für seine Unthätigkeit fehlte es ihm nie. Nur
blitzartig waren die Augenblicke einer so staunenswerthen
Selbsterkenntniß, die ihn einmal zu Wilhelm sagen ließ:
„Wußtest Du nicht, daß ich den Mangel an innerer Kraft
immer durch Pläne ersetze?" Gewöhnlich schob er Alles
auf die Ungunst seiner materiellen Lage. Gewiß ist es, daß
für jeden Armgeborenen der Kampf um's Dasein desto härter
ist, je mehr er einem ideell-geistigen Leben zugethan, und
nicht ohne Bitterkeit kann man die äußere Beschränktheit im
Leben eines so hochbegabten Menschen mit ansehen. Aber
wo blieben in späterer, besserer Zeit die großen Thaten,

die kommen sollten, wenn nur einmal das Gespenst des Mangels und der Sorge von der Schwelle verscheucht wäre? Muß man nicht Karolinens klaren Blick bewundern, die sagte: „Denn Manche gedeihen in der Unterdrückung, dahin gehört Friedrich; es würde nur seine beste Eigenthümlichkeit zerstören, wenn er einmal die volle Glorie des Siegers genösse."

Seit Karoline und Dorothea neben den Brüdern standen, fing das alte feste Band, durch das sie sich untrennbar vereinigt glaubten, locker zu werden an, und das ist wohl das Traurigste, was sie erleben mußten. Anfänglich war Friedrich, der sechs Jahre jüngere, der unbedingt Aufschauende und Verehrende gewesen, allmälig aber, als der Reichthum und Umfang seines Geistes zur Geltung kam, änderte sich das Verhältniß und Wilhelm empfand ihn als den Stärkeren, den Tonangebenden. In diesem Verkehr einzig war Eitelkeit ganz ausgeschlossen, wo beide gegenseitiger Anerkennung, ja Bewunderung gewiß waren, sich überhaupt als zwei Hälften eines würdigen Ganzen fühlten. Sie wurden inne, wie sie einander ergänzten und wurden nicht müde, es einander zu sagen und sich dieser Blutsfreundschaft und Gemeinsamkeit zu freuen. Sie schwelgten in gemeinsamen Entwürfen und besonders Friedrich war kindlich beseligt, wenn er ihre beiden Namen nebeneinander gedruckt unter ihren brüderlichen Werken lesen konnte. Und diese Einheit und Einigkeit wurde angetastet, nicht durch Feindliches, dessen sie sich hätten erwehren können, sondern durch Frauen, die auch Antheil an ihnen hatten, die ihrem Herzen nahe standen, im Grunde also durch sich selbst. Aber leicht konnten sie von dem Traume ihrer Unüberwindlichkeit im Zusammenwirken nicht lassen. „Ihr seid ein einziges untheilbares Wesen", schrieb Novalis an Friedrich zu der Zeit, als der Samen der Ent-

zweiung schon gesät war. Mit ängstlicher Besorgniß hielten
sie das Kleinod fest, das für sie einen Talisman bedeutete:
den Glauben an die innere Nothwendigkeit, den Naturzwang
ihrer Liebe. Die romantische Schule selbst ist ein Denkmal
dieser Liebe. Der gewichtige Friedrich war der Magnet,
der die begabten Freunde anzog, Wilhelm, der Rührige,
Helle, Wache, wie Karoline ihn nannte, organisirte sie.
Hoffnungsvoll stand er am Strande, um auf seligen Inseln
ein neues Reich der Poesie zu gründen:

> Verbrüderte Gefährten seh' ich schweben.
> Was schreckte mich, daß ich dahinten bliebe?
> Es leuchten milde Sterne, droht kein Wetter.
>
> So leit', o süße Poesie, mein Leben!
> Du Jugend in der Jugend, Lieb' in Liebe,
> Natur in der Natur, Gottheit der Götter!

Karoline.

Wenn über einen Verstorbenen das Urtheil der Zeit-genossen auseinandergeht, Haß und Liebe wetteifern, sein Bild jedes in seinen Farben auszumalen, dann wünschen wir, alle die widersprechenden Zeugnisse einmal vergessen und anstatt dessen einen Blick in das Antlitz thun und ein Wort aus dem Munde vernehmen zu können, die der Tod ausgelöscht hat, damit wir das Geheimniß der Seele daraus abläsen. Wie war sie denn in Wahrheit, diese Karoline, die der große Schiller Dame Lucifer nannte und die so vielen Andern die Einzige, Unvergleichliche war, die un-widerstehlich Alle anzog, auf die der warme, kluge Blick ihres liebevollen Auges fiel? Wenn wir sie selber fragen könnten, würde sie gewiß stolz und freimüthig und klar über sich Auskunft geben, und vielleicht würde sie mit lieb-licher, halb scherzender Wehmuth sagen: Seht Ihr es mir denn nicht an, daß mein Herz gut ist?

Sie war nicht eigentlich ein romantischer Charakter mit sonderbaren Mischungen, Dämmerungen, Räthseln, sondern ihr Wesen war die Sicherheit und Ruhe der Harmonie, und es ließe sich auf sie anwenden, was Friedrich Schlegel in seiner „Lucinde" von der kleinen Wilhelmine sagt: „Der stärkste Beweis für ihre innere Vollendung ist ihre heitere Selbstzufriedenheit."

Sie war die Tochter des Göttinger Professors Michaelis und, im Jahre 1763 geboren, fast noch ein Kind des ancien

régime, aufgeklärt und verständig, in ihrer frühen Jugend
sogar ein wenig sentimental. Wie sie in einem Brief an
ihre Freundin Luise Gotter ihre Verlobung und Hochzeits-
feier beschreibt, bei welcher Gelegenheit man das junge
Paar in bekränzte und mit Versen geschmückte Lauben führte,
das muthet wie Klopstock und Wieland an. Aber wenn
einmal von Zeit zu Zeit ein heller, starker Naturlaut durchbricht, so spürt man, daß diese Merkmale eines ausgehenden
Zeitalters ihr nur angeflogen sind durch Beispiel und Sitte,
die auf einen harmonischen Charakter stark zu wirken pflegen.
So dichtete ja der junge Goethe seine Anfänge ganz im
Geschmacke seiner Zeit und mußte erst von Herder auf revolutionäre Bahnen geführt werden.

Karoline begann ihr Leben als Frau des Bergmedikus
Böhmer in Klausthal, eingeengt in Wälder und Berge,
zurückgezogen in einen beschränkten Kreis, wo sie sich niemals heimisch fühlte. Es war nicht, daß sie großartigere
Verhältnisse ersehnt hätte; aber ihre starke Natur verlangte
unbewußt nach Geschicken, die sie bilden und entwickeln
könnten; denn der Genius des Menschen will immer, was
ihn fördert, und bringt sogar Unglück herbei, wenn der
Mensch es braucht und daher ein Anrecht darauf hat. Sie
war nicht dazu angethan, über sich selbst nachzugrübeln
und sich durch wirkliche oder eingebildete innere Conflikte
einen Zeitvertreib zu verschaffen; aber sie fühlte deutlich,
daß die Ruhe und Gemächlichkeit ihr nicht gut thaten, und
eine leise Angst erwachte in ihr, die „edle Thätigkeit" möchte
ganz erlahmen, sie könnte träger und träger werden in
ihrer Meeresstille und zuletzt abseits liegen bleiben mit
stockenden Kräften. Sie war auch deswegen frei davon,
sich der Schwermuth hinzugeben, weil die ihr natürliche
Weltanschauung war, der Mensch sei bestimmt, zu genießen,

mehr als jedes andre Geschöpf, und verfehle seinen Zweck,
wenn er es nicht thue. Glücklich zu sein schien ihr, wenn
sie es nicht von selbst war, eine Pflicht, und sie versuchte
es immer wieder und wieder, wie auch die Umstände es
ihr erschweren mochten. Leichtsinn oder Genußsucht war
das nicht — wie es sich denn um ein roh materielles Genießen natürlich nicht handelte —, vielmehr eine große,
seltene Gerechtigkeit: wenn sie unzufrieden war, suchte sie
niemals die Schuld anderswo als in sich. Daß die Welt
schön sei, voller Gaben und Segen, war ihr unumstößliches
Gefühl; wenn ihr Blüthe und Frucht nicht zufielen, machte
sie es sich zur Aufgabe, an einem Zweiglein oder Blatte
froh zu werden. Unter gedämpften Thränen lächelnd, suchte
sie sich heiter zu erhalten zwischen den ernsten, graden,
schwarzen oder verschneiten Tannen des Harzes, mit denen
sie nichts anzufangen wußte, las und las in den Büchern,
die die Schwester ihr aus der Göttinger Bibliothek durch
die Botenfrau hinüberschickte — Romane, Memoiren, Welt=
geschichte, verschollene Philosophie und Lebensweisheit —
und stellte sich wohl auch inmitten der drückenden Einsam=
keit vor den Spiegel, nickte ihrem betrübten Bilde zu und
rief es ermunternd an: Gräme dich nicht allzusehr, Karo-
linchen!

Ihres Mannes Rechtlichkeit achtete sie, und die blinde
Zärtlichkeit, die ihr junges liebesuchendes Gemüth auf ihn
geworfen hatte, hielt sie ängstlich, wie zum Selbstschutz, in
ihrem Herzen zusammen. Auch Schwäche mag man es von
einem andern Standpunkte aus nennen, diejenige Schwäche,
die ihr eigenstes Wesen ausmachte und zugleich ihre Stärke
war, daß sie nämlich ohne Liebe nicht sein konnte. Da er
nun einmal ihr Gefährte war, wollte sie nicht wissen und
sehen, sondern liebhaben, liebhaben, weil sie ohne das nicht

hätte athmen und sein können. Da er aber, wie es scheint, viel weniger Umfang des Wesens hatte, als sie Liebesfülle besaß, überschüttete sie mit allem Ueberfluß ihres Herzens die Kinder, die sie bekam, so daß man hätte meinen können, die Mutterschaft wäre ihre einzige Bestimmung gewesen.

Ueberhaupt ist das besonders an ihr zu schätzen, daß sie alle Pflichten, die das Leben mit sich brachte, und alle Gelegenheiten, sich zu bethätigen, wenn es auch geringfügige Haushaltsangelegenheiten waren, gründlich ergriff, und bei allem, was sie vorhatte, so sehr mit ganzer Seele war, daß man jedesmal hätte meinen können, grade dies sei für sie die Hauptsache und grade dafür sei sie geschaffen. Die kleine Auguste freilich war und blieb in Wahrheit die Hauptsache, das seltsame Geschöpfchen, unschön zuerst, aber von immer zunehmendem Liebreiz, wie es bei den Menschen der Fall ist, an deren Schönheit der sich entwickelnde Geist großen Antheil hat, altklug, kindisch, naiv, frühreif, wissensdurstig und vergnügungssüchtig, ein staunenerregendes Durcheinander, mit demselben zärtlich weichen Gesicht und der blumenhaften Neigung des Kopfes, wie es der Mutter eigenthümlich war. Die andern Kinder starben früh, bald nach dem Tode ihres Mannes, der nach vierjähriger Ehe stattfand.

So rauh wurde sie aus dem Gefängniß ihrer kindlichen Jugend erlöst und keinen andern Gebrauch konnte sie zunächst von ihrer Freiheit machen, als daß sie den kleinlichen Kampf mit alltäglichen Familienkümmernissen und überflüssigen Nörgeleien aufnahm; sie kehrte nämlich zu ihrer Familie nach Göttingen zurück. Wie eng und klein die dortigen Verhältnisse auch waren, empfand sie es doch als eine Wonne, frei zu sein und die Flügel weit, so weit sie wollte, ausspannen zu können, und erinnerte sich mit Grauen an die dumpfen Jahre in Klausthal. Jetzt erst gestand sie

sich, daß sie sich wie in einen Zwinger eingeschlossen gefühlt
hatte. Aber kaum, daß sie es recht inne geworden war,
begab sich die Unglückliche freiwillig in neue Sklaverei.
Das war eben ihr Fluch — wie vielleicht auch ihr
Segen —, daß sie nicht frei sein konnte, daß ihr Herz die
Abhängigkeit suchte von etwas Angebetetem. Dieser Hang
ihres Herzens konnte, wie sie selbst wohl wußte, sogar für
eine Zeitlang ihren hellen, sonst unbestechlichen Geist ver=
blenden, obwohl sie es immer dunkel in sich ahnte, wenn
sie auf Irrwegen war.

Der Mann, dem sich ihre Seele nun mit blinder,
schrankenloser Hingebung vertraute, scheint ein problematischer
Charakter gewesen zu sein. Der starke Instinkt, der sie so
sicher machte, fehlte ihm. Er muß sie wohl auf seine Art
geliebt haben und war jedenfalls ein Bewunderer ihrer
Vorzüge; aber es wäre möglich, daß die Stärke ihrer
Natur, die er an ihr liebte, ihn zugleich beängstigt hätte;
denn er griff nicht zu, um sie festzuhalten, die ihm mit dem
ganzen Stolze und der ganzen Freudigkeit ihrer Liebe ent=
gegenkam.

Ob er sich ihr nicht gewachsen fühlte und deshalb den
Muth nicht hatte, sie besitzen zu wollen, oder ob er über=
haupt unfähig war, zu lieben, und nur als ein schwächlicher
Egoist eine Weile mit halbwahren Gefühlen spielte, bange
von sich selbst, seiner Würde und Bequemlichkeit ein
Stückchen zu verlieren — kurz, er ließ sich ihre unermüd=
liche Lieberswilligkeit und Güte gefallen, reizte sie wohl auch
gar und blieb dabei doch in einer spröden Zurückhaltung.
Mit ihrem vollen Herzen fühlte sie sich fähig, glücklich zu
machen, und wollte den, den sie sich erkoren hatte, zu seinem
Glücke zwingen. Heirathsanträge, die ihr gemacht wurden,
schlug sie um seinetwillen aus.

Damals machte sie die Bekanntschaft des jungen Wilhelm
Schlegel, der im Umgange mit Bürger, dem einsamen,
vergessenen Greise, seine ersten dichterischen Studien machte,
und es läßt sich denken, daß der regsame, vorurtheilsfreie
Jüngling eine erquickende Erscheinung für sie war inmitten
der dumpfen Herkömmlichkeit oder vorsichtigen Steifheit der
Göttinger Honoratioren. Daneben freilich fühlte sie sich
ihm gründlich überlegen, und das nicht nur, weil er
sechs Jahre jünger als sie war. Für die moderne Richtung
in der Literatur mit ihrem, wie man jetzt sagen würde,
nervösen, sensitiven Leben hatte sie ohnedies keinen Sinn;
der altmodische Gotter, der Mann ihrer Freundin Luise,
war für sie, was man nur von einem ordentlichen Dichter
verlangen kann. Mit allem Uebermuth ihrer starken, zuversichtlich das Höchste begehrenden Persönlichkeit wies sie
den jungen Schöngeist ab, ja, nicht ohne jene Grausamkeit,
die nur Verliebte haben, wenn sie völlig in den geliebten
Gegenstand versunken sind.

Man darf sich nun aber nicht vorstellen, sie hätte jemals
über einen geliebten Mann wirklich sich und die ganze
Welt vergessen. Das brauchte man kaum hervorzuheben
und noch weniger zu rühmen. Es möchten leicht mehr
Frauen zu finden sein, denen die Liebe Alles war; sie
unterscheidet das grade von den meisten, daß sie über ihre
Liebe, so groß und hingebend sie auch war, doch die Welt
niemals vergaß. Ihr aufmerksamer Geist blieb ihrer blinden,
elementarischen Leidenschaft ebenbürtig. Nie verlor sie die
denkende Theilnahme an den Menschen und ihrem Thun.
Wie klar war aber auch der Spiegel ihres geistigen Auges,
mit dem sie die Bilder ihrer Zeitgenossen auffing. Sie
konnte auch Vater, Mutter und Geschwister wie Fremde
sehen und schildern, nur daß ihr Liebe oder Pietät immer

zur Seite standen und wenn nicht ihr Urtheil, so doch den
Ausdruck ihres Urtheils beeinflußten. In ihren Freund=
schaften mit Frauen war nichts Schwärmerisches und Ver=
stiegenes, vielmehr lag eine gewisse Unerbittlichkeit in der
Art, wie sie die Freundin ganz nahm, wie sie war, ohne
je zu idealisiren; aber wenn sie auch nicht durch Schmeichelei
verwöhnte, so beglückte sie umsomehr durch Verständniß,
richtige Schätzung und unwandelbare Anhänglichkeit. Jene
echte, geniale Kunst des Idealisirens verstand sie aber doch,
daß sie nämlich die Menschen als Ganzes sehen konnte, ihr
Wesen der zerstückelnden Zeit entreißend und schöpferisch zu=
sammenfassend. Daher haben ihre Schilderungen von Per=
sonen, die wenigen Fälle ausgenommen, wo persönliche
Leidenschaft ihren Blick erhitzte, die Milde parteiloser
Wahrheit, der man unbedingt Glauben schenkt.

Wie deutlich tritt die Gestalt Therese Forster's aus den
kurzen Bemerkungen hervor, die sie in Briefen über sie ge=
macht hat: der glückzerstörende Geist, der in ihrer ganzen
Familie wohnt, ihre Unglückssucht, die sich diejenigen, die
sie liebt, durchaus unglücklich vorstellen muß, wie sie überall
Bitteres findet, wie unerquicklich sie für die Menschen im
Allgemeinen ist, wie unendlich viel sie Wenigen sein kann,
ihr Zug zur Größe, ihre Energie und Kühnheit. Wie fein
und gut ist es, daß sie in Allem, was an Theresen abstößt,
die „convulsivischen Bewegungen einer großen Seele" er=
kennt. Wie Karoline war Therese die Tochter eines
Göttinger Professors, des angesehenen Philologen Heyne,
und wurde, nachdem ihre Beziehungen zu dem jungen
Wilhelm von Humboldt gelöst waren, die Frau des Natur=
forschers Georg Forster. Für keine Frau hatte Karoline
jemals ein stärkeres Interesse. Grade daß diese ringende
und unklare Seele von ihrer Harmonie und Güte, die, nach

ihrem eigenen Ausdruck, mit solcher Sicherheit am Busen
der Natur ruhte und ihr in's Auge sah, so verschieden war,
machte sie ihr merkwürdig und anziehend. In ihre thaten-
lose Einsamkeit kam eine Einladung dieser Freundin, zu ihr
nach Mainz überzusiedeln, das sich eben der neuen französischen Republik angeschlossen . hatte. Da war das Element, in dem sie athmen konnte: Leben und Handlung!
Wie eine Erlösung, wie ein Ruf des Schicksals mußte ihr
diese Aufforderung erscheinen, ihr, die sich fähig fühlte,
„Wunder zu thun und ein widerstrebendes Schicksal durch
ein glühendes, überfülltes, in Schmerz und in Freuden
schwelgendes Herz zu bezwingen", und die keine andre
Aufgabe vor sich sah, als die Erziehung eines kleinen gutartigen Mädchens, überflüssige gesellige Pflichten und Auf-
heiterung einer mißvergnügten Familie. Allen Warnungen
auch der geliebtesten Menschen zum Trotz zog sie mit ihrem
Kinde in die aufgeregte Stadt, in das krampfhafte Treiben
eines großen Volkes hinein, wo die wohlmeinenden Freunde
ein so leidenschaftliches, liebebedürftiges Geschöpf allerdings
für gefährdet halten konnten. Sie indessen pflegte sich auf
den Zug ihres Herzens zu verlassen. Mit vollem Bewußtsein that sie es, es war ihr Stolz und ihre Sicherheit.
Sie wußte, daß sie sich irren konnte, nie aber sich selbst
verlieren. Sie besaß den glücklichen Instinkt der Nacht-
wandler, die nicht stürzen, wenn man sie nur ruhig gehen
läßt. Auch die Fehltritte, die sie that, und die Irrwege,
die sie wählte, mußten ihr dienen. Um nichts hätte man
sie mehr beneiden dürfen, als um dies Talent zur Bildung
des Lebens, wenn man diesen Ausdruck gebrauchen kann,
das in jedem Schicksal Zuversicht verleiht, weil man im
Grunde um den letzten Ausgang nicht besorgt ist. „Vielleicht bin ich wirklich schwer zu einer Entscheidung zu

bringen", sagte sie einmal, „allein ich habe sie noch stets
gefaßt, ehe es zu spät war, und mich unverrückt an ihr
gehalten. Ich sage nicht heute, ich will dies thun und
morgen, ich will ein Andres, und jedesmal so zuversichtlich,
als wenn es ewig gelten würde — nein, es malt sich wohl
sehr deutlich in meinen Aeußerungen, daß ich nicht weiß,
was ich thun soll — bis der Moment kommt." Scharf
prägt sich in diesen Worten eine Natur von denen aus,
die stets mehr halten, als sie versprechen, die zu klar bewußt sind, um sich selbst belügen zu können, und deren
reiner, starker, nicht zu mißdeutender Instinkt sie schließlich,
wenn es nöthig ist, zu handeln, das für sie Angemessene
thun läßt.

Es mochte nicht leicht für Karoline sein, zwischen Forster
und Therese zu leben, die in entgegengesetzter Weise ihr Interesse in Anspruch nahmen; ihr Verstand erkannte Therese's
große Anlagen an, aber ihr Gemüth wurde immer weniger
durch sie befriedigt; dagegen mißbilligte ihr Kopf Forster,
„den schwächsten aller Menschen", während ihre weiblich
mütterliche Zärtlichkeit ihm vielleicht grade wegen seiner Un-
kraft nicht anders als liebevoll begegnen konnte, dessen Intelligenz, Bescheidenheit und großmüthige Gesinnung außerdem
ihr Herz bewunderte. Das Verhältniß wurde dadurch noch
verwickelter, daß gerade um diese Zeit die Ehe sich vollends
auflöste, indem Therese, die jetzt behauptete, ihren Mann
eigentlich niemals geliebt zu haben, sich gänzlich Huber zu-
wandte, dem ehemaligen Freunde Schillers und Bräutigam
der Schwägerin Körner's, Johanna Stock. Forster hörte
bis zum Tode nicht auf, seine Frau zu lieben oder wie
Karoline nicht ohne Geringschätzung es beschrieb, „man
würde seine Liebe tödten können, aber seine Anhänglichkeit
nicht". Er habe nicht die Kraft, sich loszureißen, erzählte

sie, lebe von Attentionen und schmachte nach Liebe. Nach=
dem Therese ihr Haus verlassen hatte, wurde Karoline die
Trösterin des Unglücklichen. Kurze Zeit hernach traten
furchtbare Ereignisse ein; Mainz wurde von den Deutschen
belagert und erobert, Forster entfloh nach Paris und Karoline
fiel den Siegern in die Hände.

Die Gefangenen wurden als Geiseln auf eine Festung
gebracht und mit ausgesuchter Rohheit und Nichtachtung ihrer
rechtmäßigen Forderungen behandelt. Karoline's zarte Gesund=
heit und die Angst um ihr Kind, das sie bei sich hatte, machten
ihr alle Leiden und Entbehrungen doppelt empfindlich. Was
war aber das gegen die Martern, die ihrem zarten und
stolzen Herzen zugefügt wurden! Niemand hatte ihr Ver=
weilen in Mainz, ihren Enthusiasmus für die französische
Freiheit und ihre Theilnahme für Forster, den Vertreter
derselben, gebilligt, man hatte ihr im Geiste die rothe Mütze
der Jakobiner aufgesetzt — und welcher Schlechtigkeit hielt
man Jakobiner nicht für fähig? Ueber die Unglückliche und
Wehrlose ergoß sich die Verleumdung: sie sollte die Geliebte
des französischen Generals Custine gewesen sein, ihre Freund=
schaft mit Forster wurde nichtsdestoweniger als Liebes=
verhältniß aufgefaßt, ihr Schwager Böhmer, der auf Seiten
Frankreichs war und eine zweideutige Rolle gespielt hatte,
wurde für ihren Mann gehalten. Sie konnte nichts thun,
als stolz und entrüstet ihre Unschuld betheuern, aber sie that
es mit dem Gefühl, daß der Schein gegen sie war. Denn,
wie falsch auch die Anklagen waren, die gegen sie vorgebracht
wurden, etwas Verhängnißvolles war geschehen: sie erwartete
Mutter eines Kindes zu werden, ohne mit dem Vater des=
selben rechtlich verbunden zu sein, ja, was erst das eigent=
liche Unglück ausmachte, ohne sich ihm innerlich verbunden
zu fühlen.

Man hätte nichts gewonnen, wenn man mit Sicherheit
ermitteln könnte, wer der Mann war, dem sich die Einsame
so unbesonnen und freudlos hingegeben hatte. Daß sie, die
Anschmiegsame, von einem Manne, der sie zu fesseln wußte,
hingerissen werden konnte und um seinetwillen Vernunft und
Vorsicht hintangesetzt, ist weniger überraschend, als daß Leiden-
schaftlichkeit ihre hellen Augen so umflorte, daß sie die Un-
würdigkeit des Liebhabers nicht erkannte oder übersah; und
vielleicht hätte es doch nicht geschehen können, wenn nicht
vorher die Pein, einen Mann zu lieben, der sie niemals
ganz an sich zog und doch auch niemals entschieden von sich
stieß, sie überreizt und im Herzen krank gemacht hätte.

Da sie nun aber allein in die entsetzlichsten Verhältnisse
hinausgestoßen war, fand sie ihre ganze Ueberlegenheit,
Seelengröße und Hoheit wieder. Das war es gerade, was
ihrer Schwachheit das Verächtliche nahm, daß sie bei aller
Weichheit die edle männliche Eigenschaft besaß, nach einem
Sturze unverletzt aufstehen und ebenso stark und sicher wie
vorher ihres Weges weitergehen zu können. Daß sie Liebe
gegeben hatte, für etwas, das sie für Liebe genommen hatte
und das es auch wohl gewesen war, wenn auch von Seiten
eines Schwächlings, war ihr vor sich selbst nichts, dessen sie
sich geschämt hätte. Was in ihr vorging, war ihrem klaren
Bewußtsein immer ganz übersichtlich und durchsichtig, das
verlieh ihr das Unschuldsgefühl derer, die durch keine Lüge
in sich befleckt sind, und Festigkeit in schwankender Lebens-
lage, während Andre oft selbst dann schwanken, wenn der
Boden unter ihnen fest ist. Wie sie immer zu thun pflegte,
erkannte sie Alles, was geschehen war und was sie gethan
hatte, in seiner Folgerichtigkeit und ertrug das Nothwendige,
ohne ein außer ihr befindliches Schicksal anzuklagen. Ihr
Muth und ihre Kraft wuchsen mit der Gefahr. Man weiß

nicht, wie sie es aufnahm, daß der Mann, der so lange der
Stern gewesen war, auf den sie gehofft hatte und dem seine
Stellung es am ersten ermöglicht hätte, ihr zu nützen, sich
zurückzog, wie es den Anschein hat aus feiger Vorsicht, um
sich nicht durch Beziehungen zu der verfolgten, politisch an-
rüchigen Frau bloßzustellen; möglich ist es, daß sie schon
vorher mit diesem Traume abgeschlossen hatte. Etwas
Bitteres muß es für sie gehabt haben, daß derjenige, der
sich am unermüdlichsten ihrer annahm, Wilhelm Schlegel
war, den sie in glücklichen Tagen so übermüthig verworfen
hatte. Korrekt, wie er im Empfinden und Handeln zu sein
pflegte, ritterlich und verliebt, sprang er ohne Bedenken für
sie in die Schranken. Nachdem durch das Zusammenwirken
mehrerer Freunde und namentlich ihres jüngeren Bruders
ihre Befreiung erzielt war, übernahm er es, was fast noch
schwieriger war, für ihre fernere Sicherheit zu sorgen. In
völliger Abgeschiedenheit, in der Nähe von Leipzig, erwartete
sie die Entbindung von ihrem vaterlosen Kinde. Hier lernte
Friedrich Schlegel sie kennen, der sie gewissermaßen als Be-
vollmächtigter und an Stelle seines Bruders besuchte, der
einzige Gast, der ihre Einsamkeit unterbrach. Friedrich
kannte Karoline schon aus ihren Briefen an Wilhelm, und
seine reflektirende Phantasie hatte sich so gut mit ihr beschäftigt, daß er schon ihr Bewunderer war, als er zum
ersten Mal vor sie hintrat. Nun aber überwältigte ihn ihre
Persönlichkeit vollständig; er vermochte nichts Einzelnes mehr
zu tadeln, er empfand sie selbst als Ganzes und wurde ganz
von ihr ergriffen.

Welchen Eindruck mußte sie aber auch gerade damals
machen: in einer so peinlichen Lage doch voll natürlicher
Würde, ohne ängstliche Gedrücktheit, bei beständigen körperlichen Leiden doch stets munter, zu Scherz und geistigen

Genuß geneigt, auch den Ernst und lebhaftesten Schmerz durch Humor oder kluge Betrachtung mäßigend. Ebenso lieblich wie im Glück, so groß und rührend war sie im Unglück.

Wie ein Wunder erscheint es an dem selbstbewußten Jüngling, daß er ihren Verstand als dem seinigen überlegen achtete, dazu aber, sagte er, habe sie das, was ihm fehle, nämlich die Seele der Seele: Liebe. Immer und immer wieder, Jahre später, als Bitterkeit, Eifersucht und Miß= verständnisse das ursprünglich so reine und schöne Ver= hältniß getrübt hatten, rühmte er an ihr das Talent zur Liebe, mit dem sie jede Entfremdung überbrücken könne — wenn sie wolle. In der Lucinde hat er die Frau, „die ein= zig war und die seinen Geist zum ersten Male ganz und in der Mitte traf", folgendermaßen geschildert:

„Ueberhaupt lag in ihrem Wesen jede Hoheit und jede Zierlichkeit, die der weiblichen Natur eigen sein kann, jede Gottähnlichkeit und jede Unart, aber Alles war fein, gebildet und weiblich. Frei und kräftig entwickelte und äußerte sich jede einzelne Eigenheit, als sei sie nur für sich allein da, und dennoch war die reiche, kühne Mischung so ungleicher Dinge im Ganzen nicht verworren, denn ein Geist beseelte es, ein lebendiger Hauch von Harmonie und Liebe. Sie konnte in derselben Stunde irgend eine komische Albernheit mit dem Muthwillen und der Feinheit einer gebildeten Schauspielerin nachahmen und ein erhabenes Gedicht vor= lesen mit der hinreißenden Würde eines kunstlosen Gesanges. Bald wollte sie in Gesellschaft glänzen und tändeln, bald war sie ganz Begeisterung und bald half sie mit Rath und That, ernst, bescheiden und freundlich wie eine zärtliche Mutter. Eine geringe Begebenheit war durch ihre Art, sie zu erzählen, so reizend, wie ein schönes Märchen. Alles

umgab sie mit Gefühl und Witz, sie hatte Sinn für Alles,
und Alles kam veredelt aus ihrer bildenden Hand und von
ihren süß redenden Lippen. Nichts Gutes und Großes war
zu heilig oder zu allgemein für ihre leidenschaftlichste Theilnahme. Sie vernahm jede Andeutung und sie erwiderte
auch die Frage, die nicht gesagt war. Es war nicht mög=
lich, Reden mit ihr zu halten; es wurden von selbst Ge=
spräche, und während dem steigenden Interesse spielte auf
ihrem feinen Gesichte eine immer neue Musik von geistvollen
Blicken und lieblichen Mienen." Zum Schlusse aber hebt
er hervor, daß diese Frau voll zarter Poesie, bei jeder großen
Gelegenheit Kraft und Muth zum Erstaunen gezeigt habe.

Es ist beklagenswerth, daß auf die höchste Entfaltung
der menschlichen Geisteskräfte mit Nothwendigkeit eine Er-
schlaffung folgen muß, wie denn auch Karoline, nachdem sie
eben als Ueberwinderin ihrer Schwäche und der Noth der
Welt triumphirt hatte, gerade diejenige Handlung beging,
um deretwillen man ihr am ehesten ernstlich zürnen möchte:
daß sie nämlich die Ehe mit Wilhelm Schlegel einging.
Denn abgesehen davon, daß sie in späterer Zeit selbst er=
klärte, ihn weniger aus Liebe geheirathet zu haben, als auf
den Wunsch ihrer Mutter hin und um sich und ihrem Kinde
eine gesicherte Lebensstellung zu geben, wie könnte man
glauben, daß sie den Mann wirklich liebe, von dem sie
sechs Jahre vorher gesagt hatte: „Schlegel und ich! ich lache,
indem ich es schreibe! Nein, das ist sicher — aus uns
wird nichts!" Ja, selbst wenn man betonen wollte, welche
Veränderungen sechs Jahre im Menschen hervorbringen
können, wieviel die Zeit hier wirklich verändert hatte; daß
die Ehe so bald sich wieder auflöste, beweist doch, daß eine
innere Zusammengehörigkeit sich nicht ausgebildet hatte. Sich
aber halb aus spielender Verliebtheit, halb aus Bequemlich-

keit in Liebe hineinzulügen, ist doppelt sündhaft für eine
Frau, die sich das Recht nimmt, dem Instinkte ihres Herzens,
wie wenn es eine heilige, unbestechliche Stimme wäre, sich
anzuvertrauen, was auch das Urtheil der Welt dagegen sagen
möge. Im Geheimsten war sie sich dieses Unrechts auch
wohl bewußt, denn alle ihre Aeußerungen über ihre Verlobung den Freunden gegenüber scheint ein Gefühl von Verlegenheit zu lähmen.

Was Alles andrerseits ihren Schritt entschuldigen und
erklären kann, ist so selbstverständlich, daß ich es nur flüchtig
anzudeuten brauche. Sie hatte Ursache, Wilhelm dankbar
zu sein, der sich so umsichtig, so thatkräftig, so selbstlos ihrer
angenommen hatte, und Dankbarkeit macht das Herz für
Liebe empfänglich. Die Lage war so, daß sie die Bedrängte
und Hülflose, er der Beschützer war, was ihm ein Ansehen
von größerer Männlichkeit und Ueberlegenheit verlieh, als
er in Wirklichkeit besaß. Dazu kam noch Eifersucht auf die
holländische Sophie, deren Liebe Wilhelm über Karoline's
Härte getröstet hatte, welches Gefühl er nicht ohne kokette
Sprödigkeit, vielleicht auch seinerseits aus Eifersucht auf den
Vater des neugeborenen Kindes reizte. Man braucht nicht
zu bezweifeln, daß sie in den „anmuthigen Freund", der so
jung, hübsch und unternehmend war, sich verliebt habe; der
uneigennützige Friedrich behauptete „kolossalisch verliebt".
Die Hauptsache war, daß sie ohne Liebe nicht sein konnte,
und daß der Rechte nicht zur Stelle war.

Es sollte sich aber an ihr rächen, daß sie aus Furcht
vor dem Alleinsein und vor dem Kampfe des Lebens eine
Verbindung geschlossen hatte, in der man sein ganzes Selbst
auf's Spiel setzt. Sie lebte nun in Gemeinschaft mit einem
Manne, den sie trotz aller seiner Talente und geistigen Vorzüge übersah, nicht daß sie klüger oder edler oder verständiger

gewesen wäre, sondern durch ihre allgemeine Wesensreife, die
vorgerückter war als seine. Und als nach kurzer Zeit ein
Mann in ihren Kreis trat, von dem auch wir zum ersten
Mal das sichere Gefühl haben, daß er ihr nothwendig, ihr
bestimmt war, Schelling, war sie gefesselt und fand sich durch
eigene Unbesonnenheit und Schwäche in schreckliche äußere
und innere Conflikte verstrickt. Bei alledem, wie erfreut
man sich gerade dann an der unbezwinglichen Frische ihrer
Natur, die kein Zweifel an sich selbst und der Wahrheit
ihrer Empfindungen ankränkelte. An den um ihre Fähigkeit
zur Treue sich sorgenden Freund schrieb sie:

„Spotte nur nicht, Du Lieber, ich war doch zur Treue
geboren, ich wäre treu gewesen mein Leben lang, wenn es
die Götter gewollt hätten, und ungeachtet der Ahndung von
Ungebundenheit, die immer in mir war, hat es mir die
schmerzlichste Mühe gekostet, untreu zu werden, wenn man
das so nennen will, denn innerlich bin ich es niemals gewesen. Dieses Bewußtsein aber von innerlicher Treue hat
mich oft böse gemacht, hat mir erlaubt, mir wagend zu er-
lauben; ich kannte das ewige Gleichgewicht in meinem
Herzen. Konnte mich etwas Andres vor dem Untergang
in meinem gefahrvollen Leben bewahren, als dieses Höchste?
Und wenn ich mir Verzweiflung bereitet hätte in der Verzweiflung der von mir Geliebten — ja, ich würde im Schmerz
darüber verzweifeln, im Gewissen nicht, niemals könnt' ich
wie Jakob ausrufen: Verlasse dich nicht auf dein Herz. Ich
müßte mich verlassen auf mein Herz über Noth und Tod
hinaus und hätte es mich in Noth und Tod geleitet."

Man fühlt, daß es keine Redensarten sind; das glaubt
man. Sie war treu, weil sie sich selbst treu war und, was für
Umwege sie auch einschlug, die rechte Richtung unerschütterlich im Sinne behielt. So bekommt man ein Vertrauen,

daß wohl auch die Umwege nothwendig und zu irgend etwas
nützlich und dienlich waren.

Haben aber alle Worte Karoline lebendig machen können,
so wie sie war? Wo ist ihr schalkhafter Muthwillen, das
unfehlbare Schicklichkeitsgefühl, mit dem sie das Ernste, das
keinen Scherz ertrug, ernsthaft behandelte, wo die schlichte
Würde, mit der sie jede Verleumdung und jedes Vorurtheil
der Uebelwollenden oder schlecht Unterrichteten entwaffnete,
die kluge Bescheidenheit, mit der sie die Grenzen ihrer Natur
erkannte? Nichts von Allem ist doch so wundervoll, wie die
Unschuld ihres Selbstbewußtseins, das auf der zweifellosen
Ueberzeugung von der ursprünglichen Güte ihres Herzens
beruhte. Es ist, wenn sie von dem sanften Muthe ihres
Herzens spricht, der sie wegtrage über die dunkelsten Stunden
und drohendsten Gefahren, als freue sie sich dankbar eines
schönen treuen Gesellen in ihrer Brust, des holden Genius,
der ihr innewohnte. Nachdem sie den größten Schmerz
ihres Lebens erfahren, ihr Kind verloren hatte, las sie einmal,
daß im Homer die Worte vorkommen sollten: Die Herzen
der Guten sind heilbar, und bat ihren Mann, ob er nicht die
Stelle für sie aufsuchen wolle. „Denn im Homer", schrieb
sie, „habe ich das niemals gefunden, bloß in meinem eigenen
Herzen."

Das Athenäum.

Der Buchstab' ist der echte Zauberstab.
Friedr. Schlegel.

In dem lieblichen Thale der Schwarza hatte sich im
Sommer 1799 der junge Norweger Steffens, Studirender
der Naturwissenschaft, der Philosophie, der Literatur und
alles Neuen und Schönen, gelagert und las Fichte's Wissenschaftslehre und das Schlegel'sche Athenäum. Daß Fichte
und Goethe die Brennpunkte der neuen Zeit seien, hatte er
im Athenäum gelesen; Goethe war der Genius seiner Jugend
gewesen, Fichte aber ihm bis dahin unbekannt geblieben.
Nun vertiefte er sich in die Kunst des abstrakten Denkens,
was ihm auch nach einiger Bemühung so wohl gelang, daß
er sich im Bannkreise des sich selbst setzenden Ich ziemlich
heimisch fühlte. Aber seltsam war es ihm doch, wenn er
aufblickte, das Gebirge, die Bäume, die Vögel und die Sonne
in ihrem strahlenden unwiderleglichen Dasein zu sehen. Nichts
erwähnt er von einem solchen Gegensatz der Natur zum
Athenäum, wiewohl es durchaus ein Geschöpf des bewußten
Geistes ist: das riß ihn hin und zwar, wie er sagt, durch
den mächtigen Geist der Einheit des ganzen Daseins, der
wie ein frischer Lebensstrom darin wehe und alle Wissenschaften in eine zusammenzufassen suche.

„Der Bildung Strahlen all' in Eins zu fassen,
Vom Kranken ganz zu scheiden das Gesunde,
Bestrebten wir uns treu im freien Bunde"

sagte Friedrich Schlegel in dem Gedichte, das er das Athe=
näum betitelte; zum Beweise, daß die Leidenschaft zur Ein=
heit wie die Seele der ganzen Romantik so auch die des
Athenäums war oder sein sollte.

Wer die vergilbten, altfränkischen Bände des Athenäums
aus einer Bibliothek sich holt und von außen betrachtet,
kann es sich kaum vorstellen, daß ein Jüngling, im kühlen,
sommerlichen Walde sitzend, sich aus diesen Blättern einen
Rausch der Begeisterung las; daß sie einmal so modern und
aufsehenerregend waren wie jetzt etwa die „Jugend", nein,
viel mehr: eine Fahne der Revolution, von jungen, wage=
muthigen, hoffenden Menschen unter Lachen und Jubel ge=
schwungen.   Das sollte mit einem Male eine Lücke reißen
in die Mauern der Philisterburg! Und dann wollten sie
hinterdrein stürmen und sich erobernd in die dämm'rige,
dumpfe Höhle werfen.   Wie Feuerbrände sollten die phan=
tastischen Einfälle in die steifen, breitspurigen Gassen fliegen
und zünden.

Wer das ausgeheckt hatte unter unzähligen andern Ent=
würfen, das war natürlich Friedrich, während er in Berlin
nach langem Darben der ersten Jugend in Freundschaft und
Liebe schwelgte. Von seinem faulen Freunde in Kopenhagen,
für den die bequemste Stellung ein Studium war, erzählt
Steffens, daß er der geistig Angeregteste unter ihnen Allen
gewesen sei; aus seiner körperlichen Unbeweglichkeit heraus
habe er stets die ganze Gesellschaft in Athem gehalten.
Ebenso verhielt es sich mit Friedrich; damals aber namentlich
war er durch und durch von Begeisterung beseelt, von einer
gründlichen, nachdrücklichen, massenhaften Begeisterung. Mitten
in seiner philosophisch-ästhetischen Abhandlung über das
Studium der griechischen Poesie und in einem Aufsatz über
Lessing steckend, erübrigte er Zeit, den Plan für die neue

Zeitschrift zu entwerfen und einen Namen zu ersinnen für
die herrliche Waffe, die sie schmieden wollten. Herkules sollte
sie heißen, sei es wegen der Schlangen, die der Heros in der
Wiege erwürgt oder weil er den Augiasstall gereinigt hatte,
dann wieder schlug er Dioskuren vor oder Schlegeleum; denn
der verbrüderte Geist von Wilhelm und Friedrich sollte das
Ganze regieren. Aber großherzig entsagungsvoll, wie man
ist, wenn es sich um die Verwirklichung einer Lieblingsidee
handelt, gab er nach und ließ sich das Athenäum gefallen.

Nun aber galt es, den eigenen Enthusiasmus dem
Bruder einzuflößen, der dem fremden Plane gegenüber gar
nicht so rührig war, wie er sonst zu sein pflegte, auch vielleicht ein nicht unbegründetes Mißtrauen gegen Friedrich's
Entwurfsfieber hatte. Etwas Neues und Gründliches über
Lessing war Friedrich selbst im Begriff zu schreiben; ein
entscheidendes Wort sollte über Goethe gesagt werden; Wieland hinzurichten sollte Wilhelm übernehmen. Aber vor
allen Dingen eine Fülle von Ideen! Wir sind jetzt ge-
wohnt, in jeder Tages-, Wochen- und Monatszeitung eine
Fülle von Aphorismen zu finden, meistens Lückenbüßer, die
einen allgemeinen, wohlbekannten Gedanken nett zugespitzt
ausdrücken und so, vertraut und doch überraschend, bequem
eingehen. Damals war das etwas Neues und Friedrich
glaubte, die Anmaßung, die darin zu liegen schien, entschuldigen zu müssen. Ganze Werke zu schreiben, sagte er,
sei freilich ungleich bescheidener, weil sie ja wohl bloß aus
andern Werken zusammengesetzt sein könnten, und weil den
Gedanken im schlimmsten Fall die Zuflucht bliebe, der Sache
den Vorrang zu lassen und sich demüthig in den Winkel zu
stellen. Aber Gedanken, einzelne Gedanken seien gezwungen,
einen Werth für sich haben zu wollen und müßten Anspruch
darauf machen, eigen und gedacht zu sein.

Eigen und gedacht waren seine Ideen wirklich, die „Feuerluft aus Friedrich Schlegel's Laboratorium", wie Goethe einmal sagte; keine angeflogene, schillernde Einfälle, sondern hartschalige Nüsse, die man oft mühsam aufknacken und abschälen mußte, eh' man sie genießen konnte. Sie waren das Ergebniß langen, gründlichen, philosophischen Nachdenkens und ohne energisches Mitdenken des Lesers durchaus nicht zu verstehen. Darin liegt ihr Reiz. Man sieht, es hat sich da ein Denker, um sich den Vorrath seines Bewußtseins klar und übersichtlich zu machen, eine Reihe von Ausdrücken geschaffen, die man, durch gründliches Studium oder besser durch eine gewisse Verwandtschaft der Anschauung, in sich erleben muß, wenn man sie ganz würdigen will.

Es ist auffallend, wie das Fragment die für Friedrich geeignete Form zu sein scheint. Man kann sagen, die Fülle seiner Ideen sei zu schwer gewesen, oder seine Gestaltungs= kraft habe nicht ausgereicht, eine größere Masse zu formen. Denkfaul war er keineswegs; aber es war ihm bequem, sein bloßes Denken, roh, unverbunden, wieder zu geben, neben= einander gestellte Steine, damit wer Lust habe, sich ein Haus daraus baue. Wegen dieses Hanges, sich fragmentarisch aus= zudrücken, liebte er den Vergleich mit Lessing; Lessing'sches Salz sollten seine Ideen sein gegen die geistige Fäulniß — Randglossen zum Texte des Zeitalters. Aber Lessing's Frag= mente waren Splitter, die bei einer Riesenarbeit abfielen; Friedrich's Fragmente sind Schnitzeleien, auf die er sein höchstes Können verwendete. Das setzt freilich die Frag= mente selbst nicht herab; als eigen gedachte Gedanken haben sie ihre Unsterblichkeit.

Von der umgebenden Welt ganz abgesondert und in sich selbst vollendet wie ein Igel sollten die Fragmente sein, sagte Friedrich und charakterisirte damit allerliebst seine be=

rüchtigten Paradoxen. Man muß jedes als ein Reich für
sich nehmen, voll Stacheln, aber inwendig schön ausgestattet,
sauber und wohnlich. Wilhelm und Karoline gingen beim
Frühstück die vielen Hunderte Friedrich'scher Ideen durch,
die er ihnen zur Einsicht schickte, und hielten es für nöthig,
wenn ihnen etwas gar zu paradox, stachelig oder schwer-
verdaulich schien, das Veto einzulegen, zu dem die beiden
Gründer berechtigt waren. Er hat die Vetoscheu, sagten
sie, als er bald darauf über Kranksein klagte. Bei aller
Ehrlichkeit und Unerschrockenheit im Kampf hielt Wilhelm,
als Professor in Jena, eine gewisse Vorsicht und Rücksicht
doch für geboten; Karoline war ohnehin nie für das Extreme.
Friedrich war empfindlich und entrüstet; wenn man eine
Meinung habe, solle man sie unterdrücken, weil man nicht
sicher sei, ob Goethe lächeln oder die Stirn runzeln werde?
Indessen versprach er um des Gelingens Willen schließlich
Alles: es sollte gewissenhaft vermieden werden, was „an
Schiller grenzte", nicht einmal über Agnes von Lilien, den
Roman seiner Schwägerin, sollte ein Wort fallen. Dagegen
mußte Karoline alle seine früheren Briefe durchlesen, um
„sittliche Fragmente" zu suchen, woran es noch mangelte,
ebenso ihre eigenen und die seines Bruders. Denn nichts
lag Friedrich ferner, als etwa das Athenäum mit seinem
Geist allein beherrschen zu wollen: es sollte eine große
Symphonie verwandter Geister sein. Ob er selbst einsah,
daß, wie Wilhelm und Karoline sagten, der Frédéric tout
pur unverdaulich wäre, jedenfalls war er der erste, der
auf esprit de Wilhelm, esprit de Karoline, esprit de
Schleiermacher drang, damit jene Universalität entstehe, die
er in jeder Erscheinung, auf jedem Gebiete suchte. Sein
Freundschaftshunger hatte die Romantiker gesammelt; unermüdlich betonte er die Nothwendigkeit, daß die Gebildeten

sich zusammenthun und eine unsichtbare Kirche bilden müßten, da der Einzelne nichts Großes ausrichten könne. Die Künstler, sagt er in den Fragmenten, sollen zusammentreten als Eidgenossen zum ewigen Bündniß; eine Hanse bilden wie die Kaufleute im Mittelalter. Ihm selber entwickelten sich die Gedanken vorzüglich im Gespräch und im Briefwechsel. Dessen war er sich bewußt; ohne die Freunde glaubte er nichts, mit ihnen Alles leisten zu können. Tieck, Novalis und Schleiermacher führte er seinem Bruder zu und warb sie zum Mitwirken am Athenäum an. Novalis sollte philosophische und chemische Beiträge geben, Karoline persönliche, Schleiermacher ethische, Wilhelm ästhetische. Und so ist denn das Athenäum wirklich ein Zusammenklang der verschiedensten Individuen geworden, die nur darin Eins waren, daß sie die Wahrheit suchten und an den Geist glaubten. Bald sehen uns die reinen, scharfen Augen Schleiermacher's daraus an, bald die zum Himmel schwärmenden des frommen Novalis. Von ihm sagte Friedrich, er dichte in Atomen. Seine Aussprüche schweben wie Leuchtkugeln auf in schönem Schwunge, eine sanfte Helligkeit über den dunkeln Himmel verbreitend und still ausathmend, ehe man sich ihrer deutlich bewußt geworden ist.

„Wir sind dem Aufwachen nahe, wenn wir träumen, daß wir träumen."

„Der Tod ist eine Selbstbesiegung, die wie alle Selbstüberwindung, eine leichtere Existenz verschafft."

Man ahnt einen unergründlichen Gehalt in den Worten und möchte ihn fassen; aber zugleich hauchen sie eine Musik aus, der man sich mit geschlossenen Augen hingeben möchte, ohne zu untersuchen.

Schärfer und bestimmter ist, was Schleiermacher giebt; fast Alles berührt das Psychologische, wie sein durchdringender

Blick es zu Tage förderte. Man erfreut sich an der feinen
Beobachtung, an der unbeugsamen Wahrheitsliebe, mit der
er Folgerungen zieht und keinem Schlusse ausweicht; aber
da ist keine zitternde Oberfläche, unter der unermeßliche Tiefe
lockt, keine blaue Ferne, kein süßes Dunkel, das geheimnißvollen Urwald ankündigt. „Was oft Liebe genannt wird,
ist nur eine eigene Art von Magnetismus. Es fängt an
mit einem beschwerlich kitzelnden en rapport Setzen, besteht
in einer Desorganisation und endigt mit einem ekelhaften
Hellsehen und viel Ermattung Gewöhnlich ist auch Einer
dabei nüchtern.“

An ihrer zierlichen Geschliffenheit und der Weltlichkeit
ihres Inhalts erkennt man Wilhelm's Zuthaten. Er bezieht
sich niemals, wie die eigentlichen Romantiker zu thun pflegten,
auf das Unendliche; sondern beschränkt sich auf ein bestimmtes
Werk, irgend eine bestimmte Erscheinung, die er richtig und
hübsch beleuchtet. Seine weltmännische Correktheit und Urbanität verhindert ihn, in Gesellschaft sich anders als allgemein
verständlich und vermittelnd auszudrücken.

Friedrich's Geist ist im Athenäum der verbindende Goldgrund des farbigen Gemäldes. Jeden angedeuteten Gedanken
verfolgt er bis in seine äußersten Folgen und sammelt alle
zu Systemen oder wenigstens System=Projekten. Man erfährt hier die anregende Kraft, mit der er lebend so Viele
an sich fesselte, und die vielleicht hauptsächlich darin besteht,
daß sein gewaltiger Hang, sich über die Welt klar zu werden,
uns wie ein langsam fließender, aber starker Strom ergreift
und mitreißt; wie Schwärmereien sich epidemisch mittheilen,
so entzündet seine philosophische Wuth seine Zuhörer zum
Kreuzzuge nach dem heiligen Grabe des Welträthsels.

Ein majestätischer Idealismus ist die Weltanschauung,
die das Athenäum proklamirt. An allem Aeußerlichen, das

der Mehrzahl der Menschen wichtig dünkt und sie beschäftigt, wird mit großartiger Nachlässigkeit vorübergegangen, oder das innerliche Wesen wird daraus hervorgesucht und dadurch die Alltäglichkeit ihren Verehrern entfremdet und auf eine hohe Stufe gerückt. „Nicht in die politische Welt verschleudre du Glauben und Liebe, aber in die göttliche Welt der Wissenschaft und der Kunst opfere dein Innerstes in dem heiligen Feuerstrom ewiger Bildung."

Wissenschaft und Kunst werden von Friedrich einmal geradezu den Göttern und der Unsterblichkeit gleichgesetzt. Als der höchste Vorzug der Deutschen wird ihr Idealismus hingestellt. „Nicht Hermann und Wodan sind die Nationalgötter der Deutschen, sondern die Kunst und die Wissenschaft." Was für ein hochschwellender vaterländischer Stolz liegt in diesem Bekenntniß; wie fern aber von eitler Ueberhebung; denn: „es giebt nur wenige Deutsche." Aber der Charakter der großen deutschen Künstler aller Zeit sei rechtlich, treuherzig, gründlich, genau und tiefsinnig, dabei unschuldig und etwas ungeschickt; nur der Deutsche treibe die Kunst als eine Tugend und als Religion. Als die größten Vertreter deutscher Kunst und Wissenschaft zählt Friedrich auf: Kepler, Dürer, Luther, Jakob Böhme, Lessing, Winkelmann, Goethe und Fichte, alles Männer, die durch Geist und Charakter zugleich hervorragen. Auch wird absichtlich kein Unterschied gemacht zwischen Künstlern oder Denkern und großen Menschen; rauscht doch das Motto: Einheit und Ganzheit beständig dem marschirenden Heere voran wie eine Musik von Trompeten und Trommeln, ein heroisches Feldgeschrei.

„Universalität ist Wechselbethätigung aller Formen und Stoffe." So wurde das Gemeinschaftliche in den verschiedenen Künsten gesucht, im Gegensatz zu Lessing, dessen sondernder Verstand ihre Grenzen feststellte. In der Dres-

4*

dener Galerie hatten Wilhelm und Karoline Betrachtungen
über die bildenden Künste angestellt, die sie zu einer Gabe
für das Athenäum unter dem Titel „die Gemälde" anmuthig
verarbeiteten.   Da heißt es: „Und so sollte man die Künste
einander wieder nähern und Uebergänge aus einer in die
andere suchen. Bildsäulen beleben sich vielleicht zu Gemälden,
Gemälde werden zu Gedichten, Gedichte zu Musik, und wer
weiß? so eine herrliche Kirchenmusik stiege auch einmal wieder
als ein Tempel in die Luft."   Und noch einmal in einem
Fragment berührt Wilhelm denselben Gedanken:

„In den Werken der größten Dichter athmet nicht selten
der Geist einer andern Kunst. Sollte das nicht auch bei
Malern der Fall sein? Malt nicht Michelangelo in gewissem
Sinne wie ein Bildhauer, Raphael wie ein Architekt, Correggio
wie ein Musiker? Und gewiß würden sie darum nicht weniger
Maler sein als Tizian, weil dieser bloß Maler war."

Auch das kühne und schöne Bild von der Architektur
als einer gefrorenen Musik, jetzt beinahe gemeinplätzig geworden, hat Wilhelm zuerst gebraucht.

Das Ineinanderüberschwanken von Musik und Poesie und
Malerei wurde ein Lieblingsthema von Ludwig Tieck. „Wie?"
sagt er in der Verkehrten Welt, „es wäre nicht erlaubt, in
Tönen zu denken und in Worten und Gedanken zu musiziren?
O wie schlecht wäre es dann mit uns Künstlern bestellt!
Wie arme Sprache, wie ärmere Musik! Denkt ihr nicht so
manche Gedanken so fein und geistig, daß diese sich in Verzweiflung in Musik hineinretten, um nur Ruhe endlich zu
finden? Ach, ihr liebe Leute, das Meiste in der Welt grenzt
weit mehr an einander, als ihr es meint."

Daß er im Zerbino die Flöten sagen läßt: „Unser Geist
ist himmelblau, führt dich in die blaue Ferne" hat man in
nachromantischer Zeit lächerlich gemacht, während man jetzt

anfängt, die Verwandtschaft zwischen den verschiedenen Sinnes=
empfindungen wissenschaftlich zu untersuchen.

Wie nun in allen Künsten ein einziges Grundprinzip
geahnt wird, so sollen auch alle Wissenschaften auf eine
Wissenschaft zurückgeführt, ja schließlich Kunst und Wissenschaft Eins werden.

„Alle Kunst soll Wissenschaft und alle Wissenschaft soll
Kunst werden; Poesie und Philosophie sollen vereinigt sein.‟

Und eben diese Poesie, die auf ihrem höchsten Gipfel
Eins mit der Wissenschaft ist, ist die romantische, die Universalpoesie, die werdende, die Poesie der Poesie. Die dunkeln
Vorstellungen, die die meisten Menschen von der romantischen
Poesie haben, als stehe sie in einem unversöhnlichen Gegen=
satze zu der sogenannten klassischen, als sei sie die über=
schwengliche, phantastische, verworrene, sind weit ab von der
großartigen Idee, die den romantischen Aesthetikern vor=
schwebte: jedes unpoetische Element soll aus der Dichtung
ausgeschieden werden, Alles aber, was der Sinn aufnehmen,
der Geist erkennen, das Gemüth ahnen kann, soll die all=
umfassende in sich begreifen. Alles soll poetisirt werden.
Nichts ist zu gering oder zu groß für die Poesie; denn auch
die kleinste Erscheinung verhüllt ein Unendliches.

Es scheint dem, der sich in das Athenäum vertieft, als
gäbe es auf der Welt nichts als Kunst und Wissenschaft,
und als ob insofern der Vorwurf gerechtfertigt wäre, alles
dies habe nur für gelehrte Künstler und künstlerische Gelehrte, also für einen sehr kleinen Kreis von Menschen,
Bedeutung. Und allerdings gehörten ja die Wenigen, die
hier zu Worte kamen, einer Hanse an, fühlten sich stolz als
Mitglieder einer unsichtbaren Kirche. Mit kühler und klarer
Verachtung reden sie von der großen Gegenpartei mit ihrem
Wahlspruch: vernünftig, aber dumm.

„Es giebt rechtliche und angenehme Leute, die den Men=
schen und das Leben so betrachten, als ob von der besten
Schafzucht oder vom Kaufen oder Verkaufen der Güter die
Rede wäre. Es sind die Oekonomen der Moral und eigentlich
behält wohl alle Moral ohne Philosophie einen gewissen
illiberalen und ökonomischen Anstrich . . . Es giebt öko=
nomische Schwärmer und Pantheisten, die nichts achten als
die Nothdurft und sich über nichts freuen, als über ihre
Nützlichkeit. Wo sie hinkommen, wird Alles platt und hand=
werksmäßig, selbst die Religion, die Alten und die Poesie,
die auf ihrer Drechselbank nichts edler ist als Flachshecheln."

Von der sogenannten guten Gesellschaft wird gesagt, sie
sei eine Mosaik von geschliffenen Karrikaturen. Oder: „Die
meisten Menschen sind, wie Leibnitzens mögliche Welten, nur
gleichberechtigte Prätendenten der Existenz. Es giebt wenige
Existenten." Und kann man einen exklusiveren Standpunkt
haben als den, daß selbst in den äußerlichen Gebräuchen
der Lebensart die Künstler sich von den andern Menschen
unterscheiden sollten? Dies ist die aristokratische Seite des
Athenäums. Auf die Klage des Publikums, die deutschen
Autoren schrieben nur für einen kleinen Kreis, ja oft nur
für sich selbst unter einander, erwiderten sie trotzig, das sei
gut so, „dadurch wird die deutsche Literatur immer mehr
Geist und Charakter bekommen." Die Künstler sind, sagen
sie, unter den Menschen, was die Menschen unter den andern
Bildungen der Erde. Sie sind Brahminen, eine höhere
Kaste; aber — und nun kommt ein Zusatz, der den ganzen
Ausspruch wieder demokratisirt — sie sind nicht durch Ge=
burt, sondern durch freie Selbsteinweihung geadelt. Un=
ermüdlich wird betont, daß es eines Jeden Beruf und
Pflicht ist, Mensch, Künstler, Gott zu werden. So haben
wir hier dieselbe Mischung von Popularität und Aristokra=

tismus wie im Christenthum: Viele sind berufen, aber
wenige sind auserwählt.

Durch das, was die Romantiker unter dem Begriff
„Künstler" sich dachten, wird die Würde, die auf einen
kleinen Kreis beschränkt schien, auf die ganze Menschheit
erweitert: „Künstler ist ein Jeder, dem es Ziel und Mitte
des Daseins ist, seinen Sinn zu bilden." Nur auf den
Entschluß kommt es an, „sich auf ewig von allem Gemeinen
abzusondern." Aber noch auf andre Weise wird die Möglichkeit dargethan, daß ein Jeder sich erfolgreich dem höchsten
Ziele zuwenden könne. „Genie ist der natürliche Zustand
des Menschen." Wer anders als der überschwenglich kühne
Geist Hardenberg's wagte so zu denken und so sich zu äußern?
Das größte Kunstwerk, so philosophirt der Schüler Fichte's,
erschafft die unbewußte Phantasie des Menschen, indem sie
aus eigner Kraft die Welt sich aufbaut; der Liebende, der
die Geliebte vergöttert und ein anbetungswürdiges Bild
sieht, das nicht ist; der Wilde, der die Sprache schafft als
ein bildsames, nach ewigen Gesetzen wandelbares Symbol
für die erscheinende Welt und beweglichen Körper für die
Gedanken, sie sind Alle Künstler von Gottes Gnaden, und
es handelt sich für den Menschen nur darum, sich auf das
Genie, das in ihm ist, zu besinnen, es in seine Gewalt zu
bekommen.

„Jeder ungebildete Mensch ist die Karrikatur von sich
selbst." Daraus folgt, daß sich bilden heißt: sein eignes
Ideal werden. Alles was in diesem Gedanken liegt und
sich daraus folgern läßt, faßt Friedrich in den Worten zusammen: „Jeder gute Mensch wird immer mehr und mehr
Gott. Gott werden, Mensch sein, sich bilden sind Ausdrücke,
die einerlei bedeuten." Diese Vergötterung des Ich ist
himmelweit entfernt von der unfruchtbaren Eitelkeit derjenigen,

denen ihr eigenes Selbst der Pflock ist, woran sie mit
kurzem Strick festgebunden sind und um den sie sich unaufhörlich drehen.   Denn unter dem Gottwerden ist verstanden
Erweiterung der eigenen Persönlichkeit zur Aufnahme von
unendlich vielen.   „Kein Mensch ist schlechthin Mensch, sondern kann und soll wirklich und in Wahrheit auch die ganze
Menschheit sein.“   Wenn wir nun noch Gott einen Abyssus
von Individualität genannt finden, den einzigen unendlich
Vollen, so sehen wir ein Religionsprojekt, das Friedrich's
Gepräge trägt, dem Fichte's Geist als Stern im Osten ge-
leuchtet hat.

Wie der goldne, Alles durchdringende Aether umhüllt
die Idee der Religion die ganze Gedankenwelt, die hier
ausgebreitet liegt.   Einer Landschaft gleicht sie, in deren
Hintergrunde ein ungeheurer, Alles überragender Berg mit
schimmerndem Gipfel lagert, den man von jedem Platze aus
sehen kann und dessen unvertilgbaren Umriß man noch ahnt,
wenn ihn silberne Dünste oder graues Regenwetter ver-
schleiern.

„Nur durch Religion wird aus Logik Philosophie, nur
daher kommt Alles, was diese mehr ist als Wissenschaft.
Und statt einer ewig vollen, unendlichen Poesie werden wir
ohne sie nur Romane haben oder die Spielerei, die man
jetzt die schöne Kunst nennt.“

„Die Religion ist nicht bloß ein Theil der Bildung,
ein Glied der Menschheit, sondern das Centrum aller
Uebrigen, überall das Erste und Höchste, das schlechthin
Urspüngliche.“

Was der Grundgedanke von Schleiermacher's Reden
über die Religion war, daß nämlich Religion nichts andres
sei als Beziehung des Endlichen auf das Unendliche, Gefühl
des Universums, das findet sich hier im Keime, in blitz-

artigen, straff zusammengefaßten Aussprüchen, die auf den
Verständnißvollen stärker wirken als Schleiermacher's etwas
verwässertes Reden, was freilich bestimmt war, von Vielen
eingenommen und begriffen zu werden und seinen Zweck
auch erfüllte. Aber inniger als dort fühlt man hier, wie
eine aufkeimende Religion schon den Himmel des Zeitalters
färbt als verheißungsvolle Morgenröthe. Hundertfach wird
mit dem „Zauberstab des Buchstabens" an das Geheimniß
der verkündigten Sonne gerührt, das Räthsel der Räthsel
durch vermittelnde Gleichnisse dem Sinn nahe gebracht, wie
wenn man den Glanz des feurigen Gestirns, der dem menschlichen Auge unerträglich ist, dämpft und verwandelt, indem
man es durch farbige Gläser betrachtet.

Eine tröstliche Gewißheit hat der Strebende: „Dein Ziel
ist Kunst und Wissenschaft, dein Leben Liebe und Bildung.
Du bist ohne es zu wissen auf dem Wege zur Religion.
Erkenne es, und du bist sicher, dein Ziel zu erreichen."
Von diesem Standpunkte aus ist es begreiflich, daß Bildung
als das höchste Gut und das allein Nützliche gepriesen wird.

Diesen Begriff von Religion, die „den Geist des sittlichen Menschen überall umfließen soll wie sein Element",
müssen wir gegenwärtig haben, um die Aussprüche über
Moral zu verstehen, die Allem, was man bisher darunter
begriffen hatte, entgegengesetzt waren. Zum Beispiel: „Man
hat nur so viel Moral als man Philosophie oder Poesie
hat." Oder: „Die erste Regung der Sittlichkeit ist Opposition gegen die positive Gesetzlichkeit und conventionelle
Rechtlichkeit — eine grenzenlose Reizbarkeit des Gemüthes."

Es ist derselbe Kampf, den der Apostel Paulus gegen
das Gesetz kämpfte im Namen der Liebe, welche er des
Gesetzes Erfüllung nannte. Allerdings, sagte er, muß, wer
das Gesetz umwirft, vom Geiste regiert sein, oder, wie es

die Romantifer ausdrücken, er muß im Unsichtbaren leben,
sein Leben muß Liebe und Bildung sein; jedenfalls kann
man insofern den Romantikern wie jedem Idealisten und
jedem Christen den Vorwurf machen, daß sie eine Herrschaft
angriffen und zu erschüttern suchten, um dafür eines Reiches
Bürger zu werden, das für den Menschen ewig ein Kommen=
des ist, wie wir ja auch beten: dein Reich komme.

Im Athenäum liegt der Keim zu Allem, was die Ro=
mantik bringen sollte. Der Begriff der Ironie, der ein so
wichtiger Grundsatz der romantischen Aesthetik war, ist viel=
fach zu bestimmen versucht. Die ganze Naturphilosophie
liegt angedeutet in den Worten: „Willst du in's Innere
der Physik dringen, so lasse dich einweihen in die Mysterien
der Poesie." Auch die Entdeckung der orientalischen Poesie
mit ihrem gewaltigen Einfluß bereitet sich vor: „Im Orient
müssen wir das höchste Romantische suchen." „Welch eine
Quelle an Poesie könnte uns aus Indien fließen."

Staunenswerth ist für die Leser unsrer Zeit, wie un=
veraltet diese Blätter sind. Unzähligen Gedanken begegnen
wir, die sich in unsern Tagen, ihrer Neuheit und Ver=
einzelung bewußt, kaum so frei und muthig hervorwagen,
wie sie dort ausgesprochen sind. Man kann sich nicht radi=
kaler über die Emanzipation der Frauen aussprechen, als
es Schleiermacher, ein Prediger, in seinem Katechismus der
Vernunft für edle Frauen that, wo z. B. folgende Gebote
gegeben sind:

„Du sollst von den Heiligthümern der Liebe auch nicht
das Kleinste mißbrauchen: denn die wird ihr zartes Gefühl
verlieren, die ihre Gunst entweiht und sich hingiebt für
Geschenke und Gaben, oder um nur in Ruhe und Frieden
Mutter zu werden."

„Du sollst nicht falsch Zeugniß ablegen für die Männer;

du sollst ihre Barbarei nicht beschönigen mit Worten und
Werken."

Eine noch deutlichere, schlagendere Sprache führt das
Glaubensbekenntniß:

1. Ich glaube an die unendliche Menschheit, die da
war, ehe sie die Hülle der Männlichkeit und der Weiblichkeit
annahm.

2. Ich glaube, daß ich nicht lebe, um zu gehorchen oder
um mich zu zerstreuen, sondern um zu sein und zu werden;
und ich glaube an die Macht des Willens und der Bildung,
mich dem Unendlichen wieder zu nähern, mich aus den
Fesseln der Mißbildung zu erlösen und mich von den
Schranken des Geschlechts unabhängig zu machen.

Mit ebenso schneidender Rücksichtslosigkeit fällt Friedrich
das Urtheil über die Ehe:

„Fast alle Ehen sind nur Concubinate, Ehen an der
linken Hand, oder vielmehr provisorische Versuche und entfernte Annäherungen zu einer wirklichen Ehe, deren eigentliches Wesen, nicht nach den Paradoxen dieses oder jenes
Systems, sondern nach allen geistlichen und weltlichen Rechten,
darin besteht, daß mehrere Personen nur eine werden sollen.
Wenn aber der Staat gar die mißglückten Eheversuche mit
Gewalt zusammenhalten will, so hindert er dadurch die
Möglichkeit der Ehe selbst, die durch neue, vielleicht glück-
lichere Versuche befördert werden könnte."   . —

Als noch viel moderner berührt uns aber die Bemerkung,
die eine mehr nützliche als erfreuliche Wahrheit genannt
wird, daß sogar die beste Ehe, ja die Mütterlichkeit selbst,
welches beides doch gewöhlich als das einzige Ziel der Frau
betrachtet zu werden pflegt, nur allzu leicht die Frau herab-
ziehen könne, sodaß sie, mit den Bedürfnissen der Erde verstrickt, ihres göttlichen Ursprungs und Ebenbilds nicht mehr

eingedenk bleibe. Woraus freilich keineswegs der Schluß gezogen wird, daß die Frau sich der Liebe, Ehe und Mutterschaft entziehen solle.

Von der modernen Lehre vom Uebermenschen findet sich ein Vorklang in den Worten: „Es ist der Menschheit eigen, daß sie sich über die Menschheit erheben muß." Ja, sogar die beinah tollkühn erscheinende Behauptung, die in neuester Zeit aufgetaucht ist, nicht die Kunst richte sich nach der Natur, sondern umgekehrt, wird in einigen flüchtigen Worten berührt, wo es heißt, daß der menschliche Geist der umgebenden Welt seine Gesetze vorschreibe und sie nach sich schaffe und modle.

Auf Richard Wagner und die jetzige Programm- und Gedanken-Musik scheint folgendes Fragment prophetisch hinzuweisen:

„Es pflegt Manchem seltsam und lächerlich aufzufallen, wenn die Musiker von den Gedanken in ihren Compositionen reden; und oft mag es auch so geschehen, daß man wahrnimmt, sie haben mehr Gedanken in der Musik als über dieselbe. Wer aber Sinn für die wunderbaren Affinitäten aller Künste und Wissenschaften hat, wird die Sache wenigstens nicht aus dem platten Gesichtspunkt der sogenannten Natürlichkeit betrachten, nach welcher die Musik nur die Sprache der Empfindung sein soll, und eine gewisse Tendenz aller reinen Instrumentalmusik zur Philosophie an sich nicht unmöglich finden. Muß die reine Instrumentalmusik sich nicht selbst einen Text erschaffen? und wird das Thema in ihr nicht so entwickelt, bestätigt, variirt und contrastirt, wie der Gegenstand der Meditation in einer philosophischen Ideenreihe?"

Was für ein idealistisches Zeitalter, in welchem eine Zeitschrift Leser fand, die keinen, aber auch gar keinen bloßen

Unterhaltungsreiz bot; die mehr studirt als gelesen sein wollte. Lange freilich konnte das Athenäum sich nicht halten. Es erschien in den Jahren 1798—1800. Im bewußten Gegensatze zur großen Menge war es auf den Kampfplatz getreten; es war deshalb nicht zu verwundern, daß „das platte Volk von Hamburg bis nach Schwaben" einen Schrei der Entrüstung aus dem verwundeten Herzen erschallen ließ. Aber auch die Theilnahme der Gebildeten war geringer, als man erwartet hatte. Man klagte über die Unverständlichkeit namentlich von Friedrich's Fragmenten, was nicht unverzeihlich ist, wenn man z. B. liest: „Karri= katur ist eine passive Verbindung des Naiven und Grotesken. Der Dichter kann sie ebensowohl tragisch als komisch ge= brauchen." Oder: „Urbanität ist der Witz der harmonischen Universalität, und diese ist das Eins und Alles der historischen Philosophie und Plato's höchste Musik. Die Humaniora sind die Gymnastik dieser Kunst und Wissenschaft."

Man muß gestehen, daß die Bequemlichkeit des durch= schnittlich Gebildeten sich in der Regel von einem solchen Ideen=Igel zurückziehen wird, an dem sein Geist sich so ritzen kann, bis er sich ihm offenbart hat. Eine Art von Geheimsprache — ein gewisser Mystizismus des Ausdrucks, wie Friedrich sagt — bildet sich leicht aus, wenn mehrere Menschen sich oft über dieselben Gegenstände ihres gemein= samen Interesses unterreden; und aus Unterhaltungen Be= freundeter ist ja im Grunde das Athenäum entstanden.

In einer wundervollen kleinen Selbstvertheidigung, wo Laune und Ernst sich reizvoll mischen, beantwortete Friedrich die Vorwürfe und Klagen über seine Unverständlichkeit. An seinen Bruder schrieb er, ob es nicht gut sein würde, künftig mit jedem Heft ein Stück Honigkuchen gratis auszutheilen. Er war umsomehr entrüstet, als er sich ehrlich und leiden=

schaftlich bestrebte, populär zu sein, ja sogar das Wort
Popularität häufig mit Wohlgefallen im Munde führte, er
der in der Unkunde seines kindlichen Fürsichlebens der be=
schäftigten Welt seine weltferne Persönlichkeit, den „Frédéric
tout pur“ so ohne Weiteres zumuthete!

Wie dem auch sei, an der Unverständlichkeit ging das
Athenäum zu Grunde. Der schmetternde Jubelton, den die
Herolde der kommenden goldnen Zeit in die Welt geblasen
hatten, verklang im Gewühl, das sie nicht achteten. Denn das
ist das Schönste an diesem Buche und das Künstlerische: die
Stimmung, die die einzelnen Theile kraftvoll zusammenfaßt,
eine freudige Stimmung von Menschen, die wissen, daß sie
das Rechte wollen und glauben, daß das Rechte siegen
muß, weil fortschreitende Entwickelung das Gesetz der Welt
ist. Die blitzenden Augen auf die Zukunft gerichtet, auf
die Spitze des Berges, übersahen die Anstürmenden, was
im Wege hinderte und drohte. „Im 19. Jahrhundert wird
jeder die Fragmente mit viel Behagen und Vergnügen in
der Verdauungsstunde genießen können und auch zu den
härtesten, unverdaulichsten keinen Nußknacker bedürfen“, sagt
Friedrich, wo er sein Herz ausschüttet über die Unverständlichkeit, die man ihm vorgeworfen hat. „Die neue Zeit kündigt
sich an als eine schnellfüßige, sohlenbeflügelte; die Morgenröthe hat Siebenmeilenstiefel angezogen. Lange hat es
gewetterleuchtet am Horizont der Poesie, in eine mächtige
Wolke war alle Gewitterkraft des Himmels zusammengedrängt,
jetzt donnerte sie mächtig, jetzt schien sie sich zu verziehen
und blitzte nur aus der Ferne, um bald desto schrecklicher
wiederzukehren: bald aber wird nicht mehr von einem
einzelnen Gewitter die Rede sein, sondern es wird der ganze
Himmel in einer Flamme brennen, und dann werden euch
alle eure kleinen Blitzableiter nichts mehr helfen. Dann

nimmt das 19. Jahrhundert in der That seinen Anfang, und dann wird auch jenes kleine Räthsel der Unverständlichkeit des Athenäums gelöst sein."

Das Jahrhundert, an welches diese Appellation gerichtet wurde, ist bald vorüber und überliefert sie einem neuen Richter; denn es hat sich im Laufe seines Wachsthums von denen, die seine Geburtshelfer und Taufpathen waren, undankbar und verkennend abgewandt und ist ihnen die Entscheidung schuldig geblieben.

Novalis.

Du schienest, losgerissen von der Erde,
Mit leichten Geistertritten schon zu wandeln,
Und ohne Tod der Sterblichkeit genesen.
Wilhelm Schlegel an Novalis.

Von ihm müsse man sagen, er sei ein Genie, nicht er habe Genie, schrieb sein Freund, der Kreisamtmann Just; weil er nicht etwa eine besondere Befähigung zu irgend einer Kunst, Wissenschaft oder Hantirung gehabt habe, sondern ein Gleichgewicht aller Kräfte, so daß er in allem, was er auch ergriffen haben möchte, sich ausgezeichnet haben würde.

Er war Dichter nur insofern er Mensch war, ein solcher Künstler, wie die Romantiker meinten, daß jeder Mensch sein könne oder doch solle. Es lag ihm auch durchaus fern, als Dichter auftreten zu wollen, ja von seinen Freunden wünschte er ausdrücklich in erster Linie als Mensch betrachtet und behandelt zu werden. „Die Schriftstellerei" schrieb er an Just „ist eine Nebensache. Sie beurtheilen mich mehr billig nach der Hauptsache — dem praktischen Leben. Wenn ich gut, nützlich, thätig, liebevoll und treu bin: so lassen Sie mir einen unnützen, unguten, harten Satz passiren.... Ich behandele meine Schriftstellerei nur als Bildungsmittel. Ich lerne Etwas mit Sorgfalt durchdenken und bearbeiten — das ist Alles, was ich davon verlange. Kommt der Beifall eines klugen Freundes noch obendrein, so ist meine Erwartung übertroffen. Nach meiner Meinung muß man zur vollendeten Bildung manche Stufe übersteigen; Hofmeister,

Professor, Handwerker sollte man eine Zeit lang werden wie
Schriftsteller." So war er in demselben Sinne und sogar
in noch höherem Grade als Goethe Gelegenheitsdichter; denn
wenigstens in einem gewissen Alter, namentlich seit seiner
Bekanntschaft mit Schiller, fing Goethe an zu dichten, um zu
dichten, z. B. um gewisse Kunstprobleme zu lösen. Alles
was Novalis geschrieben hat, könnte man Tagebücher nennen,
worin auch die Schwächen seiner Prosawerke liegen. Der
vollkommenste Mensch und Künstler würde wohl der sein,
dessen Tage- und Lebensbücher, so wie er sie natürlich nieder=
schriebe, zugleich die schönsten Kunstwerke wären.

Seine Schönheit war von der Art, die der Menge nicht
auffällt, nur dem Kenner sichtbar ist als, wie Tieck von
Novalis sagt, „die reinste und lieblichste Verkörperung eines
hohen unsterblichen Geistes." Diejenigen, die ihn kannten
und verstanden, konnten die schlanke Gestalt mit den vor=
nehmen Geberden, die Augen voll ätherischer Gluth in dem
zartgebildeten Gesichte nicht vergessen. Ebenso wenig lag in
seinem Wesen das Hervorstechende, was man zu häufig genial
nennt; denn abgesehen davon, daß er sich nur ganz hingab,
wenn er verwandte Geister sich entgegenkommen fühlte, war
er zu einfach und ohne Affektation, um auf Ungeübte
einen überraschenden Eindruck zu machen. Bei seinen großen
Kenntnissen und reichem Geiste war er doch nicht hochmüthig,
er liebte harmlosen Scherz in der Geselligkeit; weil auch
das Geringste ihm bedeutende Ideen weckte, konnte er leicht
durch Gespräche über scheinbar unbedeutende Gegenstände die
Erwartung der mehr vom Stoffe Abhängigen enttäuschen.
Darin bestand eben seine bewundernswürdige Kunst des
Umganges, daß er mit allen aus allem etwas zu machen
wußte. Wie er erscheinen konnte, wenn er einem verständniß=
vollen Geiste begegnete, das erfährt man aus Friedrich

Schlegels Schilderung, nachdem die beiden Jünglinge sich kennen gelernt hatten: seine schwarzen Augen seien von herrlichem Ausdruck, schrieb Schlegel seinem Bruder Wilhelm, wenn er mit Feuer — unbeschreiblich viel Feuer — von etwas Schönem rede; er rede drei Mal mehr und drei Mal schneller als ein Anderer; nie habe er, Schlegel, so die Heiterkeit der Jugend gesehen.

Als er in die Welt hinaustrat, war er ein Jüngling, dem es bestimmt schien, die Fülle aller Erdengüter zu genießen; denn einer vornehmen, wohlsituirten Familie angehörend, fehlte es ihm für seine Laufbahn nicht an den besten Aussichten, er hatte eine einnehmende Erscheinung, eine Persönlichkeit alles anzuziehen und Herz und Sinn alles zu genießen. Ein Wechselverhältniß besteht zwischen dem Menschen und der Welt, daß sie demjenigen liebevoll entgegenkommt, der sie mit aufrichtiger Liebe sucht. Nicht die Liebe des Idealisten zu den Menschen und Dingen hatte Novalis, die in bittere Verachtung umschlägt, wenn die überirdischen Traumbilder sich nicht pünktlich verwirklichen; vielmehr das arglose Zutrauen eines gutartigen Kindes, das mit einem Herzen voll heimlicher Glückseligkeit in seinem kleinen Garten ein Paradies und in seinen Sträuchern und Büschen blühende Wunder sieht. „Tadle nichts Menschliches“ sagte er; „Alles ist gut, nur nicht überall, nur nicht für alle.“ Dieser Ausspruch seiner späteren Jahre bestätigt schön die Theorie, die er als noch nicht 20jähriger Jüngling gegenüber dem welt- und menschenhassenden Friedrich Schlegel verfocht: daß es nichts Böses auf der Welt gebe. Das war nicht die Unerfahrenheit hoffender Jugend, sondern es ist bezeichnend für den harmonischen Menschen, dessen Verstand wohl die Dissonanzen sieht, auch nicht etwa die Augen davon abwendet, der aber Kraft genug hat, bis zu ihrer Auflösung vorzu-

dringen. In seinem Temperamente lag die Neigung zu
diesem schönen und tiefen — keineswegs flachen Optimis-
mus, der aus der Ordnung des eigenen Innern sich unbewußt
die Gewißheit der Ordnung außer sich schöpft, der an den
Sieg des Guten glaubt, weil er die Kraft zum Guten in
sich hat; eine Fähigkeit zum Glück lag darin, der äußere
Unfälle nicht aus Leben können: wie eine Geistererscheinung
bohrt sich einem solchen Menschen das Schmerzensschwert
mitten durch die Brust, ohne zu tödten.

Daß er äußerte, er wolle, um alle die Herrlichkeiten der
Erde zu genießen, eine reiche Heirath machen, klingt anmuthig komisch im Munde eines Menschen, dessen geflügelte
Seele der Anziehung der Materie so wenig unterworfen
war, daß sie sich fast in jedem Augenblick himmelhoch über
die Erde aufschwingen konnte. Er gehörte eben nicht zu
jenen Idealisten, die die Augen an den Sternen hängend
mit den Füßen durch den Sumpf waten, im Gegentheil
pflegte er nach Art des guten Realisten mehr zu leisten als
er versprach, indem seine Aeußerungen über sich selbst sich
immer nur mit dem Nächstliegenden beschäftigten, was er in
sich erlebt hatte und wofür er einstehen konnte. So schrieb
er z. B. als Jüngling an Friedrich Schlegel, seine Bestimmung sei die häusliche der Familie, während Schlegel nach
Aufgang der Sonne gehe, gehe er den gewöhnlichen Weg
nach Westen; was einen seltsam berührt, wenn man die
Lebenswege der beiden Freunde vergleicht: wie der Schlegels
in den Niederungen hausbackener Sinnlichkeit sich verflachte,
während Novalis immer mehr dem morgenrothen Himmel
sich zu nähern schien. Schlegel ersehnte immer die äußersten
Höhen, aber ein irdischer Hang ließ ihn in bequemer Häuslichkeit sich selbst und seine Schwungkraft verlieren; einfache
Thätigkeit im traulichen Familienkreise war immer Novalis

5*

Ideal, doch ließ sein Genius es ihn nie erreichen und entrückte ihn den Augen der Menschen, ehe seine leichten Füße jemals fest auf der Erde gehaftet hatten.

Der erste Gegenstand seines Hanges und seiner Kraft zu verehren war Schiller, dessen Vorlesungen er als Student in Jena besuchte. Was Novalis so mächtig zu Schiller hinzog, war seine sittliche Größe, die Kraft, mit der dieser heroische Mensch den Widerstand des Irdischen überwinden konnte, nicht seine Poesie, für welche Novalis damals noch weniger Interesse und Verständniß hatte. Daß er in Schiller, ohne es zu wissen, sein eigenes Ideal verkörpert sah und liebte, sieht man deutlich aus dem, was er vorzüglich an ihm rühmte: „dieses Weltbürgerherz, das für mehr als Menschheiten schlägt und doch diese idealische Liebe auf reine Seelen um sich überträgt und nicht den einzelnen entgelten läßt, was die Natur minder für sie als fürs ganze Geschlecht that, eben das nicht auf Erden Heimische und doch Zufriedene, nicht Klagende, Heilige, Resignirende;" denn gerade das, auf der Erde nicht heimisch und doch auf ihr glücklich zu sein, bezeichnet, was so ganz sein eigenes Wesen werden sollte.

Gewiß verdiente Schiller diese Hingebung; aber ebenso wie für ihn nimmt es für den Jüngling selbst ein, wenn er schreibt: „Ihm zu gefallen, ihm zu dienen, nur ein kleines Interesse für mich bei ihm zu erregen, war mein Dichten und Sinnen bei Tag und der letzte Gedanke, mit welchem mein Bewußtsein Abends erlosch. Eine Geliebte hätte ich für ihn weinend aus dem Herzen gerissen, wenn die Vorsehung ein so hartes Opfer verlangt hätte, meinem liebsten Jahre lang gehegten Wunsche am Rande seiner Erfüllung entsagt; denn das Leben ist nicht das stärkste Opfer, was Enthusiasmus und Liebe ihrem angebeteten Gegenstande bringen können, denn wir fühlen nicht seinen Verlust."

Merkwürdig ist das rednerische Pathos in Novalis' Briefen, an und über Schiller, das sonst, seinem Styl durchaus entgegengesetzt, sich nirgends bei ihm findet.

Mit diesem Bedürfniß, zu verehren, ja sich aufzuopfern hätte er ein ewig sich um andere schwingender Trabant, mit dieser Empfänglichkeit ein Nachahmer und Anempfinder, mit dieser Lust alles, was er so innig fühlen und verstehen konnte, zu genießen ein zerstreuter, vielgeschäftiger, liebenswürdiger aber oberflächlicher Schwärmer werden können. Aber er hatte weit mehr Kraft und Festigkeit als seine Zartheit vermuthen ließ. Wenn er auch aus den Versuchungen des Studentenlebens nicht unberührt hervorging, denn er verstrickte sich leichtsinnig in Schulden, so blieb doch das schöne Gleichgewicht seines Innern ungestört oder stellte sich rasch wieder her. Eine gewisse Keuschheit der Empfindung, von der Friedrich Schlegel sagte, daß sie ihren Grund in seiner Seele nicht in Unerfahrenheit habe, bewahrte ihn vor solchen Ausschreitungen, die zu Zwiespalt, Ekel an der eigenen Natur und kränklichem Ueberdruß führen. Kurz, wie auch der Leichtsinn seiner Jünglingsjahre beschaffen gewesen sein mag, sein elastischer Geist war nicht zu zerdrücken, sondern strebte immer und immer wieder empor, seine Vernunft, wie er selbst sich ausdrückte, erhielt das entschiedene Uebergewicht über Sinnlichkeit und Phantasie. Das entwickelte sich nicht nur so von ungefähr, ohne sein Zuthun, sondern unter der Aufsicht seines Bewußtseins. Er hatte die Tugend der Besonnenheit, jene Klarheit und leichte Gegenwärtigkeit des Geistes, die alle Handlungen wie eine sanfte Musik begleitet und auch die wildesten, mit der ganzen Blindheit des Instinkts einstürmenden durch ihren Rythmus zähmt und erheitert. Allen andern Romantikern, Schleiermacher etwa ausgenommen, war er durch diese Kraft, sich selbst zu fassen und zu lenken, überlegen; aber Schleiermacher, wenn man ihn überhaupt unter die Romantiker rechnen will, hatte weit weniger Sinnlichkeit und Phantasie zu bändigen. Auch Novalis hatte, wie Tieck und Wackenroder und die Schlegel und unzählige Dichter älterer und neuerer Zeit, die natür= liche Abneigung gegen die Trockenheit eines Berufes; aber nicht nur aus Willfährigkeit gegen die Wünsche seines Vaters und Schillers Ermahnungen, sondern ebenso sehr aus ge= sundem Sinn, angeborenem Triebe zur Thätigkeit und der Einsicht, welchen Nutzen sein Charakter daraus schöpfen werde, widmete er sich der praktischen Laufbahn eines Berg= baubeamten. Gerade in der Art und Weise, wie er den Stoff, der ihm in den äußeren Lebensumständen, zunächst im Beruf, geboten wurde, benutzte, bewies er, daß der Mensch wirklich jener Magier ist, der sich seine Welt er= schafft und Staub durch seine Berührung in Gold ver= wandeln kann. Es ist keine Kunst, sich, wenn man nur Sinn dafür hat, in schönen Dichtungen zu berauschen; aber in monotoner, direkt nur den Verstand oder praktische Fähig= keiten angehender Beschäftigung das allgemein Interessante und Fördernde herauszufinden, das zeigt inneren Reichthum und unendliche Entwickelungsfähigkeit an. Alles erniedrigt den Menschen, was er gezwungen thut, oder mit Worten von Novalis selbst: „Ein Mensch kann Alles dadurch adeln, seiner würdig machen, daß er es will." Mit dem Instinkt des Freigeborenen machte er sich alles, was er für noth= wendig erkannte, lieb, so daß er aus freier Wahl zu thun schien, ja schließlich that, was anfangs seiner Neigung so fern gelegen hatte. Aus jedem Steine wußte er Feuer zu schlagen. Alles Einzelne wußte er an Allgemeines, alles Irdische an Himmlisches anzuknüpfen.

In der Regel pflegen phantasiebegabte, künstlerisch ver=

anlagte Menschen eine besondere Abneigung gegen die Mathematik zu haben, so daß sie gern völlige Untauglichkeit für
dies Gebiet vorschützen und sogar stolz auf diese angebliche
Lücke sind. Von dieser Einseitigkeit war Novalis weit ent=
fernt, der in jeder Einzelwissenschaft den Grundriß zu einer
allumfassenden Wissenschaft suchte, in jedem gesetzmäßigen
Verlauf ein Gleichniß der Harmonie des Alls sah. Nicht
nur, daß er mit Eifer Mathematik studirte, er poetisirte sie
wie alles, womit er sich beschäftigte, durchdrang sie mit seiner
lebendig warmen Seele; man lese nur seinen Hymnus an
die Mathematik, wie man die Folge seiner Betrachtungen
darüber nennen kann. Dieser Hymnus beginnt mit den
Worten:

Die Mathematik ist echte Wissenschaft, weil sie ge-
machte Kenntnisse enthält, Produkte geistiger Selbst=
thätigkeit, weil sie methodisch genialisirt. Sie ist auch
Kunst, weil sie genialisches Verfahren in Regeln gebracht
hat, weil sie lehrt Genie zu sein, weil sie die Natur durch
Vernunft ersetzt.

Er steigert sich im Verlaufe so:

Das Leben der Götter ist Mathematik.

Alle göttlichen Gesandten müssen Mathematiker sein.

Reine Mathematik ist Religion.

Zur Mathematik gelangt man nur durch eine Theo=
phanie.

Die Mathematiker sind die einzig Glücklichen. Der
Mathematiker weiß alles. Er könnte es, wenn er es
nicht wüßte.

Daß er sich den Naturwissenschaften mit einer gewissen
Leidenschaft ergab, setzt weniger in Erstaunen, da sie das
Lieblingsstudium der Zeit waren, das auch die übrigen
Romantiker mit mehr oder weniger Dilettantismus betrieben.

Heute wird man den Schwung, womit er hier von Hypothese zu Hypothese stürmte, vielleicht unwissenschaftlich nennen;
jedenfalls genügten seine Kenntnisse den Gelehrten seiner
Zeit, die seine Lehrer waren, erregten sogar nicht selten
ihre Bewunderung. Am meisten ist aber das zu rühmen,
daß er sich auch in der Verwaltung, in der praktischen
Seite seines Berufes, hervorthat. Wie erstaunte der Kreisamtmann Just, der ihn in die Geschäfte einführen sollte,
daß diese Geschäfte unter der ungeübten Hand des jungen
Denkers so interessant, so lebendig wurden; daß der Gesichts-
kreis, innerhalb dessen er lebte, sich so unendlich erweitern
ließ. Er gestand sich, daß sein Schüler ihn viel mehr und
viel Wichtigeres lehren konnte, als er ihm zu geben im
Stande war.

Er selbst definirte Philosophie als Heimweh, Trieb
überall zu Hause zu sein. Als ein solcher Philosoph war
Novalis geboren. Sein Hang, die Dinge in der Art zu
betrachten, daß er sich von Ursache zu Ursache tastete und
sich daran wie an einer Strickleiter in ihre Tiefen herab-
ließ, macht den echten Philosophen. An der Außenseite
eines Dinges haften zu bleiben, war ihm durchaus unmöglich; ein ätherischer Körper drängte sein Geist sich überall
in das Innerste hinein. So war er Philosoph immer, in
jedem Augenblick, mit allen Kräften, soviel wie er Mensch
war, weswegen es ihm nicht hätte begegnen können, daß er
eine Theorie verfochten und ihr im Leben zuwider gehandelt
hätte. Seine Philosophie war wie seine Poesie sein Leben:
erlernt im Leben und darin angewandt.

Sein größtes Erlebniß war der Verlauf seiner Liebe zu
Sophie v. Kühn. „Jeder geliebte Gegenstand ist der Mittelpunkt eines Paradieses;" das hatte Novalis an sich selbst
erfahren. Er hatte dieses dreizehnjährige Mädchen zum

Mittelpunkt seiner Welt gemacht, mit Bewußtsein und Absicht. Auf Alles, was die Erde Menschen bieten kann, hätte
er mit herzlichem, ja muthwilligem Lächeln Verzicht gethan:
diese war ihm nothwendig, der Mittler für die Gottheit,
die er sonst nicht fassen, ohne die er nicht sein konnte. Es
sind viele Nachrichten überliefert von der Frühreise und dem
Zauber Sophien's, den sie ausgeübt habe; Novalis selbst hat
ihre wechselnde Backfischseele, auf die er so stolz war, sorg-
fältig zerlegt und geschildert. Was hilft uns das, da nichts
von Allem, nicht auch von hundert anderen Mädchen gesagt
werden könnte? Möchte sie auch so oder so gewesen sein,
wichtig ist nur, was sie ihm war, und das ist weit mehr
in ihm als in ihr zu finden. Als sie krank wurde, ist es
erstaunlich zu sehen, wie er ganz menschliche Verzweiflung
und zugleich ganz Besonnenheit war; er war immer ebenso
tief darin wie hoch darüber. Nicht nur daß sein Vertrauen
in den melodischen Gang der Welt und instinktive Lebens-
zuversicht ihn davon zurückhielten, die Verwirklichung eines
solchen Todesschmerzes, wie ihr Sterben ihm gewesen wäre,
für möglich zu halten, er glaubte alles Ernstes durch die
Kraft seines Willens, diese magische Kraft, die Welten auf-
bauen und vernichten, die Berge versetzen kann, es verhindern zu können. Er bedachte nicht, daß es ihr — unbewußter — Wille war, der sich dem Tode zuneigte. So
erging die Prüfung über ihn, von der er nicht für möglich
gehalten hatte, daß sie ihm zugemuthet würde: Sophie starb.

.Bedenkt man, daß sie das Gestirn gewesen war, um
das seine Welt sich bewegt hatte, muß man darauf gefaßt
sein, daß eine so zarte, auch zu frühem Tode vorbestimmte
Natur in sich zusammengebrochen wäre. „Es ist Abend um
mich geworden", schrieb er drei Tage nach ihrem Tode,
„während ich noch in das Morgenroth hineinsah." Daß

sein Leben mit ihrem Leben erloschen sei, stand ihm fest.
Es lag aber eine solche Anmuth in seiner Natur, die durch
und durch erfüllt war von dem schwebenden Element seines
Geistes, daß er sich nie bis zur Bewußtlosigkeit unter dem
Schicksal krümmte. Selbst wo er sich in's Herz und zu Tode
getroffen fühlte, blieb sein Haupt frei und immer seiner
mächtig. „Einsam wie noch kein Einsamer war, von un=
säglicher Angst getrieben, trostlos, nur ein Gedanke des
Elends noch" gab er doch seinen Freunden niemals das
Bild der Verzweiflung und Zerrüttung, sondern seine keusch
erhaltene Klage ging sogleich über in ruhige Betrachtung
der Bedeutung seines Schicksals. Denn in seinem wahrhaft
frommen Gemüthe war der Glaube an eine himmlische
Ordnung in jedem Leben nicht dauernd erschüttert. Am
19. März 1797 war Sophie gestorben, am 28. schrieb er
an die Frau des Kreishauptmanns Just: „Gewiß hab ich
zu sehr schwer an diesem Leben gehangen — und da ist freilich
wohl ein gewaltsames Correctif nöthig" und noch einige
Wochen später war es ihm klar geworden, daß ihr Tod
ein himmlischer Zufall gewesen sei, ein wunderbar schicklicher
Schritt. „Meine Liebe ist zur Flamme geworden", schrieb
er, „die alles Irdische nachgerade verzehrt." Und weiter:
„Meine Kräfte haben mehr zu als abgenommen — ich
fühle es jetzt oft, wie schicklich es hat so kommen müssen.
Zufrieden bin ich ganz — die Kraft, die über den Tod
erhebt, habe ich ganz neu gewonnen. Einheit und Gestalt
hat mein Wesen angenommen — es keimt schon ein künftiges
Dasein in mir." Sein die Consequenz über alles liebender
Geist schöpfte Beruhigung daraus, daß er Folgerichtigkeit
und Vernunft in seinem Schicksal erkannt zu haben glaubte,
daß er es sich erklären konnte. Nach seiner Auffassung be=
zweckte ihr Verlust seine Läuterung und Loslösung vom Leben.

Man hat es für eine kindische Schwärmerei angesehen,
die man nachsichtig entschuldigen müsse, daß er mit dem
Tage ihres Todes eine besondere Zeitrechnung einführte und
den Entschluß faßte, ihr nachzusterben. Das ist kurzsichtig
oder oberflächlich geurtheilt. Kann man sich etwas Er-
habeneres denken, als wenn ein Mensch seinem Geiste die
Kraft zutraut, sich allmählich, aus freier Willkür, aus Sehnsucht nach dem Ueberirdischen vom jungen, genußfähigen
Körper, von der geliebten Erde loszulösen? So innig erlebte er den Idealismus an sich, daß er sein Ich, das unsterbliche, zu dieser höchsten Freiheit und Unsterblichkeit zu
erziehen sich getraute. Wie unendlich viel kühner, stolzer und
menschlicher war dieser Plan als die rohe Abtödtung des
Fleisches, durch welche mittelalterliche Heilige die Erde zu
überwinden suchten. Weit entfernt war er ja die schöne
Welt, auf der er sich ein so unerschöpfliches Glück gewünscht
hatte, zu hassen. „Die Erde hatte ich so lieb", schrieb er
wenige Tage nach Sophiens Tode an eine Freundin, „ich
freute mich auf die lieben Scenen, die mir bevorstanden."
Er liebte die Sonne, aber da die Nacht unvermeidlich dem
Tage sich anschließt und Tod der Ausklang alles Lebens ist,
entschloß er sich mit einem stolzen Aufschwung seiner Seele
die Nacht und den Tod grenzenlos zu lieben, ähnlich wie er
den gordischen Knoten des Welträthsels dem Bilde zu Sais
gegenüber löst. „Und wenn kein Sterblicher, nach jener In-
schrift dort, den Schleier hebt, so müssen wir Unsterbliche
zu werden suchen." Unwürdig wäre es den Tod zu fliehen,
unmöglich ihn zu verachten — außer wenn man mit heißester
Anstrengung ihn an Leben anknüpfte, in Leben verwandelte.
Als zum Ueberwinder des Todes betete Novalis fortan mit
neuem Verständniß zu Christus; als die wesentlich tod-
überwindende Religion wurde ihm das Christenthum, in

dem er erzogen war, eine neue Errungenschaft. Was die
Philosophie ihm sagte, daß das Ich unvergänglich sei, wie
auch der Augenschein dagegen zenge, das gab ihm nun der
blinde, schreiende Schmerz um ein geliebtes Wesen als ge-
dankenlose Ueberzeugung ein, daß sie nicht todt sein dürfe,
nicht todt sein könne, diese junge Seele, deren Vollendung
zu fördern die höchste Krone seiner Liebe gewesen war.
Das Engagement war nicht für diese Welt gewesen, wie er
sagte; nicht in dieser Form, nicht auf dieser Stätte hatte sie
reifen sollen, und auch ihm, so glaubte er fest, sei es nicht
beschieden. Seine Seele strebte mit müdem, sehnendem
Flügelschlage nach der heiligen Küste, wo sie bei der Verlorenen ruhen könnte. Damals mag in ihm jenes wunder=
bare Lied entstanden sein mit den Versen:

Noch wenig Zeiten,
So bin ich los,
Und liege trunken
Der Lieb' im Schoß.
Ich fühle des Todes
Verjüngende Fluth,
Zu Balsam und Aether
Verwandelt mein Blut.
Ich lebe bei Tage
Voll Glauben und Muth,
Und sterbe die Nächte
In heiliger Gluth.

Höchst charakteristisch ist es nun, wie er seine innerliche
und natürliche Ablösung vom Leben zu bewerkstelligen dachte,
nämlich nicht etwa so, daß er sich völlig von den Menschen
und ihren Vergnügungen zurückgehalten hätte. Ohne sie
gerade aufzusuchen, vermied er doch seine Familie und seine
Freunde nicht, zeigte sich immer heiter und mitgenießend,
so aber wie etwa ein an fremde Küsten verschlagener Fremd=

ling die Sitten des Landes aus edler Gefälligkeit mitmacht,
dessen Seele doch immer und immer in der geliebten Heimath
verweilt. An Freunden, die ihm seine Trauer gerne leichter
gemacht hätten, fehlte es ihm nicht.

Ein sonderbares Verhältniß bestand zwischen ihm und
Friedrich Schlegel, einem seiner ältesten Freunde. Fast mit
keinem andern war der geistige Verkehr so anregend und
fruchtbar, mit keinem konnte er besser symphilosophiren.
Ihre beiden Intellekte liebten es zusammen spazieren zu
gehen und ihre Erlebnisse auszutauschen. Aber Friedrich,
so fein, mächtig, umfassend er auch dachte, dachte nicht
herzlich wie Novalis. Und Novalis' schlanke, geschmeidige,
keusche Natur scheute manchmal vor Friedrichs schwerfälliger
Üppigkeit zurück. Es war wie wenn ein Erdgeist und ein
Luftgeist miteinander verkehrten. Friedrich spürte den reinen,
starken, beseelenden Hauch, der von Novalis ausging, und
liebte ihn mit einer ganz kleinen und sehr rührenden Bei-
mischung von Demuth; Novalis mochte wohl seine leichte
Gestalt gern einmal an die untersetztere, irdischbreite des
Freundes schmiegen. Jedenfalls vergaß er gewiß nicht, was
er als 21jähriger an Friedrich geschrieben hatte: „Für
mich bist du der Oberpriester von Eleusis gewesen. Ich
habe durch dich Himmel und Hölle kennen gelernt, durch
dich vom Baume des Erkenntnisses gekostet."

Wilhelm empfand in Novalis etwas Fernes, Fremdes
und Schönes, das er nicht ohne Ehrerbietung umwarb; und
wie hätte Karoline diese harmonische Erscheinung nicht lieb
haben sollen? Aber sie beide waren für ihn, was man
vielleicht am kürzesten zu wenig romantisch nennen könnte.
„Er sprach wie aus einer tiefen Vergangenheit des Geistes
heraus", sagt Steffens von Novalis, wo er in den Lebenserinnerungen seiner gedenkt. In diese heimliche Innenwelt,

wo er am liebsten weilte, konnten sie nicht mit. Sie liebten
ihn, wie man den liebt, der aus einem fernen, geheimniß=
vollen Lande kommt, dessen Sprache einen seltsamen, nie-
vernommenen Accent hat, der im Sprechen Bilder gebraucht,
die einer Landschaft von unbekanntem, unerhörtem Reiz
entnommen zu sein scheinen. Der liebste unter den Romantikern war ihm Tieck, der ihm an Klarheit des Geistes,
Kraft und Ausdauer weit nachstand, seine zarte Empfindung
aber auf's Innigste theilte. Sie lernten sich aber erst zwei
Jahre später kennen.

Anfänglich mischte er sich nur aus Pflichtgefühl in die
Gesellschaft der Uebrigen, riß er sich nur ungern von seinen
Todesbetrachtungen los. Aber allmälig wirkte doch die
Schwerkraft der Erde auf die leicht schreitende, zum Schwunge
bereite Gestalt. Gerade weil das Unsichtbare mit dem Sicht-
baren so enge, für uns unzertrennlich verbunden ist. Je
tiefer man in die Erscheinungen eindringt, desto lieber
werden sie. Wenn es auch die Wissenschaften waren, die
ihn zunächst in ihren Kreis zogen, so war das doch auch
mit Irdischem verknüpft. Gespräche darüber, besonders mit
Friedrich Schlegel, brachten ihn in eine angeregtere Laune,
als er für seine Lage möglich und schicklich gehalten hatte.
Er glaubte deshalb sich geradezu vor dem Umgang mit
diesem Freunde hüten zu müssen; denn Alles, was an Muth=
willen, Scherz und elektrischem Feuer in ihm war, entlud
sich, wenn er mit ihm in Berührung kam.

Mit einem leisen Bangen fühlte er sich unwiderstehlich
vom Lebendigen angezogen. Dann versuchte er gewaltsam
sich in Ueberirdisches zu versenken, an Sophiens Grabe
sitzend sich ihr Wesen und Alles was sie ihm war recht
greifbar und entzündend vor die flüchtige Seele zu führen.
Und mit einem kindlichen Stolze, der rührend und doch

zugleich erhaben ist, zeichnete er auf, wenn es ihm gelungen war, die Flügel wieder auszubreiten und mächtig in die jenseitige Ferne des Nachthimmels einzudringen. Man könnte den Verlauf dieses Ringens eine umgekehrte Tragödie nennen: mit Furcht und Mitleid, aber doch mit Wonne erfüllt es zu sehen, wie das Leben, von dem der Entsagende im ersten Afte Abschied genommen hat, durch seine einfache Kraft und Schönheit ihn wieder in seine Mutterarme lockt und im letzten Afte den schamhaft Glühenden, Besiegten wieder an sein ewiges Herz drückt. Der Sieg wurde dem Leben nicht leicht, und nicht ohne sichtbare Erschütterung ging die Um= kehr in seinem Busen vor. Denn er machte die entsetzliche und räthselhafte Erfahrung an sich, daß das wahrste, reinste und hingebendste Gefühl, wenn der Anblick des geliebten Gegenstandes die Flamme nicht nährt, erlöschen kann, daß das treumeinendste Herz der Untreue fähig ist. Man spürt das Wanken seines Herzens an dem Nachdruck, mit dem er sich vorhält, wie er durch sein freiwilliges Streben oder Resignation des Lebens der Welt die Möglichkeit der Treue über den Tod hinaus beweisen müsse. In höchster Angst ruft er die Formel aus: Christus und Sophie! Es war ihm ein Glaubenssatz gewesen, daß sie die Hälfte seines Wesens war, daß er dereinst den Bund mit ihr erneuern müsse, die durch die Weisheit ewiger Gesetze ihm jetzt von der Seite gerissen war. Hatte er sich doch vorgenommen, wenn er in der „alten längst bekannten Urwelt" sie wieder= finden würde, ihr zu erzählen: „Ich träumte von dir, ich hätte dich auf der Erde geliebt — du glichst dir auch in der irdischen Gestalt — du starbst — und da währte es noch ein ängstliches Weilchen, da folgte ich dir nach."

Aber es war ihm nicht möglich Schatten zu lieben. In Freiberg, wohin er sich nach dem Wunsche seines Vaters

begab, um an der Bergakademie zu lernen, verlobte er sich
mit Julie v. Charpentier, die, wie es scheint, ihm Liebe
entgegenbrachte und dadurch die seinige weckte. Steffens
schildert sie als hochgebildet, schön, weich, mit einem wehmüthigen Ausdruck.

Ob er sie, wie gesagt wird, weniger leidenschaftlich liebte
als Sophie, ist wohl schwer zu entscheiden, aber unwahr-
scheinlich; denn es war nicht seine Art, im Fühlen oder
Handeln halb zu sein. Das freilich ist nicht zu bezweifeln,
daß die Erinnerung an seine Liebe, die stärker als der Tod
hatte sein sollen und es nicht gewesen war, zuweilen be-
engend sich auf die Freude seines neubelebten Herzens
legte. Er gab auch, trotz Allem, das Verhältniß zu Sophie
keineswegs auf. Seine Liebe war ihm Religion geworden.
Seine Treulosigkeit, da er sich doch treu wußte und fühlte,
seine Doppelliebe wurde das Problem, mit dem sich seine
Gedanken immer beschäftigten. Er löste es in seinem Roman
„Heinrich von Ofterdingen" in der Weise, daß Sophie und
Julie nur in der Welt der Erscheinungen zwei sind, einst
aber, im Lande der Erfüllung, wo alles Geschiedene sich
vereinigt, als eine und dieselbe sich offenbaren. Er hätte
an sich selbst verzweifeln müssen, wenn er sein früheres
Gefühl, das so stark und echt in ihm gewesen war, aufgegeben hätte; deshalb suchte er es sich zu bewahren und
mit dem neuen mystisch zu vereinigen. Jedenfalls sah er
hoffend und liebend in die Zukunft und faßte sein Verhältniß grade so metaphysisch auf wie ehemals das mit
Sophie, wie aus den Strophen an Julie zu sehen ist:

> „Daß ich mit namenloser Freude
> Gefährte deines Lebens bin
> Und mich mit tiefgerührtem Sinn
> Am Wunder deiner Bildung weide —

Daß wir auf's Innigste vermählt
Und ich der Deine, du die Meine,
Daß ich vor Allem nur die Eine
Und diese Eine mich gewählt,
Das danken wir dem süßen Wesen,
Das sich uns liebevoll erlesen."

Damals, als Novalis die Arme nach dem Tode aus=
streckte, umfing ihn das Leben; nun er den höchsten Kranz
des Lebens dicht über seinen Locken wähnte, stand der Tod
neben seinem Bette. Er fürchtete ihn jetzt. Er hatte
Stimmungen gehabt, in deren einer er den schwermüthigen
Ausspruch gethan hatte: „Leben ist eine Krankheit, ein
leidenschaftliches Thun." Aber es stammt doch auch der
prächtige Vers von ihm:

„Ruh' ist Göttern nur gegeben,
Ihnen ziemt der Ueberfluß,
Aber uns ist Handeln Leben,
Macht zu üben nur Genuß."

Im Ganzen gehörte die Anhänglichkeit an das Leben
mit zu seiner Frömmigkeit, da doch das Leben die einzige
uns bekannte Form ist, in der wir uns entwickeln können.
Und er war doch Künstler: Er lebte so gern im Lande der
Sinne, wie er nach dem Bericht des Kreisamtmanns Just
selbst sagte, wenn auch nicht in dem der Sinnlichkeit. In=
dessen zweifelte er doch nicht daran, daß, wie und wo
immer es auch sein möge, jeder Mensch auch nach seinem
körperlichen Tode dem Ziele seiner Vollkommenheit weiter
nachstreben dürfe. Er glaubte, daß nichts geschehe, was
nicht zu seinem Besten sei. Also wandte er, ein Sterbender,
seine weichende Kraft dazu auf, gelassen und heiter zu sein
und sich zu fügen. Er litt viel unter körperlichen Be=
ängstigungen, und rührend ist es in seinem Tagebuch zu

lesen, wie er dieser Angst beizukommen, ihr Wesen zu ergründen und mit Einsicht und gutem Willen zu überwinden
sucht. Daß man bis zum Aeußersten seine Pflicht zu thun
habe, war ihm selbstverständlich; man könnte sagen, ein
angeborenes Schicklichkeitsgefühl habe ihn verhindert, sich
gehen zu lassen. Ueber das Verhältniß von Glück und
Pflicht hat er einmal etwas Schönes gesagt; nämlich der
sogenannte Eudämonismus sei ein eigentlicher Unsinn: „In
der That ist es keinem nachdenkenden Menschen in den
Sinn gekommen, ein so flüchtiges Wesen wie Glückseligkeit
zum höchsten Zweck, gleichsam also zum ersten Träger des
geistigen Universums zu machen. Ebenso könnte man sagen,
daß die Weltkörper auf Aether und Licht ruhten. Wo ein
fester Punkt ist, da sammelt sich Aether und Licht von selbst
und beginnt seinen himmlischen Reigen; wo Pflicht und
Tugend — Analoga jener festen Punkte — sind, da wird
jenes flüchtige Wesen von selbst ein= und ausströmen und
jene kalten Regionen mit belebender Atmosphäre umgeben.“

Ruhig richtete er sich für die Möglichkeit ein, daß der
Wunsch seines Herzens sich erfülle und er demnächst Hochzeit mit Julien halten könne, zugleich aber auch für die
andere, daß seine Krankheit es nicht gestatte; für welchen
Fall er sich eine Reihe von Dingen vornahm, mit denen
er sich beschäftigen, die er studiren wollte. Was ihm auch
beschieden sei, er wollte es für seine Bildung nutzen. Sein
schwarzes Geisterseherauge sah dem Lebensgange zu, den
sein Genius ihm wählte, und beleuchtete den Weg mit sanft
durchdringendem Licht. Ob es sich nicht doch mit Thränen
füllte, als es erkannte, daß es der Weg des Todes war
und nicht der der Liebe?

Apollo und Dionysos.

Die leise Besonnenheit des Apollo und
die göttliche Trunkenheit des Dionysos.
        Friedr. Schlegel.

Wissen ist des Glaubens Stern,
Andacht alles Wissens Kern.
        Friedr. Schlegel.

Die Romantiker waren die Entdecker des Unbewußten. Indiensuchende Träumer, sandten sie ihre Seele aus nach dem uralten Wunderlande, von dem die Märchen der Vorzeit erzählten. Düfte, Blumen, die abgerissen im Wasser flossen, verkündeten den einsamen Schiffern oft die Nähe der blühenden Küste. Wie Kolumbus, wußten sie nicht, was sie gefunden hatten. Denn nicht das entfernte Mittelalter oder irgend ein wunderbares Traumland war es, sondern in ihnen selbst öffnete sich das unendliche Nachbarland ihres Geistes, die entgegengesetzte Scheibe des beseelten Planeten, wie einer von ihnen die verhüllte Hälfte des mit sich selbst unbekannten Menschen nennt, hatte sich ihnen zugewendet.

Im Jahre 1807 schrieb Ritter, nachdem er eine Somnambule beobachtet hatte, an Baader: „Eine Entdeckung von Wichtigkeit denke ich durch die eines passiven Bewußtseins, die des Unwillkürlichen, gemacht zu haben. Es wird durch Frage, Antwort erregt. . . . Hier neue Aufschlüsse in der Magie. Dann Theorie der Kraft der Phantasie. Alles Vorgestellte ist wirklich, eben deshalb aber hat es nur die Hälfte seiner Wirklichkeit, eine Halbwirklichkeit, für uns,

6*

gerade wie schon jeder Dritte uns doch nicht so wirklich ist,
als wir uns selbst. Ferner hier Theorie des Gewissens,
indem aktives Bewußtsein sich von passivem nur dadurch
unterscheidet, daß dort die Frage mit der Antwort, und hier
die bloße Antwort zum Bewußtsein kommt. Alle unsre
reinen Handlungen sind somnambulistisch, Antwort auf Frage;
wir die Frager. Jeder trägt selbst seine Somnambule bei
sich und ist selbst der Magnetiseur von ihr. — Fall wo
die Frage die Antwort selbst erräth, oder eigentlich die bewußte Unwillkürlichkeit selbst. Gott im Herzen."

Von dieser empirischen Entdeckung eines passiven Bewußtseins, das von dem sonnenwachen Bewußtsein verschieden und nicht mit dem Gehirn, sondern mit dem sogenannten sympathischen Nervensystem verbunden sein sollte,
wußten die jungen Führer der Romantik noch nichts. Immer
pflegt der Erfahrung ein blinder Prophet der Wahrheit vor-
auszugehen. Uebrigens war das Gefühl, daß dem Menschen
zwei Seelen in der Brust wohnen, kaum jemals unbekannt,
und jeder kann Beobachtungen über ihr Verhalten zu
einander anstellen. Im Leben des Kindes giebt es eine
kurze Epoche, wo es sich nur als Objekt empfindet und von
sich in der dritten Person redet; es ist zum Selbstbewußtsein
noch nicht erwacht. Allmälig lösen sich die beiden Seelen
von einander ab und trennen sich immer mehr — ebenso
wie sich die Menschheit in eine männliche und eine weibliche Hälfte spaltet —, woraus die heißen Kämpfe der
reifenden Jugend zu erklären sind, von denen nur wenige
Menschen garnichts erfahren. Nun stellt die wache, sehende
Seele Gesetze und Ideale auf, denen die schwerfällige blinde
nicht folgen kann, oder umgekehrt, das überschwängliche
Gefühl der blinden drängt zu Thaten, denen die berechnende
sich widersetzt. Wenn die Jugend zu Ende geht, wird der

Zweikampf so oder so entschieden, häufiger durch Ueber=
wältigung der einen oder durch ein schwächliches Sich=
miteinanderabfinden, als durch Versöhnung.

In der Völkergeschichte wiederholt sich derselbe Vorgang.
Kein Kampf ist im Innern der Thiere, wo der blinde In=
stinkt noch unangezweifelt herrscht; abgesehen von gewissen
Hausthieren, in denen unter dem Einflusse der Menschen
die ersten Keime des Selbstbewußtseins sich entfalten mögen.
Auch bei den kulturlosen Völkern kann die schwache Stimme
der Einsicht noch nichts ausrichten gegen die ungebändigte
Wildheit des Instinkts. Der reine, harmonische Mensch des
goldenen Zeitalters hat nie gelebt; eine optische Täuschung
der menschlichen Phantasie versetzte ihn, wie den persönlichen,
bewußten Gott, die beide am Ende aller Geschichte stehen,
an ihren Anfang. Allerdings lebten die Griechen, wie wenn
uns ein Vorbild gesetzt sein sollte, nach dem wir strebend
uns zu richten hätten; hier herrscht eine innere Ueberein=
stimmung wie die zwischen Oedipus und Antigone: die kind=
liche Führerin schmiegt sich in vertraulichem Gehorsam an
den blinden, weiseren Vater. Das Christenthum war die
erste Auflehnung gegen die Tyrannis des Triebes. Das
Bersten der Erde und das Zerreißen des Vorhangs im
Tempel waren die ersten Vorzeichen der beginnenden Seelen=
schlacht im Menschen.

Wie im Leben des Einzelnen Tage oder Jahre, wo er
handelt und lebt, auf solche folgen, wo er sich auf sich
selbst besinnt, wechseln auch die Zeiten in der Weltgeschichte
mit einander ab; während das Innenbewußtsein ruht, steigen
die großen Thaten gerüstet, entschlossen aus der Tiefe des Un=
bewußten empor. So lösten auch im Mittelalter innerliche
und äußerliche Zeiten einander ab; aber die Innerlichkeit
gab der ganzen Epoche ihren Charakter. Wie eine große

Revolution die neue Zeit eröffnete, ist sie durch eine andre,
die französische beschlossen, während gleichzeitig die Romantik
ein erneutes, erhöhtes Mittelalter heraufführte.

Es giebt keine interessantere und furchtbarere Zeit, als
das frühe Mittelalter, wo der Mensch sich im Innern einem
Dämon gegenübersah, der ihm sein eigenstes Reich streitig
machte, den er fürchtete und haßte und dessen er sich doch
nicht entledigen konnte, mit dem er wie mit einem Zwillings=
leibe verwachsen war, und der doch ewig nach entgegen=
gesetzter Richtung drängte. Er mußte sich eins und fühlte
sich doch zwei, was einen wohl krank und wahnsinnig machen
kann. Vergebens suchten die Priester die bösen Geister aus
den Besessenen auszutreiben und durch Beschwörungsformeln
bei der Taufe den Teufel aus dem neugeborenen Kinde zu
bannen. Bald wähnte man in der edelsten Begierde des
Menschen, der nach Erkenntniß, die fremde, feindselige
Wirkung zu spüren, bald in den natürlichen Leidenschaften;
unbändiger Frevel wechselte ab mit heldenmäßigen Opfer=
thaten und weltüberwindender Entsagung. Durch die be=
ständige, wenn auch feindselige Berührung mit dem Un=
bewußten wuchs das Bewußtsein mächtig; dem Antäus gleich,
dem aus der mütterlichen Erde die Kraft einströmt.

Auf einer inneren Zweiheit beruht die Möglichkeit des
Selbstbewußtseins überhaupt; je deutlicher sich jene ausprägt,
desto schärfer kann auch dieses werden. Einige Aussprüche
der Romantiker sollen zeigen, daß sie die Doppelerscheinung
des Ich klar erkannten.

Novalis: Denn Niemand kennt sich, insofern er
nur er selbst und nicht auch zugleich ein andrer ist.

Eine nicht synthetische Person ist eine Person, die
mehrere Personen zugleich ist, ein Genius. Jede Person

ist der Keim zu einem unendlichen Genius. Sie vermag,
in mehrere Personen getheilt, doch auch eine zu sein.

Die höchste Aufgabe der Bildung ist, sich seines trans-
cendenten Ich zu bemächtigen, das Ich seines Ichs zugleich zu sein.

Unser Denken ist also Zwiesprache und unser Empfinden
Sympathie.

Jede Person, die aus Personen besteht, ist eine Person
in zweiter Potenz oder ein Genius.

Friedr. Schlegel in der Lucinde: Nur in der Antwort seines Du kann jedes Ich seine unendliche Einheit ganz fühlen. Dann will der Verstand den inneren
Keim der Gottähnlichkeit entfalten, strebt immer mehr
nach dem Ziele und ist so voll Ernst die Seele zu bilden,
wie ein Künstler das eigene geliebte Werk. In den
Mysterien der Bildung schaut der Geist das Spiel und
die Gesetze der Willkür und des Lebens. Das Werk des
Pygmalion bewegt sich, und den überraschten Künstler bewegt ein Schauer im Bewußtsein eigener Unsterblichkeit,
und wie der Adler den Ganymedes reißt ihn die göttliche Hoffnung mit mächtigem Fittich zum Olymp.

Nicht mehr fremd und feindselig also stehen die Menschen
ihrem Du gegenüber; seit sie sich ihm gewachsen fühlen und
es besser erkennen, sehen sie die Möglichkeit einer Ver-
ständigung, ja das erste Schaudern liebender Neigung überläuft sie. Mit gutem Grunde spricht man hier von Liebe,
da die Wesenshälften des Menschen sich wie die Hälften des
Menschengeschlechts positiv und negativ, männlich und weiblich
zu einander verhalten.

Daß das Erkennen das weibliche Prinzip sei, liegt in
einer der ältesten Sagen des Menschengeschlechtes: Eva war
es, die den verhängnißvollen Apfel pflückte. Allerdings

stellen eine Menge Frauen, vielleicht sogar die Mehrzahl,
eher ein entgegengesetztes Prinzip dar. Diese vergegen=
wärtigen den Urtypus, in dem die Geschlechter noch un=
vermischt bei einander waren. Man kann ihn nicht androgyn
nennen, da er nicht männlich und weiblich war, sondern
weder das eine noch das andre, ein chaotisches Neutrum.
Der Mann, das positive, thätige, schöpferische Prinzip riß
sich zuerst los und eilte voran, die Frau folgt ihm zwar
langsam nach, aber sie vertritt das höhere, wenn auch ohne
ihn ohnmächtige Prinzip. Thatsächlich indessen verewigen
viele Frauen noch den Urtypus in seiner schwerfälligen,
mütterlichen Trägheit. Erst in neuerer Zeit wird die
Differenzirung des Männlichen und Weiblichen immer schärfer
und bildet sich der rein weibliche Typus heraus. Auch
stellen die modernen Schriftstellerinnen den Mann mit Vorliebe als den gutartigen, etwas rohen und etwas tol-
patschigen Bären hin, der mit schwerer Tatze nach der feinen,
neckischen Frauen=Libelle greift, die ihn umschwirrt. Je
stärker die Differenzirung sich ausprägt, desto heftiger wird
die Anziehung zwischen den Geschlechtern: der physiologische
Grund, warum die Liebe in den neueren Zeiten eine so viel
größere Rolle spielt als im Alterthum. Es ist anzunehmen,
daß die Liebe ihren Charakter wieder ändern wird, wenn
einst ein dem Urtypus analoger Mensch entsteht, in dem
sich Männliches und Weibliches vereinigt, ohne in einander
unterzugehen.

Dieser Umstand also, daß es zwei Frauentypen giebt
und ferner, daß es weibliche Männer und männliche Frauen
giebt, je nachdem welches Prinzip gerade stärker entwickelt
werden soll, sind die Ursache, daß die Frau von den Männern
meistens als Vertreterin des Unbewußten hingestellt wird,
während doch gleichzeitig die weibliche Neugier, Eitelkeit,

Gefallsucht, Frühreife, Schlauheit, Bosheit, Bewußtheit in
Aller Munde ist. Daß die Neugier, das Wissenwollen, weibliches Erbteil ist, ist allbekannt. In der Sprache der Romantiker könnte man sagen: die Frau ist eine Potenzirung des
Mannes, ist der romantisirte Mann, das heißt der bewußtwerdende. Diesen Sinn wird man in folgenden Aussprüchen
von Novalis über die Frau finden:

Die Holzkohle und der Diamant sind ein Stoff —
und doch wie verschieden! Sollte es nicht mit Mann
und Weib derselbe Fall sein? Wir sind Thonerde und
die Frauen sind Weltaugen und Saphire, die ebenfalls
aus Thonerde bestehen.

Das Beiwesen des Mannes ist das Hauptwesen der Frau.

Ungeheuere Verstellungsgabe, Verbergungsgabe der
Weiber überhaupt. Ihr feiner Bemerkungsgeist. Alle
Weiber haben das, was Schlegel an der schönen Seele
tadelt. Sie sind vollendeter als wir. Freier, aber gewöhnlich sind wir besser. Sie erkennen besser als wir.
Ihre Natur scheint unsre Kunst, unsre Natur ihre Kunst
zu sein. Sie sind geborene Künstlerinnen.

Alles fordert von der Frau unbedingte Liebe zum
ersten besten Gegenstande. Welch hohe Meinung von der
freien Gewalt und Selbstschöpfungskraft ihres Geistes setzt
das nicht voraus.

Alles dies und das Goethe'sche Wort, daß das Ewig-
Weibliche uns hinanziehe, steht mit dem Mythos, daß das
Weib den Sündenfall veranlaßt habe, nur scheinbar im
Widerspruch. Man ist leicht geneigt, die Natur um ihre
Sicherheit und Unschuld zu beneiden; die sorglose Lebens-
wonne der Thiere, ihre körperliche Unbefangenheit, Kraft
und Bestimmtheit erscheint uns vorzüglicher als unser zu-
sammengesetztes Wesen, und wir bedauern es, wenn der

kindliche Frohsinn wilder Völkerschaften bei Berührung mit
der Kultur in Angst, Unsicherheit und Sorge untergeht.
Und doch können die Thiere nicht lachen; ein Zug großartiger Traurigkeit ist in ihren Gesichtern, da wo von Gesicht und Gesichtsausdruck überhaupt die Rede sein kann.
Die Angst der Kreatur sieht aus ihren flehenden Augen.
Ebenso erkennt man an den vollen, schweren, gesenkten Lippen,
an einer beständigen unwillkürlichen Schwermuth des Auges
den Sklaven-Menschen, der noch an der Kette des Instinktes
liegt. Daß jedes Geschöpf zur Freiheit geboren und von
edler Art ist, beweist die unbewußte Trauer über die
Schmach der Unterthänigkeit. Selbst die wundervollen
griechischen Götter- und Heldengestalten, ob sie uns nun in
der Plastik oder in der Poesie begegnen, haben bei all ihrer
Pracht eine stolze, verhaltene Schwermuth in den Zügen,
als wären sie vom Geschlechte des Tantalus und trügen
das eherne Band um die Stirn, das verdunkelt und fesselt;
die verhältnißmäßig niedrige Stirn in dem formschönen,
kraftvollen Antlitz ist der sichtbare Ausdruck davon. Und
die Fröhlichkeit des Naturmenschen ist keine andre als die
des Kindes, die jeden Augenblick grundlos in die äußerste
Trübseligkeit umschlagen kann. Häufiger Genuß von Be-
rauschungsmitteln muß ihm den dumpfen Druck des Leben-
müssens erträglich machen: der Rausch giebt ihm die Flügel,
die der Geist ihm noch nicht geben kann.

Nur Bewußtheit verleiht echte, dauernde Heiterkeit. Was
ist dem Kinde sein Glück, um das wir es beneiden; dem
Schmetterling, dem Schläfer, dem Todten? Die Schlange
hatte Recht mit ihrer Verheißung: eritis sicut deus scientes
bonum et malum. Die griechische Mythe erzählt, daß Zeus
den Menschen das Licht habe vorenthalten wollen, damit
sie nicht den Göttern gleich würden, und wie wirklich das

Licht Bringer der Kultur wurde. Ebenso wie Psyche, deren
Sünde wie Eva's im Sehen-, das heißt Wissenwollen bestand, nach vielen erduldeten Qualen an der Hand des
Geliebten als Göttin in den Olymp eingeht. Tiefsinniger,
wenn auch nicht so abgeschlossen und vollendet, ist die
biblische Darstellung. Wir sehen da, wie die Erkenntniß
das bisher verantwortungsfreie Geschöpf zunächst in Schuld
verstrickt. „Ohne das Gesetz war die Sünde todt", sagt
Paulus. Wir ahnen den Riesenkampf, den der werdende
Geist gegen die Natur wird kämpfen müssen, bis er ihr
gleich und frei von ihr geworden ist. Wir vernehmen, daß
das durch einen Menschen verlorene Paradies durch einen
Menschen wiedergewonnen wird. Neben der tiefsten Herab-
würdigung des Weibes in Eva steht, nach einem gelegent-
lichen Worte Baader's, ihre höchste Verherrlichung in Maria.
Im Märchen ist es die Prinzessin, die den durch eine Hexe
in einen Fisch oder Bären verwandelten Prinzen durch einen
freiwilligen Liebeskuß erlöst.

Die Romantiker hatten das Verdienst einzusehen, daß
die Erkenntniß, die die Einheit der Natur zerstörte, dennoch
ihr Heil und das Mittel zu einer Wiedervereinigung auf
höherer Stufe ist. Das bedeutet wohl die flüchtige Notiz
von Novalis: „Adam und Eva. Was durch eine Revolution
bewirkt wurde, muß durch eine Revolution aufgehoben werden
(Apfelbiß)."

In einer dramatischen Dichtung Tieck's begegnet Zerbino
dem Lieblingshelden der Romantik, Shakespeare. Auf
seine Frage, was man auf Erden von ihm sage, antwortet
Zerbino:

„Nun, man hält dich für einen wilden, erhabenen Geist,
der bloß die Natur studirt hat, sich ganz seiner Furie und
Begeisterung überläßt und nun darauf los dichtet, was es

giebt, gut und schlecht, erhaben und gemein durch einander."
Worauf Shakespeare antwortet:

„Grüße deine Bekannten von mir und sag ihnen, daß
sie sich irren. Verkündige ihnen, daß die Kunst immer meine
Göttin war, die ich anbete."

Es war die Entgegnung des Romantikers auf die Lehre
der Geniezeit, daß die Poesie eine Blume sei, die sich nur
des Nachts erschließe und dufte. Nachdem eben die Einsicht
gewonnen war, daß nicht die Gelehrten, sondern das Volk
die schönsten Dichtungen hervorgebracht hatte, fing man an,
die Produkte eines gebildeten und unterrichteten Menschen
mit Mißtrauen zu betrachten. Nicht denken, nicht lernen,
damit die Unschuld des Instinkts nicht zersetzt werde. Diesem
kleinmüthigen Pessimismus, der dem Kulturmenschen nur
die Wahl lassen wollte, entweder sein stolzes Erbe der Jahrhunderte oder die Kraft der Kunst aufzuopfern, schleuderte
Novalis mit revolutionärem Uebermuth die Frage zu: Kann
man Genie lernen? um sie zu bejahen.

„Kann man Genie sein und werden wollen? So mit
dem Witz, dem Glauben, der Religion u. s. w. Es hat in
Beziehung auf das Genie bisher beinahe das Prädestinations-
system geherrscht. Die zum Theil wahre Beobachtung liegt
zu Grunde, daß der Wille Anfangs ungeschickt wirkt und
das Naturspiel stört — Affektation — und einen un-
angenehmen Eindruck macht — im Anfang durch Theilung
der Kraft — bei der Aufmerksamkeit — sich selbst unter-
gräbt und aus mangelhaftem Reiz und mangelhafter Capacität das nicht zu leisten vermag, was er dunkel, instinktartig
beabsichtigt."

Der vormalige lächerliche Aberglauben, Gelehrsamkeit
könne Genie ersetzen, verwandelte sich in den frohen Glauben,
daß Wissen dem Genie förderlich sei, an die Möglichkeit

eines unendlichen Fortschritts in der Kunst. „Glaubt ihr
nicht", läßt Tieck seinen Dürer sagen, „daß es den künftigen
Zeiten möglich sein wird, Sachen darzustellen und Ge=
schichten und Erfindungen auszudrücken, auf eine Art, von
der wir jetzt nicht einmal eine Vorstellung haben?"

Gern sprachen die Romantiker von der absichtsvollen
Weisheit des Dante, Cervantes und Shakespeare, die Friedrich
Schlegel den Dreiklang der romantischen Poesie nannte. An
Goethe's Meister hob er hauptsächlich hervor „die geheimen
Absichten, die er im Stillen verfolgte, und deren wir beim
Genius, dessen Instinkt zu Willkür geworden ist, nie zu viel
voraussetzen können."

Unter den bildenden Künstlern war ein Liebling der
Romantiker Leonardo da Vinci mit seiner überschauenden
Intelligenz, mit seiner gewaltigen Phantasie, die sich dennoch
unter die Leitung des grübelnden Kopfes beugte. „Uebrigens
ist man bei Leonardo nicht in Gefahr, einen zu tiefen Sinn
in seine Werke zu legen. Er dachte sich gewiß immer noch
viel mehr, als er auszuführen im Stande war. Diese
Ueberlegenheit des Verstandes über das ausübende Ver=
mögen giebt er selbst als Kennzeichen des echten Künstlers
an. Er hätte einer immer erneuten Jugend bedurft. Sein
vieljähriges Leben war zu kurz für seine Gedanken, der Tod
riß ihren labyrinthischen Faden ab. Bei ihm hielt das
Streben nach Wahrheit mit dem Kunsttrieb nicht nur gleichen
Schritt: beides hatte sich gegenseitig durchdrungen und war
eins geworden. Sein Forschungsgeist war durchaus roman=
tisch, bizarr und mit Poesie tingirt, und er verfolgte hin=
wieder die Forderungen der Kunst mit der Strenge der
Wissenschaft oder der Pflicht."

Diese Stelle kommt in dem Gespräche Wilhelm's und
Karoline's über die Gemälde vor, das sie für das Athenäum

schrieben; vielleicht hatten sie die Anregung zu dieser Auf=
fassung Leonardo's aus Wackenroder's Herzensergießungen
geschöpft, wo der Klosterbruder mit anbetendem Staunen vor
dem ungeheuren Manne steht, der zugleich schaffen konnte
und denken, was er schaffte. Diesem klaren Geiste stellt
Wackenroder den phantastischen Maler Piero di Cosimo
gegenüber und beschließt seine Betrachtungen mit den ahnungs=
vollen Worten:

„Das Kunstgenie soll, wie ich meine, nur ein brauch=
bares Werkzeug sein, die ganze Natur in sich zu empfangen,
und, mit dem Geiste des Menschen beseelt, in schöner Ver=
wandlung wiederzugebären. Ist er aber aus innerem In=
stinkte und aus überflüssiger, wilder und üppiger Kraft ewig
für sich in unruhiger Arbeit, so ist er nicht immer ein
geschicktes Werkzeug, vielmehr möchte man dann ihn selber
eine Art von Kunstwerk der Schöpfung nennen."

Man irrt sich, wenn man annimmt, es sei den Roman=
tikern nur in unklarer Verworrenheit wohl gewesen; auf
die sogenannten älteren wenigstens trifft das durchaus nicht
zu. Novalis nennt es im Gegentheil Folge einer krank=
haften Constitution, Einseitigkeit, daß das Genie bisher
meistens ohne sein Wissen wirkte; der Mangel an Bewußt=
sein sei schuld, daß es immer nur glückliche Augenblicke
hatte. „Das erste Genie, das sich selbst durchdrang", sagt
er, „fand hier den typischen Keim einer unendlichen Welt;
es machte eine Entdeckung, welche die merkwürdigste der
Weltgeschichte sein mußte, denn es beginnt damit eine ganz
neue Epoche der Menschheit." Das Wort „Mehr Licht",
das Goethe nicht gesprochen haben soll, war doch jedenfalls
wie aus seinem, so auch aus dem Geiste seiner Jünger
gesprochen. Es ist bezeichnend, daß Novalis einen Traktat
vom Lichte zu schreiben beabsichtigte. „Licht ist Symbol

der echten Besonnenheit", sagt er einmal. „Also ist Licht,
der Analogie nach, Aktion der Selbstberührung der Materie.
Der Tag ist also das Bewußtsein des Wandelsternes, und
während die Sonne wie ein Gott in ewiger Selbstthätigkeit die Mitte beseelt, thut ein Planet nach dem andern
auf längere oder kürzere Zeit das eine Auge zu und erquickt in kühlem Schlafe sich zu neuem Leben und Anschauen.
Also auch hier Religion. Denn ist das Leben der Planeten
etwas Andres als Sonnendienst?"

Schelling sah im Licht und in der Schwere die Urdualität
der Natur; wenn man also „den Zauberstab der Analogie"
gebraucht, müßte man, wie dem Licht das Bewußtsein, der
Schwere den dunkeln Trieb, das Unbewußte gleichsetzen.
Empfindet man nicht auch eine Leidenschaft, der man trotz
allen Ringens nicht Herr werden kann, als Schwere in
sich? Im Gegensatze zu den Sturm= und Drang-Menschen,
die mit Vorliebe in der Gewitterschwüle der Leidenschaft
athmeten und nur in ihren krampfhaften Aeußerungen Kraft
sahen, feierten die Romantiker den elastischen Geist, der die
unbändige Wildheit der Triebe gebändigt hat und lenkt.

„Der Adel des Ich besteht in freier Erhebung über sich
selbst — Laster ist eine ewig steigende Qual, Abhängigkeit
vom Unwillkürlichen, Tugend ein ewig steigender Genuß,
Unabhängigkeit vom Zufälligen."

Die geschmeidige Jünglingskraft des Novalis'schen Geistes
ist in diesen Worten nicht zu verkennen; ein Geist, der wie
David, furchtlos und fromm, ein künftiger König, den Riesen
herausfordert. Es gab eine Zeit, wo man die gothischen
Kathedralen, die mit einer Art von Raserei allen Natur-
gesetzen trotzen zu wollen schienen, barbarisch fand und
Nichts gelten ließ als den kindlich an Hain und Wald ge-
schmiegten griechischen Tempel. Aber die Romantiker ver-

standen den schaurigen Trotz, mit dem der mittelalterliche
Geist, die Schwerkraft des Gesteins im Riesenanlauf über-
windend, leicht und mächtig, titanenhaft gegen den Himmel
anstürmt; ihr reizbares Ohr vernahm den steinernen Triumph-
schrei, die kolossale Herausforderung des Menschen an den
alten Naturgott. Wie Goethe früher gethan hatte, ver-
herrlichte Tieck den Straßburger Münster in seinem Sternbald: „Es ist zum Entsetzen, daß der Mensch aus Felsen
und Abgründen sich einzeln die Steine hervorholt und nicht
rastet und ruht, bis er diesen ungeheuren Springbrunnen
von lauter Felsenmassen hingestellt hat, der sich ewig, ewig
ergießt und wie mit der Stimme des Donners Anbetung
vor uns selbst in unser sterbliches Leben hineinpredigt."

Das Selbstbewußtsein des Menschen reckt sich, die Löwennatur zu zähmen. Sieg über die Schwere ist seine Losung.
Es ist kein Wunder, daß die Erfindung der Flugmaschine
eines der Lieblingsprobleme der modernen Menschheit ist;
eins von den vielen Beispielen moderner Phantastik, in der
sich trockene Wissenschaft und Technik mit schwärmerischer
Einbildungskraft mischen. Trieb in Kunst zu verwandeln,
das Unbewußte in Wissen, war das Studium der Romantiker.
Man könnte aus ihren Werken die interessantesten Zusammen-
stellungen darüber machen. Während Novalis tiefsinnige
Andeutungen über die Kunst des Essens macht, lehrt Tieck,
daß jede Tischunterhaltung ein Kunstwerk sein sollte, „das
auf gehörige Art das Mahl accompagnirte und in richtigen
Generalbaß mit ihm gesetzt würde." Die Unterhaltung
der Freunde im Phantasus, die wie Blumengewinde die
verschiedenen Märchen und Erzählungen umrahmen und ver-
knüpfen, bestehen hauptsächlich in Versuchen, sich über Instinkte klar zu werden und die unwillkürlichen Gefühle zu
ergründen; wodurch dieses handlungslose Selbstgespräch so

unerschöpflich und anziehend wird. Da wird über die
„Tiefe und Innigkeit" des Geschmackes gesprochen, der
Farbensinn behandelt: „Wie wundersam, sich nur in eine
Farbe als bloße Farbe recht zu vertiefen. Wie kommt
es denn, daß das helle ferne Blau des Himmels unsre
Sehnsucht erweckt, und des Abends Purpurroth uns rührt,
ein helles goldenes Gelb uns trösten und beruhigen kann,
und woher nur dieses unermüdete Entzücken an frischem
Grün, an dem sich der Durst des Auges nie satt trinken
mag?" Immer näher und näher schleicht der Dichter dem
Abgrund des Unbewußten, eine schaurige Lust des Schwindels
lockt ihn, sich ganz über den schwarzen Schlund zu beugen
und den in Nebel wallenden Geburten und Gestalten zu-
zusehen, bis ihn ein unnennbares Gefühl von Angst auf-
schreckt und zurücktreibt. Das sieht man vor sich, wenn
man ihn in seinen Schriften beobachtet. „Die Kunst hat
diese Geheimnisse wohl unter ihren vielfarbigen Mantel genommen", sagt er im Phantasus, „daher die wilde Verzweiflung in der Lust mancher bacchantischer Dichter. — So
wollten wild schwärmende Corybanten und Priesterinnen ein
Unbekanntes in Raserei entdecken, und alle Lust, die über
die Grenze schweift, nippt von dem Kelch der Ambrosia,
um Angst und Wuth mit der Freude laut tobend zu verwirren. Auch der Dichter wird noch einmal erscheinen,
der dem Grausen und der wilden Sehnsucht mehr die
Zungen löst." Mit unmüdlicher Rüstigkeit und Frische bekämpft Baader den Jacobischen empfindsamen Satz, daß
Denken dem Fühlen schade. Wenn Jacobi sagt: Der Gott,
der gewußt werden könnte, wäre gar kein Gott, entgegnet
Baader: der Gott, der ohne Gott gewußt werden könnte,
wäre keiner; er erinnert daran, daß Christus nicht gesagt
hat: ihr werdet die Wahrheit fühlen oder ahnen, sondern:

ihr werdet sie erkennen. Er versucht eine Wissenschaft der
Liebe zu begründen und unterscheidet die freie Zuneigung —
Liebe — die vom Erkennen ausgeht, von der Leidenschaft,
die, von einem Nichtgedachten ausgehend, ein unfreies Be-
wegtsein ist: „der Mensch weiß in diesem seinem blinden
(finstern) Getriebensein nicht eigentlich, was er will und
thut, und seine Bewegung ist insofern keine lebendige, weil
sie nicht von seinem Innersten ausgeht.“ Ganz ähnlich sagt
Novalis: „Neigungen sind materiellen Ursprungs; An-
ziehungs- und Abstoßungskräfte sind hier wirksam. Die
Neigungen machen uns zu Naturkräften. Sie perturbiren
den Lauf des Menschen, und man kann von leidenschaftlichen
Menschen im eigentlichsten Sinne sagen, daß sie fallen.“
An Schlegel's Lucinde ist die Wachsamkeit und stete Gegenwärtigkeit des Dichters das Merkwürdigste, die ihm inmitten
des Sinnenrausches ermöglicht, „mit kühler Besonnenheit
auf jeden leisen Zug der Freude zu lauschen.“

Wie die Liebe soll auch die Religion ein freies Geschöpf
des Bewußtseins werden, und in Goethe's Bekenntnissen
einer schönen Seele findet Schlegel diesen Grundsatz künstlerisch dargestellt. „Daß auch die Religion hier als angeborene Liebhaberei dargestellt wird, die sich durch sich selbst
freien Spielraum schafft und stufenweise jede Kunst vollendet,
stimmt vollkommen zu dem künstlerischen Genusse des Ganzen
und es wird dadurch, wie an dem auffallendsten Beispiele
gezeigt, daß er Alles so behandeln oder behandelt wissen
möchte.“ Daß der ganze Meister eigentlich nicht sowohl
die Kunst behandelt als „die Kunst aller Künste, die Kunst
zu leben“, hatte Friedrich Schlegel bewiesen und gerühmt.
Sittlichkeit definirt Novalis als die Kunst, unter den
Motiven zu Handlungen einer sittlichen Idee, einer Kunstidee
a priori gemäß zu wählen und die Masse innerer und

äußerer Handlungen zu einem idealischen Ganzen zu ordnen.
„Nicht nur Mensch werden, ist eine Kunst“, hat er gesagt,
sondern dieser unerschrockenste und zugleich feinste der
romantischen Denker spricht sogar von einer Kunstlehre der
Unsterblichkeit.

Die ersten Romantiker haben denn auch unermüdlich
gelernt und das Erlernte denkend zum Besitz ihres Bewußtseins zu machen gesucht, ja sie alle waren zugleich
Kritiker der Kunst, die sie ausübten. Niemals glaubten sie,
wie die modernen Künstler zu thun pflegen, sie würden die
glückliche Kraft der Gesundheit des dunklen Instinktes dadurch wiederfinden, daß sie sich in's Dunkel der Unwissenheit
versteckten. Hierin wie überhaupt war Herder ein Vorläufer
der Romantik, der die Poesie Kultur zum Schönen nennt,
die Bekanntschaft der neuen Poesie mit der Wissenschaft
freudig begrüßt, weil sie dadurch an dem Fortschritt und
Wachsthum des menschlichen Geistes theilnehmen werde, der
zur besonnenen Nachahmung andrer Völker auffordert und
als die Muse des bewunderten Briten die Reflexion bezeichnet. Es ist bekannt, wie Goethe beinahe pedantisch
seine Kenntnisse zu erweitern und Ordnung in dem, was er
wußte, zu halten suchte, wie er sogar nach Mustern oder
Ideen, ja zuweilen um Exempel zu statuiren, dichtete.

Das aber haben Schiller und viele Andre auch gethan,
und zwar gerade solche, deren ärgste Feinde die Romantiker
waren. Wenn das Wissen und Bewußtwerden allein den
Romantiker machte, wie wäre es möglich, daß sie mit gutem
Gewissen den großen Krieg gegen die Aufklärung hätten
führen können, daß jeder beim Worte Romantik an den
geheimnißvollen lauschigen Wald des Märchens und der
Sage denkt, in den sie die Menschen wieder eingeführt
haben; daß in ihrem Gefolge der Zauber, die Magie, das

7*

Räthsel, die Sehnsucht — alle die verschleierten Gestalten
des Unbewußten erscheinen? Das ist eben, was man nie=
mals vergessen darf, daß das Bewußtsein des Romantikers
mit dem Gehalte des Unbewußten erfüllt ist; das Thor,
das die beiden Reiche trennte, ist nicht mehr geschlossen,
sondern nur angelehnt, und langsam strömt das Licht von
der einen Seite in die wallende Finsterniß, lösen sich von
der andern Seite die dunklen Bildungen im Lichte auf.
Baader führt einmal folgende Stelle aus einem alten
Schriftsteller an: „Dieweil Studiren und Lernen eine Er=
weckung ist des, das in mir ist, nämlich, daß ich erkenne
und gewahr werde des, das in mir ist und in allen
Menschen verborgen liegt, denn das Himmlische und Irdische
liegt in mir verborgen. Dannenhero auch die Platonici ge=
sagt: discere esse reminisci." Mit solchem Sicherinnern
und Sichbesinnen war alles Lernen der Romantiker ver=
bunden. Der unbewußte Mensch wird sich seines instinktiven
Lebens nur dadurch bewußt, daß es wirkt; in ungestörter
Stille reifen seine Gefühle heran, bis sie auf einmal als
Handlungen an's Licht treten; sein Denken ist weißes Licht,
erst durch das Prisma des Bewußtseins wird es in die
Regenbogenfarben zerlegt. Dem bewußten Menschen, der
seine Gefühle im Lichte zersetzt, fehlt leider oft die Formel,
sie wieder ganz und lebendig zu machen, so daß man sagen
kann: Der unbewußte Mensch hat die Gefühle, aber kennt
sie nicht, der bewußte kennt sie zwar, aber hat sie nicht,
der harmonische Zukunftsmensch hat und kennt sie.

Man kann sich den Verkehr zwischen den beiden Welten
etwa so vorstellen, als gäbe es eine Klappe, die die obere von
der unteren trennte. Bei dem gemeinen Durchschnittsmenschen
öffnet sich diese Klappe niemals von selbst, außer vielleicht
im Traume. Es kann auch bei diesen Vieles und Großes

sich unterirdisch entwickeln, aber es tritt nicht in's Bewußtsein, sondern setzt sich in Arbeit um. Es sind die einfachen, handelnden Menschen, die Arbeitsthiere, aber auch
solche, die im Stande sind, heroische Thaten zu thun. Man
könnte diesen den Bauern= oder den Römer-Typus nennen,
oder einfach den männlichen. Als Nacht=Menschen könnte
man sie bezeichnen, insofern sie unbewußt handeln, als Tag=
Menschen, insofern ihr Bewußtsein der äußeren Welt nie
durch Nebel aus dem Innern gestört wird; wenn man
nicht unter Tag=Menschen diejenigen verstehen will, denen
das Unterirdische überhaupt fehlt und die in Folge dessen
in diese Betrachtung nicht gehören.

Nun kommen die Menschen, bei denen die Klappe immer
offen steht, oder eine Spalte ist darin. Es ist gerade, wie
wenn ein Riß in einer Dampfmaschine wäre, die nicht
arbeiten kann, weil der Dampf entweicht und keinen Druck
mehr ausübt. Denn weil die Triebe, ehe sie sich ansammeln
und bilden, in's Bewußtsein eintreten, können sie sich nicht
in Handlung umsetzen und nach außen wirken. Dies ist
der weibliche oder artistische Typus. Diese Menschen sind
nicht groß durch ihre Handlungen, kaum giebt es überhaupt
eine Außenwelt für sie, die ganz durch die unentdeckte Innenwelt in Anspruch genommen sind. Vorzüglich Musiker gehören hierher, Dichter, Schauspieler, alle Arten von Künstler-
naturen und Talenten, nur nicht die ganz Großen, die das
Bleibende schaffen. Auch Schwärmer, Idealisten und Kritiker,
die Alles besser wissen, aber Nichts besser machen können,
sind unter diesen. Man kann sie auch Uebergangs= oder
Dämmerungsmenschen nennen.

Der dritte Haupttypus ist der die beiden früheren ver-
einigende, der mannweibliche. Diesen Typus trägt das
Genie. Hier ist die Verbindung zwischen den beiden Welten

durch eine Feder geregelt. Ungestört geht die Entwickelung
der Kräfte im Unterirdischen vor sich. Sind sie aber reif,
so heben sie die Klappe und betreten das Lichtreich. Sie
können sowohl nach außen wie nach innen wirken. Diese
Menschen müssen sich nicht selbst zerstören, um sich selbst zu
kennen. Sie brauchen nicht deshalb, weil sie wissen, auf
das Handeln und Schaffen zu verzichten. Sie können zuweilen mit den Menschen der ersten Klasse verwechselt
werden, wie denn das Genie auch oft aus primitiven Kreisen
hervorgeht. Sie können einfach, ja unbedeutend erscheinen,
und es kann das Ansehen haben, als brächten sie das Große,
was sie leisten, nur zufällig hervor.

Für jeden Menschen ist das Sichöffnen der Klappe —
wenn ich bei dem elementaren Bilde bleiben darf — etwas
Erwünschtes, das er herbeizuführen strebt: Rausch im
weitesten Sinne, die höchsten Momente des Lebens. Es ist
das Auflösen des Festen und Schweren im Menschen, weswegen auch die Berauschten, Begeisterten sich so leicht fühlen,
als flögen sie. Man könnte es auch Bewußtwerden oder
Romantisiren nennen. Eine alte chemische Regel heißt:
corpora non agunt nisi soluta; die Alchymisten gingen deshalb darauf aus, eine Substanz zu finden, die jeden Körper
löste: Alkahest nannten sie dies hypothetische Mittel. Auch
der Mensch wirkt nur, wenn das Unbewußte in ihm sich
löst, so daß er handelt nach außen oder nach innen. Seine
Lösungsmittel sind vor allem Jugend, Liebe und Wein —
die Griechen nannten Dionysos den Lösenden — kurz
Wärme. Die südlichen Völker gebrauchen weniger Wein
als die nördlichen, weil die Klappe sich mit Leichtigkeit, fast
allzuleicht, von selbst öffnet. Diese und die Dämmerungsmenschen, bei denen die Klappe immer offen steht oder einen
Riß hat — solche giebt es mehr im Norden — sind die

Immerberauschten; ein Alkahest, das noch dazu kommt, wirft sie ganz über den Haufen. In seinem Sternbald läßt Tieck den Lukas v. Leyden, den er als schlichten, unermüdlich thätigen, mehr schaffenden als denkenden Mann schildert, am liebsten nach Tische arbeiten, wenn er vom Wein erhitzt ist; während der sinnige, phantasievolle Dürer sagt, daß er im Gegentheil nur nüchtern malen könne: „denn mir steigt der Wein in den Kopf und verdunkelt mir den Gedanken." Kunstgenuß wirkt nicht auf Alle lösend. Je geistiger das Alkahest ist, dessen der Mensch bedarf, um sich selbst zu genießen, desto höher steht er. Einst wird es ganz überflüssig werden: dann leben die Zukunftsmenschen, von denen Novalis sagt, daß sie immer zugleich wachen und schlafen werden.

Die meisten Romantiker waren weiblicher Art, Dämmerungsmenschen, aber sie strebten nach Harmonie. Selbst oft einseitig, ließen sie doch nie die Einheit und Ganzheit aus den Augen; in ihr Gebet an die Sonne klingt die berühmte Heraufbeschwörung der mondbeglänzten Zaubernacht wie eine harmonische Begleitung einstimmiger Melodie hinein.

Insofern als das wachsende Selbstbewußtsein beständig mit Fragmenten, mit in der Entwicklung unterbrochenen Organismen zu thun hat, bringt es krankhafte, verzerrte Erscheinungen hervor. Die romantische Literatur ist reich daran. Friedrich Schlegel sagt sogar geradezu, Jean Paul stehe so hoch über Sterne, als er krankhafter sei als dieser. Aber ihr Interesse am Krankhaften war nicht etwa blasirter Ueberdruß am Einfachen und Schönen oder überreizte Sucht nach dem noch nie Dagewesenen, sondern die Einsicht in das Wesen des Krankhaften als Symptom der beginnenden Entwicklung, als ein nothwendiges Uebergangsstadium, das mit Freuden begrüßt werden muß, weil es beweist, daß der

Kampf, ohne den der Sieg nicht sein kann, nun doch im
Gange ist. Ich will einige darauf bezügliche Bemerkungen
von Novalis anführen:

„Krankheit gehört zur Individualisirung. Es gilt hier,
wie auch bei den menschlichen Gemüthern, gerade das, was
in der bildenden Kunst von dem Doryphorus oder dem
Canon gilt."

„Krankheiten zeichnen den Menschen vor den Pflanzen
und Thieren aus. Zum Leiden ist der Mensch geboren.
Alle Krankheiten gleichen der Sünde darin, daß sie Transcendenzen sind. Unsre Krankheiten sind alle Phänomene
einer erhöhten Sensation, die in höhere Kraft übergehen will."

„Je mehr der Mensch seinen Sinn für's Leben künstlerisch
ausbildet, desto mehr interessirt ihn auch die Disharmonie —
wegen der Auflösung."

Daß es immer nur „wegen der Auflösung" ist, darf nie
vergessen werden. Und wie verschieden die Entwicklung vor
sich gehen kann, zeigt das Beispiel der Nationen. Bei den
romanischen Völkern bildet sich der Stoff des Geschehens
allmälig im Unbewußten und bricht plötzlich in furchtbaren
Revolutionen hervor. Bei den germanischen Völkern geht
die Entwicklung in kleineren Wellenbewegungen, langsamer,
zuweilen verzweifelt langsam, aber sie ist interessanter,
reicher und viel umfassender, besonnener. In den Eng-
ländern vereinigt sich die Harmonie und Kraft des Unbewußten mit der Fülle, Tiefe und Vielseitigkeit des Bewußten.

Die schönste Verherrlichung der „dunklen Gefühle" muß
man bei Wackenroder, dem lieblichsten, dem verträumtesten
Romantiker suchen. Seine Herzensergießungen eines kunstliebenden Klosterbruders sind eine schwärmerische Verkündigung des Glaubens, daß Kunst nichts Erlernbares,

sondern göttliche Eingebung, Offenbarung sei. Das Buch
ist wie eins, das lange, lange Jahre in einer Kirche gelegen hat, ein Psalterium mit goldnen und flammenden
Ornamenten zwischen den mystischen Gesängen und durch
und durch süß von dem Weihrauch, der es beständig um-
wölkt hat. Ihn ängstigte das Licht, weil er nie völlig aus
dem Schlafe erwacht war: sein ganzes Leben war wie das
Aufschrecken eines müden Schläfers, der blinzelnd in's
Morgenlicht sieht, aus den umschlingenden Blumenranken
seines Traumes sich nicht losreißen kann und sich willig
von ihnen in den Schlummer zurücklocken läßt. „Die Welt-
weisen", sagt er, „sind aus einem an sich löblichen Eifer
für die Wahrheit irre gegangen; sie haben die Geheimnisse
des Himmels aufdecken und unter die irdischen Dinge, in
irdische Beleuchtung stellen wollen und die dunklen Gefühle
von denselben, mit kühner Verfechtung ihres Rechtes, aus
ihrer Brust verstoßen. Vermag der schwache Mensch die
Geheimnisse des Himmels aufzuhellen? Glaubt er verwegen
an's Licht ziehen zu können, was Gott mit seiner Hand bedeckte? Darf er wohl die dunkeln Gefühle, welche wie verhüllte Engel zu uns herniedersteigen, hochmüthig von sich
weisen? Ich ehre sie in tiefer Demuth; denn es ist große
Gnade von Gott, daß er uns diese echten Zeugen der
Wahrheit herabgesendet. Ich falte die Hände und bete an."
Weil er mit Worten, der Sprache des Bewußtseins, die
dunklen Gefühle nicht offenbaren kann, die so überwältigend
aus dem Grunde seines Innern ihn überströmen, flüchtet
er zur Musik. Sie könnte ihn aus seiner Bedrängniß erlösen. Der ganze Strom von Schmerz und Wonne, der
sich aus den Tönen über das widerstandslose, bebende Herz
ergießt, rauscht unterirdisch unter seiner Sprache.

„Und so erkühne ich mich denn, aus meinem Innersten

den wahren Sinn der Tonkunst auszusprechen und sage:
Wenn alle die inneren Schwingungen unsrer Herzensfibern
— die zitternden der Freude, die stürmischen des Entzückens,
die hochklopfenden Pulse verzehrender Anbetung —, wenn
alle die Sprache der Worte, als das Grab der inneren
Herzenswuth, mit einem Ausruf zersprengen: dann gehen
sie unter fremdem Himmel, in den Schwingungen holdseliger
Harfensaiten, wie in einem jenseitigen Leben in verklärter
Schönheit hervor und feiern als Engelgestalten ihre Auferstehung."

Unermüdlich tönt seine wohllautende Klage über die
kalten Vernünftler, die das „stumme Singen, den vermumm-
ten Tanz der unsichtbaren Geister in ihrem Innern" an
das Licht zerren wollen; die sich nicht begnügen, den ver-
deckten Strom in der Tiefe ihres Gemüths von ferne
rauschen zu hören. Unermüdlich lobt seine melodische Zunge
die göttliche Kraft der Musik, die uns das unendliche Lied,
das wir da unten gehört haben, auf bezauberten Saiten
schöner wieder vorsingt, bis zuletzt seine Worte in Thränen
sich auflösen. „Aber was streb' ich Thörichter, die Worte
zu Tönen zu zerschmelzen? Es ist immer nicht, wie ich's
fühle. Kommt, ihr Töne, ziehet daher und errettet mich aus
diesem schmerzlichen irdischen Streben nach Worten, wickelt
mich ein mit euren tausendfachen Strahlen in eure glänzenden Wolken und hebt mich hinauf in die alte Umarmung
des allliebenden Himmels!"

Wie ein keimendes Pflänzchen, das unter der winterlichen
Blätterhülle allzulange der Sonne entzogen war und niemals frisch und kräftig werden kann, sehnt er sich immer
in den dunkeln Schoß der Erde. Aber dennoch, und ohne
diesen Zug wäre er kein echter Romantiker, graut es ihm
zuweilen vor der „frevelhaften Unschuld, der furchtbaren,

orakelmäßig-zweideutigen Dunkelheit" der Musik. Nachdem
er eine Symphonie in Worten an sich vorübergezaubert hat,
schließt er so: „Dann, wenn ich in finsterer Stille noch
lange horchend dasitze, dann ist mir, als hätt' ich ein Traum=
gesicht gehabt von allen mannigfaltigen menschlichen Affekten,
wie sie, gestaltlos, zu eigener Lust, einen seltsamen, ja fast
wahnsinnigen pantomimischen Tanz zusammen feiern, wie
sie mit einer furchtbaren Willkür, gleich den unbekannten,
räthselhaften Zaubergöttinnen des Schicksals, frech und frevel=
haft durch einander tanzen."

Es ist die leise Gewissensangst des Träumers, der die
heilige Erlöserkraft des Lichtes ahnt und es doch flieht.
Vorwitzig hat er das Thor zum Hades seines Innern auf-
gerissen, und nun schweben die bleichen Schatten ihm nach,
umdrängen ihn und verlangen Leben. Hätte er sie in das
Lichtreich seines Bewußtseins geführt, so wären sie entweder,
wie man aus vielen Märchen weiß, augenblicklich zerflattert
oder in Asche zerfallen, oder aber der mächtige Strahl hätte
ihre Leiber verklärt in Kunst. Nun aber, da sie zurück nicht
können, werden sie in ihrer Todesnoth zu Vampyren und saugen
ihm bis auf den letzten, zitternden Tropfen das junge Blut aus.

Es ist der Irrthum der meisten modernen Künstler, daß
sie, weil sie ihr Bewußtsein mit den Gestalten der Unterwelt zu bevölkern begonnen haben, nun aus der Oberwelt
ein Reich der Finsterniß zu machen suchen, während sie
grade des Lichtes am meisten bedürfen. Ihre Unterwelt
entvölkert sich, ein Schaffen im Unbewußten ist für sie unmöglich geworden, aber sie könnten dasselbe im Bewußtsein
erreichen; denn, sagt Novalis, der vollkommen Besonnene
heißt der Seher. Es ist wahr, daß sie zunächst durch die
Aushöhlung des unterirdischen Reiches schwankend und un-
kräftig werden, aber durch Verbreitung künstlicher Dunkel-

heit können sie es nicht wieder ausfüllen. Tieck war von
dieser Schwäche, auch dem Bewußten den Schein des Unbewußten aufzuzwingen, nicht frei. Viele seiner Gedichte
sind in einem Ton des Stammelns und Lallens gehalten,
der nicht kindlich, sondern albern ist. Zuweilen macht es
den Eindruck, als habe er glücklich sein aufmerksames Bewußtsein halbwegs eingeschläfert und bemühe sich nun eilig,
ehe es wieder zu sich kommt, so viel Worte wie möglich
hervorzusprudeln; oder als kneife er die Augen zu, um sich
einbilden zu können, er träume. Das Bestreben immer,
„aus dem Innersten zu reden", wie es die Romantiker
unter sich nannten, verführt zu Simili-Offenbarungen. An
den affektirten Faseleien seiner Nachahmer erkannte Tieck
mit Schrecken, wohin seine Art führen konnte, und er hat
in dem Schwank „Der Autor", in der Scene, wo der Bewunderer dem Autor seine Gedichte vorlesen will, ein aller-
liebstes warnendes Beispiel davon gegeben.

Autor: Sie drücken sich aber kuriose aus.
Bewunderer: Es muß immer aus dem innersten Gemüth heraus,
           Und oft will es nicht weichen und wanken,
           Oft fehlen wohl selber die Gedanken,
           Da muß man die Sprache recht bei der Wurzel kriegen,
           Aus dem Innersten sprechen, es mag brechen oder biegen,
           So ist es mir schon oft gelungen,
           Zu gerathen auf treffliche Vorstellungen.

Worauf er folgendes Gedicht vorträgt:

                   Stille, stille
                   Wie die Welle,
                   In den Seen
                   Blumen stehen,
                   An dem Rande
                   Sanfte Bande,
                   Und es flimmern
                   In den Schimmern

Süße Töne,
Ach wie schöne!
Komm' und kröne
Mein Verlangen,
Denn dein Bangen
Ist so ferne
Wie die Sterne,
Liebesblicke
All mein Glücke,
Binden Flammen
Sich zusammen,
Daß sie schwammen;
Ach die schöne Zeit,
Weit! weit!

Ob wir nun in der Romantik bald auf ein Ausschweifen in dunklen Gefühlen treffen, bald auf Vergötterung des Kunstverstandes und der Kritik, das möchte ich eben vor Allem betonen, daß das Ideal der romantischen Aesthetik eine Vereinigung von Fühlen und Wissen war. Das will auch die lange Erklärung Friedrich Schlegel's sagen, von der ich nur den Anfang hier anführen will:

„Die romantische Poesie ist eine progressive Universalpoesie. Ihre Bestimmung ist nicht bloß, alle getrennten Gattungen der Poesie wieder zu vereinigen und die Poesie mit der Philosophie und Rhetorik in Berührung zu setzen. Sie will und soll auch Poesie und Prosa, Genialität und Kritik, Kunstpoesie und Naturpoesie bald vermischen, bald verschmelzen."

Das Wort „romantisiren", das besonders bei Novalis häufig vorkommt, kann man zuweilen durch „Bewußtwerden" oder „Bewußtmachen", bald durch „Unbewußtwerden", „Unbewußtmachen" übersetzen. Aus der Fülle der diese Ansicht beleuchtenden Aphorismen kann ich nicht unterlassen, noch einige hier zusammenzustellen.

„Genie ist zwar nicht Sache der Willkür, aber doch der Freiheit, wie Witz, Liebe und Glauben, die einst Künste und Wissenschaften werden müssen. Man soll von Jeder= mann Genie fordern, aber ohne es zu erwarten. Ein Kantianer würde dies den kategorischen Imperativ, die Genialität nennen."

„In jedem guten Gedicht muß Alles Absicht und Alles Instinkt sein.   Dadurch wird es idealisch."

„Die ganze Geschichte der modernen Poesie ist ein fort= laufender Commentar zu dem kurzen Texte der Philosophie: alle Kunst soll Wissenschaft und alle Wissenschaft soll Kunst werden; Poesie und Philosophie sollen geeinigt sein."

„Durch Kunst allein wird der Menschen zu einer leeren Form; durch Natur allein wird er wild und lieblos."

„Das Vorrecht der Natur ist Fülle und Leben; das Vorrecht der Kunst ist Einheit."

„Reine Liebe ist schlechthin arm; alle ihre Fülle ist eine Gabe der Natur. Reine Natur ist nichts als Fülle; alle Harmonie ist ein Geschenk der Liebe. Freundlich begegnen sich ihre beiden Unendlichkeiten und bilden ein neues Ganzes, welches als die Krone des Lebens Freiheit und Schicksal vereinigt."

Diesen Aussprüchen von Friedrich Schlegel füge ich noch einige von Novalis hinzu:

„Die Natur wird moralisch sein, wenn sie aus echter Liebe zur Kunst sich der Kunst hingiebt, thut, was die Kunst will, die Kunst, wenn sie aus echter Liebe zur Natur für die Natur lebt und mit der Natur arbeitet. Beide müssen es zugleich aus eigner Wahl, um ihrer selbst willen, und aus fremder Wahl, um des Andern willen thun. Sie müssen in sich selbst mit dem Andern und mit sich selbst im Andern zusammentreffen."

„Alles Unwillkürliche soll in Willkürliches gewandelt werden."

„Die Trennung von Philosoph und Dichter ist nur scheinbar und zum Nachtheil beider. Es ist ein Zeichen einer Krankheit und krankhaften Constitution."

„Jetzt ist der Geist aus Instinkt Geist, ein Naturgeist, er soll ein Vernunftgeist, aus Besonnenheit und durch Kunst Geist sein."

Unter diesem Gedankensystem hat Friedrich Schlegel in seinem bedeutendsten Jugendwerk, über das Studium der griechischen Poesie, die antike und moderne Kunst in ihren Unterschieden betrachtet. Er bedient sich, um das Unbewußte und Bewußte zu bezeichnen, gewöhnlich der Ausdrücke Trieb und Absicht, zuweilen auch für Trieb des später durch Schopenhauer geläufig gewordenen Willen. Schon Jakob Böhme nannte den organisch wirkenden Trieb Willen und leitete das Wort ab von dem Wallen des immer schwangeren Geistes, dessen Funktion es sei, die innere Geburtsgestalt mit und in seinem Leibe darzustellen. Die antike Poesie nun, sagt Schlegel, sei eine Schöpfung des Triebes, die moderne eine Schöpfung der Absicht. Was der Trieb hervorbringt, prangt in organischer Vollendung und Fülle; es sei daran nichts zu tadeln, wie jede Pflanze in ihrer Art ist es schön. Nicht genug kann Schlegel die reizende, selige Vollkommenheit jener Naturkunst rühmen, die durch die „chymischen Versuche" des Verstandes, sein willkürliches Scheiden und Mischen, nur zerrüttet wird. Aber nichts= destoweniger wendete er sich gegen das allgemeine Vorurtheil, es sei die Kunst nichts als eine Frühlingsblüthe der Mensch= heit, bestimmt, zu blühen, zu reifen und zu welken, nichts als der unwillkürliche Erguß eines leidenschaftlichen Herzens oder eines unbewußten Naturmenschen, nichts als ein süßer

Kindertraum, der im Lichte der Bildung und Wissenschaften
zerfließen müsse. Die Kunst zwar, die der unbewußte Trieb
hervorbringt, vergeht wie jede Bildung der Natur; aber es
giebt eine andre, welche einen sehenden Führer hat. „So
wie es eine Poesie giebt", sagt Baader, „die ahnend und
träumend dem Gedanken vorangeht, so giebt es eine bessere
Poesie, welche dem klaren Gedanken sich zugesellend, ihm
dienend folgt." Für diese werdende Poesie, die das Bewußtsein, langsam zwar und auf Irrwegen, der Vervollkommnung entgegenführt, giebt es den Naturzwang des
Sinkens und Vergehens nicht, weil es keine Schranken des
Fortschritts, der Weiterentwicklung für sie giebt. In Goethe's
Erscheinung erblickte Schlegel eine Bürgschaft, daß die durch
das Bewußtsein verlorene Schönheit mit Bewußtsein wiedergewonnen werden könne, und zwar als eine unvergängliche.

Dieser Adler-Optimismus mit der Devise „Ascendam"
macht die Romantik so ewig jung und herrlich. Sie
zweifelten nicht, daß sie, wenn auch hundert Mal geblendet
und gelähmt, ein Mal das Antlitz der Sonne berühren
würden. Unerschütterlich war ihr Glaube, daß alle Gespenster und Schrecken der Mitternacht sich im Tageslichte
in schöne Wirklichkeit verwandeln müßten, daß jeder Schmerz
des Lebens nur auf einer Täuschung des noch umflorten
Auges beruhe. Die moderne Phantasie denkt sich ihre
Dichter nicht blind, wie die Alten den Homer und Demo-
dokos. Schlegel erwähnt, es sei nach Pindar eine alte
Sage, „daß der Dichter, wenn er auf dem Dreifuß der
Musen sitze, nicht bei Sinnen sei, sondern wie eine Quelle
alles Zuströmende willig von seinen Lippen fließen lasse."
Demokrit soll die besonnenen Dichter vom Parnaß verbannt
haben. Und schließlich sagt der platonische Sokrates im
Phädros: „Wer sich aber ohne Raserei der Musen der

Pforte der Poesie nähert, in der Meinung, die Kunst allein
könne ihn schon zum Dichter machen, der bleibt unvollständig
und gelangt nicht in's Heiligthum; er und die Poesie des
Nüchternen sind nichts gegen die Poesie des Rasenden." Am
ausdrücklichsten verräth die Auffassung der Griechen die
Sage, daß Juno den Teiresias blind machte, ehe sie ihm
die Gabe der Weissagung verlieh. Warum dies? Das
Bewußtsein, das dem griechischen Dichter verhüllt werden
mußte, wenn er singen sollte, war anders als das unsrige.
Es war nur von der äußern Welt erfüllt. Er richtet sein
Auge so unverwandt auf diese, daß es ihm gewaltsam nach
innen gekehrt werden muß, damit es die zweite Hälfte der
Welt, die innere, wahrnimmt. Der moderne Mensch, in
dessen Bewußtsein das Unbewußte sich aufzulösen beginnt,
ist von Natur der dionysische; auch nüchtern ewig berauscht
von den betäubenden Dünsten, die durch die Spalte aus
dem Zauberkessel des Erdinnern aufsteigend sein Haupt um-
schweben. Er muß Apollo anrufen, daß die Klarheit des
Sonnengottes sein verworrenes Stammeln ordne. Eine
Felsplatte bedeckte die verhängnißvolle Spalte im Innern
des antiken Menschen; ungetrübte Lichthelle herrschte in
seinem apollinischen Haupte. Er mußte zu Dionysos
flehen, daß er mit der Kraft seines Götterrausches den
Stein wegwälzte und die feste Erde erschütterte, bis die
magische Geburt sich aus ihrem Schooße löste und nach
oben stieg.

Das Werk eines dionysischen Dichters wird sich durch
Stimmung, Reichthum und Fülle auszeichnen, aber während
man sich im Lesen an tausend Einzelheiten erfreut, wird
man am Ende wunderlich enttäuscht sein; gegen das Ganze
wird sich der etwaige Tadel richten. Der apollinische Dichter
ist ärmer und kälter, aber er hat die Form in seiner Ge-

walt, und deshalb wird sein Werk die Herzen im ersten
Augenblick weniger entzünden, aber es wird leben und
dauern. Die Form ist das Organische und wird aus dem
Unbewußten heraus geschaffen, die feinste Bildung und Fülle
des Geistes kann sie nicht geben; der Körper muß aus dem
Körperlichen geboren werden. In der Symbolik der griechischen Mythologie bedeutete Apollo die Einheit, Dionysos
die Vielheit.

In den südlichen Ländern folgen Tag und Nacht einander
ohne Uebergang. Am Tage herrscht despotisch die un-
gemilderte Sonne, erst in der Nacht wagt sich das Leben
hervor, Thiere und Menschen breiten ihr Gemüth vertrauens-
voll gegen den verdunkelten Himmel aus. In den nörd-
licheren Breiten giebt es zahllose Uebergänge. Und selbst
im heißesten Sommer ist der Tag doch die Zeit des Ar-
beitens und Wachens, der Schlaf fällt immer in die Nacht.
Der Tag schmilzt allmälig in die Nacht hinüber, die Nacht
in den Tag. In unsern Dämmerungsträumen können wir
ahnen, wie es sein mag, wenn wir einst, wie Novalis sagt,
immer zugleich schlafen und wachen. Wer die nordische
Sommernacht kennt, wo sich zwei Meere von Sonnenschein
und Mondschein gegenüberwogen, ohne daß eins im andern
erlischt, kann sich vielleicht noch ein besseres Bild von diesem
Mysterium machen.

Das Zwielicht ist es, das den Norden zur Heimat der
Romantik macht. Und die Gefahr des modernen Künstlers
liegt darin, daß er, von der Dämmerung verzärtelt, den
Tag nicht mehr ertragen kann. Er vergißt, daß rüstiges
Schaffen nur am Tage möglich ist. Immer stärkungs-
bedürftig schließt er vor dem Tage die Augen im Wahne,
daß dann Nacht sei. Aber die balsamischen Quellen des
Sternenhimmels bethauen ihn nicht; schlaff und verdrossen

erwacht er aus seiner künstlichen Nacht und findet sich un-
fähiger als zuvor.

Wie die Nacht Trösterin und zugleich Entsetzen der
Menschen ist, so ist es mit dem Unbewußten. Das Unbewußte ist das Dämonische. Man kann einen klassischen
und einen modernen Dämonismus unterscheiden: der bewußte
Mensch ist dämonisch, wenn das Unbewußte in ihm erscheint,
der unbewußte, wenn es in ihm wirkt. Gewöhnlich nennt
man nur den ersteren dämonisch, in dem das versunkene
Rheingold, das bei andern Menschen ungesehen in der
unzugänglichen Tiefe ruht, beständig in schwebender, schwankender Bewegung nach oben ist, so daß ein buntes Blitzen,
Flimmern und Funkeln von Edelsteinen durch das wechselnde
Gewässer der Seele zuckt; denn das dämonische Wesen der
naiveren Menschen wird nicht erkannt, bis einmal aus ihrem
immer ruhevollen, spiegelglatten Gemüthe unvorbereitet, un-
geahnt eine beseligende oder vernichtende That springt, wie
aus dem schlummernden Märchensee, wenn die Geisterstunde
gekommen ist, der schleierlose Leib der Nixe glänzend her-
vorsteigt.

Aus der Wechselwirkung zwischen dem Bewußten und
Unbewußten entspringt die Magie. Rein theoretisch, durch
die stürmische Consequenz seines Denkens, bestimmte Novalis
das, was wir jetzt als Hypnotismus kennen. Das Beherrschtwerden des Unwillkürlichen durch das Bewußte war
sein Dogma. Auch der bewußte Geist des Menschen hat
seine körperliche Erscheinungsform, das Cerebralsystem, aber
sein Wirken ist nicht an körperliche Vermittlung gebunden,
sondern springt über, wie ein elektrischer Funke, auf andre
Geister. „Alle geistige Berührung gleicht der Berührung
eines Zauberstabes. Alles kann zum Zauberwerkzeug werden."
Baader führt einmal als Citat aus einem „übrigens possir-

8*

lichen Schriftsteller" diese merkwürdigen Worte an: daß,
wer nur des Geistes genug in sich hätte, um ihn auch in
fremde Leiber spediren zu können, diese Leiber von innen
heraus bewegen würde, wie seinen eigenen. — Was jetzt
erfüllt ist, setzte Novalis als logisch nothwendig voraus und
folgerte weiter, daß nichts als unsre eigene Schwäche und
Unfertigkeit dieser Wirksamkeit des Geistes auf die Natur
eine Schranke setze. Noch können wir weder unsre eigene
Somnambule, noch die der Andern, noch die eine große
Somnambule Natur völlig magnetisiren; aber er weissagt
eine Periode der Magie, wo der Körper der Seele oder der
Geisterwelt dienen werde. „Der physische Magus weiß die
Natur zu beseelen und willkürlich wie seinen Leib zu be=
handeln." Als solchen Magus schildert die Bibel Gott,
der sprach: es werde Licht! und es ward Licht. Das kommt
einem in den Sinn, wenn man die merkwürdige Notiz von
Novalis liest: „Gefährliche Gedanken. Nähern sich etwa
manche Gedanken der magischen Grenze? Werden manche
de facto wahr?" Gewiß hat es Jeder schon in sich erlebt,
daß er irgend einen dunklen auftauchenden Gedanken rasch
erdrückte in dem plötzlichen, wahnsinnigen Angstgefühl, er
könnte mit eins wirklich werden.

Da nun der Geist so unabhängig vom Körper ist oder
ein kann, so muß er auch unabhängig von ihm leben und
erscheinen können. Wenn er in ein fremdes Bewußtsein
übergeht und von dort aus einen fremden Körper regiert,
erscheint er ja gewissermaßen schon in diesem; man hat oft
beobachtet, daß Mann und Frau, die ja, wenn sie in inniger
Seelengemeinschaft leben, sich gegenseitig hypnotisiren, einander
ähnlich werden. Kann er also sich in einem fremden mensch=
lichen Körper materialisiren, wie die jetzigen Spiritisten es
nennen, so darf man die Folgerung nicht anschließen, daß

er es in jedem beliebigen Stoffe zu thun fähig sei. Dies
etwa mag der Gedankengang Novalis' gewesen sein, als er
Folgendes niederschrieb: „Das willkürlichste Vorurtheil ist,
daß dem Menschen das Vermögen, außer sich zu sein, mit
Bewußtsein jenseits der Sinne zu sein, versagt sei. Der
Mensch vermag in jedem Augenblick ein übersinnliches Wesen
zu sein. Ohne das wäre er nicht Weltbürger, er wäre ein
Thier. Freilich ist die Besonnenheit, Sichselbstfindung in
diesem Zustande sehr schwer, da er so unaufhörlich, so nothwendig mit dem Wechsel unsrer übrigen Zustände verbunden
ist." — „Die Geisterwelt ist uns in der That schon aufgeschlossen, sie ist immer offenbar! Würden wir plötzlich
so elastisch, als es nöthig wäre, so sähen wir uns mitten
in ihr. Unser jetziger mangelhafter Zustand macht immer
eine Heilmethode nöthig, sie bestand ehemals in Fasten und
moralischen Reinigungen, jetzt wäre vielleicht die stärkende
Methode nöthig." Das heißt: ehemals mußte man das
Unbewußte dämpfen und das Bewußtsein heben, jetzt, wie
das Bewußtsein sich durch Aufnahme des Unbewußten und
auf seine Kosten erweitert hat, müßte man umgekehrt verfahren.

So thaten die Romantiker die ersten Schläge an die
Pforte der Geisterwelt, aus welcher bald das unheimliche
Nachtvolk in Schaaren hervorströmen sollte. Die Führer
waren nicht schuld an den Verirrungen und Mißverständ-
nissen ihrer Jünger; sie sonderten zwar Natur und Geist,
aber so extrem sie auch ihre Abstraktionen verfolgten, be-
hielten sie doch ihre Einheit im Sinne und wollten nie das
Eine ohne das Andre.

Man kann sich die Stadien des Bewußtseins an einem
mathematischen Bilde klarmachen. Der Kreis muß uns die
vollständige Unbewußtheit vorstellen, wo die beiden Hälften

des Ich noch unzertrennt sind: der Kreis ist eine Ellipse,
in der die beiden Brennpunkte zusammenfallen. Die Ellipse
wäre dann die Form des vollendeten Selbstbewußtseins, wo
jeder Strahl, der von dem einen Seelenbrennpunkt ausgeht,
nach dem andern reflektirt wird. Aus der Ellipse aber
wird, wenn man die Durchschnittsebene des Kreises so dreht,
daß sie seiner Seitenwand parallel wird, die Parabel, das
heißt, der eine Brennpunkt rückt in's Unendliche, die un=
bewußte Seele vereinigt sich mit der Natur. Das könnte
man das Allbewußtsein nennen. Jeder Punkt der Unendlichkeit ist Brennpunkt für das Ich geworden; kein Strahl
geht vom Unendlichen aus, keiner vom Ich, der nicht nach
hier und dort reflektirt würde. Drehen wir die Ebene nun
noch weiter, bis wir wieder beim Kreise angelangt wären, so
hätten wir ein Bild des romantisirten Universums, des be=
wußten Chaos.

Der romantische Charakter.

Wer etwas Unendliches will, der weiß
nicht, was er will; aber umkehren läßt
sich dieser Satz nicht.

Friedr. Schlegel.

O wie wechselnd ist
Doch mein Gemüth, so wandelbar veränderlich
Ist nichts mehr in der weiten Welt: denn bald
Bin ich so glücklich, so von Herzen froh,
So in mir selber groß, daß ich mit Frechheit
Die Sterne pflücken möchte und wie Blumen
Zum Kranze für mein Haupt zusammenflechten.
Ein Augenblick, so wechselt diese Fluth,
Sie tritt zurück und macht das Ufer nackt,
Und ärmlich dünkt mir dann mein ganzes Inn're.
Dann könnt' ich mit dem Bettler tauschen, sterben,
In ferne, nie besuchte Höhlen kriechen,
In ewiger Betrachtung meines Jammers
Ein langes, qualenvolles Leben schmachten.
Dann seh' ich ihren Blick, ein Lächeln grüßt
Den eingekrümmten Geist, und Alles ist
Vergessen, mir gehört die ganze Welt.

Das ist der romantische Charakter, wie er träumerisch, die Augen in den Wolken, durch die Werke Tieck's und seiner Gefährten wandert, ihr eigener Doppelgänger; der bewußtwerdende, der moderne, in dem Geist und Natur, von einander gerissen, sich immer wieder berühren und zu vermischen streben, um heftiger aus einander zu fliehen; der das starke Band nicht hat, das sie trennt sowohl wie vereinigt. Was ihm fehlt, ist Charakter und Harmonie, aber er hat, wenn man den Berührungspunkt des Unbewußten und Bewußten so nennen darf, Seele. Er hat einen Körper, in dem das ausgelassene Herz bald zu geschwinde, bald zu träge klopft, ein Gesicht, aus dem uns suchende, ahnende Augen voll Geheimniß ansehen.

Der Ausspruch Friedrich Schlegel's: „Man nennt viele Künstler, die eigentlich Kunstwerke der Natur sind", ist auf die meisten Romantiker anzuwenden; weil sie selbst im Strome des Gestaltetwerdens flutheten, konnten sie nicht gestalten und wollten es doch, weil sie besser als ein Fertiger wußten, wie es dabei zugeht. Es ist erstaunlich, bis zu welchem Grade es Tieck mißlang, Menschen zu schaffen. Die unzähligen Personen, die in seinen Büchern auftreten, sind nichts als bunte Figuren einer Laterna magica, die, auf eine Wand geworfen, marionettenartig mit zuckenden Bewegungen an dem Beschauer vorübergleiten. Sie springen in erstaunlicher Fülle, mühelos, aus seinem Kopfe; eben weil es nur Kopfgeburten sind, ohne Fleisch und Bein. „Es giebt zwei Arten, Menschen zu schildern", sagt Novalis, „die poetische und die wissenschaftliche. Jene gibt uns einen durchaus individuellen Zug — ex ungue leonem —, diese deducirt vollständig." Tieck's Art ist die wissenschaftliche, und insofern haben seine Menschen ein un= endliches Interesse. Man muß ihnen die aufgeklebten Eti= quetten abreißen und sie allesammt Ludwig Tieck nennen; denn in Wahrheit sind sie nur Brechungen dieses einen Strahles. Auch sind wir ihm für seine Art zu schildern dankbar; denn es wäre schade, einer so künstlichen Spieluhr, wie es der romantische Charakter ist, nur zuzuhören und sie nicht auch einmal aufzumachen und im Innern arbeiten zu sehen — voir ce qu'il y a dedans, sagte ein kleiner Junge, ehe er sein Spielzeug zerbrach.

In dem harmonischen Menschen entwickeln sich die beiden
Wesenshälften, Mann und Weib, Thier und Engel, gleichmäßig, sodaß sie in guter Kameradschaft neben einander aus-
halten können, wie die alten germanischen Heidengötter nie
ohne ein edles Thier erschienen, das ihnen gemäß war; der
romantische Mensch ist eine personificirte unglückliche Ehe
und Mißheirath, gewöhnlich deswegen, weil die Frau sich
dem Manne überlegen fühlt, manchmal auch weil sie ihm
nicht gewachsen ist, und ringt nicht in ihm unterzugehen,
oder denn, daß sie sich nun einmal nicht verstehen können:
gegenseitige unüberwindliche Abneigung. Aber die Ehe des
Menschen mit sich selbst ist wirklich ein Sakrament, unauf-
löslich, zum Zwecke gegenseitiger Erziehung, eine oft qual-
volle Bildungsschule. Meistens ist der Romantiker der
werdende Engel, der die Menschlichkeit haßt, die ihn noch
mit der Erde verbindet. Wie das unglückliche Opfer den
Leichnam, mit dem sein Peiniger es zusammengebunden hat,
um die Todesqual zu verschärfen, möchte der Intellekt den
Willen von sich stoßen, der doch der seinige ist: „Ein Engel
darf, ein Mensch mag ich nicht sein, nur die Hölle bleibt
dem Unbefriedigten übrig", dieser Verzweiflungsschrei aus
Tieck's Abdallah ist das Thema endlos phantasirender Klagen.

„O daß ich mich stürzen könnte in das Meer der un-
ermeßlichen Göttlichkeit! Diese tausendfachen Schätze in
meinen Busen saugen! Könnt' ich sie fesseln und ewig wach
erhalten in meiner Brust, diese göttlichen Gefühle, die jetzt
durch meine Seele zittern! Ach daß der Gesang durch die
Laute rauscht und nachher verstummt! Ich höre das Pochen
meines ungeduldigen Geistes: was ist diese unnennbare,
unausfüllbare Leere, die mich stets im Genusse so kalt und
todt ergreift? Ein fremdes Streben ringt mit meiner
Begeisterung und wirft sie nieder. Ich schwindle auf der

Freude höchstem Gipfel und stürze in den Staub betäubt
zurück."

„O daß der Mensch in seinem Busen einen unversöhnlichen Feind mit sich herumtragen muß, der ihn unablässig
quält! Daß das heillose Drängen unsrer Seele, das
Streben gegen die Unmöglichkeit uns den Genuß unsres
Daseins raubt und uns gegen uns selbst verderbliche Waffen
in die Hand giebt!"

„Die Seele steht tief hinab in einem dunkeln Gewölbe
in einem dunkeln Hintergrunde und lebt im weiten Gebäude
für sich, wie ein eingekerkerter Engel; sie hängt mit dem
Körper und seinen vielfachen Theilen ebensowenig zusammen,
wie der Verbrecher mit der Stadt, in der er gefangen sitzt.
— — Was kann ich also für meine Seele thun, die wie
ein unaufgelöstes Räthsel in mir wohnt? Die dem sicht-
baren Menschen die größte Willkür läßt, weil sie ihn auf
keine Weise beherrschen kann?"

Mit einem andern Bilde, das dasselbe bedeutet, hörte
ich Jemand seine Natur mit einem wilden Pferde vergleichen, das sein Geist nicht bändigen und lenken könne."

Schlichter als Tieck, aber kindlich rührender erzählt
Wackenroder, wie sein Jakob Berglinger an dieser Miß-
helligkeit zu Grunde geht; wie es ihn anwidert, die Leute
auf der Straße schwatzen und lachen zu sehen, wenn er in
übersinnlichem Enthusiasmus aus dem Concerte kommt, und
wie er sich dann vor sich selber schämt, wenn er es sich
beim Essen, im Kreise alltäglicher Bekannter, wohlschmecken
läßt. Ein unaufhörlicher Kampf, nur unterbrochen durch
erzwungene, äußerliche Versöhnungen.

Auch Novalis' Geist schwang sich oft hoch über seine
Natur empor, aber er kehrte immer gern und freundlich zu
ihr zurück. Es war eine Liebe, nicht wie die der heiligen

Paare des Mittelalters, die Gott gelobt hatten, sich niemals zu berühren, sondern eine solche, deren Leidenschaft zu einer reinen Flamme verklärt war: ebenso willig zu Kuß und Umarmung, wie zu Trennung und Thätigkeit, echte Freiheit. Anders ist es, wenn der Intellekt sich dem Willen hingiebt, den er im Stillen fürchtet und haßt. Um die geheime Ab= neigung zu betäuben, unfähig, dem sinnlichen Reiz zu wider= stehen, stürzt er sich blindlings in schwelgerisches Genießen, bis zur Erschöpfung und Zerrüttung. Nicht Ehe ist es, sondern Buhlschaft, und alle Folgen eines unreinen und unwahren Verhältnisses knüpfen sich daran. „Das Schwelgen an den Kräften des Gemüths ist die unerlaubteste aller Verschwendungen, die schlimmste aller Verderbtheiten", das war eine Erfahrung, die Tieck an sich selber gemacht hatte. Als er einmal einen halben Tag und eine Nacht durch ohne Unterbrechung, seine Erregtheit selbst absichtlich steigernd, einen damals beliebten Schauerroman gelesen hatte, bekam er wirklich einen Anfall von Wahnsinn, den seine lüsterne Phantasie ihm schon so oft vorgespielt hatte. Durch einen großen Natureindruck, den er bald darauf während einer Harzreise empfing, fühlte er sich gerettet. Aber keine Rettung gab es für Wackenroder, der weit unschuldiger war als Tieck, aber schwächer. Sein Geist war wie ein zartes Mädchen, ganz Demuth und Hingebung, die dem Strome von Leidenschaft, der auf sie eindringt, nur mit einem bangen, flehentlichen Blick zu wehren vermag, während ihr sanfter Leib sich ihm schon zuneigt.

Das Bewußtwerden, die beständigen Berührungen zwischen Natur und Geist, denen nie eine gänzliche Ver= einigung folgt, die aufregenden Stelldicheine in der Däm= merung sind die Ursachen jener grenzenlosen Sehnsucht, jenes unersättlichen Verlangens, woran der Romantiker sich

aufzehrt. Die Wuth der Unbefriedigung hat es Friedrich
Schlegel einmal genannt. Wer hat nicht das Sehnen des
Herzens in sich gefühlt, beklemmend aber süß, das der erste
Thauwind des Jahres oder die bacchantische Sterbeluft des
Herbstes einhaucht? Ein letzter Zug, man weiß nicht wo-
hin, vielleicht nach einer fernen, fernen Waldwiese, auf der
ein allerschönstes Bild auf uns wartet, sei es Liebe oder
Tod, Willkommen im allmächtigen Blick. Was aber bei
den meisten Menschen nur ein flüchtiges Mitzittern der
Saiten in das große Harfenspiel der Natur ist, das ist der
Grundton des romantischen Charakters, sein Merkmal, sein
Hauptvermögen, seine Schönheit, sein Fluch. Daß sie diese
zehrende Sehnsucht nicht kannte, machte die Größe, Schönheit und Vollendung der Antike, aber ihre Begrenztheit
liegt auch darin. Aus der Zerrissenheit des modernen
Menschen wächst sie heraus, eine Marterblume mit tiefem,
blutendem Kelche, aus dem sich seelenberauschende Düfte unablässig in die Unendlichkeit ergießen.

> Warum Schmachten?
> Warum Sehnen?
> Alle Thränen
> Ach sie trachten
> Nach der Ferne,
> Wo sie wähnen
> Schön're Sterne!

Daß sie es nur wähnen, das ist es eben. Das blanke,
lockende Sternbild ist eine Fata Morgana, die vor dem
Näherkommenden weicht, eine Luft-Oase, die niemals den
brennenden Durst löscht. Niemand hat wie Tieck, mit so
züngelnden, flackernden, lodernden Feuerbuchstaben die Symptome dieser Krankheit geschildert, die Geschichte der Jo, die
der Stachel des Wahnsinns rastlos durch alle Welt jagt.

„Aber was ist es, daß ein Genuß nie unser Herz ganz
ausfüllt? Welche unnennbare, wehmüthige Sehnsucht ist es,
die mich zu neuen, ungekannten Freuden drängt? Im vollen
Gefühl meines Glückes, auf der höchsten Stufe meiner Begeisterung ergreift mich kalt und gewaltsam eine Nüchternheit, eine dunkle Ahnung — wie soll ich es beschreiben —
wie ein feuchter, nüchterner Morgenwind auf der Spitze
des Berges nach einer durchwachten Nacht, wie das Auf-
fahren aus einem schönen Traum in einem engen, trüben
Zimmer. Ehedem glaubte ich, dieses beklemmende Gefühl
sei Sehnsucht nach Liebe, Drang der Seele, sich an Gegen-
liebe zu verjüngen — aber es ist nicht das; auch neben
Amalien quälte mich diese tyrannische Empfindung, die,
wenn sie Herrscherin in meiner Seele würde, mich in
einer ewigen Herzensleerheit von Pol zu Pol jagen
könnte. Ein solches Wesen müßte das elendeste unter
Gottes Himmel sein: jede Freude flieht heimtückisch zurück,
indem er danach greift, er steht wie ein vom Schicksal
verhöhnter Tantalus in der Natur da, wie Ixion wird
er in einem unaufhörlichen, martervollen Wirbel herum-
gejagt; auf einen solchen kann man den orientalischen
Ausdruck anwenden, daß er vom bösen Feinde verfolgt
wird."

„Ich möchte in manchen Stunden von hier reisen und
eine seltsame Natur mit ihren Wundern aufsuchen, steile
Felsen erklettern und in schwindelnde Abgründe hinunter-
kriechen, mich in Höhlen verirren und das dumpfe Rauschen
unterirdischer Wässer vernehmen, ich möchte Indiens seltsame
Gesträuche beschen und aus den Flüssen Wasser schöpfen,
deren Name mich schon in den Kindermärchen erquickte;
Stürme möchte ich auf dem Meere erleben und die ägyp-
tischen Pyramiden besuchen — o Rosa, wohin mit dieser

Ungenügsamkeit, und würde sie mir nicht selbst zum Orkus
und ins Elysium folgen?"

Die Helden aller romantischen Bücher sind fast beständig
auf Reisen: Don Quixote so gut wie Wilhelm Meister und
alle ihre Nachkommen. Die Dichter ließen ihre Doppelgänger an ihrer Stelle auf die ersehnte Wanderschaft gehen.
Alles lockt und zieht:

> Wie mit süßen Flötenstimmen
> Rufen alle gold'nen Sterne;
> Weit muß manche Woge schwimmen,
> Deine Lieb' ist in der Ferne.

Ist sie es wirklich? Finden sie sie jemals? Heimlich
wissen sie es wohl, daß ein Aufhören der Sehnsucht Aufhören des Lebens wäre:

> Die Nachtigall singt aus weiter Fern':
> Wir locken, damit du lebest gern.
> Daß du dich nach uns sehnst und immer matter sehnst,
> Ist, was du thöricht dein Leben wähnst.

Ein moderner Romantiker, der Däne Jakobsen, hat vollendeter, als die vor 100 Jahren es konnten, im Niels
Lyhne die Geschichte einer solchen Reiselust erzählt und
mit der herzzerreißenden Einsicht beendigt, daß nichts Irdisches sie stillen kann. Seelenvoller vielleicht und tröstlicher
läßt Tieck dasselbe seinen Sternbald empfinden in einer
wehmüthig seligen Nacht:

„Die Scheibe des Mondes stand seinem Kammerfenster
gerade gegenüber, er betrachtete ihn mit sehnsüchtigen Augen,
er suchte auf dem glänzenden Runde und in den Flecken
Berge und Wälder, wunderbare Schlösser und zauberische
Gärten voll fremder Blumen und duftender Bäume; er
glaubte Seen mit glänzenden Schwänen und ziehenden
Schiffen wahrzunehmen, einen Kahn, der ihn und die Ge-

liebte trug und umher reizende Meerweiber, die auf krummen
Muscheln bliesen und Wasserblumen in die Barke hinein=
reichten. Ach dort! dort! rief er aus, ist vielleicht die Hei=
math aller Sehnsucht, aller Wünsche; darum fällt auch wohl
so süße Schwermuth, so sanftes Entzücken auf uns herab,
wenn das stille Licht voll und golden den Himmel herauf=
schwebt und seinen silbernen Glanz auf uns hernieder gießt.
Ja er erwartet uns, er bereitet uns unser Glück, und darum
sein wehmüthiges Herunterblicken, daß wir noch in dieser
Dämmerung der Erde verharren müssen."

Es ist aber natürlich, daß dennoch die Täuschung —
und vielleicht ist es gar keine — immer wieder kommt, als
müsse diese schmerzhafte Leere auf Erden ausgefüllt werden
können. Liebe kann es: unfehlbar sicher fühlt das jeder
Mensch. Zunächst aber wächst und wächst nur das Verlangen, unerträglich, bis endlich im höchsten Genuß der
Liebe die ewig stachelnde Pein untergeht. Ein Augenblick
himmlischer Ruhe, dann jähes Aufschrecken: das also war
die Lösung des unergründlich scheinenden Räthsels!

Alle diese Seelenmarter, die himmelstürmenden Titanen-
gedanken, das Rütteln an den Thoren der Erkenntniß war
nur ein Krampf der Sinnlichkeit. Nicht in den Himmel der
Ideale, an die Brust eines beliebigen Mädchens mußte er
sich flüchten, um für die hohe Ungenügsamkeit, „der Sonne
und Mond zu irdisch sind", Befriedigung zu finden. Allerdings nur für einen Augenblick; dann stößt der Ernüchterte
seinen Abgott von sich. Aber wenn wieder ein Frauenkleid
ihn streift oder ein warmer Blick ihn berührt, kommt die
Hoffnung wieder und wieder die Enttäuschung, bis er sich
schließlich nicht einmal mehr selbst betrügt, sondern bewußt
aus einem Rausch in den anderen taumelt. So läßt Tieck
seinen Lovell sinken, sinken und immer rascher stürzen; es

ist wundervoll, wie man in dem engelsreinen, schwärmerischen
Jüngling die krasse Genußlehre sich ausbilden sieht. Dies
ist seine Lebensweisheit:

„Freilich ist Wollust das große Geheimniß unsres
Wesens, freilich will auch die reinste, inbrünstigste Liebe sich
in diesem Brunnen kühlen, sie soll eben sterben, damit wir
fühlen, daß wir Menschen sind, daß wir von täuschenden
Phantomen erlöst werden, die uns als Engelsgestalten besuchen und doch Furien werden, wenn sie das glänzende
Gewand fallen lassen. Denn schläft nicht die wildeste Verzweiflung, die gräßlichste Angst, der blutigste Haß, Selbstmord und alle Gräuel im Innern dieses Gefühls? . . . .
Daß wir Sinnlichkeit haben, ist keineswegs verächtlich und
kann es nicht sein, und doch streben wir unaufhörlich sie
uns selber abzuleugnen und sie mit unsrer Vernunft in
Eins zu schmelzen, um nur in jedem der vorüberfliegenden
Gefühle uns selbst achten zu können. Denn freilich ist nichts
als Sinnlichkeit das erste bewegende Rad in unsrer Maschine, sie wälzt unser Dasein von der Stelle und macht es
froh und lebendig — Alles was wir als schön und edel
träumen, greift hier hinein. . . . Sinnlichkeit und Wollust
sind der Geist der Musik, der Malerei und aller Künste,
alle Wünsche der Menschen fliegen um diesen Pol wie
Mücken um das brennende Licht. Schönheitssinn und Kunst-
gefühl sind nur andre Dialekte und Aussprachen, sie bezeichnen nichts weiter als den Trieb des Menschen zur
Wollust. . . . . Ich halte selbst die Andacht nur für einen
abgeleiteten Kanal des rohen Sinnentriebes“ — und zum
Schluß kommt die alte Klage — „ich darf kein Engel sein,
aber ungestört will ich als Mensch dahinwandeln.“

Wenn Lovell in solchen Gedankenverirrungen sich ver-
wickelte und erwürgte, darf man nicht folgern, so sei es

Tieck ergangen. Er glaubte an Liebe und Glück, aber er
sah ein, daß das „was den Menschen ganz befriedigen soll,
sein Gefühl und seinen Verstand zugleich ausfüllen muß."
Und in ihm waren Gefühl und Verstand „zwei neben einander
laufende Seiltänzer, die sich ewig ihre Kunststücke nachahmen,
einer verachtet den andern und will ihn übertreffen."
Darum ist der romantische Charakter der Gefahr in Ausschweifungen sich zu verwüsten um so viel mehr ausgesetzt
als ein andrer; denn nur im Rausch, sei es der Liebe
oder des Weines, wenn die eine Hälfte seines Wesens, das
Bewußtsein, betäubt und eingeschläfert ist, kann er die Wonne
genießen, um die er jedes Thier beneidet: sich eins zu fühlen.

„O Wein! du herrliche Gabe des Himmels! fließt nicht
mit dir ein Göttergefühl durch alle unsre Adern? Flieht
dann nicht Alles zurück, was uns in so mancher unsrer
kalten Stunden demüthigt? Wir durchschauen wie mit Seher-
blicken die Welt, wir bemerken die Flucht in unsern Gedanken und Meinungen und fühlen mit lachendem Wohl-
behagen, wie Denken und Fühlen, Träumen und Philosophiren,
wie alle unsre Kräfte und Neigungen, alle Triebe, Wünsche
und Genüsse nur Eine, Eine glänzende Sonne ausmachen, die
nur in uns selbst zuweilen so tief hinunter sinkt, daß wir ihre
verschiedene Strahlenbrechung für unterschiedene getrennte
Wesen halten."

Die Eine, Eine glänzende Sonne, das Ich, das nicht
mehr zerspaltene, die Einheit des eigenen Wesens, das ist
im Grunde das Ziel aller Sehnsucht; man kann es nicht
deutlicher und schöner sagen, als Tieck hier gethan hat.
Sein Ich ist das Wild, das er unermüdlich jagt, das Land,
nach dem er auszieht, der Himmel, nach dem er sich sehnt.
Sich selbst suchen ist die Arbeit seines ganzen Lebens. Fest
gebannt ist er an den Abgrund seines Innern und starrt

bezaubert in das wallende Chaos. „Wenn er so in sein
bewegtes Gemüth sah", erzählt Tieck vom Sternbald, „so
war es, als wenn er in einen unergründlichen Strudel
hinabschaute, wo Woge an Woge drängt und schäumt, und
man doch keine Welle sondern kann, wo alle Fluthen sich
verwirren und trennen und immer wieder durch einander
wirbeln, ohne Stillstand, ohne Ruhe, wo dieselbe Melodie
sich immer wiederholt und doch immer neue Abwechselung
ertönt: Kein Stillstand, keine Bewegung, ein rauschendes,
tosendes Räthsel, eine endlose, endlose Wuth des erzürnten,
stürzenden Elementes." Und dabei, das ist auffallend, kehrt
immer die Klage wieder, daß er sich selbst nicht kenne; eben
der Romantiker, der viel mehr von seinem Innern weiß als
ein andrer Mensch, ist sich selbst ein Räthsel. Es ist im
Grunde leicht zu erklären. Eine geistreiche Dame schilderte
mir einmal den Zustand ihres Inneren, indem sie sagte,
an der Grenze ihres Bewußtseins ständen viele Polizei-
soldaten und Zollbeamten, die jedes aus dem Unbewußten
auftauchende Gefühl sogleich confiscirten; es wäre in Folge
dessen ein ganzer Leichenhügel von Gefühlsembryonen in
ihrem Kopfe aufgestapelt. Ganz ähnlich sagt Tieck, daß wir
oft, wie Mörder ängstlich den noch halb belebten Leichnam
mit Erde bedecken, Empfindungen verscharren, die sich in
uns zum Bewußtsein empor gearbeitet haben. Oefters hat
er diesen geheimnißvollen Vorgang so anschaulich geschildert,
daß wir den geisterhaften Verkehr zwischen zwei unsichtbaren
Welten mit Augen zu sehen glauben.

„Wenn ich manchmal in der Abenddämmerung sitze und
sinne, da ist es, als schwingt sich mir etwas im Herzen
empor, ein Gefühl, das mich überrascht und erschreckt und
dabei doch so still und selig befriedigt: ich greife dann mit
dem Gedächtniß wie mit einer Hand danach, um es mir

selber aufzubewahren. Aber sonderbar, es ist in mir und
verschwindet mir dann doch gänzlich wieder, so daß ich seiner
nicht habhaft werden kann. Alle meine Gedanken stehen mir
zu Gebote, alle meine Erinnerungen und Anschauungen, aber
das ist ein Gefühl, das feiner und geistiger ist als Alles
übrige; aber was ist es und woher kommt es und wohin
geht es, wenn es nicht mehr in uns bleibt?"...

„Aus meinen Kinderjahren fallen mir manche Tage
ein, wo ich unaufhörlich etwas Gräuliches und Entsetzliches
denken mußte, wo ich statt meiner stillen Gebete Gott mit
den gräßlichsten Flüchen lästerte und darüber weinte, und
es doch nicht unterlassen konnte, wo es mich unaufhörlich
drängte, meine Gespielen zu ermorden, und ich mich oft
schlafen legte, bloß um es nicht zu thun. Damals war ich
gewiß unschuldig und unverdorben, und doch war diese Ent-
setzlichkeit in mir einheimisch — was war es denn nun, das
mich trieb und mit gräßlicher Hand in meinem Herzen
wühlte? Mein Willen und meine Empfindung sträubte sich
dagegen, und doch gewährte mir dieser Zustand wieder innige
Wollust."

Wie der flüchtige Schein einer früheren Existenz, der in
seine Kinderjahre hineinspiegelte, schienen ihm diese fremden,
unerklärlichen Bilder, die nach eigener Willkür, seinem Einfluß entgegen, in seinem Innern heimisch waren. Wenn es
möglich wäre, sich durch Anschauungen des Inneren kennen
zu lernen, müßten solche Menschen sich kennen. Aber dort
findet man nur das Menschenmögliche, nicht das Individuelle.
Nur an seinen Handlungen erkennt man sich. Und wo sind
die? In jenem Leichenhügel von Embryonen liegen sie be-
graben; daraus hätten sie werden sollen. Wie sie aussehen,
wenn sie aus der ungestalteten Gefühlsmasse sich bilden und
beleben, weiß der Romantiker, aber reif werden sie ihm nun

nicht mehr. Man weiß, daß man die Milch nicht anrühren
darf, wenn sie im Prozeß des Erstarrens ist; sonst wird sie
nicht dick. So hat er die Entwickelung seiner Gefühle unterbrochen; nun können sie nicht mehr als zuversichtliche, ganze
große Handlungen in's Leben greifen. Das ist sein wehevollstes
Leiden: niemals ein einiges, starkes, lebendiges Gefühl zu
haben, das einen unwiderstehlich hierhin oder dorthin risse, sich
niemals in der Sturmeshand eines Genius zu fühlen, mit
dessen Götterstimme man ohne Besinnen, freudig, siegesgewiß,
Menschen und Gestirnen zum Trotz sagt: hier stehe ich, ich
kann nicht anders, Gott helfe mir, Amen. Anstatt dessen
verdammt immer an sich zu zweifeln, auf den unentschlossenen,
zögernden, freudlosen Verstand als Wegweiser angewiesen,
immer nur Fragmente, Splitter, Gefühle von Gefühlen.
Als Franz Sternbald nach jahrelanger Abwesenheit zu seinem
sterbenden Vater kommt, möchte er ihm gern alle seine
glühende Liebe zeigen; aber anstatt dessen muß er an Gemälde von Kranken, von trauernden Söhnen und weh=
klagenden Müttern denken, und ebenso geht es, als der
Vater nun stirbt; in Betrachtung des Schmerzes verloren,
fühlt er den Schmerz nicht, lechzt nach Thränen und findet
keine. „Bin ich wahnsinnig oder was ist es mit diesem
thörichten Herzen? Welche unsichtbare Hand fährt so zärtlich
und grausam zugleich über alle Saiten in meinem Innern
hinweg und scheucht alle Träume und Wundergestalten,
Seufzer und Thränen und verklungene Lieder aus ihrem
fernen Hinterhalt hervor? O mein Geist, ich fühle es,
strebt nach dem Ueberirdischen, das keinem Menschen gegönnt
ist! Mit magnetischer Gewalt zieht der unsichtbare Himmel
mein Herz an sich und bewegt alle Ahndungen durch einander,
die längst ausgeweinten Leiden und unmöglichen Wonnen,
die Hoffnungen, die keine Erfüllung zulassen. Daher aber

gebricht mir die Kraft, die den übrigen Menschen verliehen
ist, und die uns zum Leben nothwendig bleibt, ich matte
mich ab in mir selber und keiner hat dessen Gewinn, mein
Muth verzehrt sich, ich wünsche, was ich selbst nicht kenne.
Wie Jakob sehe ich im Traum die Himmelsleiter mit ihren
Engeln, aber ich kann nicht selbst hinaufsteigen. . . . "

Das Unbewußte ist wie eine Masse, die dem Menschen
das nöthige Gewicht giebt, seinen Ballast, damit er nicht
den Winden und Wellen ein Spiel wird. Wenn es sich
auflöst und wie ein berauschender Wein in den Kopf steigt,
verliert er das Gleichgewicht und den Halt, er haftet nicht
mehr am Boden. Nun wirkt die Kraft der Natur nicht
mehr in ihm, niemals fühlt er ihren warmen, feuchten,
fruchtbaren Hauch in sich wehen, niemals ihren treibenden,
schwellenden Saft in sich aufsteigen. Ohne Zusammenhang
mit der Erde ist er wie eine märchenhafte Fieberblume, die
sich nur von Licht nährt, wie ein losgerissenes Blatt, das
beweglich auf ewig bewegten Wellen schwankt. In dem
Wahne ebenso gut das eine wie das andre thun zu können,
ebenso gut ja wie nein sagen zu können, fühlt er sich
charakterlos und scheint es. Darin liegt die Unmännlichkeit,
die den meisten Romantikern eigen war. Sie haben nie
eine feste Ueberzeugung, es ist ihnen niemals ganz Ernst;
wenigstens scheint es so. Tieck erzählte in späteren Jahren
seinem Freunde Solger, wie er sich in der Jugend
mit „frevelhaftem Leichtsinn" in die verschiedensten Geistes=
strömungen geworfen habe: „erinnere ich mich, durch welche
Fluth wechselnder Gedanken und Ueberzeugungen ich ge=
gangen bin, so erschrecke ich und mir fällt Hume's Behaup=
tung ein, daß die Seele nur ein Etwas sei, an dem sich
im Fluß der Zeit verschiedene Erscheinungen sichtbar machten."
Wenn Tieck selbst so über seine Unsicherheit und Unzuver=

läſſigkeit dachte, iſt es zu begreifen, wenn Jemand anders,
es war Karoline, einmal von ihm ſagte, er ſei im Grunde
nichts als ein würdiger und anmuthiger Lump; was freilich
auch cum grano salis zu verſtehen iſt. Nur handelnd und
wirkend könnte der romantiſche Menſch für das Verlorene
Erſatz gewinnen und dann doppelt reich ſein; aus ſeinem
Bewußtſein würde ſich ein Niederſchlag bilden, eine neue
Maſſe, Erkenntniß in Inſtinkt verwandelt. „Gewohnheit iſt
eine zur Natur gewordene Kunſt. Naturgeſetze ſind Ge-
wohnheitsgeſetze.“ Wie ſoll aber etwas Erlerntes anders
zur Gewohnheit und zweiten Natur werden als durch fleißige
Uebung? Und der romantiſche Charakter iſt faul und ſtolz
auf ſeine Faulheit. Nur Novalis war ein Romantiker mit
Rieſenarbeitskraft und -Luſt. Tieck gelang es niemals, ſeine
Abneigung gegen methodiſches Arbeiten zu überwinden. Auch
Sternbald und Lovell ſind im Grunde nicht viel mehr als
gebildete Vagabunden. Regelmäßige Berufsthätigkeit ſcheint
ihnen unwürdig und erniedrigend, der Geſchäftsmenſch, der
alltäglich ſeinem Verdienſt nachgeht, verächtlich. Er fühlt
ſeine Arbeitsſcheu als Bürgſchaft, daß er zu Höherem ge=
boren ſei. Novalis hat ein ſtrenges, aber nicht unbilliges
Wort darüber geſagt: „Wer nicht vorſätzlich, nach Plan und
Aufmerkſamkeit thätig ſein kann, verräth Schwäche. Die
Seele wird durch die Zerſetzung zu ſchwach — oft iſt Ver-
wöhnung daran ſchuld. Das Organ der Aufmerkſamkeit iſt
auf Koſten des thätigen Organs geübt — vorausgebildet,
zu reizbar gemacht worden. Nun zieht es alle Kraft an
ſich, und ſo entſteht dieſe Disproportion.“

Daß es Schwäche war, ahnten ſie im Stillen gut genug
und litten ſchmerzlich darunter. Es iſt ergreifend, wie dies
Bewußtſein überall, bald als wehmüthige Erkenntniß, bald
als bitteres Schamgefühl durchbricht. Im Sternbald iſt

immer und immer wieder von dem „emsigen Fleiße" Dürer's
und des Lukas v. Leyden die Rede; und der müßig schwärmende Franz ahnt, bei allem schüchternen Stolz auf seine
überirdische Gefühlswelt, daß gerade dieser prunklose bürgerliche Fleiß die Künstlerschaft jener beiden Großen vollendet,
daß sein eigener Unfleiß mit dem tiefsten, verhängnißvollen
Mangel seiner Natur zusammenhängt. Mit derselben ahnungsvollen Scheu berichtet Wackenroder von dem unermüdlichen
Arbeitseifer der großen Künstler der Vergangenheit, und
sein Jakob Berglinger, der nicht Arzt hatte werden wollen,
wie der Vater wünschte, krankt an dem „unbehaglichen Bewußtsein, daß er mit allem seinem tiefen Gefühl und seinem
innigen Kunstsinn für die Welt nichts nütze und weit weniger
wirksam sei als jeder Handwerksmann." Wenn er die Welt
kämpfen und ringen sieht, kommt er selbst sich vor wie ein
„lüsterner Einsiedler, der nur innerlich an schönen Harmo-
nieen saugt und strebt, die Leckerbissen der Schönheit und
Süßigkeit herauszukosten", Angst und Scham überwältigt
ihn, er möchte ein asketischer Märtyrer werden, um mit der
leidenden Welt in's Gleichgewicht zu kommen. Aus derselben
Quelle fließt das überreiche Mitgefühl Emil's in Tieck's
Liebeszauber, der sich an seinem Hochzeitstage, weil er ein
Bild schmutziger Armuth gesehen hat, schluchzend auf die
Erde wirft und sterben möchte. „Empfange mich bald, du
freundlicher Boden, verbirg mich in deinen kühlen Armen
vor den wilden Thieren, die sich Menschen nennen! O Gott
im Himmel, wie verdiene ich es, daß ich auf Daunen ruhe
und Seide trage — o jetzt versteh ich euch, ihr frommen
Heiligen, ihr Verschmähten, ihr Verhöhnten, die ihr Alles
bis auf euer Gewand der Armuth ausstreutet — selbst elend
wurdet ihr, um nur diese Sünde des Ueberflusses von euch
zu werfen." Und dies waren doch Tieck's Empfindungen,

des Handwerkersohnes, der, als er so schrieb, beständig mit
Nahrungssorgen zu kämpfen hatte. Nur das Bewußtsein,
einen ernstlichen Kampf um's Dasein niemals bestehen zu
können, jeder straffen Arbeit kleinmüthig auszuweichen, ließ
ihn sich so schuldig fühlen gegenüber den Mühseligen und
Beladenen.

Schelling's Erscheinung, als er in den Kreis der Romantiker trat, wirkte imponirend auf sie, fast verblüffend. Man
sah ihm an, daß er sich auf's Herrschen verstand. Er hatte
die starken Instinkte, die blinden Zu- und Abneigungen, um
die jene den Naturmenschen beneideten. Aber wer durch
Instinkte herrscht, kann auch ihr Sklave werden; und darin
waren sie ihm überlegen, daß sie dieser Gefahr nicht ausgesetzt waren. Die Geistesfreiheit, die sie schmückte, war nur
deswegen nicht die höchste, weil sie die Folge eines Mangels
war. Einzig in Novalis erschien sie ganz als Stärke, und
das war vielleicht die Ursache, warum Schelling ihn niemals leiden konnte; ihm gegenüber war er wie der Löwe,
der unwillig, mit Geberden verhaltener Wuth, vor dem
Menschenauge in sich zurückkriecht. Uebrigens aber staunte
er die Leichtigkeit und geschmeidige Beweglichkeit dieser Geister
an, die für die Wucht und Schwerfälligkeit seiner Schwaben-
natur unerreichbar war.

Eben jener Leichtsinn, der zuweilen an's Frevelhafte
grenzte, ist die Stärke dieses Charakters. Er verschafft ihm
Zutritt, wo immer die Genien des Scherzes und Muth-
willens und der Tollheit sich zum Tanze treffen. Und wenn
der Romantiker kein festgegründetes Haus für seine Seele
hat, so weiß sie gelenkig durch die schmalste Ritze in fremde
Wohnungen einzuschlüpfen und dort sich zu tummeln und
umzuschauen. Er besitzt jene „Freiheit und Bildung", die
Friedrich Schlegel verlangte, sich selbst nach Belieben philo-

sophisch oder philologisch, antik oder modern stimmen zu
können, „ganz willkürlich wie man ein Instrument stimmt."
Und ebenso kann er sich in und auf jede Person stimmen.
Diese Fähigkeit, sich zu stimmen und sich in andre Charaktere
hineinzutäuschen, macht den Schauspieler; und es ist nicht
zufällig, daß die Sucht des Theaterspielens im Zeitalter der
Romantik epidemisch auftrat.   Tieck sagt im Phantasus:
„Da unser ganzes Leben aus dem doppelten Bestreben besteht, uns in uns selbst zu vertiefen und uns selbst zu vergessen und aus uns herauszugehen, und dieser Wechsel den
Reiz unsres Daseins ausmacht, so hat es mir immer geschienen, daß die geistigste und witzigste Entwickelung unsrer
Kräfte und unsres Individuums diejenige sei, uns selbst
ganz in ein andres Wesen hinein verloren zu geben, indem
wir es mit aller Anstrengung unsrer geistigen Stimmung
darzustellen suchen: mit einem Wort, wenn wir in einem
guten Schauspiel eine Rolle übernehmen."

Nach dem Urtheil Aller, die ihn haben spielen sehen,
hätte Tieck der größte Schauspieler seiner Zeit werden können.
Auch Wilhelm und Friedrich versuchten sich darin, wie Jedermann; aber Friedrich glänzte nur in gewissen Rollen, die
ihm entsprachen.   Tieck hingegen konnte jede denkbare Person
mit einer eigenthümlichen und für sie passenden Seele beleben.   Niemand, dem jene Vorlesungen nicht Zeitlebens im
Gedächtniß blieben, wo er Dramen nicht sowohl vortrug als
durch die Gewalt seiner allausdrucksvollen Stimme vorspielte.
Das Erstaunlichste schildert Steffens: wie er eine ganze von
Uebermuth und Laune funkelnde Posse, auf ein gegebenes
Thema, improvisirte.   Ueberhaupt ist es schwer zu entscheiden,
ob er mehr Improvisator oder Dichter war; diese reizende
gesellige Gabe hat ihn um den höchsten Lorbeer gebracht.
Er dichtete ganz wie Rudolf im Sternbald, ohne Anfang

und Schluß, über Alles und Nichts, wie wenn er nur eben
den Hahn öffnete und fließen ließe, bis Niemand mehr
trinken kann.

Das Lockersitzen des Geistes erleichtert den Umgang;
man fühlt den Zwang und Druck seiner Natur nicht, man
sieht sich gleichsam selbst zu, wie man gewandt und zierlich
die Pantomime der Gesellschaft aufführt. Es liegt zwar in
dieser Eigenschaft auch der Grund zu aller Ziererei, Affek=
tation, kurz äffischem Wesen, wie Tieck es ausdrückte. Viel
gefährlicher aber noch ist die Angewöhnung, auch im wirk=
lichen Leben, wenn es Ernst gilt, Rollen zu spielen. Es ist
in Lovell meisterhaft dargestellt zu sehen, wie sich auf diesem
Wege eine naiv freche Lügenhaftigkeit heraus bilden kann.
Wenn Lovell ein Mädchen verführen will, deklamirt er ihr
zuerst in bewußter Verstellung, heimlich sie und sich ver=
lachend, seine Liebe vor; allmälig aber entzünden seine Phan=
tasie und seine Sinne sich an dem bengalischen Feuer, und
er schwärmt ihr endlich seine Meineide mit Hingebung und
nicht ohne Treuherzigkeit vor. Höchst merkwürdig ist Tieck's
Versuch, den Charakter Cromwell's aus dieser Freiheit und
Beweglichkeit des Geistes zu erklären; wie er nämlich ent=
deckt habe, daß der Enthusiasmus, der ihm Anfangs natürlich
gewesen sei, dessen er aber, um sein Ziel zu erreichen, öfter
benöthigte, als der Trieb ihn brachte, sich auch bewußt herbei=
locken lasse, wovon er denn häufigen Gebrauch gemacht habe:
„auf die Art mußte dem großen Manne bald zweifelhaft
werden, was in ihm wahr, was falsch, was Erdichtung, was
Ueberzeugung sei; er mußte sich in manchen Stunden für
einen Betrüger, in andern wieder für ein ausgewähltes Rüst=
zeug des Herrn halten." Tieck erlebte das beständig in sich
selbst; bald erzeugte das Bewußtsein, jede Neigung, jede An=
sicht nach Belieben von sich werfen und gegen eine andre

austauschen zu können, sprühenden Uebermuth in ihm, dann
wieder Zweifel, Gewissensangst und verzweifelte Unsicherheit.
Jedem Menschen liegen eine Menge Möglichkeiten des Han=
delns zur Auswahl vor, auch zu verwerflichem Thun
kommen Einladungen, die nichts als ein unwillkürliches Auf=
tauchen von Erinnerungen sind, mechanisches Umdrehen der
Gedächtnißwalze, wie es auch im Traum geschieht. Derjenige
nun, welcher den Unterschied zwischen einem genügenden Trieb
zur Handlung und der Vorstellung davon nicht kennt, nimmt,
was nur Zwischenaktsmusik ist, für das Stück selbst und rechnet
sich mit verhängnißvoller Verwechselung geträumte Thaten an.
Als Lovell, noch ein Knabe, mit seinem Freunde einen Berg
bestieg, lockte es ihn unwiderstehlich, den Arglosen von einer
schwindligen Klippe hinunterzustoßen, bis er, um der Marter
ein Ende zu machen, ihn unter heftigen Thränen an seine
Brust riß, worauf der Bund für's Leben geschlossen wurde;
nach Jahren aber suchte er, aus Rachsucht und Selbstquälerei,
dem Freunde dadurch eine tödtliche Kränkung zu versetzen,
daß er ihm diesen Vorgang offenbarte, um zu beweisen, die
scheinbare Freundschaft sei nicht aus Liebe, sondern vielmehr
aus Haß und Mordlust hervorgegangen. Mit ähnlichen Er=
lebnissen zerfleischte Tieck sich häufig, besonders in seinen
Kinder- und Jugendjahren. Er machte sich in Wahrheit
für jede wilde Regung seiner aufgeregten Träume verant=
wortlich und schauderte vor seinem eigenen Selbst zurück,
wenn seine Einbildungskraft es ihm verzerrt vorgespiegelt
hatte. Das Bewußtsein, ein heimlicher Missethäter zu sein,
drückte ihn nieder und konnte ihn, den Geselligen, menschen=
scheu machen; dann schlich er mit dem Gefühl herum, das
fürchterliche Geheimniß seiner erträumten Verbrecher=Orgien
vergraben zu müssen, dessen Entdeckung ihn in Schmach und
Schande stürzen würde. Die schönere Seite dieser Eigen-

thümlichkeit ist das warme, freilich auch quälende Mitgefühl
für jeden Frevler; denn „wo ist der Bösewicht, der nicht
zum Engel würde, wenn er den Richter in die geheime
Werkstätte seiner Seele führen könnte?" und es liegt ja, wie
Tieck an andrer Stelle sagt, zwischen gut und böse, zwischen
Freud' und Leid, Pietisten und Gotteslästerer, dem Patrioten
und Landesverräther nur eine Sekunde.

Während der vollkommen unbewußte Mensch nur einen
Weg des Handelns sieht, den seinigen, übersieht der vollkommen bewußte eine unendliche Menge, aber nicht ohne einen
von Anfang an als den seinigen zu erkennen; beide haben
eine richtigere Schätzung von sich und Andern, Jener freilich
kein Verständnis.   Der bewußtwerdende, der Dämmerungs-
mensch, mit seinem Eingehen in Andre, seinem Aufschlucken
der fremden Persönlichkeit, seinem Aufgehen in ihr, ist der
geborene Vertraute der Menschheit, Künstler der Freundschaft.
Der instinktive Zug und Schwung des Gefühls, der die
Helden der Liebe macht, fehlte den Romantikern meistens;
in der feinen, spielenden Kunst, Geist an Geist zu reiben und
zu entzünden waren sie Meister.   Im Phantasus hat Tieck
ein Bild zu geben gesucht von dieser zarten, liebenswürdigen
Geselligkeitsschwatzerei.   Nirgends tritt das Weibliche der
Romantik mehr hervor.   Würden Männer, die nichts als
Männer sind, mit so viel Grazie stundenlang über den
hundertsten Theil der Faser einer Empfindung reden, plaudern und plaudern aus lauter Tanzlust des Geistes, heute
durch Dick und Dünn eine Behauptung vertheidigen, um sie
morgen auf's Blut zu bekämpfen — „o Brüder, Engels-
herzen, wieviel thörichtes Zeug wollen wir mit einander
schwatzen!"   Tieck hatte von Allen das größte Talent zur
Freundschaft.   Er hatte für Jeden Verständniß, Jeder
konnte glauben, völlig mit ihm übereinzustimmen; was in

dem Augenblick sich auch so verhielt. Sein Einfluß auf die
Menschen fand hauptsächlich durch persönliche Gegenwart
statt. Es that so wohl, sich in seinem empfänglichen Geiste
wiedergespiegelt zu sehen; aber alle Spiegel bekommen ihren
eigentlichen Werth, wenn man davor steht, ja sie sind im
Grunde nur Etwas, insofern sie etwas Aufgefangenes wider=
strahlen. Dies Gefühl, auch wiederum von denen abhängig
zu sein, denen er so viel gab, mag zu der rührenden Pietät
beigetragen haben, mit der er das Andenken der alten Freunde
festhielt, während sich beständig, bis an sein Lebensende, neue
um ihn sammelten. Als er eine Ausgabe seiner Werke ver=
anstaltete, hatte er den Einfall, jeden Band einem Freunde
zu widmen mit Worten, aus denen eine feine, geistige und
darum unwandelbare Zärtlichkeit spricht. Des Freundes
Eigenart ehren, sich von Jedem besonders ergänzen lassen,
war die Grundlehre seiner Freundschaftskunst: man kann
vielleicht vor dem Einen Geheimnisse haben, die man mit
einem weniger Vertrauten theilt, wenn die Natur derselben
Jenem unzugänglicher ist. „Verarge doch dem Freunde nicht,
wenn du ahndest, daß er dir Etwas verbirgt; denn dies ist
ja nur der Beweis einer zärteren Liebe, einer Scheu, die sich
ängstlich um dich bewirbt und sittsam an dich schmiegt"; wie
schön ist hier der bescheidene Geist der Freundschaft charakte=
risirt im Vergleich zur tyrannischen Liebe. Auch Schleiermacher
und Friedrich philosophirten über Freundschaft, namentlich
Friedrich hatte Unerhörtes mit der unsichtbaren Kirche, mit
der neuen Hanse vor. Aber gerade er war viel zu massiv
für diese ätherische Empfindung und hatte, trotz aller leiden=
schaftlichen Absicht, kein Glück damit. Wenn Tieck und
Wackenroder Arm in Arm am Giebichenstein über der Saale
saßen und die Welt hinter sich versinken ließen, oder durch
das alte Nürnberg mit einander schweiften, trunken von gemein=

samer Begeisterung, Einer durch den Andern beglückt und
gehoben — das war romantische Freundschaft; romantisch
auch dadurch, daß die verhüllte Gestalt des Todes dicht wie
ihr Schatten ihnen nachzog. Ein langes Leben voll Krankheit war dem Einen bestimmt, Wackenroder ein jähes Sterben
in der Jugend.

Wackenroder: ein Mensch von solcher Lieblichkeit, daß das
zarteste Wort zu plump scheint, um sein Wesen zu bezeichnen;
unter den übrigen Menschen wie Daniel unter den Löwen,
aber ohne dessen erhabene Sicherheit. Denn er war scheu
und nie ohne verhaltene Angst vor dem Leben, vor dem
Zuviel; besonders vor dem Zuviel des Glückes. Wenn Tieck
ihm seine glühende Freundschaft betheuerte und wie er nicht
ohne ihn leben könne, erschrak er fast mehr als er sich freute,
und wenn Tieck, von ihm getrennt, ein Wiedersehen und
längeres Zusammenleben vorschlug, wehrte er sogar mit in-
ständiger Dringlichkeit ab: das klopfende Herz möchte den
liebsten Wunsch so gerne fassen und halten, wenn es nicht
zu zerspringen fürchtete, die Krone des Glückes scheint zu
schwer für das demüthige Haupt. Er wich aus, wenn das
Füllhorn des Ueberflusses sich ihm zuneigte, weil er nicht
wußte, wie er hernach das Entbehren ertragen sollte. Aber
wenn das Schöne doch kam, empfing er es dankbar und selig.
Ein gewisser überirdischer Ernst scheint ihn niemals verlassen
zu haben, wenigstens mußte er bei den gemeinsamen Theater=
aufführungen der Freunde, als der am meisten dazu geeignete,
die Kaiser und Könige darstellen. Allerdings war es ihm
anzumerken, daß er in einem unsichtbaren Königreiche lebte
und sich niemals in der Erdenregion zurechtfinden konnte,
wo er auf einmal als ein gewöhnlicher Unterthan mit der
körperlichen Welt hantiren sollte. Er gab sich große Mühe
dazu und litt beständig unter Mißerfolgen. Um das gewalt=

thätige Menschenvolk nicht zu verletzen, wagte er sich mit
seinen Prinzenideen nicht hervor und quälte sich doch mit
Gewissensbissen über solche Unehrlichkeit und Feigheit. Er
schleppte sich wund und müde an der Last des Berufes, den
sein Vater ihm aufgezwungen hatte, am Studium der Juris=
prudenz, und konnte doch, bei aller Hochachtung vor der
Wissenschaft, seinen Widerwillen gegen einseitige Thätigkeit
des kritischen Verstandes nicht überwinden. Er beneidete
die Priester darum, daß ihr einziges Geschäft Verehrung
und Anbetung war. Und das ist zu bewundern, wie streng,
scharf, kritisch er sein konnte, wenn es galt, Tieck's erste poe=
tische Versuche, die er mit übermüthiger Nachlässigkeit zu=
sammenschrieb, zu beurtheilen; er ließ dem Freunde, an dessen
Dichterberuf er glaubte, nichts Mittelmäßiges hingehen.

Von Frauenliebe scheint er nichts gewußt zu haben;
Tieck gehörte die ganze Fülle seines zärtlichen Herzens.
Vielleicht ahnte er, daß er sich an der Brandfackel der Liebe
sogleich verzehrt haben würde. Voll Leidenschaft und Sinn=
lichkeit war er und hätte vielleicht ein wilder, ausschweifender
Mensch werden können, wenn nicht in seinem Innern Etwas
entzwei gewesen wäre: ich meine den Riß in der Scheide=
wand zwischen dem Bewußtsein und dem Unbewußten. Nun
strömte, was sich sonst vielleicht in furchtbaren vulkanischen
Ausbrüchen entladen hätte, als betäubendes Dampfgewölk
ans Licht und machte ihn zum phantastischen Träumer. Dem
Geiste, in dem seine Sinnlichkeit sich aufgelöst hatte, theilte
sie all ihr Süßes mit. Den Nebel aufzusaugen und zu ver=
theilen, hatte die Sonne seines Bewußtseins nicht die Kraft,
und so war ein wogender, dämmeriger Schleier über seinem
Geistesleben — eine bezauberte Märchenlandschaft, deren
reizenden Umriß man nur ahnen kann, zuweilen brechen
Strahlen durch und es scheint klar zu werden, anstatt dessen

aber wird der Nebel dichter und dunkler und löscht das
liebe Bild aus.

Am Besten hat sich Wackenroder selbst geschildert in seinem
Joseph Berglinger: „seine Seele glich einem zarten Bäum-
chen, dessen Samenkorn ein Vogel in das Gemäuer oder
Ruinen fallen ließ, wo es zwischen harten Steinen jung-
fräulich hervorschießt ... Aber sein Inneres schätzte er über
Alles und hielt es vor Andern heimlich und verborgen. So
hält man ein Schatzkästlein verborgen, zu welchem man den
Schlüssel Niemand in die Hand giebt. — Es genügte ihm
nicht die bloße Gesundheit der Seele, und daß sie ihre
ordentlichen Geschäfte auf Erden, als Arbeiten und Gutes
thun verrichtete — er wollte, daß sie auch in üppigem
Uebermuthe dahertanzen und zum Himmel als zu ihrem
Ursprunge hinaufjauchzen sollte.“

Und mit aufblitzender Erkenntniß sagt er am Schlusse
der Lebensbeschreibung, was man als Motto über die Werke
so manches Romantikers setzen könnte: „Ach, daß eben seine
hohe Phantasie es war, die ihn aufrieb! Soll ich sagen,
daß er vielleicht mehr dazu geschaffen war, Kunst zu genießen
als auszuüben? Sind diejenigen vielleicht glücklicher gebildet, in denen die Kunst still und heimlich wie ein verhüllter Genius arbeitet und sie in ihrem Handeln auf Erden
nicht stört? Und muß der Immerbegeisterte seine hohen
Phantasien doch auch vielleicht als einen festen Einschlag
kühn und stark in dieses irdische Leben einschlagen, wenn er
ein echter Künstler sein will? Ja, ist diese unbegreifliche
Schöpfungskraft nicht etwa überhaupt ganz etwas Andres
und — wie mir jetzt erscheint -- etwas noch Wundervolleres,
noch Göttlicheres als die Kraft der Phantasie?“

Daß Genie Dualität sei, hatten denkende Romantiker
erkannt. Das Verschwimmen des Bewußten und Unbewußten,

der beiden Personen des Ich in einander, also nicht scharf
genug ausgeprägte Dualität ist die Ursache, warum die
Künstler, die ich hier die romantischen im engeren Sinne
genannt habe, keine schaffenden sein konnten. Physiologisch
würde es Schelling als ungehemmte Produktivität bezeichnen.
Denn die Natur, sagt er, ist in einer unendlichen Evolution
begriffen, und niemals würde ein Produkt entstehen, wenn
die ewig strömende Produktivität nicht gehemmt würde. Das
geschieht durch die Reflexion: „die Nothwendigkeit der Reflexion
auf unser Handeln in jedem Moment (die beständige Dupli-
cität in der Identität) ist der geheime Kunstgriff, wodurch
unser Dasein Dauer erhält.“ Die reine Produktivität geht
auf Gestaltlosigkeit, eine entgegengesetzte Macht muß den
Fluß aufhalten, damit er gestaltet erscheine. „Die Natur
hängt einmal nach dem Verwildern hin, und darum muß
man Tag und Nacht dagegen arbeiten“, sagt der alte Gärtner
im Lovell, und Tieck ist auf diesen Gedanken, der ihm besonders bedeutungsvoll erschienen sein mag, später ausführlicher
zurückgekommen.

Nach Schelling's Lehre ergießt sich die Kraft der Natur
im Strome ihrer Entwickelung über drei Stufen: Reproduk-
tionskraft, Irritabilität und Sensibilität, von denen die
Sensibilität die höchste und letzte ist. Da sie die Fähigkeit
ist, Eindrücke aufzunehmen und Irritabilität die Gegenwirkung
gegen dieselben, so stehen diese beiden Kräfte im Wechselverhältniß und bilden zusammen, was man gewöhnlich Er-
regbarkeit oder Reizbarkeit nennt. Wo die Reproduktions-
kraft das Uebergewicht hat, wie etwa beim Löwen, sind die
Reizbarkeitsäußerungen selten und schwer, aber kraftvoll; wo
Sensibilität herrschen wird, nehmen sie an Leichtigkeit zu,
wofür sie aber kraftloser werden. Der moderne, reizbare
Mensch ist das Gegenstück des Löwen: während dieser ein

Uebergewicht nach unten hat, hat jener es nach oben; es ist,
wie wenn die Produktivität beim Löwen nicht in Fluß käme,
beim romantischen Menschen sich nirgend staute. Er ist
beständig beschäftigt, auf die zahllosen Reizungen, die er
empfängt, zu reagiren, sein Herz, Sitz der Irritabilität,
mattet sich ab in diesem Kampfe und jagt das Blut mit
Heftigkeit durch den Organismus bis zu kraftloser Erschöpfung, aus der neue Reize es aufstören. Löwennatur
mit der Reizbarkeit eines romantischen Menschen vereinigt
würde den größten Künstler machen.

Wie vielsagend ist es nach diesem Gedankengange, wenn
Tieck den Geist des Dichters — eines solchen wie er war,
natürlich — mit einem ewig bewegten Strome vergleicht,
dessen murmelnde Melodie in keinem Augenblicke schweigt,
den jeder Hauch rührt, der jeden Lichtstrahl widerspiegelt.
Nach immer neuen Bildern greift seine Phantasie, um die
wollüstige Pein dieses unermüdlichen Auf und Ab in der
Brust zu schildern. „Mein Leben ist ein rastloses Treiben
ungestümer Wünsche", sagt Lovell, „wie ein Wasserrad vom
heftigen Strome umgewälzt, jetzt ist das unten was eben
noch oben war, und der Schaum der Wogen rauscht und
wirbelt durch einander und macht den Blick des Betrachtenden
schwindlig."

Dieselbe Frage wiederholt Franz Sternbald: „Wenn nur
das ewige Auf= und Abtreiben meiner Gedanken nicht wäre!
Wenn die Ruhe doch, die mich manchmal nur im Vorbei-
fluge küßt, bei mir einheimisch würde, dann könnt' ich von
Glück sagen, und es würde vielleicht mit der Zeit ein Künstler
aus mir ... Ach ich seh' es ein, noch mehr fühl' ich es,
das wird mir ewig nicht gegönnt sein. Ich kann nicht dafür,
ich kann mich nicht im Zaum halten, und alle meine Entwürfe, Hoffnungen, mein Zutrauen zu mir geht vor neuen

Empfindungen unter, und es wird leer und wüst in meiner
Seele, wie in einer rauhen Landschaft, wo die Brücken von
einem wilden Waldstrom zusammengerissen sind."

Tieck selbst klagte noch im Alter darüber, daß auf die
Periode des „Leichtsinns" immer lange Zeiten der Melan-
cholie, Muthlosigkeit, ja Verzweiflung folgten, wo er stumpf
und unempfindlich, durchaus unfähig sei irgend etwas zu
unternehmen und zwecklos ins Leere brüte.

In Wackenroder dieselbe Krankheit: „Ich komme mit
mir selber nicht auf festes Land. Meine Gedanken über-
wälzen und überkugeln sich unaufhörlich. — Und so wird
meine Seele wohl lebenslang der schwebenden Aeolsharfe
gleichen, in deren Saiten ein fremder unbekannter Hauch
weht und wechselnde Lüfte nach Gefallen herumwühlen."

Daß die „seltsamsten Absprünge von der höchsten Höhe
zur tiefsten Tiefe" seinem Gefühle so gewöhnlich waren, fand
Friedrich Schlegel als Jüngling am meisten an sich zu tadeln.
Es versteht sich von selbst, daß er diese Anlage seinem Julius
in der Lucinde leiht, von dem er erzählt: „Dann berauschte
er sich in Bildern der Hoffnung und Erinnerung und ließ
sich absichtlich von seiner eigenen Phantasie verführen. Jeder
seiner Wünsche flog mit unermeßlicher Schnelligkeit und fast
ohne Zwischenraum von der ersten leisen Regung zur grenzenlosen Leidenschaft. Alle seine Gedanken nahmen sichtbare
Gestalt und Bewegung an, wirkten in ihm und wider einander mit der sinnlichsten Klarheit und Gewalt. Sein Geist
strebte nicht, die Zügel der Selbstherrschaft fest zu halten,
sondern warf sie freiwillig weg, um sich mit Lust und
Uebermuth in dies Chaos von innerem Leben zu stürzen."
Mit der ihm eigenthümlichen Gründlichkeit hat er diese für
die Menschen seiner Zeit so charakteristische Erscheinung
untersucht und begutachtet und kam zu dem Schlusse, daß

Reizbarkeit das gefährlichste wie das schönste Geschenk der
Götter sei. „Setzt in einem Gemüth die Empfänglichkeit
sehr gering, die Reizbarkeit so grenzenlos, daß die leiseste
Berührung ihre ganze Schnellkraft anregt; die Selbstthätigkeit
sei so stark, daß sie die Herrlichkeit des Lebens mit der
Reizbarkeit theile. Sein Dasein würde ein stetes Schwanken
sein wie die stürmische Woge, eben schien sie noch die ewigen
Sterne zu berühren und schon stürzt sie in den furchtbaren
Abgrund des Meeres. Diesem Gemüth fiel aus der Urne
des Lebens das höchste und das tiefste Loos der Menschheit;
innigst vereint ist es dennoch ganz getrennt und im Ueber=
fluß von Harmonie unendlich zerrissen.“

So möchten sie Alle das Danaergeschenk doch nicht missen
und sind stolz auf das, was sie als ihr Unheil empfinden.
Mit bewundernswerther Klarheit erkannte Tieck, daß die
Reizbarkeit der Stachel war, der ihn nie dazu kommen ließ,
ein ruhiges objektives Urtheil zu gewinnen: seine Sinne,
die Gaukler, wie er sie nennt, schoben immer neue Gegenstände zwischen ihn und das beobachtete Bild, bis es ganz
verzerrt und zerrissen war. Und doch machte es ihn glücklich,
wenn ihm immer neue Gedanken und Gefühle „wie schießende
Sterne durch die Seele flogen und einen blaugoldnen Pfad
hinter sich machten“ und er kannte nichts Schöneres als ein
Durcheinander von Gefühlen, Stimmungen und Anklängen,
das den Menschen wie mit einer Flamme durchschimmert.
Ebenso klammert sich Sternbald, obwohl er beständig klagt
über sein Zittern, Schwanken und Schweben, das ihn am
kräftigen Schaffen hindert, an diese Krankheit, diesen Rausch,
diesen Wahnsinn als an sein Bestes und Schönstes fest; und
doch steht Dürer, als der Mächtige, groß und unantastbar
im Hintergrund, und es klingt, als wolle er mit wenigen
schlichten Worten seine selbstverständliche Ueberlegenheit er=

klären, wenn er sagt: „Mir hat der Himmel ein gelassenes Blut geschenkt."

Klar, scharf und keinen persönlichen Antheil verrathend ist, was Novalis über die Reizbarkeit gesagt hat:

„Allzu große geistige Beweglichkeit und Sensibilität deutet auf Mangel an Capacität. Siehe die phantasiereichen, ahnungsvollen Menschen."

„Wer eine reizbare Seele hat, bei dem weckt ganz natürlich die Gegenwart eines Unglück die ganze Schaar des andern Unglücks auf, und nun geht im Sturm und Zittern Alles bunt durch einander, ohne Verstand und Ueber-legung."

„Eine reizbare Vernunft ist eine schwächliche, zärtliche; daher die Moralisten und Bemerker oft so schlechte Praktiker."

Die Reizbarkeit gab den Romantikern das ewig Jüng-lingshafte; denn die Jugend ist die Zeit des schäumenden Blutes, wo auch dem Gelassensten wohl einmal die Zügel aus der Hand fallen. Es ist nicht die runde, unschulds-volle, staunende, nichts von sich wissende Kindlichkeit, die naive Menschen auch im Alter haben können; es giebt auch frühreife, schmale Kindergesichter mit großen, erschrockenen Augen, die mehr wissen, als sie fassen und ertragen können, die nicht ordnen können, was Alles auf sie einstürmt, und deswegen nicht aus und ein wissen in dem verwickelten Leben.

„Ein Kind voll Wehmuth und voll Treue,
Verstoßen in ein fremdes Land" —

so hatte Novalis seinen Freund Tieck angeredet. Tieck er-zählte in späteren Jahren, wie er als kleines Kind mit seiner Wärterin auf dem Schloßplatze in Berlin gewesen sei und herzlich vergnügt die vielen Gegenstände um sich herum be-trachtet habe, und wie da die Wärterin, von ihm unbemerkt,

zum Scherz sich hinter einem Pfeiler versteckt habe; da
ergriff ihn zum ersten Mal das Gefühl von Verlassensein
so schrecklich, daß das kleine, verschüchterte Gemüth sich gar
nicht wieder wollte trösten lassen. Mehr als andre Menschen
hat der romantische Charakter Grauen vor der Einsamkeit
und ein an Schwäche grenzendes Bedürfniß nach Gesellschaft
und befreundeter Umgebung, und bei allem Hang und aller
Gabe zur Freundschaft erschwert gerade ihm seine Reizbarkeit
den Verkehr mit Menschen unendlich. Jede Abweichung
vom Ideal, von dem Bilde, das seinem schönheitssüchtigen
Auge vorschwebt, stört ihn und kann ihn zu erbittertem Unwillen reizen. „Sein Freund zu sein, ist die Aufgabe aller
Aufgaben; denn er ist so reizbar, daß man nur husten,
nicht edel genug essen oder gar die Zähne stochern darf,
um ihn tödlich zu beleidigen." Selbst nicht harmonisch hat
er ein leidenschaftliches Verlangen nach Harmonie in Andern.
Nur Wenige wissen die Liebe zum Vollkommenen mit Dul-
dung des noch Unvollendeten zu vereinigen, und doch ist
jene nur mit dieser großherzigen Nachsicht verbunden schön
und gut. „Allzu heftige Unleidlichkeit des Unvollkommenen
ist Schwäche", sagt Novalis.

Der einzige, den die Romantiker ohne Vorbehalt verehrten, war Goethe. Er war für sie etwas der antiken
Poesie Gleichzustellendes: ein Sinnbild der Schönheit, der
sie zustrebten. Ebenso wie die moderne Poesie im Gegensatz
zur antiken war ihr Charakter nicht schön, sondern interessant:
interessant bedeutet Zwischensein, also Werden. Alles gilt
von ihnen, was Friedrich Schlegel zum Tadel und zum Ruhm
der modernen Kunst sagte: die hervorbringende Kraft rastlos
und unstät, die Empfindlichkeit immer ebenso unersättlich
wie unbefriedigt, Verworrenheit, Gesetzlosigkeit, Skepticismus,
vielseitige Charakterlosigkeit — Alles in Allem ein Chaos.

Aber aus dem Chaos schuf der schönste der Götter, Eros, eine Welt.

Wenn nun das Chaos, um einen Ausdruck von Friedrich Schlegel zu wiederholen, nur auf die Berührung der Liebe wartet, um eine harmonische Welt hervorzubringen, so erinnert das an die Ansicht von Novalis, jede Verbesserung unvollkommener Constitutionen laufe darauf hinaus, daß man sie der Liebe fähiger mache. Und merkwürdig stimmt damit die Lehre überein, die der alte Mann in Tieck's Roman dem Sternbald giebt, daß das Höchste was der Mensch erlangen könne, Zufriedenheit mit sich selbst sei. „Mit sich zufrieden sein", rief der Alte, „mit allen Dingen zufrieden sein, denn alsdann verwandelt er sich und Alles um sich her in ein himmlisches Kunstwerk und läutert sich selbst mit dem Feuer der Gottheit"; und eindringlich knüpft er die Empfehlung an den Jüngling daran, seine Kunst und sich selbst zu lieben und zu verehren, ja keiner nachtheiligen Selbstverachtung Zugang zu gestatten. Man könnte es für sehr wunderlich halten — wenn man nicht gar Ziererei darin sieht, — daß eine Schwierigkeit darin liegen soll, sich selbst zu lieben. Und doch war es keine Affektation, wenn so viele der Romantiker nach diesem so natürlichen Triebe mühsam rangen auch Friedrich Schlegel behauptete, daß die Unfähigkeit sich selbst zu lieben ihm die Bahn zur Größe verschließe. Abgesehen davon, daß die beiden Personen, die das Ich bilden, übereinstimmen müssen, wenn sie sich lieben sollen, muß man bedenken, daß die Kunst thatsächlich darin liegt, den richtigen Grad der Selbstliebe zu treffen, so daß man vor Selbstüberhebung ebenso sicher ist wie vor Selbsterniedrigung, ferner das richtige Verhältniß zur Nächstenliebe zu finden. Es giebt Menschen, denen es verhältnißmäßig leicht wäre, den Nächsten mehr als sich selbst zu lieben, während sie das

Gebot, welches befiehlt, ihn wie sich selbst zu lieben, nicht
erfüllen können. Dem Romantiker ist es eigen, zwischen
einer sich selbst wegwerfenden Hingebung an die Menschen
und Ekel an ihnen zu schwanken. Man vergleiche die Stelle
im Phantasus, wo Tieck von der Empfindung, mit der er
im Plutarch von großen Menschen liest, mit einer andern
in Lovell, wo Balder seiner Menschenverachtung Ausdruck
giebt. Dort fühlt er eine Welt zu viel und möchte sie dem
angebeteten Helden in den Schoß werfen, ein quälender
Drang sich aufzuopfern beseelt ihn. Hier heißt es: „Ach
das Brausen von Mühlrädern ist verständiger und an=
genehmer als das Klappern der menschlichen Kinnbacken; der
Mensch steht unter dem Affen, eben deswegen, weil er die
Sprache hat, denn sie ist die kläglichste und unsinnigste
Spielerei. — ... Ich stand in einer fernen Welt und
gebot herrschend über die niedrigen Schwatzthiere, tief unter
mir ... und rief den Fleischmassen zu: Ihr Armseligen
— Klumpen von todter Erde — Thiere und Bäume sind
in ihrer Unschuld verehrungswürdiger als die verächtliche
Sammlung von Staub, die wir Menschen nennen.“ Sind
auch diese Worte einem Wahnsinnigen in den Mund gelegt,
so hört man ihnen doch an, daß Tieck sie in sich erlebt hat.
Und man sieht hier, wie Selbstverachtung und Menschen=
verachtung sich gegenseitig bedingen.

Wir sehen den Dämmerungsmenschen, das Chaos, in
dem die Massen trübe durch einander schwanken. Das Licht
ist eingedrungen und sucht sie zu theilen — noch wird es
nur als die scheidende Macht empfunden, die aus einander
schneidet, was mit dumpfem Wohlgefühl in eins verschwommen
war. Reichthum, Harmonie, Vollendung nannte Friedrich
Schlegel die drei Theile, die zur reinen Vollkommenheit des
Charakters gehörten, womit nichts Anders gemeint ist als

Willen (Trieb, Unbewußtes), Intellekt (Absicht, Bewußtsein) und Vereinigung dieser beiden Hälften in eine Welt. Indem er sagt, Vollendung äußere sich als Selbständigkeit oder sittliche Liebe, macht er es uns klar genug, was wir darunter verstehen sollen. Diese Dreieinigkeit ist keine andre als die Herder's: Licht, Liebe, Leben.

Wenn die dämmernden Massen des Chaos in Tag und Nacht geschieden sind, dann erst kann die Liebe sie harmonisch verbinden. Mit der einschlagenden buchstäblichen Richtigkeit klassischer Offenbarungen nannte der Apostel Paulus die Liebe das Band der Vollkommenheit.

Romantische Philosophie.

Es sind mancherlei Kräfte, aber es ist
ein Gott, der da wirket Alles in Allem.
Paulus, Korinther XII, 6.

Durch alle Töne tönet
Im bunten Erdentraume
Ein leiser Ton, gezogen,
Für den, der heimlich lauschet.
Friedr. Schlegel.

Als ein Märchenland, wo Alles Wunder ist, denken wir
uns die Romantik; und doch dürfte Kant, dem unerbitt-
lichsten Denker, ein Monument darin errichtet werden. Nicht
weil er in blaue dunstige Ferne hinein die hängenden Gärten
seiner intelligibeln Welt baute oder mit undurchdringlichem
Lächeln dem Geisterglauben das Wort redete, sondern weil
er den Schwerpunkt der Philosophie in den Menschen ver-
legte. „Nach Innen geht der geheimnißvolle Weg", ver-
kündigte später Novalis. Diesen Weg hat Kant eingeschlagen. Von allen Seiten hatte man in die Weltveste
einzudringen gesucht: da entdeckte er eine kleine überwachsene
Pforte, die bisher übersehen war, einen unterirdischen Zugang zur Schatzkammer, wo alle werthvollsten Güter aufgespeichert sind. Nun stürzte sich der Strom des Forschens
in die dämmerige, unabsehbare Höhle hinein.

Kant's Meinung war gewesen, die Grenzen unsres Erkennens zu zeigen und die Unmöglichkeit, das Ding an sich,
den Kern des Erscheinenden, zu greifen, so lange wir in
die Maske unsrer Sinne und angeborenen Vorstellungen

vermummt sind; wie zwei Ritter in Rüstung, wenn sie sich die Hand geben, nicht die Hand selbst, sondern nur das unempfindliche Eisen berühren und fühlen. So etwa sollten sich der Mensch und die Welt gegenüberstehen: zwei Vermählte, denen die erste, blind feurige Umarmung die erträumte Vereinigung und Befriedigung nicht gebracht hat, und die nun, nachdem sie allmälig von ihrer bitteren Enttäuschung und Erkältung zurückgekommen sind, verzichten und sich zu einem freundschaftlichen, schonenden Nebeneinanderleben entschließen. Wie angemessen, tapfer und bewundernswerth dies auch unter Umständen sein mag, so ist es doch nichts Andres als ein modus vivendi: der Mensch ist ein geborener Held, der, wie Achilles, auch in weibisches Gewand verkleidet, nach dem Schwerte greift, sowie er eins von ferne klirren hört; ein Königssohn, dessen Natur nach der Krone zu trachten, wie zurückgedrängt sie auch durch Zufall oder Absicht sei, früher oder später desto mächtiger hervorbricht. Daß es dennoch möglich sei, möglich sein müsse, die Welt zu durchdringen, ihre Seele zu berühren, allwissend zu werden, war die erste dunkle philosophische Regung im Kreise der Romantiker.

> „Die Geisterwelt ist nicht verschlossen,
> Dein Sinn ist zu, dein Herz ist todt,
> Auf, bade, Schüler, unverdrossen
> Die ird'sche Brust im Morgenroth",

diese Goethe'schen Worte erklärte der junge Friedrich Schlegel für seinen Wahlspruch. Goethe, den Vertrauten der Natur, proklamirten sie im Athenäum als ihren Führer, als den Vertreter der neuen Zeit; neben ihm aber einen andern Mann, einen Schüler Kant's, der das, was er Natur nannte, nichtachtend mit dem Fuße von sich stieß: Fichte.

Aus seinen Bildern sehen uns seine großen Augen mit

einem fanatischen, zehrenden Geistblick an, der nichts von
den wechselnden farbigen und plastischen Gegenständen um
sich her wahrzunehmen scheint; man könnte sich aus seinen
Augen seine Philosophie erklären: für sie giebt es nichts als
das Absolute, ein großes Begriffsgerippe anstatt des ath-
menden, blutwarmen Naturleibes.   Das tollkühne System
berührt den Boden nur in dem einen Punkte: Ich bin ich.
Von da aus thürmt es sich schwindelnd empor.   Wer hin-
aufklettert, greift vergebens nach einem festen Halte außerhalb, dabei wagt er weder über noch unter sich zu blicken,
wo rings der Abgrund des Nichts ist, und die Luft wird
dünner und dünner.   Es leuchtet ein, daß das nicht Jeder-
manns Sache ist.   Indessen wer geistige Gelenkigkeit und
Energie genug besitzt, um den Versuch nicht zu scheuen, bei
dem kann die halsbrecherische Uebung sogar zur Passion
werden, und er gewöhnt sich daran auf die Gefahr hin,
schließlich einmal das Genick dabei zu brechen.   Trotzdem,
auch wenn man annimmt, die Arbeit des abstrakten Denkens
sei der damaligen Jugend nicht so widernatürlich und peinlich
gewesen, scheint es erstaunlich, daß eine solche Lehre unter
ihr Epoche machen konnte, daß sie, wie es thatsächlich der
Fall war, die stürmischen jungen Gemüther jener revolutionären Zeit begeisterte.   Die Verwandlung der Welt in ein
Ich, die Fichte vornahm, war die heroische That, die ihm
die Jüngerschaft der modernen Geister gewann.   Dahin
drängte die Zeit, es war, was jeder in sich erlebte.   Daß
die Welt bei Fichte nur eine äußere und das Ich nur ein
erkennendes, vorstellendes, bewußtes war, kein fühlendes,
dieser Mangel verschwand zunächst vor der Form des mächtigen Gedankens.   Es gebe, sagte Fichte, nur zwei Arten
der Philosophie: die kritische, die die Grenze des Ich-Bewußtseins nicht überschreite, dies sei die Kant'sche, und im

Gegensatz dazu die des Spinoza, welcher jene Grenze über-
schritten habe. Eine Täuschung ist es zu wähnen, es gäbe
noch ein Außerhalb dieser Grenze; denn kann irgend etwas
sein außer in unserm Bewußtsein? Was uns von uns
unterschieden zu sein, was uns nicht Ich zu sein scheint, ist
doch auch wieder nur eine in uns existirende Vorstellung;
und weil wir den Begriff des Ich nicht bilden könnten ohne
etwas, was nicht Ich ist, müssen wir eine Welt von uns
lösen und uns davon unterscheiden. Eine optische Täuschung
gleichsam verlegt das Ding an sich nach außen; wir sind es.
Auch der stumpfseste Mensch wird geboren mit einer Einbildungskraft, die ihm die Welt schafft: er ist der Gott, der
aus dem Chaos Licht werden läßt, den Himmel von der
Erde scheidet, den Gang der Gestirne ordnet und nach einem
moralischen Gesetz, das er aufstellt, die Handlungen des
Geistes regelt.

Daß nichts außer dem Ich sei, war das Packende und
Unantastbare in Fichte's Lehre; wäre er nun noch darauf
gekommen, daß jene Grenze des Ich-Bewußtseins im Ich
selber liegt, daß also das Nicht-Ich ist, aber allerdings nicht
außer dem Ich, sondern in ihm, seine dunkle Hälfte, so
hätte er in Wirklichkeit die Welt mit eingeschlossen, von der
er jetzt abstrahirte und der Natur, die ihm jetzt nichts als
vergängliche Materie war, den Geist gegeben. Denn das
Ich und die Welt sind, nach einem Worte von Novalis,
integrante Hälften.

Gerade in Fichte's Einseitigkeit lag eine verblüffende
Größe. Wie ein blinder Riese schritt er durch die Natur
und verhüllte sie mit seinem Schatten vor den Blicken derer,
die sich ihm anschlossen. Hinreißend und erhebend wirkte
sein Glaube an das Allvermögen des menschlichen Geistes.
Die Menschheit fing an zu ahnen, was es eigentlich bedeute,

daß sie zum Bilde Gottes geschaffen sei. „Was ist denn
unsre Würde", schrieb Friedrich Schlegel, zwanzigjährig, an
seinen Bruder, „als die Kraft und der Entschluß, Gott ähnlich zu werden!" Dies tastende Gefühl, daß ein unendliches
Ziel und eine göttliche Bestimmung vor dem Menschen liege,
erleuchtete Fichte mit dem scharfen Lichte seines Bewußtseins.
An dem Gedanken der Einzigkeit und Höhe des Menschen
konnte sich der herbe Denker berauschen, und diese abstrakte
Trunkenheit, in die er sich zuweilen in seinen Schriften
steigerte, ist wohl geeignet, sich dem Leser mitzutheilen. Ich
will ein Beispiel herausgreifen, wo er folgendermaßen über
die Würde des Menschen spricht:

„Erst durch das Ich kommt Ordnung und Harmonie in
die todte formlose Masse. Allein vom Menschen aus verbreitet sich Regelmäßigkeit rund um ihn herum bis an die
Grenze seiner Beobachtung — und wie er diese weiter vor-
rückt, wird Ordnung und Harmonie vorgerückt. Durch seine
Beobachtung falten sich die Weltkörper zusammen und werden
nur Ein organisirter Körper; durch sie drehen die Sonnen
sich in ihren angewiesenen Bahnen. Durch das Ich steht
die ungeheuere Stufenfolge da von der Flechte bis zum
Seraph; in ihm ist das System der ganzen Geisterwelt, und
der Mensch erwartet mit Recht, daß das Gesetz, das er sich
und ihr giebt, für sie gelten müsse; erwartet mit Recht die
einstige allgemeine Anerkennung desselben. Im Ich liegt
das Unterpfand, daß von ihm aus in's Unendliche Ordnung
und Harmonie sich verbreiten werde, wo noch jetzt keine ist;
daß mit der fortrückenden Kultur des Menschen zugleich die
Kultur des Weltalls fortrücken werde .... was euch
Tod scheint, ist seine Reise für ein höheres Leben — in
jedem Momente seiner Existenz reißt er etwas Neues außer
sich in seinen Kreis mit fort, bis er Alles in denselben ver-

schlinge: bis alle Materie das Gepräge seiner Einwirkung trage und alle Geister mit seinem Geist Einen Geist aus= machen. — — Das ist der Mensch; das ist jeder, der sich sagen kann: ich bin Mensch. Sollte er nicht eine heilige Ehrfurcht vor sich selbst tragen und schaudern und erbeben vor seiner eigenen Majestät? ...."

Diese Ueberzeugung von der schöpferischen Stellung des Menschen im Mittelpunkte der Welt, vorgetragen ohne den empörenden Uebermuth des Emporkömmlings, sondern mit dem angeborenen Bewußtsein, daß Adel verpflichtet, weckte den lauten Wiederhall in der Brust der romantischen Jugend; daß im eigenen Innern die Lösung aller Geheimnisse und der Quell aller Zukunft ruhe, war eben ihr Glaube und ihre Ahnung. Begründen konnte Fichte die unerhörten Forderungen, die er an die Menschen stellte, nur durch das Commandowort: du sollst!, das mit Sternenschrift am Himmel jedes Bewußtseins flammen sollte, eine angeborene moralische Sonne, deren Dasein vorauszusetzen war.

Es ist merkwürdig, wie wenig Beeinflussung eine philo= sophische Lehre ausübt, wie sie selbst vielmehr von jedem Geiste, der sie auffaßt, Umbildung erfahren muß. Für Manchen mochte Fichte's Ansicht eine Stütze des edelsten Strebens, eine Schule der Erhabenheit sein, schwache und unklare Gemüther sogen sich Gift daraus. Tieck, in dem kein Zug mit Fichte sympathisirte, hat im Lovell unnach= ahmlich dargestellt, wie zerrüttend die strenge Ich-Wissen= schaft auf Kopf und Gemüth wirken konnte. In das gefühls= fromme Herz des Jünglings dringt die Lehre, daß die Natur, die ihn umgiebt, der er sich mit so sehnsüchtiger Innigkeit hinzugeben pflegte, nichts ist als ein Bild, das seine Ein= bildungskraft ihm vor die Sinne stellt; nirgends, nirgends antwortet seiner Liebe ein begegnendes Gefühl, sich selbst findet

er in entsetzlichem Einerlei, wohin sein verlangendes Auge
sieht, die ganze Welt ist nur ein Spiegel, der ihm die Ewigkeit
seines trostlosen Alleinseins vorhält.

> „Ich komme mir nur selbst entgegen
> In einer leeren Wüstenei.“

Wie ein Taschenspieler und Zauberer steht er einsam
inmitten der wesenlosen Schatten, die er auf die leere weiße
Wand wirft, damit er sie nur nicht sieht, die außer ihm
das Einzige ist, was ist. Können ihn die Bewegungen der
Hampelmänner interessiren, die er selber tanzen läßt? Soll
er den Sprüchen lauschen, die die Marionetten aufsagen, da
er sie ihnen selbst in den Mund gelegt hat? Es ekelt ihn,
immer und immer nur die eigenen Stücke aufführen zu sehen.

„Oft schwebt die Welt mit ihren Menschen und Zufälligkeiten wie ein bestandloses Schattenspiel vor meinen Augen.
Oft erschein ich mir dann selbst wie ein mitspielender Schatten,
der kommt und geht und sich wunderlich geberdet, ohne zu
wissen warum. Die Straßen kommen mir dann nur vor
wie Reihen von nachgemachten Häusern mit ihren närrischen
Bewohnern, die Menschen vorstellen, und der Mondschein,
der sich mit seinem wehmüthigen Schimmer über die Gassen
ausstreckt, ist wie ein Licht, das für andre Gegenstände
glänzt und durch einen Zufall auch in diese elende lächerliche Welt hineinfällt.“

Immer nur sein eigenes Bewußtsein ausschöpfend, geräth er in entsetzliche Verarmung. Dem König Midas
ähnlich, dem sich Alles in Gold verwandelte, was er essen
wollte, muß er verschmachten, weil er seinem Geiste keine
andre Speise als das eigene Ich zu geben hat. Während
für denjenigen, den eine Fülle verwandter, befreundeter oder
verhüllter Erscheinungen umringt, die Welt ein Schlaraffen-
land ist, das auszumessen er sich Jahrtausende des Lebens

wünscht, steht er gelangweilt, heißhungrig, ausgeleert zwischen den Spiegelbildern seines kranken Ich:

„Ich habe schon oft heimliche Verwünschungen ausgestoßen und gräßliche Sprüche versucht, um die Gegenstände um mich her in andre zu verwandeln. Aber noch hat sich mir kein Geheimniß enthüllt, noch hat die Natur nicht meinen Bezauberungen geantwortet; es ist gräßlich, nichts mehr zu lernen und keine neue Erfahrung zu machen...."

Der Zweifel an der Wirklichkeit der sinnfälligen Außenwelt reißt den grübelnden Geist weiter zum wahnsinnigen Zweifel an sich selbst. Mit dieser tollen Selbstvernichtung wechselt aber der Uebermuth des plötzlich König gewordenen Kindes. Denn der bisher als ein Liebender und Anbetender im Heiligthum der Natur gekniet hatte, erfährt auf einmal, daß er ihr Herr ist, der sie gemacht hat, wo sie schön ist, auf dessen Trost sie harrt, wo sie Mängel hat.

> Die Wesen sind, weil wir sie dachten.
> Im trüben Schimmer liegt die Welt,
> Es fällt in ihre dunkeln Schachte
> Ein Schimmer, den wir mit uns brachten:
> Warum sie nicht in wilde Trümmer fällt?
> Wir sind das Schicksal, das sie aufrecht hält!

Ohne Zweifel könnte dies Bewußtsein einen starken Geist zum höchsten Heroismus entflammen; aber den weichlichen Lovell drückt die Würde bald nieder, bald leiht sie ihm den Vorwand, seinen Leidenschaften den Zügel schießen zu lassen.

„So beherrscht mein äußerer Sinn die physische; mein innerer Sinn die moralische Welt. Alles unterwirft sich meiner Willkür, jede Erscheinung, jede Handlung kann ich nennen, wie es mir gefällt; die lebendige und leblose Welt hängt an der Kette, die mein Geist regiert, mein ganzes Leben ist nur ein Traum, dessen mancherlei Gestalten sich

nach meinem Willen formen! Ich selbst bin das einzige
Gesetz in der ganzen Natur, diesem Gesetze gehorcht Alles."

Es ist selbstverständlich, daß man nicht Fichte dafür verantwortlich machen kann, wenn junge Leute ihr krankhaft
angeschwollenes, leidendes Ich seinem höchst correkten Begriff
unterschoben und dann an dieser popularisirten Philosophie
zu Grunde gingen. In Novalis' schönem Gemüth entzündete
jeder hineingesprühte Ideenfunke eine schlank auflodernde
Flamme; wie er nichts erleben konnte, das ihm nicht wohl
that und ihn nicht förderte, konnte er auch keinen Gedanken
aufnehmen, der nicht neue, lebensvolle Gedanken in ihm belebt hätte. Wie wundervoll vermischen sich Trunkenheit und
Besonnenheit in seinem philosophischen Jubelrufe: „Was ich
will, das kann ich. Bei den Menschen ist kein Ding unmöglich." Es könnte scheinen, als ob das Fichte's Sprache
wäre; aber wenn er und Novalis „ich" sagten, so hatten sie
etwas ganz Verschiedenes im Sinne. Aus Reizungen der
Sinne schafft sich der Mensch eine bunte, geräuschvolle,
greifbare, ja eine vernünftige Welt: er ist ein Zauberer;
aber ich zaubere, ohne es zu wissen, also bin ich es nicht,
sondern ein andres Ich, das jenseit meines Bewußtseins
herrscht, vollzieht in jedem Augenblick diese unerhörte Verwandlung. Wenn es mir gelingt, mich dieses transcenden-
talen Ich zu bemächtigen, dann bin ich Zauberer, dann bin
ich erst in Wahrheit ganz Ich. An ihrem pfeilgraden, stolzen
Falkenfluge erkennt man die Gedanken Novalis'. Offenbar
war es ihm, daß der Mensch sein inneres Königreich noch
nicht ganz kannte, geschweige denn beherrschte, aus einer
unabsehbaren Tiefe, wohin der Blick nicht dringen konnte,
drang der Ton mächtigen Lebens, und ohne Weiteres wagte
er den verwegenen Harrassprung hinunter. Die beiden
Reiche zu verbinden, unter ein Scepter zu bringen, die un-

bewußte Zauberkraft bewußt und dadurch sich erst zu eigen
zu machen, war sein Programm für die Zukunft der Menschheit, die Aufgabe, die er ihr stellte. Man soll ihn selbst
sprechen hören:

„Der größte Zauberer würde der sein, der sich zugleich
so bezaubern könnte, daß ihm seine Zaubereien wie fremde,
selbstmächtige Erscheinungen vorkämen. Könnte das mit uns
nicht wirklich der Fall sein?"

„Unser Körper soll willkürlich, unsere Seele organisch
werden."

„Willkürliche Glieder sind Sinne in strengerem Sinn.
Vermehrung und Ausbildung der Sinne gehört mit zu der
Hauptaufgabe der Verbesserung des Menschengeschlechts, der
Graderhöhung der Menschheit. Bildung und Vermehrung
der Seele ist das wichtigste und erste Unternehmen."

„Der Mensch ist diejenige Substanz, welche die ganze
Natur unendlichfach bricht, d. i. polarisirt. Die Welt des
Menschen ist Welt, ist so mannigfach, als er mannigfach ist.
Die Welt der Thiere ist schon ärmer und so herunter."

„Kunst, unsern Willen total zu realisiren. Wir müssen
den Körper wie die Seele in unsere Gewalt bekommen.
Der Körper ist das Werkzeug zur Bildung und Modifikation
der Welt; wir müssen also unsern Körper zum allfähigen
Organ auszubilden suchen. Modifikation unsres Werkzeugs
ist Modifikation der Welt."

„Werkzeuge armiren den Menschen. Man kann wohl
sagen, der Mensch versteht eine Welt hervorzubringen, es
mangelt ihm nur am gehörigen Apparat, an der verhältniß-
mäßigen Armatur seiner Sinneswerkzeuge. Der Anfang
ist da."

„Unser ganzer Körper ist schlechterdings fähig, vom Geist
in beliebige Bewegung gesetzt zu werden. Die Wirkungen

11*

der Kunst, des Schreckens, der Traurigkeit, des Neides, des
Zorns, der Scham, der Freude, der Phantasie u. s. w. sind
Indikationen genug. Ueberdem hat man genugsam Beispiele
von Menschen, die eine willkürliche Herrschaft über einzelne,
gewöhnlich der Willkür entzogene Theile ihres Körpers erlangt haben. Dann wird jeder sein eigener Arzt sein und
sich ein vollständiges, sicheres und genaues Gefühl seines
Körpers erwerben können, dann wird der Mensch erst wahrhaft unabhängig von der Natur, vielleicht sogar im Stande
sein, verlorene Glieder zu restauriren, sich bloß durch seinen
Willen zu tödten und dadurch erst wahre Aufschlüsse über
Körper, Seele, Welt, Leben, Tod und Geisterwelt erlangen.
Es wird vielleicht dann nur von ihm abhängen, einen Stoff
zu beseelen — dann wird er vermögend sein, sich von seinem
Körper zu trennen, wenn er es für gut findet."

Ganz wie Fichte nannte Novalis den menschlichen Körper
den einzigen Tempel, den es in der Welt gebe: „man berührt den Himmel, wenn man einen Menschenleib betastet",
und ganz wie Fichte verlangt er vom Menschen, daß er
Erzieher der Natur sei, die moralisch werden müsse durch
ihn. Anderseits hatte auch Fichte von der Theilbarkeit des
Ich gesprochen und das, was er Nicht-Ich nannte, das Objekt, als wiederum theilbar, dem theilbaren Ich in ihm selber
entgegengesetzt, so daß man hätte meinen sollen, er hätte an
der Realität der Außenwelt, die das Ich in sich hat, ihr
wirkliches Dasein überhaupt und ihren Zusammenhang mit
dem Menschen erkannt. Aber bei Fichte blieb Alles todter
Begriff, was Novalis lebendig machte. Wenn Novalis sagte,
die Natur sei ein encyklopädischer, systematischer Index oder
Plan unseres Geistes, so konnte Fichte das unterschreiben;
aber er gehörte zu denen, die sich „mit dem bloßen Ver-
zeichniß unsrer Schätze begnügen" wollen, während Novalis

aufforderte, sie selbst zu betrachten, zu bearbeiten und zu
benützen. „Das Fatum, das uns drückt", sagte er, „ist die
Trägheit unsres Geistes. Durch Erweiterung und Bildung
unsrer Thätigkeit werden wir uns selbst in das Fatum
verwandeln. Alles scheint auf uns hereinzuströmen, weil
wir nicht herausströmen. Wir sind negativ, weil wir wollen;
je positiver wir werden, desto negativer wird die Welt um
uns herum, bis am Ende keine Negation mehr sein wird,
sondern wir Alles in Allem sind. Gott will Götter."

So flößte Novalis Blut und Seele in das starre
Knochengerüst von Fichte's System und bemerkte gar nicht,
daß er selbst der Schöpfer dieses pulsirenden Lebens war.
Daß das Fichte'sche Ich eine Versteinerung war, losgerissen
von dem Zusammenhang der lebendigen Natur, empfanden
alle diejenigen, die den Strom ihrer unendlich entwickelnden
Kraft in sich auf- und abschwellen fühlten. Viele, die sich
an Kant und Fichte gebildet und die wissenschaftliche Methode dankbar angenommen hatten, geriethen in eine trotzige
Widersetzlichkeit, als sie inne wurden, daß der Quell der
Liebe in ihnen verschüttet werden sollte. Im Jahre 1796
verfaßte Franz Baader eine Schrift gegen Kant, die damals
ungedruckt blieb, worin er dessen moralischen Imperativ
angriff, da ein Mensch, der nur einem „du sollst" gehorchend
gut handle, daneben ein abgefeimter Bösewicht sein könne.
Auf die moralische Willensveränderung komme Alles an,
von der Kant, die Natur für unheilbar böse haltend, nichts
wisse, und im Gegensatz zu dem Kantischen: lex est res surda
et inexorabilis führt er zwei Sprüche frommer und menschen-
freundlicher Heiden an, den des Seneca: Sanabilibus aegro-
tamur malis, nosque in rectum genitos, si sanari velimus,
natura adjuvat; und den des Plinius: Deus est mortali
juvans mortalem. Ebenso Schelling: „Nur in dem Punkte,

wo das Ideal uns selbst ganz auch das Wirkliche, die Gedankenwelt zur Naturwelt geworden ist, allein in diesem Punkte liegt die letzte, die höchste Befriedigung und Versöhnung der Erkenntniß, wie die Erfüllung der sittlichen Forderungen allein dadurch erreicht wird, daß sie uns nicht mehr als Gedanken, z. B. als Gebote erscheinen, sondern zur Natur unsrer Seele und in uns wirklich geworden sind."

Man sieht, daß sich hier ein uralter Kampf erneuern sollte, denselben, den Paulus gegen das Gesetz kämpfte als Verkündiger der Religion, der Freiheit und der Liebe.

Denn durch das Gesetz kommt Erkenntniß der Sünde.

So halten wir es nun, daß der Mensch gerecht werde ohne des Gesetzes Werke, allein durch den Glauben.

Denn Christus ist des Gesetzes Ende, wer an den glaubt, der ist gerecht.

Also ist das Gesetz unser Zuchtmeister gewesen auf Christum, daß wir durch den Glauben gerecht würden.

Regiert euch aber der Geist, so seid ihr nicht unter dem Gesetz.

Die Liebe thut dem Nächsten nichts Böses. So ist nun die Liebe des Gesetzes Erfüllung.

Setzt man für Gesetz Erkenntniß oder Absicht, für Glauben Trieb oder Instinkt, so sieht man, daß Liebe in Paulus' Sinne nichts andres ist als was die Romantiker Vereinigung von Trieb und Absicht, Bewußtem und Unbewußtem nannten: ist der Instinkt durch die Erkenntniß, als durch seinen Zuchtmeister, so erzogen, daß ihm das Gute natürlich geworden ist, so ist er frei von ihm oder eins mit ihm in Liebe. Es ist begreiflich, daß die Romantiker, denen die Berührung von Natur und Bewußtsein im Ich eigenthümlich war, die die beiden Hälften des theilbaren Ich gleichmäßig zu werthen wußten, Fichte eine Zeit lang vergöttern konnten als geborenen Zuchtmeister, eine Verkörperung beinah des Gesetzes, aber als er die Alleinherrschaft beanspruchen wollte, sich widersetzten im Hochgefühl, daß sie nicht der Magd Kinder seien, sondern der Freien. Höchst charakteristisch ist es, wie sich die Glieder des Freundeskreises zu ihm stellten: die beiden Schlegel, denen wie ihm selbst ein gänzlicher Mangel an Natursinn eigenthümlich war, vermißten nichts Wesentliches an seiner Philosophie und waren auch diejenigen, die ihm den Thron aufgerichtet hatten; Novalis hielt für selbstverständlich, daß er den Uebergang zur Natur noch einschlagen würde und hielt an ihm fest, solange er diese Ueberzeugung hatte; Wackenroder mochte sich nie mit ihm beschäftigt haben, Tieck empfand ihn geradezu als etwas Feindseliges. Den Dämmerungsmenschen war er zu grell und schneidend; sie waren wie Kinder, die auch nicht für einen Augenblick, einem kurzen abenteuernden Streifzuge zu Liebe, das Kleid der Mutter loslassen mochten. Nur von ihr wollten sie Alles lernen und erfahren. „Wer die Erde so wie eine geliebte Braut an sich drücken vermöchte, daß sie ihm in Angst und Liebe gern ihr Kostbarstes gönnte!" Hundertmal zurückgestoßen schmiegte sich Tieck doch immer wieder an den geliebten Leib der Natur, unerschütterlich in dem rührenden Glauben, sie lebe wie er und müsse sich einmal ihm offenbaren.

„Ich erinnere mich aus meiner Kindheit, daß uns die weite Natur mit ihren Bergen in der Ferne, mit dem hohen gewölbten blauen Himmel, mit den tausend belebten Gegenständen, wie mit einem gewaltigen Entsetzen ergreifen kann. Dann streicht der Geist der Natur unserm Geiste vorüber und rührt ihn mit seltsamen Gefühlen an, die wankenden Bäume sprechen mit verständlichen Tönen zu uns, und es ist, als wollte sich das ganze Gemälde plötzlich zusammen-

rollen, und das Wesen unverkleidet hervortreten und sich
zeigen, das unter der Masse liegt und sie belebt . . . . .
Oft ist mir jetzt, als wollte das Gewand der Gegenstände
entfliehen wie von einem Sturmwind ergriffen, und ohn=
mächtig fällt mein Geist zu Boden, und die Gewöhnlichkeit
tritt an ihre Stelle zurück."

Unbefriedigt von der Wissenschaft des Tages zog er sich
in seine Waldeinsamkeit zurück mit dem alten Jakob Böhme,
dessen verhüllte Mystik ihm verständlicher war als Fichte's unbieg=
same Logik. Da las er von der einen Natur, die durch das
Sehnen nach Gottes Licht offenbar wird, von dem sehnenden
Willen der Natur, die das Paradies in sich spürt und im
Paradies die Vollkommenheit, wonach sie sich erhebt und
drängt und ängstet, in welchem Drängen sie immer etwas
Schöneres, Höheres, Neues hervorbringt. „Nun ist ein
Geist andres nichts als ein aufsteigender Wille, und ein
Willen hat die Aengstlichkeit zur Geburt, und in der Aengst=
lichkeit gebiert sich das Feuer, und im Feuer das Licht, und
vom Licht wird der Wille freundlich, lieblich, mild und süß;
und im süßen Willen gebiert sich die Kraft, und in der
Kraft gebiert sich das Reich und die Herrlichkeit." Der
bestrickende Zauber, den diese geheimnißvolle Verkündigung
auf den Romantiker ausübte, lag ohne Zweifel darin: daß
hier keine unversöhnliche Entgegensetzung von Geist und
Natur war, oder Ausschließung des Einen, sondern daß
nichts war außer der einen Natur, die Kraft ihres sehnenden
Willens sich wandelt und erhebt durch das Licht zum Reich
Gottes und der Herrlichkeit.

Alles, was man an Fichte vermißte, theils noch von ihm
erwartete, wovon die Romantiker unklar träumten, das
wurde plötzlich durch einen ganz jungen Mann, vom Katheder
herab, fest, überlegt, machtvoll verkündet als eine neue

Wissenschaft: Naturphilosophie. Man kann sich kaum vor=
stellen, wie Schelling die jungen Geister packte und hinriß;
seine Lehre war ihnen eine Befreiung. Augenblicklich schieden
sich feindliche Lager; sein Feldzug, an der Spitze eines
kleinen aber leidenschaftlichen Trupps, war wie der etwa
gleichzeitige eines andern Generals, Bonaparte's, ein Stürmen
von Sieg zu Sieg. Das Große, Neue, Packende in den
kleinen Schriften, die er nach einander veröffentlichte, war
nun eigentlich der Glaube an die Einheit und Vernünftigkeit
des Alls. „Hätte Kepler seine Forschungen machen können
ohne den Glauben an die Vernünftigkeit des Sonnensystems?"
sagte Baader einmal. Eben dieser Glauben war die Grundlage von Schelling's Philosophie. Während er noch durchaus
Fichte's Anhänger war, schwebte ihm der Gedanke vor, daß
Einheit von Wissen, Glauben und Wollen das letzte, höchste
Ziel der Menschheit sei; daß Sein und Erkennen, Gegenstand
und Vorstellung im Grunde eins seien; daß die Geschichte
des Alls eine Geschichte des Selbstbewußtwerdens sei. Er
billigte, daß Fichte in seiner Philosophie vom Ich ausging,
wie denn Fichte es auch nicht tadelte, daß ein Andrer von
der Natur ausginge; denn Beide müssen sich ja nothwendig
treffen, beide Wege seien gleich richtig, beide hätten dasselbe
Ergebniß. Die Natur nämlich kämpft sich durch zum Ich.

　　Schelling's Philosophie ist eine Entwickelungslehre. Die
organische Natur sah er an als eine höhere Potenz der
anorganischen, wenigstens die Hoffnung hegte er, daß man
einmal alle Organisationen als successiv, allmälige Ent=
wickelung einer und derselben ursprünglichen Organisation
darstellen könne. Die Entwickelung geschieht in der Form
eines Riesenkampfes zwischen zwei Grundgewalten, die auf
unzähligen Stufen in unzähligen Verwandlungen erscheinen:
der Kampf ist die Geschichte der Natur und des Lebens.

Die Natur ist das trägste Thier, das Alles haßt, was es zur Bewegung und zur Thätigkeit zwingt. Darum haßt sie die Dualität, die die Ursache des Lebens ist, haßt das Geschlecht, haßt das Individuum, und möchte es in den Schlummer der Bewußtlosigkeit zurückziehen. „Die Natur haßt das Geschlecht, und wo es entsteht, entsteht es wider ihren Willen. Die Trennung der Geschlechter ist ein unvermeidliches Schicksal, dem sie, nachdem sie einmal organisch ist, sich fügen muß, und das sie nie vermeiden kann. — Daß sie das Individuum nur gezwungen und der Gattung wegen ausbildet, erhellt daraus, daß, wo sie in einer Gattung das Individuum länger erhalten zu wollen scheint (obgleich das nie der Fall ist), dagegen die Gattung unsichrer wird, indem sie die Geschlechter weiter aus einander halten und gleichsam von einander flüchten muß. In dieser Region der Natur ist der Verfall des Individuums minder sichtbar schnell als da, wo die Geschlechter sich näher sind, wie in der schnellwelkenden Blume, wo sie bei ihrem Entstehen schon in dem Einen Kelch wie in das Brautbett gefaßt sind, wo aber deswegen auch die Gattung gesicherter ist."

Beständig drängt die Natur auf den Organismus ein, sein Leben ihren chemischen Kräften zu unterwerfen. Aber eben was das Leben zerstören sollte, erhält es; denn im Ankämpfen gegen die Natur, um sein Einzelrecht gegen sie zu behaupten, bildet der Organismus seine Glieder zu immer tüchtigeren Waffen und begegnet jedem Reiz von außen durch erhöhte, verfeinerte Wirksamkeit. So vervielfältigen und steigern sich die Bildungen im Kampf um's Dasein.

Man könnte hier einen interessanten Vergleich verfolgen: das Lebendige ist der Protestantismus, der sich aus dem Mutterschoße der allgemeinen, alleinseligmachenden Kirche losgerissen hat, das negative, verneinende, protestirende Element. Sie giebt ihren Anspruch nicht auf, immer streckt sie ihre Arme flehend, lockend, versprechend, drohend nach den Abtrünnigen und Ketzern aus. Wenn sie dem Rufe folgten und wenn jede Protestation aufhörte, müßte, wie sich das Jeder aus der Geschichte folgern kann, Ruhe, Verfall und Verwesung schließlich eintreten.

Wenn der äußere Reiz der Natur, der den Organismus angreift, um ihn zu zerstören, aufhört, oder richtiger gesagt, wenn der Organismus unempfindlich für ihn wird, gleichsam von ihm unabhängig, ist er dem Erlöschen nahe; denn eben Kampf und Bewegung ist das Wesen des Lebens. Also ist Sehnsucht nach Ruhe Sehnsucht nach dem Tode.

„Alles, was da lebt und leibet, geht aus dieser Androgynenlust hervor", sagt Baader, „sie ist die geheime, undurchdringliche, magische Werkstätte alles Lebens, das geheime Ehebett, dessen Rein- und Unbeflecterhaltung das selige, gesunde, dessen Verunreinigung das unselige, kranke Leben gebiert. Jede lebendige Kreatur in jeder Stufe und Sphäre des Lebens ist, wie die Alten sagten, solarisch und terrestrisch oder siderisch und elementarisch zugleich, und das Sakrament des Lebens wird ihnen Allen nur unter diesen zweien Gestalten dargereicht." Zum ersten Male stellte Schelling dies Drama des Weltalls, diesen Zwiespalt im Einen, das endlose Sichsuchen, Vereinigen und Auseinanderfliehen der getrennten Pole, die Disharmonien, die sich in einem großen harmonischen Zusammenklang auflösen, mit überwältigendem Ungestüm dar. An die Stelle des Fichteschen starren: Ich bin — trat ein unendlich lebensvolles, aussichtsreiches, hoffnungsvolles: Ich werde. „Wir sind gar nicht Ich, wir können und sollen aber Ich werden, wir sind Keime zum Ich-Werden", heißt es bei Novalis. Und

nicht etwa hatte dies ewige Werden etwas trostloses Er-
müdendes: die allumfassende Einheit steht wie ein besänftigen-
der Goldgrund hinter dem bunten, stürmisch bewegten Gemälde, wie eine Sonne still im Reigen der Planeten. Ein
Band verbindet Endliches und Unendliches, Bewußtes
und Unbewußtes — Schelling nennt es die Copula —
die unendliche Liebe seiner selbst, die Lust des Sich-
offenbarens, lauter Bejahungsfreude. Dies Band erkennt
man in der Natur als Schwere, im Menschen soll es
vollends durchbrechen und das Verbundene zur Freiheit
führen.

Schelling gab dies Alles nicht systematisch, sondern wie
es in ihm entstand, in springenden Einfällen, die es ihm
immer klarer und klarer werden ließen. Es waren lauter
Blitze, die schnell, zuckend die goldene Unendlichkeit des
Himmels aufrissen und dann wieder verhüllten, sodaß eine
unstillbare Sehnsucht zurückblieb. Vielleicht fesselte er gerade
dadurch so sehr. An der Stelle eines Briefes, den der
junge Norweger Steffens im Jahre 1800 an den noch
jüngeren Schelling schrieb, möge man den Eindruck ermessen,
den seine ersten naturphilosophischen Werke machten: „Nichts
hat mich so begeistert wie Ihre Transcendentalphilosophie.
Es ist das Umfassendste, was ich kenne — das wahrste
System — ein erhabenes Kunstwerk — immer flieht sich,
was sich suchen soll — ich gerieth in die fürchterlichste
Spannung, verlor mich, um die Welt zu behalten, vergrub
mich immer tiefer und tiefer in die Hölle der Philosophie
hinein, um von dort den Himmel zu schauen, weil ich ihn
nicht unmittelbar wie den dichtenden Gott in meinem Busen
habe. Hier sah ich nach und nach die Sterne hervortreten
— bis plötzlich die göttliche Sonne des Genies aufstieg
und Alles erhellte. Hier aber ergriff mich eine wunderbare

Rührung. Thränen der heiligen Begeisterung stürzten aus meinen Augen, und ich versank in die unendliche Fülle der göttlichen Erscheinung. . . . Hier lege ich den Kranz vor Ihre Füße, den ein künftiges Zeitalter Ihnen sicher reichen wird."

Für die Romantiker war aber dies das Wichtigste: daß das ihnen angeborne Gefühl, Natur und Geist als Eins zu sehen, durch Schelling bestätigt und zu einer wissenschaftlichen Ansicht erhoben war. Er wußte genau, zu was für verhängnißvollen Irrthümern es führen kann, wenn man coexistirende Erscheinungen nur als Ursache und Wirkung von einander fassen kann; welche barbarische Plumpheit des Denkens später einriß. Als coexistirende Erscheinungen, die sich gegenseitig erklären, betrachtet er Natur und Geist, Inneres und Aeußeres. Ein Lieblingsschriftsteller der Gebrüder Schlegel, Hemsterhuis, hatte gesagt, der Körper sei geronnener Geist und das körperliche Universum ein geronnener Gott. Friedrich Schlegel's „Geist ist Naturphilosophie" und mehrere Aussprüche von Novalis: „Die Welt ist ein Universaltropus des Geistes, ein symbolisches Bild desselben", „Der Mensch ist eine Analogienquelle für das Weltall", „Das Aeußere ist ein in Geheimnißzustand erhobenes Innere", „Die höhere Philosophie behandelt die Ehe von Natur und Geist", „Wir selbst sind ein sichtbar gewordener Keim der Liebe zwischen Natur und Geist oder Kunst" sind lauter verschiedene, funkelnde Fassungen des Grundgedankens der Naturphilosophie, wie er in den Köpfen sich geregt hatte und durch Schelling zum Bewußtsein gebracht war. Gewiß war es durchaus nicht nur das katholische Wesen in Tieck's Genoveva, das die Jugend so mächtig bezauberte, sondern ebensowohl jene Stellen naturphilosophischer Mystik:

Was in den Himmelskreisen sich bewegt,
Das muß auch bildlich auf der Erde walten,
Das wird auch in der Menschen Brust erregt,
Natur kann nichts in engen Grenzen halten,
Ein Blitz, der aufwärts aus dem Centro dringet,
Er spiegelt sich in jeglichen Gestalten,
Und sich Gestirn und Mensch und Erde schwinget
Gleichmäßig fort und eins des andern Spiegel,
Der Ton durch alle Kreaturen klinget.
Drum wer die Weisheit kennt, kennt keine Zügel,
Er sieht die ganze Welt in jedem Zeichen,
Zur Sternenwelt trägt ihn der kühne Flügel.

Und wieder:

Doch wurde mir seltsamer Weise verliehen
In innere Tiefe der Natur zu schauen.
Da sah ich was getrennt zusammenhängen,
Und was dem blöden Auge einig scheint,
In ferne Grenzen aus einander fliehen.
Wie Stein im Abgrund die Metalle formen,
Wie Geister die Gewächse signiren,
Wie sich Gedank' und Wille korporiren,
Wie Phantasie zum Kern der Dinge dringt,
Durch Einbildung Unmögliches gelingt,
Wie jeder Stein uns stumme Grüße beut,
Alle Dinge nur sind der Geisterwelt ein Kleid.

Darin ist allerdings mehr von Jakob Böhme als von Schelling's Geist. Es ist bezeichnend, daß Tieck Aeußerungen der eben angeführten Art fast nur gefährlichen und dämonischen Menschen in den Mund legte: mystisch gesprochen kannte er fast nur die schwarze Magie. Nur mit der Phantasie, wie er in jenen Versen sagt, wollte er zum Kern der Dinge dringen. Geist in der Natur zu sehen, war im Grunde nichts Neues. Das Kind, dem Quell und Baum und Blume leben, die alten Götterlehren, die nichts Andres thaten als die Natur beseelen, jeder Dichter, jeder Künstler

war willig auf diese Verwandlung eingegangen. Aber das
ist naive Kindlichkeit, die noch garnicht zwischen sich und
der Natur unterscheidet. Erst nachdem die Menschheit die
Natur entgöttert hatte, indem sie ihr durch den scheidenden
Verstand den Geist entzog, wurde sie ihr furchtbar und der
Gedanke, es könnte eine Seele in ihr leben, entsetzenerregend.
Sobald man sich klar ist, daß der Geist, der die Natur
regiert, bewußtloser Geist ist, muß jedes Gefühl des Grauens
schwinden; nur freilich: ist es Geist, so kann ihn doch der
Geist des Menschen berühren, auf ihn wirken, ihn ersetzen
und so die Kraft der Natur für sich benutzen! In diesem
Gedanken des Zusammenhanges zwischen dem Menschen und
der Natur fließt der Quell aller Wunder. In ihn tauchten
Alle, die die geheimnißvolle Dämmerung liebten, und wenn
sie, wie Tieck, die Fähigkeit gehabt hätten, einmal mit klarer
Verstandsfackel in das dunkle Gebiet hinein zu leuchten, und
es nur aus wollüstiger Schwäche unterließen, bewegten sie sich
nie ohne Gewissensunruhe darin, die das Grauen und Entsetzen eigentlich erst hervorrief oder doch steigerte. Die
Andern versenkten sich in diese Nachtwelt ohne Schauder,
vielmehr mit der freudigen Begeisterung des Entdeckers.
Wenn Schelling oder Baader oder Novalis sich in das
Unbewußte, die Vergangenheit, die Natur, die Nacht des
Menschen vertieften, geschah es nicht, um sich und Andre
zu betäuben und zu verwirren, sondern um durch diese
Pforte in's Innere der Natur zu dringen und sie desto
klarer zu erkennen.

Was schadet es, an Wunder zu glauben, die natürlich
sind? Andre gab es nicht für den Naturphilosophen. Aber
gerade deshalb waren sie allerdings bereit, an jedes, das
die Vorzeit überlieferte, zu glauben. Sie hörten die stam-
melnden philosophischen Träume der mittelalterlichen Mystiker

mit derselben Theilnahme wie die strahlenden Entdeckungen
moderner Naturforscher. Einem späteren Geschlecht wurde
der Trieb, Alles im Ganzen zu betrachten und von jeder
Einzelheit auf das Allgemeine zu gehen, unverständlich.
Friedrich Schlegel's Bemerkung, es sei wunderbar, wie man
von der Physik sofort auf Kosmogonie, Astrologie, Theosophie,
kurz auf die mystische Wissenschaft vom Ganzen gerathe, da
man doch kein Experiment machen könne ohne Hypothese
und jede consequent gedachte zu einer Hypothese über das
Ganze führen müsse, wäre ihnen lächerlich und verderblich
— romantisch — erschienen. Ebenso lächerlich und unverständlich wäre es den Denkern und Forschern jener Zeit
gewesen, eine Einzelerscheinung ohne Hinblick auf das Ganze
zu studiren; denn welchen Werth hätte sie an sich haben
können? Naturwissenschaftliche Studien trieb damals jeder
Strebende, und der einzige große Zweck war, in's Innere
der Natur zu dringen.

Baader hatte der Kant'schen Lehre von den nothwendigen
Grenzen des menschlichen Erkennens vorgeworfen, sie komme
auf den Sinn des alten Haller'schen Verses heraus: „In's
Innere der Natur dringt kein erschaffner Geist; zu glücklich,
wem sie noch die äußere Schaale weist." Diese strenge Selbst=
einschränkung hatte die neue Philosophie von sich gethan und
gab die Menschen ihrem angeborenen Triebe zur Allwissen-
heit wieder. Die einen suchten die Seele der Welt draußen
in der Natur, andere wagten den dunklen Weg durch ihre
innere Natur nach der äußeren. Mehr oder weniger deutlich
schwebte ihnen als Stern ihre Weltanschauung vor: daß die
Entwickelung der Natur ein Bewußtwerden sei, das im Menschen
seinen Höhepunkt erreiche, von welchem der Strom wieder
in den Ausgangspunkt einmünde. Ich will Proben geben,
wie verschiedene romantische Denker, Novalis, Schelling und

Tieck, dies philosophische Glaubensbekenntniß jeder in seiner Weise darstellten. Zuerst eine Zusammenstellung von Notizen, wie sie Novalis als Grundlage zu einem größeren Werke niedergeschrieben hatte:

„Wir haben zwei Systeme von Sein, die, so verschieden sie auch erscheinen, doch auf das Innigste unter einander verwebt sind. Ein System heißt der Körper, eins die Seele. Jenes steht in der Abhängigkeit von äußeren Reizen, deren Inbegriff wir die Natur oder die äußere Welt nennen. Dieses steht ursprünglich in der Abhängigkeit eines Inbegriffs innerer Reize, die wir den Geist nennen oder die Geisterwelt. Man bemerkt bald, daß beide Systeme eigentlich in einem vollkommenen Wechselverhältniß stehen sollten, in welchem Jedes, von seiner Welt afficirt, einen Einklang, keinen Einton bildet. Kurz, beide Welten, sowie beide Systeme, sollen eine freie Harmonie, keine Disharmonie oder Monotonie bilden. Der Uebergang von Monotonie zur Harmonie wird freilich durch Disharmonie gehen und nur am Ende wird eine Harmonie entstehen."

„Wie der Körper mit der Welt in Verbindung steht, so die Seele mit dem Geiste. Beide Bahnen laufen von dem Menschen aus und endigen in Gott. Beide Weltumsegler begegnen sich in correspondirenden Punkten ihrer Bahn. Beide müssen auf Mittel denken, trotz der Entfernung beisammen zu bleiben und zugleich gemeinschaftlich beide Reisen zu machen."

„Methaphysik und Astronomie sind Eine Wissenschaft. Die Sonne ist in der Astronomie, was Gott in der Metaphysik (der Mensch ist eine Sonne); Freiheit und Unsterblichkeit sind wie Licht und Wärme. Gott, Freiheit und Unsterblichkeit werden einst die Bahnen der geistigen Physik ebenso werden, wie Sonne, Licht und Wärme in der irdischen Physik."

„Vor der Abstraktion ist alles Eins, aber ein Chaos; nach der Abstraktion ist wieder Alles vereinigt, aber diese Verbindung ist eine freie Verbindung selbständiger, selbst= bestimmter Wesen. Aus einem Haufen ist eine Gesellschaft geworden, das Chaos ist in eine mannigfache Welt ver= wandelt."

„Die Welt des Märchens ist der Welt der Wahrheit durchaus entgegengesetzt und eben darum ihr so durchaus ähnlich, wie das Chaos der vollendeten Schöpfung ähnlich ist. In der künftigen Welt ist Alles wie in der ehemaligen und doch durchaus anders; die künftige Welt ist das vernünftige Chaos; das Chaos, das sich selbst durchdrungen, das in sich und außer sich ist."

„Mit Instinkt hat der Mensch angefangen, mit Instinkt soll der Mensch endigen. Instinkt ist das Genie im Para= diese vor der Periode der Selbstabsonderung. Der Mensch soll sich selbzweien und nicht allein das, sondern auch selb= dreien."

„Die Welt ist die Summe des Vergangenen und von uns Abgelösten. So ist selbst der persönliche Gott, ein roman= tisirtes Universum."

„Wenn unsre Intelligenz und unsre Welt harmoniren, so sind wir Gott gleich."

„Und was haben wir in der Zeit zu thun, deren Zweck Selbstbewußtsein der Unendlichkeit ist?"

„Es ist höchst begreiflich, warum am Ende Alles Poesie wird — wird nicht am Ende die Welt Gemüth?"

„Die individuelle Seele soll mit der Weltseele überein= stimmend werden."

„Jetzt regt sich nur hier und da Geist; wann wird der Geist sich im Ganzen regen? Wann wird die Menschheit in Masse sich selbst zu besinnen anfangen?"

„Alle Thätigkeit hört auf, wenn das Wissen eintritt. Der Zustand des Wissens ist Eudämonie, selige Ruhe der Beschauung, himmlischer Quietismus."

„Wir werden die Welt verstehen, wenn wir uns selbst verstehen, weil wir und sie integrante Hälften sind. Gotteskinder, göttliche Keime sind wir. Einst werden wir sein, was unser Vater ist."

„Gott und Natur muß man also trennen. Gott hat garnichts mit der Natur zu schaffen; er ist das Ziel der Natur, dasjenige, mit dem sie einst harmoniren soll. Die Natur soll moralisch werden. Der moralische Gott ist etwas viel Höheres als der magische Gott."

Aus den beiden zuletzt angeführten Sätzen sieht man, daß Novalis dem unbewußten Naturgott, Pan, einen Gott entgegensetzt, der sich selbst ganz durchdrungen hat; man darf sagen: den zum vollkommenen Selbstbewußtsein entwickelten Menschen. Welchen man allerdings, vom Gesichtspunkte der Einheit aus, vom Zeitbegriff absehend, als ewig und also gegenwärtig existirend anzusehen hat.

Schelling hatte seine Philosophie, mit der Absicht, dem Athenäum einen Beitrag zu liefern, in Knittelverse gebracht, die zwischen Scherz und Begeisterung vorgetragen sind:

„Wüßt auch nicht, wie mir vor der Welt sollt' grausen,
Da ich sie kenne von innen und außen.
Ist gar ein träg' und zahmes Thier,
Das weder dräuet dir noch mir,
Muß sich unter Gesetze schmiegen,
Ruhig zu meinen Füßen liegen.

12*

Steckt zwar ein Riesengeist darinnen,
Ist aber versteinert mit seinen Sinnen,
Kann nicht aus dem engen Panzer heraus,
Möcht' sprengen das eiserne Kerkerhaus,
Obgleich er oft die Flügel regt,
Sich gewaltig dehnt und bewegt,
In todten und lebendigen Dingen
Thut nach Bewußtsein mächtig ringen,
Daher der Dinge Quallität,
Weil er drin quellen und treiben thät,
 [Hier eine Spur von Jakob Böhme]
Die Kraft, wodurch Metalle sprossen,
Bäume im Frühling aufgeschossen,
Sucht wohl an allen Ecken und Enden
Sich an's Licht herauszuwenden,
Läßt sich die Mühe nicht verdrießen,
Thut jetzt in die Höhe schießen.
Und kämpfend so mit Fuß und Händ'
Gegen widrige Element',
Lernt er im kleinen Raum gewinnen,
Darin er zuerst kommt zu Besinnen;
In einem Zwergen eingeschlossen
Von schöner Gestalt und graden Sprossen,
Heißt in der Sprache Menschenkind,
Der Riesengeist sich selber find'. — — —

Vom ersten Ringen dunkler Kräfte
Bis zum Erguß der ersten Lebenssäfte,
Wo Kraft in Kraft und Stoff in Stoff verquillt,
Der erste Blick, die erste Knospe schwillt,
Zum ersten Strahl von neu gebornem Licht,
Das durch die Nacht wie zweite Schöpfung bricht
Und aus den tausend Augen der Welt
Den Himmel, so Tag wie Nacht erhellt,
Hinauf zu des Gedankens Jugendkraft,
Wodurch Natur verjüngt sich wieder schafft,
Ist Eine Kraft, Ein Pulsschlag nur, Ein Leben,
Ein Wechselspiel von Hemmen und von Streben!

Man hört diesen Versen an, auch wenn sie weniger
faustisch klängen, würde man es thun, daß dies eine Philosophie von und für Goethe war.

Zuletzt möge man noch hören, wie Tieck, in Form eines
sinnvollen Traumes, die Philosophie von der Bewußtwerdung
der Welt bekannte: „Ich war kaum eingeschlafen, als es
mir vorkam, die ganze Welt um mich her habe ein neues
Gesicht, die Bäume verzogen ihre Mienen, die ernsthaften
Bäche und Felsen schienen zu lachen, die Ströme flossen
mit rauschendem Gelächter ihre Bahn hinunter, die Blumen
dehnten sich aus und streckten sich in allen ihren Farben und
schienen wie von einem tiefen Schlafe zu erwachen. Es über-
fiel mich, daß die ganze Welt in allen ihren Theilen sich zu
einem fröhlichen Bewußtsein entzünde, und daß ein neues
Licht die uralten Schläfer anrühre, in alle tief verschlossenen
Kammern gehe und sie rufe und erwecke. Wo will es hinaus?
sagte ich zu mir selber . . . Es geschah aber plötzlich, daß
aus der ganzen Natur der Tod und die hemmenden Kräfte
herausgenommen wurden, und nun schwang sich die Uhr mit
allen ihren Rädern gewaltsam und reißend herum, die Ströme
stürzten mächtig und unaufhaltsam die Thäler hinunter, die
Felsenstücke trennten sich ab und wurden lebendig wie Blumen,
die grünen Thäler hoben sich und sanken wechselnd nieder.
Alle Schöpfungskräfte rannten und stiegen wettlaufend die
Adern der Natur hinauf und hinab, die Bäume knospeten
und blühten, und Augenblicks quollen die Früchte hervor, sie
fielen vom Stamme nieder und das Laub verwelkte, worauf
ein rascher Frühling sich wieder dehnte und in ihnen trieb,
und so jagten sich Frühling, Sommer, Herbst und Winter;
die Ströme rissen und waren vom augenblicklichen Eise gehemmt, worauf die stürzende Woge wieder lebendig wurde.
So ängstigte und erhitzte sich die Natur in sich selber, und

endlich sprang die Knospe der Zeit und gab die eingefesselte
Ewigkeit mit einem gewaltigen Klange frei, das verhüllte
Feuer brach aus allem Irdischen hervor und das ewige uralte Element des Lichts herrschte wieder über der Tiefe, und
alle Geister rannen in Einen Geist zusammen."

Es wird dem Schläfer klar, daß er erlebt, was man den
jüngsten Tag zu nennen pflegte.

Die neue Religion.

Ihr staunt über das Zeitalter, über
die gährende Riesenkraft und wißt nicht,
welche neue Geburt ihr erwarten sollt?
Auferstehung der Religion.

Friedr. Schlegel.

„— — Noch ist Alles nur Andeutung, aber sie verräth
eine neue Geschichte, eine neue Menschheit, die süßeste Umarmung einer jungen, überraschten Kirche und eines liebenden Gottes und die innige Empfängniß eines neuen Messias
in ihren tausend Gliedern zugleich. Das Neugeborene wird
das Abbild seines Vaters, eine neue, goldne Zeit mit dunklen
unendlichen Augen, eine prophetische, wunderthätige und
wundenheilende, tröstende und ewiges Leben entzündende
Zeit sein, eine große Versöhnungszeit, ein Heiland, der wie
ein echter Genius unter den Menschen einheimisch, nur ge-
glaubt, nicht gesehen werden kann, doch unter zahllosen Gestalten den Gläubigen sichtbar, als Brod und Wein verzehrt,
als Geliebte umarmt, als Luft geathmet, als Wort und
Gesang vernommen und mit himmlischer Wollust als Tod,
unter den höchsten Schmerzen der Liebe, in das Innere des
verbrausenden Leibes aufgenommen wird.“

So malte Novalis die neue Religion, die aus dem
reichen, wogenden Chaos der Zeit aufsteigen sollte.

Unter Friedrich Schlegel's vielen Plänen war der größte
und erstaunlichste die Gründung einer neuen Religion, wovon er, im begreiflichen Argwohn, die Freunde möchten

etwa kein großes Gewicht darauf legen, mit besonderem
Nachdruck zu versichern liebte, wie ernst es ihm damit sei.
Er fühlte sich fähig, dafür wie Luther zu predigen und zu
eifern, wie Mohamed „mit dem feurigen Schwert des Worts
das Reich der Geister welterobernd zu überziehen", wie
Christus dafür zu sterben. Auch stachelte er unermüdlich
die Genossen zum Symbiblisiren an und sah mit Genug=
thuung, wie ein Direktor, der seine Angestellten mustert,
Schleiermacher in seine Religionsreden und Tieck in seinen
Jakob Böhme vertieft. Als seinen eigentlichen Mitarbeiter
aber betrachtete er Novalis, den Einzigen, von dem keiner
der Freunde bezweifelte, daß er Religion habe: ein Punkt,
in dem sie sich eifersüchtig controlirten. Er vertheilte die
Rollen in der Weise, daß Novalis der Christus der neuen
Religion werden solle und er sein Paulus, mit welchem
Charakter er vorzüglich deshalb Aehnlichkeit zu haben
glaubte, weil „eine gewisse Energie und Furie der Wahrheit
nur da entstehen kann, wo redlicher Unglaube nicht aus
Unfähigkeit, sondern aus Schwerfälligkeit voranging".

Als die Zeit seines Unglaubens mußte Friedrich wohl
die ruhelosen Jünglingsjahre betrachten, wo er in peinvollem
Ringen Gott in sich zu bilden suchte. Damals verlangte
er, der Gegenstand des Enthusiasmus müsse für den reifen
Mann sein eigenes besseres Selbst sein; das sei nicht Egois=
mus, sondern das heiße sein eigner Gott sein. Das Heran-
bilden des eigenen Ich zur Vollkommenheit sah er als das
wichtigste Geschäft des Menschen an: das Beste, was ich mir
zu denken vermag, ist meine Tugend. Diese Ansicht, eben
die, durch welche er sich mit Fichte eins fühlte, entbehrte
gewiß nicht der Erhabenheit. Kein Vorwurf ist ungerechter
als der, den man wohl machen hört, die Romantiker hätten
sich selbst vergöttert, um ungestraft zügellos leben zu dürfen;

im Gegentheil erlegt das Bewußtsein, einen göttlichen Keim
in sich zu haben, der nach Entwickelung drängt, eine Ver-
antwortlichkeit auf, die eine ebenso große Anregung zur
Tugend sein kann, wie irgend eine Aussicht auf himmlische
Vergeltung; es kommt nur auf den Gottesbegriff an, den
ein Jeder sich macht. Wenn Friedrich gelegentlich davon
sprach, daß der große, tugendhafte Mensch Gott verachten
solle, so ist damit der alte Naturgott, Pan, gemeint, der
Gott, der gleichsam dem Menschen gegenübersteht am Anfang
der Entwickelung, die Basis der Pyramide, deren Spitze der
Mensch ist. So unterscheidet auch Novalis wohl einmal
zwei Götter: „Gott und Natur muß man also trennen.
Gott hat garnichts mit der Natur zu schaffen; er ist das
Ziel der Natur, dasjenige, mit dem sie nicht harmoniren
soll. Die Natur soll moralisch werden. Der moralische
Gott ist etwas viel Höheres als der magische Gott."

Das Geschick führte nun Friedrich auf einen Begriff,
der ihm bis dahin gänzlich gefehlt hatte: den des Universums. Was in diesem Paulus den Umschwung herbeiführte,
war nichts Schreck- oder Schmerzhaftes, vielmehr das Glück,
das ihm plötzlich begegnete. Vorher hatte er sich immer
vereinzelt gefühlt im Kampfe gegen die Welt, die er sich
nicht zu assimiliren wußte, nun berührte sie ihn liebend und
verständnißvoll. Er war wie Einer, der starr über einen
Fluß gebückt sein gespiegeltes Bild betrachtet hat und den
auf einmal gute Genien umwenden, so daß er Wald und
Wolken, Vögel und Menschen sieht, die hinter ihm ihr
fröhliches Wesen treiben. Die strenge Sprache römischer
Erhabenheit vergaß er nun, und an ihre Stelle trat glühende
Anbetung des Universums, in das er „knollig verliebt" zu
sein mit großem Wohlgefallen bekannte.

„Der Gedanke des Universums und seiner Harmonie

ist mir Eins und Alles, ... ist ein gewisser, gesetzlich organisirter Wechsel zwischen Individualität und Universalität
der eigentliche Pulsschlag des höheren Lebens und die erste
Bedingung der sittlichen Gesundheit. Je vollständiger man
ein Individuum lieben oder bilden kann, je mehr Harmonie
findet man in der Welt; je mehr man von der Organisation
des Universums versteht, je reicher, unendlicher und welt-
ähnlicher wird uns jeder Gegenstand; ja, ich glaube fast,
daß weise Selbstbeschränkung und stille Bescheidenheit des
Geistes dem Menschen nicht nothwendiger ist als die innigste,
ganz rastlose, beinah' gefräßige Theilnahme an allem Leben
und ein gewisses Gefühl von der Heiligkeit verschwenderischer
Fülle."

Das neugewonnene Lustgefühl, Glied eines Ganzen zu
sein, eines großen, ewigen, vernünftigen Ganzen, war
Friedrich's Religion. Die kindlich stolze Freude, die er
über diese Eroberung des Universums empfand, theilte sich
seiner Umgebung mit und klingt in Schleiermacher's Reden
über die Religion nach. Denn was dort nach allen Abstraktionen der Religion bleibt, ist auch nichts weiter als
Gefühl des Universums oder: menschliches Gefühl, abgezogen
von jeder Einzelerscheinung, einzig bezogen auf das Universum. Schleiermacher's Erklärung, man solle nichts aus
Religion thun, aber Alles mit Religion, sie müsse wie eine
Musik das Leben begleiten, ist in etwas andern Worten,
was Friedrich in seinem Brief an Dorothea sagt: „Obgleich
mir aber auch das, was man gewöhnlich Religion nennt,
eins der wunderbarsten, größesten Phänomene zu sein scheint,
so kann ich doch im strengen Sinne nur das für Religion
gelten lassen, wenn man göttlich denkt und dichtet und lebt,
wenn man voll von Gott ist; wenn ein Hauch von Andacht
und Begeisterung über unser ganzes Sein ausgegossen ist;

wenn man nichts mehr in der Pflicht, sondern Alles aus
Liebe thut, bloß weil man es will, und wenn man es nur
darum will, weil es Gott sagt, nämlich Gott in uns."

Wieder sind wir mitten in die Paulinische Fehde gegen
Kant und Fichte versetzt; nicht ein getrenntes Sollen und
Wollen im Menschen ist das Höchste, sondern Verschmelzung
der beiden, damit nicht Befehl und Gehorsam herrsche, sondern die Freiheit der Liebe. So erklärt sich, wenn Friedrich
sagte, daß eine Synthesis von Fichte und Goethe Religion
geben würde: Kant und Fichte haben die Philosophie von
der einen Seite bis an die Schwelle der Religion geführt,
auf der andern lustwandele Goethe in den Propyläen des
Tempels. Und wieder denselben Sinn hat seine Bemerkung,
daß die antike Religion die Religion des Lebens, das
Christenthum die des Todes sei, daß aber Tod und Leben
eigentlich eins seien; weshalb Novalis vom Christenthum
sagte, es schließe sich an die Antike als der zweite Haupt-
flügel: „Beide halten das Universum, als den Körper des
Engels, in ewigem Schweben, in ewigem Genuß von Raum
und Zeit."

An dem Fichte'schen Element des Wissens, des Gesetzes
fehlte es der Zeit nicht, man empfand sogar die Nothwendigkeit, es zurückzudrängen. Nicht Einer unter den Romantikern, der nicht ein paar Lanzen für das Wunder
gegen die Aufklärung gebrochen hätte. Sie fühlten, daß
das Unbewußte, der wunderthätige Glauben gestärkt werden
müsse. Für die neue Zeit hätte man den Satz des Paulus,
daß wir im Glauben und nicht im Schauen wandeln, umkehren müssen. Denn die Kraft des Glaubens pflegt zu
verkümmern, wenn die des Schauens zunimmt, wie zuweilen der Geist wächst, wenn der Körper schwindet.
Aber die Romantiker suchten den schlummernden Magier im

Menschen wieder zu erwecken. Neue, überwältigende Ansichten des Glaubens und des Wunders tauchten in ihrem
Kreise auf. „In dem Augenblick", sagt eine Notiz von
Novalis, „wo ich Gott glaube, ist er." Wie die Welt ist,
weil man sie glaubt; es ist der verdichtetste Idealismus,
der zum unbewußten Willen, zur Natur zurückgekehrt. Das
Element der schaffenden Glaubenskraft ist im Gegensatz zum
protestantischen das katholische, im Gegensatz zum christlichen
das heidnische. Dies war das Element, das die Natur in
die Religion hineinführte, welche das Christenthum als
Schein vernichtet, an welche das Heidenthum glaubt, indem
es sie göttlich beseelt. Wie eine Offenbarung empfing man
Schelling's jubelnden Aufruf: Kommt her zur Physik und
erkennt das Ewige!, und die zahlreichen Entdeckungen auf
dem Gebiete der Naturwissenschaft kamen dem Eifer ent=
gegen, mit dem man ihm Folge leistete. Auch hatte Friedrich
der Physik, mit welchem Namen man damals alles Natur=
wissenschaftliche umfaßte, einen großen Platz in seiner Reli=
gion zugedacht: sie sollte die Grundlage der Mythologie
bilden. Wie viel mehr konnte man jetzt die Natur per=
sonificiren, da man ihre Kräfte als dieselben erkannte,
deren Wirken man im eigenen Innern fühlte, und also
die Wissenschaft jene Verwandtschaft mit dem Mensch=
lichen bestätigte, die das Alterthum geahnt hatte. Friedrich
schloß seine Rede über die neue Mythologie damit, daß
er die Freunde, an die sie gerichtet war, zum Studium
der Physik aufforderte: ihr würden die heiligsten Offen=
barungen der Natur entspringen. Eine modern wissen=
schaftliche Naturreligion könnte man sich wohl aus Schelling's
Naturphilosophie herausbilden, und wie sie ihm selber
vorschwebte, hat er in flinken Versen zu verstehen ge=
geben:

Gehe weder zur Kirche noch zur Predigt,
Bin alles Glaubens rein erledigt
Außer an die, die mich regiert,
Mich zu Sinn und Dichtung führt,
Das Herz mir täglich rührt
Mit ew'ger Handlung,
Beständ'ger Verwandlung,
Ohne Ruh' noch Säumniß
Ein offen Geheimniß,
Ein unsterblich Gedicht,
Das zu allen Sinnen spricht,
In deren tief gegrab'nen Zügen
Muß, was wahr ist, verborgen liegen,
Durch Form· und Bild sie zu uns spricht
Und verhehlet selbst das Inn're nicht,
Daß wir aus den bleibenden Chiffern
Mögen auch das Geheime entziffern —
Darum ist eine Religion die rechte,
Müßt' sie in Stein und Moosgeflechte,
In Blumen, Metall und allen Dingen
So zu Luft und Licht sich dringen,
In allen Höhen und Tiefen
Sich offenbaren und hieroglyphen.

Von eigentlichem Christenthum ist da zunächst keine Spur.

Was für eine andre Welt thut sich uns auf, wenn wir nun zu Novalis gehen und aus seinem bescheidenen Munde Worte hörten wie die: „Unglück ist der Beruf zu Gott" oder „Liebe ist durchaus Krankheit; daher die wunderbare Bedeutung des Christenthums." Es ist, als ob wir von der brausenden Ueppigkeit der Naturfülle hinweg in ein einsames, thränensüßes Menschenauge sähen. Die Natur duldet das Schwache nicht; den kranken Vogel, der nicht mit nach Süden fliegen kann, tödten seine Gesellen, sagt der Volksmund. In dem ungeheuren Kampfe hat Keines Zeit nach dem zu sehen, was wund am Wege liegen bleibt. Nichts

unterscheidet so sehr den Menschen von der Natur, als daß
er darauf verfallen kann, Schmerz und Krankheit zu lieben.
Das fassungslose Erstaunen der Heiden über den gekreuzigten
Gott, ihr gesunder oder ästhetischer Abscheu beweist, daß
etwas grundsätzlich Neues darin lag, dem natürlichen Men=
schen Fremdes. Es ist selten oder unmöglich, daß ein ganz
Gesunder die Schönheit in Schmerz, Krankheit und Tod
sehen kann ohne Gewaltsamkeit oder Ziererei, und daß nicht
andrerseits das ekstatische Wesen des Kranken, der in seinen
Leiden schwelgt, abstößt; vielleicht muß man gesund und
krank zugleich sein, um sie in eine so ernste Holdseligkeit
kleiden zu können, wie Novalis that.

Schelling definirte Krankheit als Abweichung nicht nur
von der absoluten Proportion der Kräfte, sondern auch von
der individuellen, von der ein bestimmtes Wesen abhängt.
Man kann sich nun wohl eine geistige Constitution denken,
in der eine Abweichung gar nicht möglich wäre, ohne daß
das gebrechliche Produkt gleich zerstört würde; oder eine
solche, deren Kräfte nicht selbständig genug wären, um aus
der Regel zu treten, oder eine unentwickelt kindliche, wo
keine Kräfte sich entzweien und gegen einander empören
können, weil sie noch eine zusammengefaltete Knospeneinheit
bilden. Alle diese Arten der Gesundheit sind weder zuver=
lässig noch ehrenvoll; aus welchem Grunde auch in der
Sage von der Versuchung in der Wüste Christus als der
Sünde fähig gezeigt werden sollte. Ohne vorausgegangene
Entzweiung ist nicht nur keine Versöhnung, sondern auch
keine Liebe möglich, die ja nur zwischen zwei Gesonderten
entstehen kann. Und Sondern ist auch ein Abweichen;
Baader hat darauf aufmerksam gemacht, daß Sünde von
Sondern kommt. Ebenso ist jede Erhöhung der Kräfte eine
Abweichung und also eine Krankheit, welche Betrachtung

Novalis mit tiefsinniger Feinheit auf die Entwickelung der Organismen angewandt hat, indem er sagt: „Krankheiten der Pflanzen sind Animalisationen, Krankheiten der Thiere Rationalisationen, Krankheiten der Steine Vegetationen." Krankheiten der Menschen, könnte man hinzu setzen, sind Vergöttlichungen. So muß man andre Aussprüche von Novalis verstehen:

„Krankheiten zeichnen den Menschen vor den Pflanzen und Thieren aus."

„Man sollte stolz auf den Schmerz sein — ein jeder Schmerz ist eine Erinnerung unseres hohen Ranges."

„Alle Krankheiten gleichen der Sünde darin, daß sie Transcendenzen sind. Unsre Krankheiten sind alle Phänomene einer erhöhten Sensation, die in höhere Kraft übergehen will."

Aber nicht allein das ist der Werth jeder Abweichung, Sünde, Krankheit, daß sie auf höhere Stufen, sondern daß sie zur bewußten Harmonie auf derselben führen. „Bedürfniß nach Liebe verräth schon eine vorhandene Entzweiung in uns." Und eben der Liebe sollen wir bedürfen zum Zwecke der bewußten Einheit. Damit wir Liebe lernen, Kraft zur Vereinigung, sind nach Novalis alle Leiden, Mängel und Negationen des Lebens da. Die Disharmonie führt aus der Monotonie zur Harmonie. Es ist das Wesen der Liebe, das Bedürftige zu wählen, weil sie daran ihre Freiheit und Kraft üben kann, und weil nur der Bedürftige Liebe braucht. Denn Sehnsucht ist die Folge des Mangels und Liebe ist die Ergänzung der Sehnsucht, verhält sich zu ihr wie das Positive zum Negativen. Weßhalb auch jeder Liebende sich selbst erniedrigt, um Alles vom Geliebten zu empfangen. So nennt Novalis die christliche Religion die eigentliche Religion der Wollust. Denn: „Die Sünde ist der größte

Reiz für die Liebe der Gottheit; je sündiger sich der Mensch fühlt, desto christlicher ist er. Unbedingte Vereinigung mit der Gottheit ist der Zweck der Sünde und Liebe."

Alles zusammengefaßt: um der Freiheit Willen muß Entzweiung sein, denn in der unentzweiten Natur herrscht der Zwang des Triebes, und um der Versöhnung Willen muß Liebe sein. Diesen Gedankengang symbolisirt die Bibel. Das Paradies ist die Unschuld der unbewußten Natur, die Verführung der Schlange der erste Reiz des Bewußtwerdens. „Als der Mensch Gott werden wollte, sündigte er." Er sonderte sich ab als ein Einzelwesen aus dem chaotischen All, ein stolzes, frevelndes aber doch großes Beginnen, gut und böse zugleich, wie der Charakter der Sünde überhaupt. Der rasende Versuch, aus einem Atom, einem Sandkorn, einem Thiere Gott werden zu wollen, kann nur dadurch gesühnt werden, daß er gelingt. Aber das Gesetz, das die Erkenntniß des Guten und Bösen aufgestellt hat, ist dem ringenden Geschöpf zu schwer. Diese Geschichte erzählt das Alte Testament: Ihr Wissen beleuchtet den Menschen nur ihre Unzulänglichkeit und ihr Kampf erscheint endlos, ohne Aussicht. Da erscheint ein himmlischer Friedensbote, Christus, der Gottmensch. Seine Erscheinung verbürgt den Hoffnungs= losen, daß ihre Sünde nicht unsühnbar ist: das Menschliche kann mit dem Göttlichen vereinigt werden durch ein Band. Dies Band ist die Liebe. Das Bild, das Paulus gebraucht, hat darum einen so bezaubernden Realismus: „Ueber Alles aber ziehet an die Liebe, die da ist das Band der Voll= kommenheit."

Ist Religion die Lehre von den Mitteln, sich mit der Gottheit zu verbinden, so ist Liebe, als das Band, das wesentliche Element der Religion. Dies pflegte Novalis in seinen Bemerkungen über Religion zu betonen:

„Das Herz ist der Schlüssel der Welt und des Lebens. Man lebt in diesem hülflosen Zustande, um zu lieben und Andern verpflichtet zu sein. Durch Unvollkommenheit wird man der Einwirkung Andrer fähig, und diese fremde Einwirkung ist der Zweck. In Krankheiten können und sollen uns nur Andre helfen."

„Giebt es lieblose Naturen, so giebt es auch irreligiöse."

Es ist nun eigentlich durchaus nicht überraschend, daß für Novalis die Begriffe Christenthum und Religion zusammenfielen. Auch Friedrich Schlegel war, trotzdem er fand, es müsse eigentlich so viel Religionen wie Individuen geben, der Meinung, die vollsten Keime der Religion lägen im Christenthum. Der unter den Romantikern beliebte, viel gelesene Jakob Böhme hatte sogar die heidnischen Religionen unentwickeltes Christenthum genannt. Wenn allerdings der Kern des Christenthums Vernichtung des Jetzigen, Apotheose der Zukunft ist, wie Novalis sagte, so ist nur der strenge Atheist oder Materialist Nicht=Christ. Auch Schleiermacher erklärte in seinen Reden, obwohl er das Entstehen neuer Religionen weder für unmöglich noch für unerlaubt ansah, das Christenthum für die Universalreligion, in deren Umfang jede mögliche Religion hinein passe und gehöre.

Aber die Entrüstung vieler offizieller Vertreter des Christenthums beim Erscheinen von Schleiermacher's Werk beweist, daß nicht Jeder, der ehrlich überzeugt war, ein guter Christ zu sein, die romantische Definition billigte. Allerdings mochten sie manche der geläufigsten religiösen Begriffe gar nicht wiedererkennen, als Gott, Christus, Unsterblichkeit, ewiges Leben. Von Gott gab Schleiermacher zu verstehen, daß die persönliche Fassung des Gottesbegriffes eher auf eine tiefere Stufe des Bewußtseins gehöre. Manchmal kommt es einem vor, als könne man seinen wie Friedrich

Schlegel's Gott einfach durch Universum ersetzen. Zuweilen
wird deutlich ein Naturgott, Jehovah, und ein Geistgott
unterschieden; im Grunde nur zwei Seiten des Einen. Die
merkwürdige Ansicht Novalis', Gott müsse hülfsbedürftig
sein, damit wir ihn lieben könnten, welche Aufgabe eben im
Christenthum gelöst sei, deutet auf die Erfassung Gottes als
eines Werdenden oder vom menschlichen Glauben Abhängigen,
wie ja denn die Vollkommenheit und Ganzheit nirgends ist
als in der Idee des Menschen, der an sie glaubt und sie
verwirklichen will. Und darin sind sich Alle einig, daß es
einen außerweltlichen und außermenschlichen Gott nicht gebe.
„Unter Menschen muß man Gott suchen", sagt Novalis
ebenso wie Jakob Böhme: „Wo willst du Gott suchen?
In der Tiefe über den Sternen? Da wirst du ihn nicht
finden. Suche ihn nur in deiner Seele, die ist aus der
ewigen Natur, darinnen die göttliche Geburt steht;" auch
die Mystiker des Mittelalters waren von den eigentlichen
Theologen angefeindet worden.

Wie eine hohe Freundesgestalt hegten die Romantiker
Christus. Er war ihnen wie ein verklärter Bruder, den
man sich ähnlich und doch hoch über sich fühlt und dem
man gleich werden will. Bei der Betrachtung einiger Ge=
mälde äußerte Karoline einmal, sie sehe den Erlöser am
liebsten als Kind, da das Geheimniß der Vermischung beider
Naturen in dem Geheimniß der Kindheit am besten gelöst
sei; auch einem Christus von Carraccio, den sie übrigens
sehr bewunderte, fehle der Brennpunkt, wo die höchste Kraft
und Duldsamkeit zusammentreffen. Ohne jemals darüber
nachgedacht zu haben, betrachtet auch sie Christus als Symbol
der Androgyne. In seine Mittlerschaft vertiefen sich Schleier=
macher und Novalis mit Vorliebe, beide aber darin einig,
daß die ganze Natur, Brod und Wein, Stein, Blume oder

Menſch, zum Mittelglied zwiſchen Menſch und Gottheit erhoben werden könne. Dies war der Punkt, wo monothei-
ſtiſches Chriſtenthum und pantheiſtiſche Naturreligion in einander übergiugen; auf nichts aber fahndeten die offiziellen
Theologen mehr als auf Symptome des Pantheismus. Als
verkappte Pantheiſten wurden denn auch die romantiſchen
Chriſten von ihnen angeſehen.

Durchaus eigenthümlich war ihre Anſicht von der Unſterblichkeit. An ein Ueberleben des Todes glaubten Alle,
Goethe eingeſchloſſen, wie es jene marmornen Worte überliefert haben: „Sind denn auch Dinge, die mir nicht an-
ſtehen, ſo komme ich darüber gar leicht hinweg, weil es
ein Artikul meines Glaubens iſt, daß wir durch Stand-
haftigkeit in dem gegenwärtigen Zuſtande ganz allein der
höheren Stufe eines folgenden werth werden, ſei es nun
hier zeitlich oder dort ewig.“ Gegen das ſtarke Bekenntniß
des Greiſes, wie reizvoll ſind die ſeelenvollen melodiſchen
Wendungen, die, viele Jahre vorher, der zu frühem Tode
beſtimmte Jüngling Novalis demſelben Gedanken gab: „Die
Natur iſt Feindin ewiger Beſitzungen. . . . Wenn aber der
Körper ein Eigenthum iſt, wodurch ich mir die Rechte eines
aktiven Erdbürgers erwerbe, ſo kann ich durch den Verluſt
dieſes Eigenthums nicht mich ſelbſt einbüßen. Ich verliere
nichts als die Stelle in dieſer Fürſtenſchule und trete in
eine höhere Korporation ein, wohin mir meine geliebten
Mitſchüler nachfolgen.“ Er liebte es, ſich in dem kühlen
Labyrinth des unterirdiſchen Gottes zu ergehen. Ob er nun
den Tod eine Veränderung der Capacität nannte oder eine
Selbſtbeſiegung, die wie jede Selbſtüberwindung eine neue,
leichtere Exiſtenz verſchaffe, daran war kein Zweifel, daß
jedem Menſchen Gelegenheit, die Vollendung zu gewinnen,
gegeben werde. „Sollte es nicht auch drüben einen Tod

geben, deſſen Reſultat irdiſche Geburt wäre?" Und mit
ſeinen verträumten Gedanken, die er ſo ſchmiegſam auszu=
drücken wußte, dachte dasſelbe Tieck:

„Ich ging weiter nach einer alten großen Linde, meinem
Lieblingsplatz im Walde. Hier ſetzte ich mich nieder und
lehnte mich an den Stamm des Baumes. Der Wind hatte
Nachtſchmetterlinge aus den Zweigen geſchüttelt, und ſie
lagen betäubt und ſchlafend am Boden und zuckten nur zu=
weilen mit den Füßen. Sie krümmen ſich nun, ſo ſagte ich
zu mir ſelbſt, und wälzen ſich in dumpfer Betäubung, bis
die Sonne untergeht und der Mond herauftritt; ſie ſchlafen
nicht und wachen nicht. Iſt das nicht vielleicht ein Bild
unſres räthſelhaften Lebens? Liegen wir nicht ebenſo am
Boden gefeſſelt und kämpfen und ringen mit uns ſelbſt?
Der Tod iſt vielleicht der Untergang der Sonne, und wir
erwachen wieder und bewegen uns froh und frei."

Man kann wohl dieſe Anſchauungsweiſe im Allgemeinen
als eine Seelenwanderungstheorie bezeichnen, an die Ahnung
einer aufſteigenden Entwickelung der Organismen geknüpft.
Nichts von der düſtern Härte des irdiſchen Glaubens lag
darin, der dies Wandern der Seele wie eine Strafanſtalt
betrachtet, vielmehr, wie die Idee durchaus nach wiſſenſchaft=
licher Klarheit ſtrebte, war ſie auch der Ausdruck ſtolzer
Zuverſicht und unerſättlicher Lebensluſt. Mit dreiſtem Rea=
lismus nannte Novalis die eigentliche beſſere Welt die
Zukunft. Nirgends anders als auf der Erde — oder denn
auf andern Geſtirnen — ſuchte er den Himmel, unter Men=
ſchen, die aller ihrer verborgenen Kräfte Herr geworden
ſind. Tiefſinnig genug wäre alſo der alte Gemeinplatz,
daß des Menſchen Himmelreich ſein Wille iſt. Der Wunſch
der Utopiſten und Revolutionäre, das Reich Gottes zu ver=
wirklichen, von welchem Friedrich Schlegel den Anfang der

modernen Geschichte datirt, wäre demnach nicht an sich ein Mißverständniß, sondern nur verfrüht und überstürzt, und das Gebet, das wir an Gott richten: zu uns komme dein Reich, bezöge sich nur auf Harmonien des Diesseits, sowohl in der Seelenmonarchie jedes Einzelnen wie in der Liebes= republik der ganzen Menschheit.

Meine Behauptung, daß die Romantiker die Ansicht von der Dauer des Individuums nicht nur als eine dämmerige Hoffnung schwelgerisch genährt hätten, ist nun allerdings nicht leicht zu vertheidigen, wenn man nicht schon die Zu= versicht, das große Mysterium werde sich empirisch fassen lassen, in's Gewicht will fallen lassen. Am interessantesten ist Baader's Theorie von der Unterscheidung zwischen Materie und Natur, als einem vergänglichen und unvergänglichen Stoffe, welche Baader auch bei Jakob Böhme streng durch= geführt fand, und auf welcher Paulus seine Lehre von der Auferstehung des Fleisches gegründet hat. In dem berühmten Brief an die Corinther beziehen sich darauf die folgenden Sätze:

„Nicht ist alles Fleisch einerlei Fleisch."

„Und es sind himmlische Körper und irdische Körper. Aber eine andre Herrlichkeit haben die himmlischen und eine andre die irdischen."

„Es wird gesäet verweslich und wird auferstehen un= verweslich. Es wird gesäet in Unehre und wird auferstehen in Herrlichkeit. Es wird gesäet in Schwachheit und wird auferstehen in Kraft. Es wird gesäet ein natürlicher Leib und wird auferstehen ein geistlicher Leib. Hat man einen natürlichen Leib, so hat man auch einen geistlichen Leib."

„Auch wird das Verwesliche nicht erben das Unver= wesliche."

„Siehe ich sage euch ein Geheimniß: Wir werden nicht Alle entschlafen, wir werden aber Alle verwandelt werden."

„Denn das Verwesliche muß anziehen das Unverwes-
liche, und das Sterbliche muß anziehen die Unsterblichkeit."

An ein Leben außerhalb des Körpers wird hier durchaus nicht gedacht, nur daß das Dasein eines andern Fleisches,
außer dem verweslichen, vorausgesetzt wird: der Astralleib
der modernen Spiritisten. Von diesem Standpunkte aus
durfte Baader den Vorwurf, die Philosophie des Christenthums sei spiritualistisch, zurückweisen; er nannte sie in der
Darstellung des Paulus und Jakob Böhme einen Ideal-
Realismus und erinnerte daran, daß durch die Lehre von
der Auferstehung des Fleisches das Christenthum, mehr als
die Heiden jemals vermocht hätten, den Leib heilig gesprochen
habe. Denn da die Auferstehung eigentlich eine Verwandlung ist, leuchtet es ein, daß die Beschaffenheit des „unver-
weslichen" Leibes von der des natürlichen nicht unabhängig
sein kann. Die Herbeiführung dieser Veränderung aber
wird wenigstens von Novalis in den Menschen selbst gesetzt,
nämlich in die Eroberung seines Willens, der noch in den
Ketten des Unbewußtseins liegt; jetzt ist dieser Wille noch
der Magier, der dem bewußten Ich Leben oder Sterben
oktroyirt, hat aber das Ich seine vollkommene Willkür,
hängt es von ihm ab, seinen Willen zu küren, so ist für
kein Sterbenwollen in ihm mehr Raum, wenn es leben will.

Nicht naturlos, nur naturfrei wollten die romantischen
Idealisten sein. Daß Goethe's Theilnahme für Schleiermacher's erste Reden über die Religion sich in eine gesunde
fröhliche Abneigung verwandelte, je christlicher sie wurden,
lag zum Theil wohl daran, daß die Begriffe Christenthum
und Abtödtung des Natürlichen ihm nun einmal unzertrennlich verbunden waren, dann aber vor allen Dingen, daß
Schleiermacher selbst keine Natur war. Seine Sprache war
rhetorisch, peinlich platonisirend, ganz unromantisch; er konnte

nicht „aus dem Innersten sprechen". Er wußte selbst genau, daß ihm Gefühl für Natur und Kunst gänzlich mangelte, aber obwohl er den Zusammenhang dieser Erscheinungen mit der Religion ahnte, glaubte er doch ohne sie ihr Wesen erschöpfen zu können. Auch ersetzten ihm Geist und Herz das Fehlende so gut, daß die Mehrzahl der Menschen seine verständigen Auseinandersetzungen viel besser begriffen und williger aufnahmen als romantische aus dunklem Schacht quellende Offenbarungen. Aber sie versiegten bald, und die farbendürstenden Augen derer von der Künstlerzunft ver- mißten, daß sich in dem klaren Gewässer der tiefe Himmel nicht spiegelte. Friedrich Schlegel sagte von den Reden grausam aber nicht unzutreffend, Religion sei nicht viel darin, übrigens sei es ein gebildetes und freies Buch, ein klassischer Essay.

Auf vielen, vielen Seiten hatte Schleiermacher seine Ansichten über Religion aus einander gesetzt, in denen er von den Romantikern nicht abwich, und doch fanden sie weniger Religion darin, als oft in wenigen flüchtigen Wor- ten von Novalis oder in Wackenroder's einzigem Werklein, das, auch wo es nicht von Gott und göttlichen Dingen handelt, ganz durchdrungen von Religion und durchseelt ist. Daß in einem irdischen Kunstwerk mehr Religion liegen konnte als in einer sinnreichen herzlichen Abhandlung über Religion, beweist, daß der Quell dieser Religion dem der Kunst naheliegt, im Unbewußten nämlich, im Orient, woher ja auch alle Religionen zu uns gekommen sind. Wenigstens alle die, die ein transcendentales oder christliches Element haben und welche man auch die Religionen des Unbewußten nennen könnte. Eine gewisse Dunkelheit, die infolge dessen dem romantischen Religionsbegriff anhaftete, gab ihn der verstiegenen Schwärmerei verworrener Köpfe preis, welche

sich schleunig dieses Ausdrucks bemächtigten, um Andre
glauben zu machen, daß sie in ihren leersten Augenblicken
etwas Unsägliches empfänden. Tieck hat das schwankweise
im Gespräch zwischen Autor und Bewunderer dargestellt:

Bewunderer: Man muß nur jeden Vorsatz zur Religion machen,
    So kann man über die ganze Welt lachen,
    Und das Lachen muß wieder Religion werden,
    Dazu die Natur, die wir haben auf Erden,
    Und dies mit göttlicher Liebe verbunden,
    Einige Blumen noch hineingewunden,
    Und Alles in Poesie verschmolzen,
    Macht einen schon ziemlich zu einem Stolzen.
Autor: Mein werther Herr, ich verstehe Sie nicht.
Bewunderer: Haben Sie das Verstehen nie bis zur Religion getrieben?
    Ich dächte dann doch, das sei das wahre Blumen=Lieben.
    Die Natur ist immer natürlich,
    So bin ich auch gleichsam figürlich . . . .
    Ich mache mir Alles zur Religion
    Und sitze dann auf einem gepolsterten Thron.
Autor (nachdem der Bewunderer seine Gedichte vorgelesen hat):
    Ich bitte Sie, ich sinke um,
    Mir wird im Kopfe gar zu dumm.
Bewunderer: Sie treiben wohl Ihr Zuhören bis zur Religion? — —
    Doch jetzt muß ich geh'n, denn wenn ich bleibe,
    Ich das Abschiednehmen bis zur Religion treibe.

Man könnte dies die Nachtseite der Religion nennen.
Es sei der christlichen Religion eigenthümlich, sagte Novalis,
daß sie den reinen guten Willen des Menschen in Anspruch
nehme und sich eigentlich in Opposition zur Wissenschaft
befinde; sie gehe vom gemeinen Manne aus, sei der Keim
alles Demokratismus und das Licht, das in der Dunkelheit
zu glänzen anfange. Aber mit dieser Hälfte, von der
Goethe's „Gefühl ist Alles" gilt, hätte sich doch kein echter
Romantiker begnügt. Auch Novalis hatte den lebhaftesten
Sinn für die griechische Kunstreligion und ging ernstlich

mit sich zu Rathe, ob seine Erfindung einer neuen Natur-
mythologie fähig sei.

Wenn man alle Elemente überblickt, die im Chaos
der neuen Religion auf- und abfluteten: Monotheis-
mus, Pantheismus, Christenthum, Heidenthum, die Mytho-
logien aller Völker und Zeiten, muß man zugeben, daß
es einer Riesenfaust bedurfte, um alle diese streitenden
Stoffe in ein Bild voll Wahrheit und Schönheit zusammen-
zuschmelzen.

Die alten Religionsstifter und Apostel waren Menschen,
in denen das Unbewußte noch weit mächtiger wirkte, als
wir es uns vorstellen können. Weil sie nicht wußten, woher
ihre Ueberzeugungen ihnen zuströmten, glaubten sie innigst
an die Göttlichkeit ihres Ursprungs und standen ihnen anders
gegenüber als der bewußte Mensch, dem keine magische Be-
kräftigung von einem scheinbaren Außen zu Hülfe kommt.
Deshalb kann man zweifeln, ob es überhaupt im Bereich
der Möglichkeit liegt, daß moderne Menschen einen Glauben
verkündigen, der für Viele verbindlich sein soll. Je um-
fangreicher ihr Bewußtsein ist, um so eher kann man fragen,
woran sie nicht glauben, als woran sie glauben. Das ließe
sich etwa feststellen, daß die Romantiker an eine Dreieinigkeit glaubten, die Trias in der Monas, heiße sie nun
Natur, Geist und Seele oder Vater, Sohn und Heiliger
Geist oder in Jakob Böhme's Worten: „Die Qual der
Finsterniß ist das erste Principium und die Kraft des
Lichts ist das andre Principium und die Ausgeburt aus
der Finsterniß durch des Lichtes Kraft ist das dritte Principium."

Aber wie wenig hatte ein solches Glaubensbekenntniß
die Fülle des religiösen Fühlens erschöpft! Inzwischen, bis
Friedrich Schlegel sein Bibelbuch vollendet haben würde,

ergoß es sich von Novalis' Lippen in dithyrambischen
Offenbarungen, wie die heidnisch=christliche Abendmahls=
hymne:

> Wenige wissen
> Das Geheimniß der Liebe,
> Fühlen Unersättlichkeit
> Und ewigen Durst.
> Des Abendmahles
> Göttliche Bedeutung
> Ist den irdischen Sinnen Räthsel;
> Aber wer jemals
> Von heißen, geliebten Lippen
> Athem des Lebens sog,
> Wem heilige Gluth
> In zitternden Wellen das Herz schmolz,
> Wem das Auge aufging,
> Daß er des Himmels
> Unergründliche Tiefe maß,
> Wird essen von seinem Leibe
> Und trinken von seinem Blute
> Ewiglich.
> Wer hat des irdischen Leibes
> Hohen Sinn errathen?
> Wer kann sagen,
> Daß er das Blut versteht?
> Einst ist Alles Leib,
> Ein Leib,
> In himmlischem Blute
> Schwimmt das selige Paar.
> O daß das Weltmeer
> Schon erröthete,
> Und in duftiges Fleisch
> Aufquölle der Fels!
> Nie endet das süße Mahl,
> Nie sättigt die Liebe sich;
> Nicht innig, nicht eigen genug
> Kann sie haben den Geliebten.
> Von immer zarteren Lippen

Verwandelt wird das Genossene
Inniglicher und näher.
Heißere Wollust
Durchbebt die Seele,
Durstiger und hungriger
Wird das Herz:
Und so währet der Liebe Genuß
Von Ewigkeit zu Ewigkeit.

Schiller und Goethe.

Bewundert nur die feingeschnitzten Götzen
Und laßt als Meister, Führer, Freund uns
Goethe'n . . . .

─── ─── ─── ─── ─── ───

Uns sandte Goethe, dich, der Götter Güte,
Befreundet mit der Welt durch solchen Boten,
Göttlich von Namen, Blick, Gestalt, Gemüthe.
W. Schlegel.

Purpurglühnde Morgenröthe
Kündet uns den Tag, wo Goethe
Einst das Licht der Welt erblickt.
Wo der ganze Chor der Musen
Mit dem Nektar ihrer Busen
Das Heroenkind erquickt.
Zu Goethe's Geburtstag 1826.
W. Schlegel.

Die Romantiker fingen damit an, Schiller zu lieben. Sogar Wilhelm Schlegel hatte nicht nur den Don Carlos angepriesen, sondern war selbst in die Schiller'sche Art zu dichten verfallen, womit es ihm freilich nicht glücken konnte. Denn da der ideale Sturm nicht in ihm brauste, blieb nur das langathmige schöne Reden und ein Nichts als klingendes Pathos. Wahreres Verständniß hatte Friedrich für Schiller, indem er ihn vorzüglich wegen seines moralischen Triebes und seiner Leidenschaft zum Ewigen verehrte; ja, er hielt dann sogar standhaft an ihm fest, als Schiller in der ab= sprechenden Art, die er haben konnte, wo er etwas seiner Natur Fremdartiges oder Feindseliges witterte, Körner gegen= über den jungen Friedrich Schlegel als kalten Witzling charakte= risirt hatte. Vollendete Schwärmerei war das Gefühl, mit

dem Novalis an Schiller hing, während er in Jena seine
Vorlesungen besuchte; aber auch sie bezog sich vor Allem auf
die edle Persönlichkeit des Dichters.

Man kann sich auch leicht Gründe denken, aus welchen
heraus die Romantiker Schiller zu ihrem Führer hätten er-
wählen können, wie er sich ja selbst als sentimentalischen,
das heißt modernen Dichter bezeichnet, und seine erhabene
Unvollendung, sein Riesenstreben ihn in der That vom
Klassischen weit entfernte und der Romantik hätte verwandt
und sympathisch machen können. Dieser Zug war aber bei
Schiller aus der Gährung der Jugend entsprungen; seine
späteren Werke sind in sich abgerundet und ermangeln der
unmittelbaren Fülle, die aus der Tiefe des Gemüthes quillt.
Darum beklagte Tieck es immer, daß Schiller den Weg, den
er in der Jugend eingeschlagen, verlassen habe, und ließ
eigentlich nur die Räuber als große Dichtung gelten, die
aber auch als eine der größten, als nicht genug zu bewundern. In keinem von Schiller's späteren Dramen findet
sich eine Stelle, die jener zu vergleichen wäre, wo Karl an
der Donau träumerisch versunken seiner Kindheit gedenkt und
ihre schwärmenden Hoffnungen mit der öden, furchtbaren
Gegenwart vergleicht. Diese Scene empfindet man sofort
als echt romantisch durch ihr Naturgefühl und die stark von
ihr ausströmende Stimmung. Ein solches Zusammenleben
von Natur und Mensch findet sich nirgends mehr in Schiller's
späteren Dramen, auch nicht im Tell, soviel darin auch von
Bergen und Matten gesprochen wird. Denn die Natur kam
überhaupt nicht zu einem bewußten geistigen Leben in ihm;
durch und durch männlich, wie er war, ging ihm die Empfänglichkeit ab, ihre Kraft anzusaugen und in sich aufzulösen, vielmehr ging jeder ihrer Reize bei ihm sogleich in
Produktionstrieb über, der rastlos bildend und gestaltend

den dürftigen Gehalt, der sich niemals ansammeln konnte,
verbrauchte.

Man vergegenwärtige sich das bekannte Denkmal, wo
Schiller neben Goethe steht: wie männlich seine hohe, knochige
Gestalt mit dem schlanken Halse und dem elastischen Schwunge
nach oben sich gegen die weichlichere des Freundes darstellt,
der breit, fest, irdisch, mit seinem gewaltigen Haupte dasteht
und den stillen Blick gradeaus in das unendliche Leben richtet.
Diese gestaltende Männlichkeit machte ihn zum Beherrscher
der Form und zum Meister des Dramas; kein deutscher
Dichter vor oder nach ihm verfügte über die unbewußte
Kunst und Kraft, seine Scenen so anzuthürmen, daß eine
unbegreifliche Spannung den Leser mit sich fortreißt, ob er
die Dichtung zum ersten oder zum hundertsten Male liest;
denn sie ist von der Kenntniß des Inhalts unabhängig und
entspringt einzig aus dem Schwunge der Form und der
Zugkraft der trunkenen Seele des Dichters, die den Leser
ergreift.

Unvergleichlich verstand es Schiller, seinen Dramen einen
Körper zu geben; aber die Kehrseite ist: auch die Menschen,
die er schafft, sind nur Körper, die sich bewegen, handeln
und gestikuliren, lachen und weinen; wir sehen ihre Seelen
nicht, aus denen all dies wirbelnde Leben herausquillt, hören
die Sphärenmusik nicht, die den großen Reigen des Weltalls
innerlich begleitet. Gerade daß wir nicht aufgehalten werden
durch lockende Laute aus den Abgründen des Inneren, macht
den dramatischen Fortschritt und die hinreißende Spannung
möglich.

Aber giebt es einen modernen Menschen, dem dies panto-
mimische Schauspiel bewegter Figuren befriedigen könnte?
Denn das Innere zu suchen bei jeder Erscheinung, das ist
ja gerade das Eigenthümlichste des modernen Menschen,

dessen immer heller werdendes Innenbewußtsein alles Aeußer-
liche in Geistiges zerlegt. Die reine Männlichkeit Schiller's,
seine beständig wirkende Produktivität schloß diese Innen-
arbeit aus. In Folge dessen konnte sich ein reicher Ideen-
schatz nicht in ihm ansammeln, daher er auch beständig
über die geringe Zahl seiner Ideen klagte, aus denen er
freilich mit seiner ungeheuern Gestaltungskraft mehr zu
machen wußte, als manch ein Andrer mit unendlich vielen.
Er war weder christlich noch germanisch, welchen beiden
Charakteren das weibliche Vermögen der Empfänglichkeit,
der unersättliche Durst, die Außenwelt in sich einzusaugen,
zu einem Theil des Innenlebens zu machen, eigenthümlich
ist. So wenig daher der sentimentalische Schiller an die
naive Kunst der Alten erinnert, so sehr ist er ihnen durch
die Männlichkeit des Temperamentes ähnlich, wie ihn denn
auch Friedrich Schlegel, ohne den Unterschied zu verkennen,
einmal mit Aeschylus und Pindar vergleicht. So ist auch
kein deutscher Dichter den romanischen Völkern von vornherein so verständlich wie Schiller mit seinem Pathos und
seinem Ueberwiegen der Form auf Kosten des Gehaltes.
Wohingegen Goethe, obwohl klassischer als Schiller durch
seine Harmonie, jenes weibliche, christlich-germanische Element
besaß, das ihn zum Ideal des modernen Dichters, zum
Haupt der romantischen Schule machte. Man muß bedenken,
daß die Naivetät und Harmonie Goethe's nur ihrer Erscheinung nach mit der Antike zu vergleichen ist, in ihrem
Wesen war sie die wiedergewonnene, die zweite, in der
zwei anfänglich widerstrebende Hälften zu einem befriedigten
Ganzen verschmolzen sind.

Aus den wogenden psychologischen Anschauungen der
Romantiker hob sich immer deutlicher das Idealbild der
Androgyne, des Ganzmenschen, den Jakob Böhme die Idea

oder Sophie nannte; Sophie nämlich, zu deutsch Weisheit,
weil dies Wort von „weisen" komme und der Name an-
deute, daß sie den Menschen nach dem Ziele weise, das er
zu erreichen habe.   Unermüdlich eiferte Friedrich Schlegel
gegen die Verherrlichung der reinen Männlichkeit und Weiblichkeit: „Nur sanfte Männlichkeit, nur selbständige Weiblichkeit ist die rechte, wahre und schöne."   Oder: „Man muß
den Charakter des Geschlechtes keineswegs noch mehr über-
treiben, sondern vielmehr durch starke Gegengewichte zu mildern
suchen."   Und ferner: „In der That sind die Männlichkeit
und die Weiblichkeit, so wie sie gewöhnlich genommen und
getrieben werden, die gefährlichsten Hindernisse der Menschlichkeit, welche nach einer alten Sage in der Mitte einheimisch
ist und doch nur ein harmonisches Ganze sein kann, welches
keine Absonderung leidet."

Einen Vorgänger in diesen Anschauungen fand Friedrich
in Plato, durch dessen Studium er wohl darin bestärkt wurde.
In seiner Abhandlung über Diotima führt er an, daß Plato
und die Stoiker die Bestimmung des männlichen und weiblichen Geschlechtes in der Unterordnung unter die höhere
Menschlichkeit gesehen hätten, worüber der Stoiker Kleanthes
ein eigenes Werk geschrieben habe.   In Sparta sei der ruhm-
würdige Versuch gemacht worden, die Weiblichkeit wie die
Männlichkeit zur höheren Menschlichkeit zu vereinigen; welches
Ideal in der Kunst der attischen Tragödie wirklich erreicht sei.
„Was ist häßlicher", sagt Friedrich, „als überladene Weiblichkeit; was ist so ekelhaft als übertriebene Männlichkeit, die
in unsern Sitten, unsern Meinungen, ja auch in unsrer
besseren Kunst herrschen."   Uebertrieben und häßlich nennt
er das herrschsüchtige Ungestüm des Mannes sowie die
selbstlose Hingegebenheit des Weibes.

Die Lehre von der Androgyne wurde später von dem

Philosophen Baader, der auch hier von Jakob Böhme ausging, wissenschaftlich begründet, und das Wort Mannweib,
das in unsrer Zeit so gesunken ist und einen schlechten Klang
angenommen hat, bezeichnet danach die schönste und vollkommenste Form, in der der Mensch sich darstellen kann.

Man hat immer angenommen, Goethe sei sinnlicher gewesen als Schiller, während es sich gewiß eher umgekehrt
verhielt; ja, man darf behaupten, Goethe sei es verhältnißmäßig wenig, Schiller ungewöhnlich viel gewesen. Denn
nur derjenige, der seine Sinnlichkeit niemals störend empfindet, bei dem sie im Gleichgewicht mit seinem Geiste ist,
wird sie so naiv, so schön äußern, wie Goethe that. Wer
sie verschleiert, bekämpft oder mit jenem Cynismus der Offenheit zeigt, der beweist, daß eine Selbstvergewaltigung vorangehen mußte, verräth, welche Rolle sie bei ihm spielt. Die
gemäßigte Sinnlichkeit verlieh Goethe das Olympische,
dessentwegen besonders die spätere, etwas hysterische romantische Jugend ihn in so leidenschaftlicher Weise anbetete
oder haßte.

Bei aller Verehrung, die man für Schiller haben kann
und soll, ist nicht zu läugnen, daß er an übertriebener
Männlichkeit litt, was auch neben Anderm sich dadurch beweisen ließe, daß er in der Liebe als Ergänzung die überladene Weiblichkeit suchte. Gegenüber einem androgynen
Typus, wie Karoline war, fühlte er sich eher unbehaglich.
Wie hätten die Männer und namentlich die Frauen, die er
schuf, den Romantikern genügen können? Auch hat nicht
leicht etwas ihren Spott so herausgefordert, wie Schiller's
Gedicht von der Würde der Frauen, bei dessen Besprechung
Friedrich Schlegel sagte: „Männer, wie diese, müßten an
Händen und Füßen gebunden werden; solchen Frauen ziemte
Gängelband und Fallhut" und das Wilhelm köstlich parodirte:

Ehret die Frauen, sie stricken die Strümpfe,
Wollig und warm zu durchwaten die Sümpfe,
Flicken zerrissene Pantalons aus.
Kochen dem Manne die kräftigen Suppen,
Putzen den Kindern die niedlichen Puppen,
Halten mit mäßigem Wochengeld Haus.
Doch der Mann, der tölpelhafte,
Find't am Zarten nicht Geschmack,
Zum gegohrnen Gerstensafte
Raucht er immerfort Taback u. s. w.

Wie anders Goethe! dessen Faust, Werther, Meister,
Egmont so stark mit weiblichen Elementen vermischte Charaktere sind; der ein Klärchen, eine Dorothea geschaffen hat,
in denen süßester weiblicher Liebreiz sich mit männlicher
Kraft zu einem so herrlichen Ganzen vereinigt. Der selbst
mit unermeßlicher Empfänglichkeit jeden Anreiz des Lebens
in sich aufsog, sammelte und bildete, so daß man seine hervorbringende Kraft nur richtig schätzt, wenn man sie an der
Masse mißt, die sie gestaltete, nicht wenn man sie mit
Schiller's vergleicht, der so ungleich weniger Stoff zu bewältigen hatte. Hier war ein vollendeter Mensch, der die
Armuth des einseitigen Geschlechtes in sich selber ergänzte.

Daß es zum Bruch zwischen Schiller und den Romantikern kam, ist in Anbetracht einer solchen Verschiedenheit
der Naturen nicht zu verwundern. Gegen die Brüder Schlegel
hatte er das ganze Mißtrauen des naiveren Süddeutschen
gegen den scharfdenkenden, ungutmüthigen, überlegenden Nord-
deutschen. Er stieß sie von sich, weil er sich ihrer sonst nicht
zu erwehren gewußt hätte; denn er empfand, obwohl er es
sich nicht zugestehen wollte, ihre intellektuelle Ueberlegenheit.
Gerade weil er die Beschränktheit seiner Natur fühlte, hielt
er es für nöthig, sich nicht beirren zu lassen, um die Sicherheit nicht zu verlieren, und wollte er sich namentlich nicht

von jungen Leuten daran erinnern lassen, die er an eigent=
lichem Können, an Männlichkeit weit überragte.

Wilhelm und Karoline ließen es sich angelegen sein, als
sie nach Jena kamen, mit dem Mächtigen, dessen Bedeutung
sie anerkannten, wenn sie ihn auch nicht so mit Haut und
Haaren liebten und bewunderten wie Goethe, in ein gutes
Verhältniß zu treten. Seine edle und rührende Erscheinung
entzückte die immer zum Liebhaben geneigte Karoline. Lotte,
die mit der Jugend zugleich ihre Reize mehr und mehr ein=
büßte und zwischen hausbackener Nüchternheit und vager
Sentimentalität schwankte, mußte man mit in den Kauf
nehmen und bemühte sich, das Beste an ihr herauszufinden.
Je mehr aber die an Anbetung grenzende Verehrung Goethe's
zunahm, desto näher lag die Versuchung, ihn in öffentlichen
Besprechungen durch Vergleichung mit seinem Freund und
Nebenbuhler zu heben. Eben die Verschiedenheit der beiden
Dichter lockte zu belehrenden Betrachtungen, wobei eine Herab=
setzung Schiller's vom Standpunkte der Romantik unaus=
bleiblich war. Hätte ein Rezensent einen so großen Genius
wie Schiller ganz mit Stillschweigen übergehen können?
Man muß es Wilhelm und Friedrich zugestehen, daß sie sich
Mühe gaben, den Ausdruck ihrer Mißbilligung Schiller
gegenüber zu mäßigen; Friedrich allerdings verrieth, vielleicht
grade weil er in früherer Zeit Schiller eine so große Ver=
ehrung gewidmet hatte, zuweilen einen kindlichen Stolz, daß
er es nun so weit gebracht habe im Kunstverständniß, dem
Berühmten seine Mängel aufzählen zu können.

Eine tadelnde Rezension brachte den in sich ruhigeren
Goethe nicht aus seinem Gleichgewicht; vielleicht daß er sich
einen Augenblick geärgert hätte; oder daß er sie mit historisch=
psychologischem Interesse oder mit Humor gelesen hätte, je
nachdem der Inhalt bedeutend oder nicht gewesen wäre.

14*

Schiller hatte so viel Gleichmuth, so viel Sicherheit und Laune nicht. In seiner schmerzlichen Entrüstung wußte er sich keinen andern Rath, als den kaltherzigen Tadler und Alles, was mit ihm zusammenhing, weit von sich zu entfernen, damit er sein zerkleinerndes, liebloses Auge nie mehr auf sich ruhen fühlte. Es war eine Handlung der Nothwehr, da er sich auf keine andre Weise vor dem Fremdling, der ihm vorrückte, was er doch nicht ändern konnte, sein eigenstes Wesen, zu schützen wußte.

Ungroßmüthig und ungerechtfertigt war es, daß Schiller Wilhelm's und Karoline's freundliche Bitte, nicht sie für Friedrich's Ungehörigkeit verantwortlich zu machen, mit schneidender Schärfe abwies. Seine Abneigung gegen Karoline, von der er sich einredete, sie sei eine schriftstellernde Intrigantin, war im Grunde der instinktive Unwillen des Mannes gegen eine Frau, die durch harmonische Fülle der Natur nicht nur seinem Herrscherrecht entrückt war, sondern in gewisser Hinsicht sogar, nämlich insofern sie ein Ganzes war, wenn auch kein so bedeutendes wie seine großartige Halbheit, ein Gefühl von Ueberlegenheit ihm gegenüber haben mochte.

Von nun an herrschte erklärte Feindschaft zwischen Schiller und dem Schlegel'schen Kreise. Die Romantiker bemühten sich nicht mehr sonderlich, das Große in seinen Werken anzuerkennen, sondern gaben sich mit Vergnügen ihrer Lust zum Spaßmachen hin, wo sein Mangel an Ironie ihren Witz herausforderte. Daß sie über sein Lied von der Glocke so herzlich lachen konnten, mag manchem Verehrer Schiller's eine Ruchlosigkeit dünken; aber abgesehen davon, daß sie es nicht wie wir mit einem verklärten Todten zu thun hatten, erklärt es sich aus eben diesem Mangel an Ironie, dieser mehr bürgerlichen als künstlerischen Ernsthaftigkeit, und dem

Grundsatz der Romantiker, zwar kein unmoralisches Kunstwerk, aber auch nicht jedes moralische schön zu finden. Was
für helles Gelächter mag erst der kleine Vers hervorgerufen
haben, den Wilhelm verfertigte:

Wenn Jemand schwatzt die Kreuz und Quer,
Was ihm in Sinn kommt ungefähr,
Sagt man in Frankreich wohl zum Spotte:
Il bavarde à propos de bottes.
Bei uns wird wohl das Sprichwort sein:
Dem fällt bei Glocken Vieles ein.

Dergleichen Scherze wurden aber nur am häuslichen
Herde laut; wie denn überhaupt der tadellose Wilhelm niemals die Grenze des Anstandes überschritt und stets als der
reife und gerechte Mann erschien, den weder persönliche Verhältnisse noch Abweichungen in ästhetischer Auffassung ver-
hinderten, großes Verdienst anzuerkennen.

Es war für die Freundschaft Schiller's und Goethe's
eine Prüfung, daß eine Reihe begabter junger Menschen den
Einen von ihnen auf Kosten des Andern in's Grenzenlose
erhoben; welche Prüfung sie rühmlich bestanden, freilich nicht
ganz ohne Opfer. Denn es war keine Kleinigkeit, immer
seiner Empfindlichkeit Herr zu bleiben und keinen Neid in
sich aufkommen zu lassen, während es für Goethe nicht ganz
leicht war, sich durch den süßen Geruch des Weihrauchs, der
ihm gestreut wurde, nicht ganz in den Kreis seiner Jünger
hineinziehen zu lassen.

Er hätte ein Unmensch sein müssen, wenn das Verständniß, das hier für seine Werke aufging, ihn nicht hätte er-
freuen sollen. Halb ist es rührend, halb peinlich zu sehen,
wie er seinen Umgang mit den Romantikern und seine Meinung über ihre Verdienste vor Schiller geheim zu halten
suchte, ohne doch unehrlich gegen ihn zu sein. Auch Schiller

hatte eine richtige, großartige Anschauung von seinem Freunde;
aber in der nervösen, reizbaren Feinfühligkeit, die ein grenzen=
loses Verständniß alles Menschlichen, auch in seinen zartesten
Aeußerungen ermöglicht, waren die Romantiker ihm sowohl
wie Goethe überlegen. Das gab ihnen ein Gefühl des An=
rechts, das sie auf ihn hätten. Er gehörte ihnen, er sollte
ihr Gott und sie wollten sein auserwähltes Volk sein. Seine
Autorität galt so unbedingt unter ihnen, daß jeder Streit
beendet war, wenn eine Partei sich auf einen Ausspruch
Goethe's berufen konnte; was den lebhaften Steffens einmal
so empörte, daß er in Verzweiflung ausrief: „Bleibt mir
mit dem verdammten Goethe vom Leibe!" aber gleich darauf
dermaßen über diese Lästerung erschrak, daß die Anwesenden
noch mehr über dies nachträgliche Erschrecken als über die
vorherige Heftigkeit lachten. Gerade in Steffens' Leben hatte
Goethe, namentlich die Bekanntschaft mit Faust, den er als
eben confirmirter Knabe zuerst las, Epoche gemacht. Er
setzte die Jenenser dadurch in Erstaunen, daß er ganze
Scenen aus Faust auswendig deklamiren konnte. Nur schon
der Anblick Goethe's hatte jedes Mal etwas Leib und Seele
Erschütterndes für ihn.

Angeregt durch die verständnißvolle Bewunderung der
munteren jugendlichen Geister that Goethe gutgelaunt den mit
Jubel aufgenommenen Ausspruch, nun sie ihn so öffentlich
und geradezu als Haupt einer Partei ausgeschrieen hätten,
wolle er sich auch auf honette Weise als ein solches zeigen.
Persönlich am meisten hingezogen fühlte er sich, bis er
Schelling kennen lernte, zu Wilhelm und Karoline, als zu
klaren und in sich einigen Menschen, die er immer den zwie=
spältigen und verworrenen, wenn sie auch noch so bedeutend
waren, vorzog. Er achtete Wilhelm's klugen, geordneten
Kopf und ließ sich gern von ihm über Rhythmik und Metrik

belehren. Karoline war durchaus eine ihm verwandte Natur:
einfach, ruhig, liebend, nicht ringend und nicht grüblerisch,
nach keiner Seite hin extravagant und excentrisch. Sie blieb
ihm auch bis an's Ende ihres Lebens treu, während die
Andern fast alle sich später mehr oder weniger entschieden
von ihm abkehrten.

Das Bild, wie wir es jetzt von Goethe in unserm Geiste
haben, ist in seinen Grundzügen von den Romantikern ent=
worfen. Wer weiß, wie es aussehen würde, wenn sie es
nicht aufgefangen und festgehalten hätten! Noch hatte
Goethe im Publikum nur einen flüchtigen Gefühlsrausch
erweckt durch seine Erstlinge. Was für Urtheile selbst Ge=
bildete sich über Goethe zu fällen getrauten, beweist jener
Major, von dem der junge Freiherr v. Blomberg erzählt,
der sagte, Egmont sei das erbärmlichste Stück, das er je
gelesen, schrecklich langweilig und habe keinen Schluß; es
sei zwar von einem großen Manne, allein die großen Herren
könnten auch große Pudel schießen; die Majorin meinte
auch, man könne vor Langeweile dabei sterben, und im
Einzelnen, die gemeine Person — Klärchen — spreche gar
zu heroisch. Lesen wir jetzt Wilhelm's Essay über Hermann
und Dorothea oder den von Friedrich über Wilhelm Meister,
so scheint uns der darin angenommene Standpunkt der einzig
richtige und selbstverständliche; wir lesen die Urtheile, die
wir fertig geprägt überkommen haben, die aber damals
zuerst mit solcher Klarheit und Entschiedenheit ausgesprochen
wurden und sich die allgemeine Geltung erst erkämpfen
mußten. Friedrich Schlegel, der Begriffsbildner der roman=
tischen Schule, hat in einer seiner Jugendschriften, in dem
äußerst reichhaltigen Aufsatz über das Studium der Griechi=
schen Poesie, wo er das Wesen der modernen Kunst im
Gegensatz zur antiken ergründet, Goethe als den Stifter der

neuen Poesie bestimmt. Diese Schrift war zu tiefgehend,
um jemals populär zu werden. Goethe's Stellung in der
Literatur kann niemals genauer und zutreffender bezeichnet
werden.

Die Poesie der Griechen, sagt Friedrich Schlegel, steht
in sofern unerreichbar hoch über Allem, was von den nach-
griechischen Völkern gedichtet wurde, als sie in sich vollendet
ist; ihre schönsten Dichtungen sind objektiv schön und deshalb
ein ewiges Vorbild. Was auch dem modernen Leser darin
fehlen möge, kein Vergleich mit modernen Werken, auch mit
den überschwänglich reichsten nicht, kann ihnen den Vorzug
objektiver Schönheit rauben. Diese Schönheit ist die Schönheit der Blume oder irgend eines natürlichen Organismus,
der sich makellos entfalten muß nach inneren Gesetzen. Diese
Kunst ist aus dem Triebe entsprungen, wie Friedrich das
unbewußte Wollen nennt; das Bewußtwerden hat die
organische Triebkraft im Menschen gestört. Vom Bewußtsein ausgehend fehlt der modernen Poesie das Abgeschlossene,
Vollendete, Einheitliche, was im Organischen so selbstverständlich ist: der sondernde Verstand zertheilt immer
wieder, was sich zum Ganzen schließen will. Dieses Un-
vollendete ist der Reiz der modernen Poesie — Friedrich
nennt es das Interessante — nur ein Unvollendetes kann
ja Sehnsucht haben, Sehnsucht zum Ewigen, die uns
Modernen als das Wundervollste an einem Kunstwerk erscheint. Das Interessante ist aber, nach Friedrich, die Vor-
bereitung des Schönen. Ja, die objektive Schönheit der
Alten muß wieder erreicht werden, aber sie wird reicher
und schwerer an himmlischer Fülle sein, weil sie durch das
Interessante hindurchgegangen ist.

Wenn man aber die Dichtungen aller Völker und Zeiten
durchgeht, so fragt man sich zaghaft, ob denn das Ungeheure

möglich sei, daß zwei Dinge, die sich auszuschließen scheinen,
von denen das Entstehen des Einen durch das Aufhören des
Andern bedingt ist, verschmolzen werden. Denn interessant
ist etwas ja eben, weil es nicht schön ist, nicht seiend, weil
es werdend ist! Wie soll das Interessante schön, das
Werdende reif sein? Können wir hoffen, daß jemals die
unendlich strömende Fülle unsres Gemüthes von der harmonischen Rundung der Antike gefaßt werde?

Mit der kühnen Zuversicht, die das schönste Merkmal
der jungen Romantiker war, bejaht Friedrich diese Fragen.
Und die Bürgschaft dafür, daß sie zu bejahen seien, sieht
er in Goethe. Goethe's Poesie nennt er die Morgenröthe
echter Kunst und reiner Schönheit. „Dieser große Künstler“,
sagt er, „eröffnet die Aussicht auf eine ganz neue Stufe
der ästhetischen Bildung. Seine Werke sind eine unwider-
legliche Beglaubigung, daß das Objektive möglich und die
Hoffnung des Schönen kein leerer Wahn der Vernunft sei.
Das Objektive ist hier wirklich schon erreicht.“

Aus dieser Auffassung Goethe's ergiebt sich der Stand=
punkt für seine Schätzung im Vergleich zu Shakespeare.
Kein Zweifel, daß in der interessanten oder charakteristischen,
also in der modernen Kunst Shakespeare über Goethe steht.
„Das Ziel des Deutschen ist aber das Objektive. Das
Schöne ist der wahre Maßstab, seine liebenswürdige Dich=
tung zu würdigen.“ Er steht in der Mitte zwischen dem
Interessanten und Schönen, zwischen dem Manierirten und
Objektiven. Dementsprechend rühmt Friedrich an Wilhelm
Meister vor allen Dingen „den antiken Geist, den man bei
näherer Bekanntschaft unter der modernen Hülle überall
wieder erkennt. Diese große Combination eröffnet eine ganz
neue endlose Aussicht auf das, was die höchste Aufgabe
aller Dichtkunst zu sein scheint, die Harmonie des Klassischen

und Romantischen." Ebenso sagt er von Tasso, daß das
Charakteristische an diesem Gedicht der Geist der Reflexion
und der Harmonie sei, „nämlich daß Alles auf ein Ideal
von harmonischem Leben und harmonischer Bildung bezogen
und selbst die Disharmonie in harmonischem Tone gehalten wird."

Man sieht, wie sehr man sich irrt in der Meinung, die
Romantiker seien dem Klassischen abhold gewesen. Wer
vielmehr hat die Schönheit des Homer und der attischen
Tragödie klarer erkannt und enthusiastischer erklärt als sie!
Gerade deswegen stellten sie Goethe über alle andern Dichter,
weil er klassisch und modern, Mann und Weib, unbewußt
und bewußt zugleich war. „Alles ist gedacht und gesagt
worden wie von Einem, der zugleich ein göttlicher Dichter
und ein vollendeter Künstler wäre", sagt Friedrich vom
Wilhelm Meister. Einen besonderen Nachdruck legten die
Romantiker, als die dionysischen Dichter, allerdings auf das
Apollinische in Goethe, auf den Titel „vollendeter Künstler".
Als dem besonnenen Künstler hat Novalis ihm in seinem
Heinrich v. Osterdingen ein Denkmal gesetzt, wo man in
dem Dichter Klingsohr das Urbild Goethe sogleich erkennt.
Wundervoll und höchst charakteristisch für Goethe wie für
die Romantiker sind die Lehren, die der erfahrene, weise
Meister dem strebenden Heinrich giebt. Auf Heinrich's Bemerkung, daß man, gerade wenn man sich der Natur am
innigsten vertraut fühle, am wenigsten von ihr sagen könne
und möge, antwortet Klingsohr: „Wie man das nimmt,
ein Andres ist es mit der Natur für unsern Genuß und
unser Gemüth; ein Andres mit der Natur für unsern Verstand, für das leitende Vermögen unsrer Weltkräfte. Man
muß sich wohl hüten, nicht Eins über das Andre zu vergessen: Es giebt viele, die nur die eine Seite kennen und

die andre gering schätzen. Aber beide kann man vereinigen und man wird sich wohl dabei befinden. Schade, daß so wenige darauf denken, sich in ihrem Innern frei und ge= schickt bewegen zu können, und durch eine gehörige Trennung sich den zweckmäßigsten und natürlichsten Gebrauch ihrer Gemüthskräfte zu sichern . . . . . . Ich kann euch nicht genug anrühmen, euren Verstand, euren natürlichen Trieb, zu wissen, wie Alles sich begiebt und unter einander nach Gesetzen der Folge zusammenhängt, mit Fleiß und Mühe zu unterstützen. Nichts ist dem Dichter unentbehrlicher, als Einsicht in die Natur jedes Geschäfts, Bekanntschaft mit den Mitteln, jeden Zweck zu erreichen, und Gegenwart des Geistes, nach Zeit und Umständen die schicklichsten zu wählen. Begeisterung ohne Verstand ist unnütz und gefährlich, und der Dichter wird wenig Wunder thun können, wenn er selbst über Wunder erstaunt . . . . . . Der junge Dichter kann nicht kühl, nicht besonnen genug sein."

Als Heinrich fragt: „Kann ein Gegenstand zu über-schwenglich für die Poesie sein?" antwortet Klingsohr: „Allerdings. Nur kann man im Grund nicht sagen für die Poesie, sondern nur für unsre irdischen Mittel und Werkzeuge. Wenn es schon für einen einzelnen Dichter nur ein eigenthümliches Gebiet giebt, innerhalb dessen er bleiben muß, um nicht alle Haltung und den Athem zu verlieren: so giebt es auch für die ganze Summe menschlicher Kräfte eine bestimmte Grenze der Darstellbarkeit, über welche hinaus die Darstellung die nöthige Dichtigkeit und Gestaltung nicht behalten kann und in ein leeres täuschendes Unding sich verliert. Besonders als Lehrling kann man nicht genug sich vor diesen Ausschweifungen hüten, da eine lebhafte Phantasie nur gar zu gern nach den Grenzen sich begiebt und übermüthig das Unsinnliche, Uebermäßige zu ergreifen

und auszusprechen sucht. Reifere Erfahrung lehrt erst, jene
Unverhältnißmäßigkeit der Gegenstände zu vermeiden und
die Aufspürung des Einfachsten und Höchsten der Welt-
weisheit zu überlassen. Der ältere Dichter steigt nicht höher,
als er es gerade nöthig hat, um seinen mannigfaltigen
Vorrath in eine leichtfaßliche Ordnung zu stellen, und hütet
sich wohl, die Mannigfaltigkeit zu verlassen, die ihm Stoff
genug und auch die nöthigen Vergleichungspunkte darbietet.
Ich möchte fast sagen, das Chaos muß in jeder Dichtung
durch den regelmäßigen Flor der Ordnung schimmern. Die
beste Poesie liegt uns ganze nahe, und ein gewöhnlicher
Gegenstand ist nicht selten ihr liebster Stoff."

Wie erstaunlich gut hat Novalis hier Goethe's Sinn
getroffen, der im Alter seinen Grundsatz der Beschränkung,
und daß der Dichter überschwengliche Gegenstände vermeiden
solle, so weit trieb, daß er jungen Poesiebeflissenen, die sich
um Rath bittend an ihn wandten, empfahl, den Hopfenbau
und das Weberhandwerk zu besingen; wobei freilich ein
wenig Ironie unter gelaufen sein mag. Von diesem selben
Punkte geht nun aber auch die Auflehnung der Romantiker
gegen Goethe aus. In dem angeführten Gespräch zwischen
Heinrich v. Ofterdingen und Klingsohr läßt Novalis seinen
Heinrich sagen: „Eben in dieser Freude, das, was außer
der Welt ist, in ihr zu offenbaren, das thun zu können,
was eigentlich der ursprüngliche Trieb unsres Daseins ist,
liegt der Ursprung der Poesie." Wenn nun alle Poesie
nichts andres ist als der Drang, sich zu äußern, dieser
Drang, der das Ding an sich treibt, Erscheinung zu werden,
oder Gott treibt, in der Natur sich darzustellen, die den
Menschen treibt, sich von seinem Mittelpunkt aus eine Welt
zu schaffen, eine, in der er selbst Gott ist, giebt es dann
etwas, das zu gewaltig wäre, um sich der Mittheilung zu

entziehen? Was ist nicht in einem Ich enthalten oder was
kann wenigstens nicht darin enthalten sein! Auch hatte
Klingsohr gesagt, nicht in der Poesie selbst liege der Grund,
daß nicht alle Gegenstände durch die Poesie darstellbar seien,
sondern in den irdischen Mitteln und Werkzeugen. Aehnlich
wie Kant gesagt hatte, es gebe wohl ein Ding an sich,
aber unser irdisches Erkennen könne nicht zu ihm dringen.
Gegen Beides erhoben sich die Romantiker, indem sie nicht
in einem unbestimmten Rausche von Begeisterung, sondern
besonnen und offenen Auges sagten: unser Bewußtsein umfaßt nicht die Welt, durchdringt nicht die Welt, aber es
wird sie umfassen und eins mit ihr werden. Die Poesie
kann das Unendliche nicht darstellen, aber sie soll es lernen,
sie soll dazu erwachsen. Darum nannte Friedrich Schlegel
die romantische Poesie eine Universalpoesie. Goethe hatte
er seines griechischen Künstlerthums ungeachtet keineswegs
davon ausgeschlossen. Seine Kunst, sagte er, sei durchaus
progressiv: sie enthalte den Keim eines ewigen Fortschreitens.
Damit war aber schon ausgesprochen, daß sie überholt
werden könne, daß sie noch nicht die vollendete Krone der
Poesie sei. Es war nur folgerichtig, daß die Romantiker
zwar Goethe als Vorbild aufstellten und als Bürgen, daß
eine Verschmelzung von charakteristischer und klassischer
Poesie möglich sei, zugleich aber betonten, wie Vieles dem
künftigen Dichter noch zu erreichen bleibe. Man braucht
sich nur vorzustellen, daß das Schönste von Allem, was
Goethe auf verschiedenen Lebensstufen dichtete, in einem
Werke vereinigt sei, etwa die unermeßliche Fülle Faust's mit
der edlen Rundung von Hermann und Dorothea, um ein
Bild zu gewinnen, wie Goethe noch übertroffen werden könnte.

Besonders als Goethe, da der höchste Gipfel immer nur
ein Punkt ist, anfing, sich dem Klassischen auf Kosten des

Modernen zuzuneigen, hielten sie mit ihrer unbedingten Be=
wunderung inne; was sie um so eher thun konnten, als des
Meisters Größe, zum Theil durch ihr eigenes Bemühen,
unerschütterlich in der Geschichte festgestellt worden war.
Sie vermißten allzu sehr das Dionysische, die unabsehbare
Unendlichkeit, worin seines Faust unvergleichlicher Zauber
liegt. Seine Harmonie hatte er, ihrer Meinung nach, zu
theuer erkauft.

Schon in einer seiner frühesten Abhandlungen sagt
Friedrich Schlegel: „Goethe schwelgt viel zu sehr im Genusse
seines vollendet schönen Selbst, als das er die schreiende
Härte und empörende Nacktheit des zu aufrichtigen Shake=
speare ertragen könnte. Wie Goethe den Werther schrieb,
da ersetzte jener Mangel die Jugend, ihre wehmüthigen
Ahnungen, ihre weissagenden Thränen. Nachher ließ ihn
das Geschick, zu nachsichtig mit seinem Genius, allein." Da
ist schon der Keim aller der Klagen über Goethe's un=
empfindliche Kälte, mit denen ein späteres Geschlecht die
einseitigen und maßlosen Goethe-Verehrer angriff. Wie
unendlich viel neue Töne noch angeschlagen werden konnten,
wie viele die Romantiker selbst schon angeschlagen haben,
wer möchte sich auch davor verschließen. Novalis, der
Goethe's Bild in Klingsohr-Gestalt mit so viel Liebe ge=
zeichnet hatte, wandte sich mit bewußter Entschiedenheit von
ihm ab. Er dachte daran, eine Rezension über Wilhelm
Meister zu schreiben, die ein Gegenstück zu der Friedrich's
werden sollte. Dies Buch, das er fast auswendig wußte,
aus dem er immer noch lernte, war ihm dennoch verhaßt
geworden. Er fand es durchaus anti-poetisch. Mit Stoff
und Läppchen sei der Garten der Poesie darin nachgemacht.
An Tieck schrieb er von der Kunst, mit der im Meister die
Poesie durch sich selber vernichtet wird, „und während sie

im Hintergrunde scheitert, die Oekonomie sicher auf festem Grund und Boden mit ihren Freunden sich gütlich thut und achselzuckend nach dem Meere sieht." Der Ausspruch von Novalis: „Goethe wird und muß übertroffen werden — aber nur wie die Alten übertroffen werden können — an Gehalt und Kraft, an Mannigfaltigkeit und Tiefsinn", liegt eigentlich schon eingeschlossen in jenem früheren: „Goethe ist jetzt der wahre Statthalter des poetischen Geistes auf Erden"; denn der Statthalter des Geistes ist doch nicht der Geist selbst, so wenig wie der Papst Gott ist, der eben dadurch, daß er sich göttliche Rechte anmaßte, die Menschheit trieb, zu protestiren.

Dasselbe, was die Romantiker an Goethe vermißten, machte, daß er seinerseits ihre Werke unterschätzte. Man weiß, wie verständnißlos er einem Genius wie Kleist gegenüber stand. Auch diese, denen er persönlich wohlwollte, hielt er im Ganzen, soweit sie als Dichter auftraten, vorsichtig von sich entfernt; zum Theil waren die gelinden Urtheile, die er zurückhaltend fällte, verhüllte Verurtheilungen. Zweifellos hatte Goethe recht, wenn er die Dichtungen dieser Romantiker als solche verwarf. Das Wort Poet kommt von dem griechischen ποιεῖν = machen, es ist also billig, wenn man den Titel Poet denjenigen versagt, die sich auf nichts schlechter verstehen als eben auf das Machen. Davon ist aber die dichterische Empfindung, der Geist, der nur nicht zur Gestaltung kommt, zu unterscheiden. Und wo es sich darum handelte, verhielt sich Goethe gern empfangend und anerkennend. Calderon und andre südliche Dichter, die orientalischen lernte er durch die Romantiker kennen. Die jungen Feldherren führten ihren König durch alle die Länder, die sie für ihn erobert hatten. Und wie wußte sein universaler Geist solche Anregungen zu verwerthen! Der roman-

tischen Philosophie vollends war er nicht nur geneigt, sondern
er bewillkommnete sie aus erfreutem Herzen. „Seitdem ich
mich von der hergebrachten Art der Naturforschung losgerissen", schrieb Goethe im Jahre 1800 an Schelling, „und
wie eine Monade, in mich selbst zurückgewiesen, in der
geistigen Region der Wissenschaft umherschweben mußte, habe
ich selten hier- oder dorthin einen Zug verspürt: zu Ihrer
Lehre ist er entschieden. Ich wünsche eine völlige Vereinigung." Und beinah rührend klingt es, wenn dieser
große Dichter und Denker von dem jungen Schelling sagte:
„Ich kann ihm nicht ganz folgen, aber es ist mir klar, er
ist bestimmt, eine neue geistige Epoche in der Geschichte ein-
zuleiten." Eine ähnlich bescheiden anerkennende Aeußerung
machte Goethe über den großen Mystiker Franz Baader,
über den er an Schiller schrieb, daß seine Schriften ihm
sehr wohl behagten, wenn er auch freilich mit seinen Organen
nicht Alles darin zu packen wisse.

Wäre Baader mit dem Anspruch aufgetreten, ein Künstler
zu sein, würde Goethe ihn noch vielmehr als die übrigen
Romantiker nicht ohne Geringschätzung haben fallen lassen;
so aber erkannte er in ihm eine ihm selber unzugängliche
Macht an. Baader hat selbst einmal gesagt, an genialischem
Unbewußtsein könne es der Philosoph dem Dichter recht
wohl streitig machen. Eben dies genialische Unbewußtsein,
die wuchernde vegetative Ueppigkeit, die an Baader so sehr
überrascht, wirkte nicht in Goethe's Bewußtsein; nur seine
Jugend war das Alkahest gewesen, das diesen Stein der
Weisen vorübergehend gelöst und ihm dionysische Trunkenheit
gewährt hatte. Später lag er in seinem Unterbewußtsein
als gründende Kraft und machte ihn zu dem klassischen
Dichter, der er sonst nicht hätte sein können. Denn eine
Seele, die soviel bindende Gewalt hätte, um die extremsten

Elemente, die in der Natur möglich sind, überschwellendes Chaos und strengsten Geist der Ordnung in eine harmonische Einheit zu fassen, ist noch ein Ideal der Zukunft. Im zweiten Teil des Faust hat Goethe noch einmal versucht, eben so sehr „göttlicher Dichter" wie „vollendeter Künstler" zu sein. Wie wunderbar ist es, daß diese letzte Dichtung, die das Ungeheure versucht, mit den Worten schließt: „Das Ewig=Weibliche zieht uns hinan." Denn das Ewig=Weibliche ist ja das Prinzip der Erlösung, nämlich das Bewußt= werden des Unbewußten, die unendliche Revolution, die Eva einleitete, als sie den Apfel der Erkenntniß pflückte. Mag Goethe sich dessen bewußt gewesen sein oder nicht, dies vielfach so gedankenlos gebrauchte Wort hat denselben Sinn wie das „Mehr Licht", das dem Sterbenden in den Mund gelegt wurde. Nichts beweist Goethe's menschliche Größe mehr, als daß er sich nach höheren Stufen sehnte und an sie glaubte.

Leben.

Ist denn Krieg von Liebe so unzertrennlich auf Erden?
Giebt es kein ruhiges Glück und keine glückliche Ruh'?
Nein, denn siehe die Erde, die gleichen Muthes am Himmel
Zwischen Venus und Mars wandelt die stürmische Bahn.
Schaffend, der Erde gleich, du Erdgeborner, bewege
Unverdrossen denn auch dich zwischen Liebe und Krieg.

Schelling.

Sagt, wer sind auf jenen Matten,
Wo so manche Blumen blüh'n,
Die verwandten stillen Schatten,
Die in holder Eintracht zieh'n?
Schmerz und Leben heißen beide,
Beide sind sich nah verwandt,
Manchmal grüßet sie die Freude, ·
Und das Leben reicht die Hand.
Aber dann tritt Schmerz dazwischen,
Schnell entflieht dann zu den Büschen
Freude, sie verbirgt sich in dem tiefsten Hain —
Schmerz und Leben bleiben stets allein.

Tieck.

„Grünsammtne Teppiche die Berge hinan, mit Veilchen, Schlüsselblumen und Primeln gestickt und lauter wohlriechenden Kräutern durchwirkt; alle Bäume in der glorreichsten Blüthe; Flieder und Maiblumen in dicken Haufen; eine Art Weide, die wie Orangen riecht, steht allenthalben auf allen Wiesen und Bergen. Der lebhaft rauschende Fluß, wie ein Spiegel hell; warm vom Morgen bis wieder zum Morgen; eine Luft, die sich weich, lau und blau um einen her lagert und auf den Bergen wie eine Decke ruht — so sieht der Frühling in Jena aus." Und als ebenso friedlich und freundlich schildert Dorothea das Leben der Bewohner.

Während es sonst in Universitätsstädten so zuzugehen pflege, daß zarte Damen ihren Aufenthalt dort nicht zu nehmen wagten, nähme in Jena der Humanitätston überhand und man könne im Gebirge stundenweit allein spaziren gehen. Das Militair und die Kaufmannschaft in Berlin seien roh gegen die Jenenser Studenten: man höre überall von Wilhelm Meister, der Transcendentalphilosophie und von Sylbenmaßen sprechen, dazu aus jedem Hause Guitarren und Geigen.

Während die Völker Europas gegen einander in Waffen standen und Schwertergetöse und Kriegsgeschrei sich wie eine mordende Lawine von Land zu Land wälzte, kämpften über diesen sanften Hügeln das alte und das neue Jahrhundert eine Geisterschlacht.

Als Wilhelm und Karoline, neuvermählt, im Sommer 1796 von Gotha kommend in Jena einzogen, wo Wilhelm Professor geworden war, fürchtete er, die Felsen am Eingange möchten sie abschrecken. „Aber ich sah nichts", schreibt Karoline an ihre Freundin Luise Gotter, „als das Gute und Angenehme und bin schon mit diesem romantischen Thale ganz befreundet." Wie ein trojanisches Pferd war dieser Hochzeits=Reisewagen, der die ersten Umstürzler in die ahnungslose Stadt führte; geräuschlos nisteten sie sich ein, um den Einzug der Hülfstruppen vorzubereiten. Ein vornehmes Haupt der neuen Zeit fanden sie freilich schon vor: Fichte.

Als der junge Norweger Steffens im Sommer 1798 nach Jena kam, hörte er nach einander die bedeutendsten Professoren der Philosophie sprechen: Schelling, das neue Gestirn, und Fichte, der schon auf seinem festgegründeten Ruhme thronte. Er eröffnete damals grade seine Vor=lesungen über die Bestimmung des Menschen. Schon die

kurze, stämmige Gestalt, die schneidenden, gebietenden Züge
imponirten. Auch seine Sprache war von schneidender
Schärfe. Obwohl er sich alle Mühe gab, zu beweisen, was
er sagte, hatte seine Rede doch etwas an sich, als wolle er
durch einen Befehl, dem man unbedingten Gehorsam schuldig
sei, jeden Zweifel entfernen. „Meine Herren", sagte er,
„fassen Sie sich zusammen, gehen Sie in sich ein, es ist
hier von keinem Aeußeren die Rede, sondern lediglich von
uns selbst." Alle veränderten die Stellung, richteten sich
auf oder sanken in sich zusammen. Eine große Spannung
herrschte. „Meine Herren, denken Sie die Wand." Alle
dachten die Wand. „Haben Sie die Wand gedacht? Nun,
meine Herren, so denken Sie denjenigen, der die Wand
gedacht hat." Die Verwirrung und Verlegenheit, die dies
zweite Ansinnen hervorrief, war, wie Steffens erzählt, sehr
ergötzlich zu beobachten. Im Ganzen hatte der Vortrag
durch seine bestimmte Klarheit etwas Hinreißendes, wie man
es nicht leicht ähnlich finden konnte.

Eine merkwürdige Figur spielte der eiserne Fichte unter
den geschmeidigen, üppigen, tollen Romantikern. Wie Vögel
eine Vogelscheuche umflattern, etwas scheu, etwas ehrfürchtig,
etwas neugierig und etwas muthwillig waren sie um ihn
her. Sie hätten ihn gern einmal aus seiner strengen Un=
beweglichkeit herausgeneckt, wovon sie selbst ergötzliche Bei=
spiele erzählen. Steffens wollte ihn durchaus davon über=
zeugen, daß eine Lüge unter Umständen zu rechtfertigen,
sogar moralischer als die Wahrheit sei; denn Fichte hatte
behauptet, unter keiner Bedingung dürfe man die Unwahr=
heit sagen. Steffens setzte nun folgenden Fall: Eine Wöch=
nerin ist sehr krank. Ihr Kind stirbt. Sie fragt nach dem
Kinde. Was soll man ihr sagen, da man weiß, daß jede
Aufregung sie augenblicklich tödten kann? Sie soll mit

ihren Fragen abgewiesen werden, entscheidet Fichte ungerührt. Steffens: Das heißt auf das Bestimmteste antworten, ihr Kind sei todt. Ich würde lügen, und ich nenne ganz entschieden diese Lüge eine Wahrheit, meine Wahrheit. Was? rief nun Fichte entrüstet: Meine Wahrheit? Eine solche, die dem einzelnen Menschen gehört, giebt es nicht. Stirbt die Frau an der Wahrheit, so soll sie sterben.

Vollends ohne jedes Verständniß für einander waren Fichte und Tieck, der Dämmerungsdichter und der Philosoph der unerbittlich schneidenden Tageshelle. Wenn Tieck philosophiren wollte, verwies ihn Fichte gutmüthig ungeduldig auf seine Poesie. Aber ungeachtet er ohne Sinn für die Romantik war, betrachteten sie ihn gern als den Ihrigen, weil sie den Helden der guten Sache in ihm ehrten. Als im Beginn des Jahres 1799 der Atheismusstreit losbrach, nahmen sie unerschrocken seine Partei. Von Allen, die sich bei Hofe beliebt machen wollten, von allen Professoren, die Fichte überglänzt hatte — denn er hatte weitaus die meisten Zuhörer —, wurde er verlassen und gemieden. Diejenigen, die nicht wohl anders konnten, als ihm in der Sache Recht geben, schrieen über seine Dreistigkeit und Unbesonnenheit. Seine unerschütterliche Redlichkeit, meinte Karoline, habe Hof und Universität oft in Verlegenheit gesetzt. Die Studenten wandten sich mit Bittschriften nach Weimar — Steffens, der Bewegliche, Begeisterte hatte auch Unterschriften gesammelt —, aber vergeblich. Daß Goethe diese feige Ungerechtigkeit geschehen ließ, schmerzte seine Jünger; sie wollten Verlegenheit an ihm bemerken, wenn von dem Handel die Rede war. „Der wackere Fichte streitet eigentlich für uns Alle", schrieb Wilhelm, „und wenn er unterliegt, so sind die Scheiterhaufen wieder ganz nahe herbeigekommen." Er, der sonst Vorsichtige — namentlich

wenn es galt, Goethe zu schonen — suchte seinem Bruder
Friedrich, der damals noch in Berlin war, kriegerische
Stimmung einzuflößen. Dem kochte denn auch schon eine
Broschüre im Leibe, wie er sich ausdrückte, worin er bescheiden darthun wollte, Fichte's Verdienst bestehe eben darin,
daß er die Religion entdeckt habe. Zwar kam diese Schrift
nicht zu Stande. An Wilhelm schrieb er aber: „Nicht bloß
Atheisten sind die Gegner [Fichte's], sondern positive Diener
des Satans, gegen die in Deutschland jeder Schriftsteller
ein geborener Soldat ist."

Fichte wußte denn diese furchtlose Freundschaft damals
auch wohl zu schätzen. In Berlin, wo er Zuflucht fand,
verkehrte er viel mit Friedrich und Dorothea und sprach
den Wunsch aus, daß Wilhelm, Karoline und Schelling
auch dorthin kämen, damit sie zusammen eine Familie bildeten.

„Nächst dem Atheismus", schrieb Karoline am 4. Februar
1799 an Novalis, „ist hier das neueste Evenement die Aufführung des ersten Theiles von Wallenstein „die Piccolomini"
in Weimar. Im Oktober des vorhergehenden Jahres war
das Lager zuerst in Scene gegangen. Ganz Jena machte
sich auf, um diesem Ereigniß beizuwohnen. Beim Lager
war das Romantikerhäuflein fröhlich zusammen; Fichte
nöthigte nach der Vorstellung Karolinen vier Gläser Champagner auf. Wilhelm blieb in Weimar; Schelling fuhr an
seiner Stelle in der Nacht mit ihr zurück. Bei der Erst-
aufführung der Piccolomini blieben Schelling und Karoline
in Jena. Nachher versammelte man sich bei Karoline und
tauschte die empfangenen Eindrücke aus. Obwohl der correkte
Wilhelm zu mildern suchte, zeigte sich doch die Antipathie
gegen Schiller: das Endurtheil über die wundervolle Dichtung, die man allerdings nur als Bruchstück kennen gelernt
hatte, war verneinend.

Das Theaterspielen war eine gesellige Leidenschaft. Das beste Beispiel dafür erzählt Tieck, wie nämlich sogar der alte Nicolai von dieser Wuth ergriffen wurde. Da Tieck ihn einstmals besuchte, fand er ihn zu seinem Erstaunen mit seinem Sohne und einem andern Herrn in einer verzartigen, pathetischen, Schillerisch declamirenden Unterhaltung begriffen, deren Sinn ihm im ersten Augenblick unfaßbar war; allmälig begriff er, daß sie eine Scene zu Don Carlos improvisirten, wobei Nicolai den König, sein Sohn den Marquis, und der dritte den Carlos auf sich genommen hatte. Auch in Jena war „alleweil von nichts als Theater die Rede", wie Karoline schrieb. Steffens und Tieck waren von Jugend auf an's Theaterspielen gewöhnt, auch Karoline hatte Neigung dazu. Bei einer Aufführung von Goethe's Stella im Schütz= schen Hause wählte sie sich die Rolle der Cäcilie. Auch Sophie Mereau, die spätere Gattin Brentano's, wirkte mit. In einem seiner allerliebsten Briefe an die kleine Auguste, die auf Besuch im Hause des Malers Tischbein war, schrieb Friedrich: „Wenn du wieder da bist, wollen wir auch etwas agiren, etwas wie das Stück, von dem du schreibst. Du machst die schöne, aber treulose Angelika, Tieck den kleinen beglückten Schäfer Medoro, Schelling den rasenden Paladin, Orlando den Wüthigen, ich Kaiser Karl den Großen und Wilhelm den edlen Vetter Rinaldo's v. Montalban." Wie sieht man sie vor sich in diesem Kostüm: die liebreizende, verwöhnte, ein wenig kokette Kleine, die der Briefsteller hier gleichsam mit ihrer Mutter in Eins zu fassen scheint, den anmuthigen Tieck, den ungestümen Schelling, Friedrich selbst voller Würde und Heiligkeit und Wilhelm, den correcten, ritterlichen. Wenn nicht Theater gespielt wurde, wurde Theater gelesen. Wilhelm las seine neuen Uebersetzungen der Shakespeare'schen Dramen vor, Tieck mit Vorliebe Holberg,

den er gleichsam neu entdeckt hatte. Tieck, dessen Vorlesungen
in späteren Jahren eine beinahe europäische Berühmtheit
hatten, las genialer. Vorzüglich wurde sein Vortrag be=
wundert, wenn er etwas improvisirte. Steffens war einmal
in Dresden zu Besuch bei ihm, als gerade der Geburtstag
seiner Frau gefeiert wurde. In besonders guter Laune
kündigte er an, daß er ein Schauspiel darstellen und dabei
selbst sämmtliche Rollen übernehmen wolle, Steffens möge
ihm einen Gegenstand aufgeben, von dem die Komödie
handeln solle. Steffens bestimmte, es solle in dem Stück
Jemand auftreten, der der Liebhaber und ein Orang=Utang
in einer Person wäre. Nach einer halben Stunde erschien
Tieck vor seinem Publikum und trug zunächst einen Prolog
vor, der die Zuschauer an den Hafen einer großen Seestadt
versetzte. Dann entwickelte sich die Handlung, die kurz darin
bestand, daß ein eigensinniger Raritäten= und Naturalien-
Sammler, Anhänger der aufgeklärten Bildung, der seiner
Tochter Hand ihrem Geliebten verweigert, dadurch überlistet
wird, daß ein gerade aus Afrika zurückkehrender Freund den
trostlosen Anbeter als gebildeten Orang=Utang bei ihm ein=
führt. Eine Erziehungsanstalt in Sierra Leona habe sich
die Aufgabe gestellt, nicht nur den sogenannten Menschen,
sondern auch gewisse Thiere, die sich nach Ansicht verschiedener Gelehrten dazu eigneten, zu edeln und verständigen
Wesen heranzubilden; sie habe bereits merkwürdige Erfolge
erzielt, wovon er einen Beweis mitgebracht habe. Der ver-
stellte Orang=Utang giebt die Höhe seiner Bildung durch
häufiges Hersagen sentimentaler und moralischer Plattheiten
zu erkennen, die den Vater entzücken, so daß er sich über-
reden läßt, ihm seine Tochter zur Frau zu geben. Noch
nach vielen Jahren erinnerte sich Steffens mit Vergnügen,
wie sprühend von Scherz und Witz diese lecke Improvisation

gewesen sei und mit welcher staunenerregenden Beweglichkeit und schauspielerischen Kunst Tieck sie vorgeführt habe.

So nahe die Gefahr auch lag, wo mehrere begabte Menschen dieselben Ziele verfolgen, und so viel Zank es auch in dieser „Republik von lauter Despoten" gab, herrschte doch eigentliche Eifersucht nicht. Im Gegentheil freute sich Jeder der Vorzüge des Andern, was hauptsächlich Friedrich's Verdienst war. Es spielte gleichsam Jeder seine Rolle oder sein Instrument, und man war stolz, daß das Concert gut besetzt und wohltönend war. Tieck war besonders „des Witzes buntes Füllhorn eigen". Auch hierin wetteiferte er mit Wilhelm. Es ist ein reizendes Bild, das uns die beiden Frauen, Karoline und Dorothea, aufgezeichnet haben, wie Wilhelm und Tieck zusammen ein Rache-Sonett gegen Merkel schmiedeten. Merkel war einer der vielen kläffenden Feinde, die im Grunde einer Antwort nicht werth waren. Es bezeichnet ihn, daß er, um darzuthun, daß Schiller's Poesie schöner sei als Goethe's, Gedichte von beiden in Prosa auflöste und dann zeigte, daß diejenigen Schiller's nach der Operation ebenso klar, verständig und poetisch seien wie vorher; was bei denen Goethe's nicht der Fall sei. Einmal sollte er nun doch einen Denkzettel haben, und so entstand das geharnischte Sonett:

> Ein Knecht hast für die Knechte du geschrieben,
> Ein Samojede für die Samojeden.

„Es war ein Fest, mit anzusehen, wie beider braune Augen gegen einander Funken sprühten und mit welcher ausgelassenen Lustigkeit diese gerechte Malice begangen wurde. Die Veit und ich lagen fast auf der Erde dabei. Die Veit kann recht lachen. . . ."

Friedrich, der „tiefe Freund", saß wie ein gewaltiger Felsblock im Wellengekräusel unter den Uebermüthigen, dachte

und träumte und äußerte von Zeit zu Zeit seine pythischen
Offenbarungen — Stoff zu Gesprächen, Disputen und
Abhandlungen. Steffens erzählt, es sei Friedrich, während
er tief sinnend im Stuhle gesessen habe, folgende Geberde
eigenthümlich gewesen: er habe mit Daumen und Zeigefinger
die Stirn umfaßt, diese Finger langsam gegen einander be-
bewegt bis zwischen die Augen, dann ebenso langsam über
die schön geformte Nase und endlich über die Nase hinaus
in die Luft. So, die Finger vor der Nase, hatte Tieck ihn
auf einer kleinen Karrikatur gezeichnet, den überschnellen,
unruhigen Steffens vor ihm, mit Händen und Füßen heftig
gestikulirend. Im Gespräch war Friedrich ebenso unerschöpflich witzig wie Wilhelm und Tieck, und man mag es
am Ende begreifen, daß Karoline's Mutter, eine alte, gräm-
liche Professorenwittwe, ihr frei erklärte, sie werde sie nicht
wieder besuchen, da sie den vielen Witz nicht vertragen
könne — wie man Erbsen und Linsen nicht verträgt, setzte
Karoline hinzu. Auch die 14jährige Auguste lernte Italienisch
und Griechisch bei Wilhelm oder dem „heiligen, in Gott
andächtigen Vater Fritz". Seltsam muß es gewesen sein,
das Prinzeßchen, dem Spielen und Lachen das Allerliebste war, das mit süßem Wohllaut der Stimme singen
konnte, nachdenklich über Faust und Nathan den Weisen
schwatzen zu hören. Dem kleinen Philipp, Dorothea's
Sohn aus ihrer ersten Ehe, den sie nach Jena mitgenommen
hatte, träumte es einmal, während Friedrich verreist war,
Friedrich kehre zurück und deshalb sei ganz Jena in Auf-
ruhr. Zum Willkommen sei die Stadt in der Weise ge-
schmückt, daß alle Häuser und Bäume mit vielen Bildern
von „alten, gelehrten Leuten" behängt seien, unter ihnen
Cervantes und Meister. Meister hatte einen runden Hut
mit goldener Schnur, einen rothen Schleier und einen kleinen

Säbel getragen, Cervantes einen dreieckigen Hut mit goldenen
Klunkern, gleichfalls einen rothen Schleier, eine eiserne
Rüstung und einen langen Säbel. Man sieht daraus, was
für Worte als tägliche Speise um den kleinen Kopf herum-
schwirrten.

Die einzige Arbeit, der Friedrich sich unterzog, war das
Dichten, das er bei seinem Bruder lernte. Er trachtete
darnach, allmälig alle Versmaße in seine Gewalt zu bekommen. Dorothea hatte, um ihren Florentin romantisch
auszustatten, einige wohlgelungene Stanzen verfertigt und
dadurch eine wahre Stanzen-Wuth und -Gluth, wie sie selbst
sagt, über das Haus gebracht. Damals mag jener pathe-
tische Strom Schelling'scher Stanzen entstanden sein, in
denen er das Geheimniß seiner verhängnißvollen Leidenschaft für Karoline stolz verräth:

> Als in der ernsten frühen Weihestunde
> Aus freiem Trieb das Heil'ge ich erwählt,
> Hat auch ein Gott zu ewig schönem Bunde
> Auf ewig dich mit meinem Geist vermählt.
> Wenn auch von unsrer Lieb' die süße Kunde
> Kein weiches Lied der künft'gen Welt erzählt,
> Doch wird aus des Gedichtes dunkeln Chiffern
> Sie das Geheimniß unsrer Lieb' entziffern.

> Was sorgsam wir dem Aug' der Welt verborgen,
> Das Glück, das nur die Unsichtbaren seh'n,
> Wird an des künft'gen Tages schönem Morgen
> Aus dem Geheimniß glorreich aufersteh'n.
> Begierig seh' ich späte Zeiten horchen
> Der Melodie, die nimmer kann vergeh'n,
> Denn mit des Weltalls ew'gen Harmonieen
> Wird dieses Lied zur fernen Nachwelt ziehen.

Die wunderwürdigsten Verse machte aber nach Dorothea's Meinung Friedrich, der, sowie er einen vollendet

hatte, damit in ihr Zimmer kam, ihn ihr vorlas und in
heftigen Zorn gerieth, wenn sie, was begreiflicher Weise
meistens der Fall war, den Sinn nicht sogleich begriff.
Außerdem hatte fast ein Jeder seinen Roman vor, Wilhelm
anstatt dessen seine Shakespeare=Uebersetzung, wobei Karoline
so mitarbeitete, daß sie oft den ganzen Tag nicht von seinem
Schreibtisch weg kam. Uebrigens vermied es Karoline, als
schriftstellernd zu erscheinen; sie habe das Vorurtheil, sagte
Friedrich, das einzige, sich vor dem Schein der Unweib=
lichkeit zu fürchten.

Dem Kreise zugewandt war der Hamburger Gries, klein,
mit südlichgelber Gesichtsfarbe, lebhaft und freundlich aus
kleinen Augen blickend; so schildert ihn Steffens. Peinliche
Ordnung, Sauberkeit, ja Eleganz herrschte in seinem Zimmer.
Er sprach leise und drückte sich zierlich aus. Seine mit den
Jahren immer zunehmende Taubheit erschwerte die Unterhaltung; wegen seines altjüngferlichen Wesens hatte man
ihn ein wenig zum Besten. Aber mit seiner Uebersetzung
des Tasso und Calderon brachte er doch eine Menge neuer
Anregungen in den Kreis. Wilhelm, der zuerst auf die
südlichen Dichter aufmerksam gemacht hatte, nahm lebhaften
Antheil daran, allerdings nicht ohne sich seiner Ueberlegenheit
im Uebersetzen bewußt zu sein. Die Entdeckung Calderon's
machte Epoche unter den Romantikern. Der stürmische
Schelling stellte ihn sogleich über Shakespeare; hier sei die
innigste Vereinigung des Antiken und Romantischen zu finden.

Wie der Föhnsturm, der sich in den Bergen so plötzlich,
stark und warm erhebt, wirkte Schelling's Eintritt in den
Kreis der Romantiker. Auf dem Katheder erschien er nicht
wie ein Professor, sondern wie ein französischer General;
er sprach, wie wenn er etwas nicht sehr Wichtiges schnell
und nachlässig mittheilte. Das trotzige Gesicht, roh, edel

und kraftvoll mit den breiten Backenknochen und der etwas
aufgeworfenen Nase, die klaren, mächtigen Augen, Alles
wirkte beherrschend. Als Steffens seine erste Vorlesung
über Naturphilosophie hörte, die neue, seine Philosophie,
wo er von der Nothwendigkeit sprach, die Natur aus ihrer
Einheit zu fassen, hatte er den Eindruck, als stehe der
24jährige junge Mann muthig dem ganzen Heere der ohn-
mächtig werdenden alten Zeit gegenüber, das sich, etwas
polternd und schimpfend zwar, doch scheu vor ihm zurück-
ziehe. Als er einmal sagte, er wolle sich einmauern, um
ununterbrochen zu arbeiten, fand Karoline, er sei eher ein
Mensch, um Mauern zu durchbrechen. Als Mineral betrachtet, sagte sie, sei er echter Granit, eine Urnatur. Seine
Gegenwart konnte durch ihre Macht fast erschrecken. Alle
die weiblich empfänglichen Männer mit ihrer Reizbarkeit,
ihren unendlich vielen, unendlich verfeinerten Ideen, empfanden zunächst freudig erstaunt und willig die Uebermacht
seiner beschränkteren Männlichkeit. Auch Fichte war mit ihm
einverstanden. Er erkannte an, daß wenn sein Gang systematischer, der Schelling's genialer sei. Das ihm angeborene
Gefühl, Alles zu können, was er wollte, gab ihm etwas
Siegreiches. Zweifel kamen ihm nicht. Vertrauend, über-
schwenglich hingebend gegen seine Freunde, haßte er blindlings und rücksichtslos, die er für seine Feinde hielt. Widersetzlichkeit, die auf vollkommener Verständnißlosigkeit seiner
naturphilosophischen Grundideen beruhte, vertrug er nicht.
Aber wenn man deren Richtigkeit zugab und auf ihn einging, war er nicht anspruchsvoll und ließ auch andre gelten.
Ueberhaupt imponirte ihm die weltmännische Gewandtheit der
umfassenden romantischen Geister. Sie hatten ein reicheres,
feineres Seelenleben als er, sie waren ihm voran in der
Kultur, und er konnte viel von ihnen lernen. Das wollte

er auch. Es schien ihm unmöglich, daß es etwas gäbe, wovon er nicht verstehen sollte. So warf er sich zunächst auf das Dichten. An seinem Geist fiel der poetische Schwung auf, ohne daß er deshalb ein Dichter gewesen wäre; er producierte leicht, jedoch „aus dem Innersten reden" wie die Romantiker konnte er nicht. Aber eben diese Produktionslust und -Kraft machte, daß er überzeugt war, es könne ihm nicht fehlen, wenn er nur wie die übrigen bei Wilhelm in die Schule ginge, um das Technische des Versemachens zu bewältigen. Steffens hatte einen Erzählungs= stoff aus seiner nordischen Heimath mitgebracht, der viel Anklang fand: die Geschichte des Pfarrers von Drottning. Ganz einsam in der Nähe eines untergegangenen Dorfes lebt der Pfarrer. Zu ihm kommen bei Nacht eben gelandete Fremde und zwingen ihn, in der nahen, vom Flugsand fast verschütteten Kirche eine Trauung zu vollziehen. Nachdem die Handlung vollendet ist, drängen sie ihn aus der Kirche. Schnell schifft das ganze Volk, das eine unbekannte Sprache redet, sich wieder ein und segelt ab. Die Braut findet man in der Kirche ermordet. Als die Gespenstergeschichten anfingen Mode zu werden, meinte Karoline, sie könnten sich alle mit dem Pfarrer von Drottning nicht messen: „nach der Geschichte können sich zehn Teufel auf's Grab setzen und locken keinem Christenmenschen ein Kreuz ab." Steffens bearbeitete den Stoff dramatisch, Schelling in Terzinen.

Mit Karoline zusammen lernte Schelling beim „heiligen Friedrich" Italienisch. Er war ein tüchtiger Schüler; wenn er einmal für etwas Sinn habe, sagte Friedrich, sei es un= bändig viel. Uebrigens war Friedrich ihm nicht günstig. Die Eifersucht auf Karoline's offenkundige Zuneigung und Bewunderung war wohl nicht die geringste Ursache. „Wo

wird Schelling, der Granit, eine Granitin finden?" hatte er
auf Karoline's Vergleich geantwortet; wenigstens müsse sie
doch von Basalt sein. Dann schlug er die Rahel vor, auf
die er Eindruck gemacht habe. Augenscheinlich wollte er den
gefährlichen Eindringling so bald wie möglich unschädlich
machen.

In der Gesellschaft machte Steffens mehr Glück als
Schelling. Schelling war schweigsam; er konnte nur harm-
los lustig sein und kindlichen Unsinn treiben oder sich ernst
und gründlich unterhalten. Für das Geistreiche oder gar
Ironische hatte er kein Organ — er besaß keine Urbanität
und Liberalität, würde Friedrich gesagt haben. Steffens,
den die Sehnsucht nach der herrlichen neuen Bildung nach
Deutschland gezogen hatte, wollte Alles sehen, kennen lernen,
mitmachen, genießen. Er war wie ein Bewohner einer
dumpfen Fabrikstadt, der einen Ferientag benutzen muß, um
auf ein ganzes Jahr Bergluft einzusaugen. Seine Empfänglichkeit und Anpassungsfähigkeit waren ohne Grenzen. Sein
Blut war so feurig, daß er für gewöhnlich die Temperatur
leichten Fiebers hatte. In strengster Winterkälte ging er
einmal zu Fuß von Freiberg nach Dresden in Sommer-
kleidung, ohne daß es ihm zu kalt geworden wäre.

Freiberg mit seinen Bergwerken und seiner Akademie
spielte eine gewisse Rolle im Leben der Romantiker. Dort
lehrte Werner, ein Mann, dessen damals epochemachende
Theorie des Neptunismus zwar längst umgeworfen ist, der
aber durch seine gewaltige Persönlichkeit einen unvergeßlichen
Eindruck auf Alle machte, die ihn kannten. Den Alten vom
Berge nannte man ihn wohl oder den Berggeist. Hohe
Güte und besonnene Klarheit waren die Hauptzüge seines
Charakters. Jede Unklarheit hatte etwas geradezu Beun-
ruhigendes für ihn. Novalis nannte ihn einen Goethe im

Beobachten. Aber weil er etwas so ganz in sich Abge-
schlossenes war und ein so beherrschendes Uebergewicht im
Gespräch hatte, konnte man, wie Steffens erzählt, nur wenn
man sich ihm ganz hingab, aus seinem Unterricht Vortheil
ziehen. Er gehörte zu den deutschen Mustercharakteren wie
Luther, Dürer, Kepler, Fichte, die Friedrich als Ideal auf-
zustellen liebte. Das Bergwerksleben übte großen Zauber
auf die Romantiker aus. „Wenn wir die senkrechte Leiter
herunterstiegen", erzählt Steffens, „wenn das Blau des
Himmels durch die Oeffnung allmälig verschwand, wenn das
große Rad, durch welches das Tageswasser in Bewegung
gesetzt wurde, in dem engen Felsenraum neben uns seinen
Umschwung machte, das Anschlagen der Glocke einen jeden
Umschwung bezeichnete, während um uns herum und über
uns die Tropfen still rauschend, unablässig hernieder fielen,
so war uns im Anfang seltsam und wunderlich zu Muth."
Auch in Novalis' Werken klingt dieser unterirdisch-geheimniß-
volle Ton häufig an. Sein wundervolles Roman-Fragment:
die Lehrlinge zu Saïs ist ein Niederschlag der Freiberger
Zeit. Steffens, der es sich zur Aufgabe gemacht hatte,
Schelling's Apostel zu sein, hielt den Schülern der Akademie
Vorträge über Naturphilosophie.

In Freiberg lernte Novalis Julie von Charpentier kennen.
Es war um diese Zeit, als er sich der Erde und dem Leben
wiederschenkte, daß er mit den Romantikern in Jena in
häufige persönliche Berührung kam. Auch er also war in
der blühenden Frühlingsstimmung, die Aller Dasein dort
mit einem so hoffnungsvollen Glanz umhüllte. „Denken Sie
sich nur unsern prächtigen Kreis", schrieb er an Karoline
über den Plan, daß sie Alle nach seiner Vermählung unter
einem Dache leben und eine Familie bilden wollten. „Vor
dem Jahre standen Zwei noch so verwaist da. Einer schien

auf glühendem Boden zu stehen. Er sah sich immer um
und wer weiß, was ein hellgeschliffenes Auge oft über ihm
bemerkt haben würde. Jetzt hebt ihn eine freundliche Ge=
stalt, wie eine Gabe von oben, weihend und dankbar in die
Höhe und ein irdischer, erquickender Schlaf hat sein Auge
für eine andre Sonne wieder geschlossen. Also zurück in's
Land der Träume und nun mit voller Seele bei Euch, treff=
liche Mitschläfer." Dorothea beschreibt, was für ein Er=
eigniß es war, als sie ihn das erste Mal sehen sollte.
Zwischen ihm und ihr gab es freilich nicht viel Gemein=
james: er mag ihr zu ätherisch, sie ihm zu sinnenhaft ge=
wesen sein. „Er sieht aber wie ein Geisterseher aus", schrieb
sie Schleiermacher, „und hat sein ganz eigenes Wesen für
sich allein, das muß man ihm lassen." Es erregte Eifer=
sucht, daß er Tieck, den er jetzt erst kennen gelernt hatte, so
sichtlich bevorzugte. In der Poesie verstanden sie einander
am besten. Das störte doch die Eintracht der jungen Männer
im Ganzen nicht. Abends, ja bis tief in die Nacht, schwärmten
sie über die Höhen von Jena, in endlosen Gesprächen und
Zukunftsträumen sich berauschend.

Schleiermacher stand zwar nur in brieflichem Verkehr
mit den Freunden, von denen er nur Wenige persönlich
kannte; aber seine Reden über die Religion verschafften ihm
das Bürgerrecht in der Romantiker-Republik. „Das Christen=
thum ist hier à l'ordre du jour", schrieb Dorothea, „die Herren
sind etwas toll. Tieck treibt die Religion wie Schiller das
Schicksal." Novalis und Ritter hatte er sich mit diesem
Buche ganz gewonnen. Diese Drei, Schleiermacher, Novalis
und Ritter, betrachtete Dorothea neben sich und ihrem Friedrich
als die eigentliche Kirche gegenüber den Weltleuten Wilhelm,
Karoline, Tieck und Andern. Ritter war ein tiefsinniger,
in sich zurückkriechender Träumer. Wenn man den dunklen

Weg in die Höhle seines Innern fand, zeigte sie sich heiter
und ergiebig; um selbst Etwas aufzusuchen, war er zu ein=
seitig und zu mißtrauisch. Was er an Bildung besaß, hatte
er sich selbst spät erkämpfen müssen; das machte ihn unsicher
in der Gesellschaft; die Erinnerung an eine harte Jugend
stimmte ihn feindselig. Karoline sah er nie; die Freunde
versicherten, er würde mit ihr weder reden können noch
mögen. Um so zutraulicher war er gegen Dorothea, die
von ihm sagte: „Ich kann Ritter mit Nichts vergleichen,
als mit einer elektrischen Feuermaschine, an der man nur
die stille Künstlichkeit bewundert und eben Nichts gleich
wahrnimmt als das klare Wasser. Wer sie aber versteht,
bringt auf den leisesten Druck eine schöne Flamme hervor.
Uebrigens ist er auch, wie der erste Brief der Lucinde,
Schelmerei und Andacht und Essen und Gebet, Alles durch
einander."

Eine Zeitlang wurde die Jagd auf Frösche allgemein,
da er Froschschenkel als Elektroskop benutzte, woran Alles
lebhaften Antheil nahm. Die Naturwissenschaften waren
damals, als so viele wichtige Entdeckungen einen Ausblick
in eine ganz neue Anschauungsweise eröffneten, das Stecken=
pferd fast aller Gebildeten. Dilettantisch genug mag dieses
Interesse gewesen sein, doch beweist es die geistige Regsam=
keit. Steffens baute sich einmal, da er gerade eine große
Geldsendung von zu Hause bekommen hatte, eine Volta'sche
Säule aus Thalern und hatte sein Zimmer fast den ganzen
Tag voll von Besuchern, die sich von ihm Experimente zeigen
ließen; auch zahlreiche Damen waren darunter. Sehr ernstlich
beschäftigte sich Henriette Herz, durch ihren Mann angeregt,
mit Physik. Lange Nachmittage brachte sie mit Schleier=
macher bei physikalischen Experimenten zu; dem nachmaligen
König Friedrich Wilhelm IV., den sein Erzieher als etwa

fünfjährigen Knaben zu diesem Zweck zu ihr führte, machte
sie Experimente mit Phosphor vor.

Die Genialität von Ritter's naturwissenschaftlichen Lei=
stungen wurde in der Folgezeit unterschätzt; niemals wußte
er seine Entdeckungen zur Geltung zu bringen. Das Prinzip
der Volta'schen Säule z. B. hatte er zwei Jahre vor Volta
entdeckt. Daß seine zahlreichen und bedeutenden Verdienste
um die Entwickelung der Physik so versteckt blieben, schreiben
die neueren Vertreter dieser Wissenschaft dem Umstande zu,
daß er seine Beobachtungen ganz in philosophisch=mystische
Begründungen gehüllt vortrug. Wenn nun reine Empirik
immer leichter faßlich ist für die meisten Menschen, so er=
schweren die Ideen vollends die allgemeine Annahme neuer
Entdeckungen, wenn sie aus einem trüben, verworrenen Kopfe
kommen. Und Ritter's Neigung zur Mystik scheint auch in
einer gewissen Unklarheit seines Denkens begründet gewesen
zu sein. Den Romantikern und Idealisten von damals
machte gerade die Philosophie seine Wissenschaft erst recht
werth. „Ritter ist Ritter und wir sind seine Knappen",
sagte Novalis. Von Andern wird dieser Ausspruch Goethe
zugeschrieben.

Goethe! Ja, er war die Hauptperson, obwohl er nur
in der Ferne, im Hintergrunde wie ein gewaltiges Berghaupt
thronte. Auch er hatte etwas Riesenhaftes und Imponirendes
unter dieser heißblütigen Jugend, wie Fichte. Aber um ihn
tanzten sie herum wie die ersten Jünger der Revolution um
die Freiheitsbäume oder wie Kinder um die Weihnachtstanne.
Ruhevoll stand er in der Mitte und ließ sich mit Gold und
Flitter behängen, ohne ein andres Lebenszeichen zu geben,
als etwa ein gelindes Nicken oder ein wohlwollendes, humo=
ristisches Lächeln. Aber fremd war er ihnen nicht; sie wußten,
wie der schöne Baum im Walde rauschen konnte, und wie

da die freie Luft und das Waldesgethier durch seine starken,
immer grünen Zweige streifte. Was für ein Ereigniß war
es, als an einem Herbsttage, da die Schlegel, Dorothea und
Karoline nebst Schelling und Hardenberg im Paradiese bei
Jena spazieren gingen, Goethe selbst, „die alte göttliche Ex-
celenz", vom Gebirge herabgewandelt kam. Er begrüßte die
Gesellschaft höflichst und machte, was Dorothea sich glückselig
notirte, „an Friedrich ein auszeichnendes Gesicht". Im
Gefühl, daß, wenn er sich jetzt langweile, Alles gefehlt sei,
faßte sie, die Wortreiche, sich ein Herz und fing ein Gespräch
über die reißenden Ströme in der Saale an, worauf er
freundlichst einging und sie angenehm unterrichtete. Man
wußte, daß die Naturwissenschaft seine Liebhaberei war.
Die Korpulenz seiner Erscheinung enttäuschte Dorothea ein
wenig; er stellte, fand sie, nicht Tasso oder Werther, sondern
Hermann und Meister dar.

Wie in Rom den Papst, mußte man in Jena vor allen
Dingen Goethe gesehen haben. Mit leidenschaftlicher Un-
geduld hatte Steffens nach seinem Anblick verlangt. Es fügte
sich, als er ihm nun das erste Mal in Gesellschaft beim
Buchhändler Frommann begegnete, daß Goethe, mit Andern
beschäftigt, ihn nicht beachtete. Steffens gab sich Mühe,
diesen furchtbaren Niederschlag seiner glühenden Hoffnungen
zu verwinden; aber obgleich er sich Goethe's Wort vorhielt:
wenn ich dich liebe, was geht's dich an, und auch fortfuhr
ihn zu lieben, war es doch, wie wenn ihm Etwas entzwei
gegangen wäre. Als Schlegel's ihm zu Hülfe kamen und
ihn zu einer Gesellschaft einluden, wo Goethe erscheinen
sollte, lehnte er trotzig ab. Bald darauf aber wurde vom
Anatom Loder eine Theateraufführung zur Feier von Goethe's
Geburtstag veranstaltete, wo Steffens mitspielte. Goethe
leitete selbst die Generalprobe, wurde auf Steffens aufmerksam

und redete ihn freundlich an. Im Gespräch ergaben sich bald Anknüpfungspunkte, Goethe nahm den Beseligten mit sich und behielt ihn eine Woche in Weimar. Goethe liebte den Umgang mit Naturkundigen besonders. Von ihnen konnte er lernen, und er war bis in sein hohes Alter viel zu jung, zu naiv und zu wenig eitel, um Diejenigen vorzuziehen, die nur von ihm lernen konnten. Der arme kleine Gries, für den Goethe eine Göttererscheinung war, deren leisester freundlicher Wink sein einsames Stübchen mit Himmelsglanz erfüllte, mußte sich mit den kurzen gütigen Dankbriefen, die als Antwort auf seine Uebersetzungen einliefen, begnügen, während Schelling ein erwünschter und oft geladener Gast in Weimar war. Schelling war Goethe's Liebling unter den Romantikern. Er allein hatte nicht diese nervöse, feinfühlige Reizbarkeit, die Goethe fremd war, auch nicht die etwas beängstigende Verehrung, die man nur für etwas der eigenen Natur ganz Entgegengesetztes empfindet. Schelling liebte und verehrte Goethe, aber etwa wie einen Vater, zutraulich und fröhlich, und sicher in dem Gefühl, auch Etwas zu sein und auch seine Eroberungen zu machen. Für seine Naturphilosophie hatte er Goethe schnell gewonnen. Sie hatte eigentlich immer in ihm gelegen. Das war „geprägte Form, die lebend sich entwickelt". Das war ihm gemäßer als Fichte's todte Abstraktion. Aber Schelling's keckes humoristisch-naturphilosophisches Gedicht: Epikurisch Glaubensbekenntniß Heinz Widerporstens verbannte er doch aus dem Athenäum. Ueberhaupt, obwohl er sich zufrieden erinnerte, daß er sich nun auch schon eine stattliche Reihe von Jahren in der Opposition befinde, war ihm doch die unermüdliche Angrifflust seines Heeres von Heißspornen zuweilen etwas ungemüthlich.

Für sie war der Kampf die herrlichste Würze des Lebens.

Die alte Zeit hatte auch ihre Vertreter in Jena — aber
die Romantiker kämpften mit dem Gefühl, daß ihnen die
Zukunft gehörte. Das gab ihnen die Kraft, den Uebermuth
und die Großherzigkeit gefeiter Sieger.. Kleinlich waren sie
nicht. Trotz alles Persönlichen, das nie ganz fehlt, war es
ihnen doch vorzüglich um die Sache zu thun. Die eigentliche Streitmacht bestand zwar nur aus Wilhelm, Friedrich
und Schelling. Schelling stürzte sich mit jungenhafter
Wonne in das Getümmel; man sieht ihn förmlich Aermel
und Manchetten zurückstreifen. Wilhelm hielt zuweilen für
nöthig, ihn auf feinste Weise zur Urbanität zu ermahnen.
Auch Schleiermacher, wenn ihm einmal ein Posten angewiesen
war, konnte seine Gegner vernichten, mit spitzen, scharfen,
unentrinnbaren Waffen. Von Novalis abgesehen, der sich
gar nicht betheiligte — denn über diesen Kleinkrieg dicht
vor ihm sahen seine weitsichtigen Augen weg — war Tieck
der Säumigste. Satirisch war er wohl; aber er war zu
sehr Dichter, um nicht Alles, auch das Geringste, was er
hervorbrachte, poetisch einkleiden zu müssen. Da milderte
sich denn während des erheiternden Schaffens die Entrüstung
und seine Feinde, die er hätte bekämpfen sollen, wurden ihm
unter der Hand zu Puppen,. mit denen er spielte. Wilhelm,
der stets die Hand am Schwertgriff hatte, konnte bitterböse
darüber werden, während sein beständiges Treiben wiederum
Tieck rebellisch machte. Einmal trat aber auch Tieck energisch
vorkämpfend auf, als in Berlin ein Stück zur Aufführung
kam, in dem die Romantiker lächerlich gemacht werden sollten.
Der Verfasser der Komödie hieß Beck, das Stück selbst: das
Chamäleon. Was Tieck am Meisten reizte, war, daß Iffland
darin die Rolle des schlichten, aber redlichen Biedermannes
übernommen hatte, der die Charakterlosigkeit der seichten
Schöngeister, die durch Sentenzen aus den Werken der

Romantiker kenntlich gemacht waren, in desto helleres
Licht setzte.

Da Iffland die Beziehung und den Zweck des Stückes
kennen mußte, glaubte Tieck ihn als mitschuldig an dieser
öffentlichen, übrigens sehr geistlosen Verspottung ansehen zu
müssen. Auf Tieck's Anklage hin entschloß sich die Berliner
Polizei, die Wiederaufführung des Stückes zu verbieten.

Die Romantiker hatten das Glück, daß die Machwerke
ihrer Gegner sich durch ermüdende Geistlosigkeit auszeichneten.
Der Witz bestand fast immer darin, daß in der betreffenden
Posse oder Erzählung einige ruhmredige Schwätzer von offen-
barer Nichtigkeit auftraten, denen zusammenhangslos heraus-
gegriffene und daher sinnlos erscheinende Stellen aus dem
Athenäum oder andern vielgelesenen Schriften der Romantiker
in den Mund gelegt waren. Der Aufführung von Kotzebue's
Hyperboräischem Esel in Leipzig, womit besonders die Brüder
Schlegel verspottet werden sollten, wohnte Friedrich selbst bei.
Der Name beruht auf der Sage, daß die Hyperboräer dem
Apollo einen Esel zu opfern gepflegt hätten, an dessen tollen
Sprüngen sich der Gott geweidet habe. Es war eine der
liebenswürdigen Eigenschaften Friedrich's, daß er über einen
guten Witz auch dann von Herzen lachte, wenn er auf seine
eigenen Kosten gemacht war. Hier war aber, wie sich Karoline
ausdrückte, „platterdings kein Witz als den Schlegel's ihr
eigener." Der Beifall der einsichtigen Zuschauer galt denn
auch durchaus ihm, der ruhig und heiter, durchaus würdig,
aus seiner Loge dem Spektakel zusah.

Alles, was die Romantiker gegen Kotzebue auf dem Herzen
hatten, faßte Wilhelm zusammen in der kleinen Komödie:
Ehrenpforte und Triumphbogen für den Theaterpräsidenten
von Kotzebue bei seiner gehofften Rückkehr in's Vaterland.
Die Scenen, wo die verschiedenen Theatergeschöpfe Kotze-

bue's sich versammeln, um auszuziehen und ihren Meister aus
der russischen Verbannung zu befreien, sind noch jetzt, wo
das Feldgeschrei verklungen und der Streit längst entschieden
ist, überaus erheiternd zu lesen. Der leichte Bau der ganzen
ironischen Komödie bleibt immer zu bewundern. Uns stört
im Verlaufe die häßliche Lüsternheit, die Wilhelm hier vielleicht zur Charakteristik seines Helden für angemessen hielt;
die übrigens damals Niemandem anstößig gewesen zu sein
scheint. Das Entzücken, das dieser „Tusch und Trompetenstoß des Witzes" erregte, läßt sich kaum noch begreifen.
Die Kinder in den bekannten Familien sangen Stellen aus
den eingelegten Liedern, Friedrich gingen neue Lichter über
das Lustspiel auf, Goethe war so belustigt und zufrieden,
daß Schelling behauptete, Schiller's ganze poetische Laufbahn
habe ihm nicht so viel Mitfreude abgelockt. Ja, nicht ohne
Genugthuung erfuhren die Romantiker, daß selbst Schiller
sich beifällig über die Ehrenpforte geäußert habe. Karoline
hätte alle Ursache gehabt, von Kotzebue wie früher von Merkel
zu sagen, er sei „ein geliefertes Ungeheuer".

Schmerzhaft waren solche Angriffe, die von Freunden
ausgingen, auf die man glaubte rechnen zu dürfen. Huber,
mit dem Karoline seit den Mainzer Tagen befreundet war
— jetzt war er mit Theresen verheirathet — hatte unter dem
sentimentalen Vorwande, den greisen Wieland vertheidigen
zu müssen, einen mit freundschaftlich schonender Salbung
geschriebenen, aber deswegen nur umsomehr als hämisch em-
pfundenen Artikel gegen Wilhelm veröffentlicht. Karoline,
die damals schon nicht mehr mit Liebe, aber desto aufrichtiger
mit kameradschaftlicher Treue ihrem Manne zur Seite stand,
schrieb darüber einen langen Brief an Huber, den man nicht
ohne Wohlgefallen an ihr wie an Wilhelm lesen kann. So
ehrlich, gerade, kraftvoll, stolz und doch billig ist die Sprache,

die sie führt, ja bei aller Herbheit nicht ohne die Wärme, die Alles, was von ihr ausging, umströmte. „Ich kenne Schlegel", schrieb sie in diesem Briefe, „ich bin wie von meinem Leben davon überzeugt, daß nicht der Schatten eines persönlichen acharnement in ihm ist. Hat er sich denn nicht alle diese Feinde erst gemacht? Die Plattheit, die Nullität, die Unpoesie ist ihm in den Tod zuwider. Verfolgt man die Sache, so geht's dann auch gegen die Person. Ist nicht Wieland's Poesie Wieland's Person? Am Privatleben eines solchen Menschen wird sich Schlegel nie vergreifen — er selbst wird sich dergleichen wahrscheinlich gefallen lassen müssen. Ich kenne Niemand, der das ruhiger zu ertragen im Stande wäre. Sein ganzer Geist ist vorwärts gerichtet, der Wider= stand kann ihn nur mehr beflügeln."

Den Frauen, Dorothea wie Karoline, kam es zuweilen plötzlich in den Sinn, daß dies gänzliche Aufgehen ihrer männlichen Freunde in ästhetischen oder sage man wissen= schaftlichen Interessen etwas Einseitiges und Ungesundes habe. „Ihr revolutionären Menschen", schrieb Dorothea einmal an Schleiermacher, „müßtet erst mit Gut und Blut fechten, dann könntet ihr um auszuruhen schreiben wie Götz von Berlichingen seine Lebensgeschichte." Und Karoline, nachdem sie gewohnheitsgemäß der kleinen Auguste die lite= rarischen Tagesneuigkeiten berichtet hatte, fuhr fort: „Doch diese Händel gehen dich nichts an, die Russen und Buo= naparte aber viel." Eine so lebhafte Theilnahme an den politischen Ereignissen war schon selten; eine andre als rein kosmopolitische Ansicht durfte man vollends von Niemandem erwarten. Folgendermaßen schrieb der junge Wackenroder, ein Berliner, an seinen Freund Tieck: „Was will man denn in unsern Zeiten mit dieser Vaterlandsliebe. Doch scheint jetzt eine gewisse Mode darin zu herrschen. Gemeine Schul=

lehrer scheinen wirklich zu glauben, daß sie wer weiß wie
große Fortschritte in der Pädagogik gemacht haben, wenn
sie ihren achtjährigen Knaben jetzt die Brandenburger Geschichte als Geschichte des Vaterlandes recht weitläufig erzählen. Ein Bürger oder sonst einer, der nicht Gelehrter
werden will, braucht doch wahrlich in unsern Zeiten im
Grunde die vaterländische Geschichte so wenig als eine
andre, und es würde nach meiner Meinung also zweck-
mäßiger sein, wenn man irgend eine interessante Geschichte, ohne Rücksicht ob dieses oder jenes alten oder neuen
Volkes, in unteren Schulen vortrüge."

Eine leidenschaftliche Liebe für deutsches Wesen war aber
durch diesen Mangel an dem, was man unter Patriotismus
versteht, nicht ausgeschlossen. Man weiß ja, daß die Wissenschaft der Germanistik aus der Romantik heraus entstanden ist.
Aber eben im germanischen Wesen fand man einen engherzigen
Abschluß gegen andre Völker nicht begründet. Der Einzelne
— so war es von jeher gewesen — liebte seine Unabhängigkeit,
aber sowohl dem eigenen wie fremden Staaten gegenüber.
„Deutschheit ist Kosmopolitismus mit der kräftigsten Individualität gemischt", lautet ein Ausspruch von Novalis.

Als das Schwerterklirren so nahe an Jena heranrückte,
daß es nicht mehr zu überhören gewesen wäre, hatte sich
die Kirche schon aufgelöst und zerstreut. Mürbe Stellen
waren von Anfang an in dem Bande gewesen, das ihre
Glieder verknüpfte; aber ihrer hatte man nicht geachtet, da
es im Ganzen fest genug schien. Sehr schwierig war das
Verhältniß zwischen Karoline und Dorothea. Dorothea war
der von ihrem Manne so überaus hochgeschätzten Schwägerin
mit glühender Bewunderung — wenn auch nicht ohne heimliche Eifersucht — entgegengekommen. Die maßvolle Ruhe,
mit der Karoline ihrem Freundschaftsüberfall begegnete, er-

schien ihr kalt und herzlos. Beide aber waren zu klug, um
dem Instinkt zur Abneigung ohne Weiteres Raum zu geben.
Dorothea bewunderte die Jugendlichkeit, die sich Karoline,
mit ihr gleichaltrig, bewahrt hatte, ihre häuslichen Tugenden,
die Gewandtheit, mit der sie geräuschlos den großen Haushalt
führte, ihre Gerechtigkeit — die für Dorothea freilich etwas
zu marmorn war. Auf Karoline wirkten zwar Dorothea's
so gar brennende Augen und ihr allzustarkes, männliches
Untergesicht abstoßend, aber sie erfreute sich an ihrer schönen
Stimme, mit der sie so gern und herzlich lachte, und betonte
gern vor sich und andern, was für eine vortreffliche Frau
Dorothea sei. Ebenso vergeblich bemühte sich Karoline ihre
Antipathie gegen Tieck's Amalie, eine Schwägerin des Com-
ponisten Reichardt, zu überwinden. „Häßlich ist sie nicht",
schrieb sie nach der ersten Bekanntschaft. „Hätte sie Anmuth
und Leben und etwas mehr am Leibe als einen Sack, so
könnte sie für hübsch gelten." Aber zuletzt entschloß sie sich
doch kurzweg, sie für eine falsche Katze zu erklären. Die
leisen Schwankungen von Zu= und Abneigung unter den
Männern habe ich schon erwähnt. Verhängnißvoll wurde
das Alles erst durch Schelling's und Karoline's Liebe. Alle,
die Etwas gegen das Eine von Beiden auf dem Herzen
hatten, glaubten es nun nicht mehr unterdrücken zu müssen.
Indem Karoline sich von Wilhelm löste, verlor sie alle die
Rücksicht, die man um seinetwillen für sie gehabt hatte.
Und da um Wilhelm und Karoline herum der Kreis sich
gebildet hatte, ging er von selbst aus einander, als sie sich
trennten und das gastliche Haus leer stand, wo er sich ver=
sammelt hatte.

Zugleich mit dem Jahrhundert ging die romantische Zeit
in Jena zur Neige. Es gab damals auch solche, die das
neue Jahrhundert schon mit dem Jahre 1800 beginnen

wollten; man nannte sie Nullisten. Aber sie unterlagen.
Von großen Festen wollte der Herzog von Weimar wegen
des Ernstes der Zeiten nichts wissen. Er veranstaltete eine
Maskerade, wo sich auch Steffens und Schelling befanden.
Nach Mitternacht zogen sich Goethe und Schiller mit den
beiden jüngeren Leuten in ein Nebenkabinet zurück. Es wurde
Champagner getrunken. „Da fiel mir", erzählt Steffens,
„der ich mit meiner nordischen Virtuosität nüchterner blieb,
als die alten Herren, die Veränderung auf, die mit zwei so
bedeutenden Persönlichkeiten vorging. Goethe war unbefangen
lustig, ja übermüthig, während Schiller immer ernsthafter
ward und sich in breiten, doctrinären, ästhetischen Explika-
tionen erging; sie hatten die größte Aehnlichkeit mit seiner
bekannten Kritik über Klopstock, und er ließ sich nicht stören,
wenn Goethe ihn durch irgend einen geistreichen Einfall in
seinem Vortrage zu verwirren suchte. Schelling behielt fort-
dauernd seine ruhige Haltung."

In einem zierlichen dramatischen Scherz hatte Wilhelm
die Wende des Jahrhunderts gefeiert. Auch hier erklang in
jeder Zeile die hohe zuversichtliche Hoffnung, die die Jugend
in die neue Zeit setzte. Das neue Jahrhundert, ein Kind
in der Wiege, will die häßliche dürre Alte, die ihm Schlaf-
lieder singt, nicht als seine Mutter anerkennen, ja erwürgen
will das herkulische Ding die böse Unholdin. Die, um sich
zu retten, ruft den Teufel an, der auch erscheint, aber anstatt
der Jungen, der Alten den Hals umdreht. Das götterschnell
heranwachsende Kind wünscht seine wahren Eltern zu kennen;
auf seine Bitte erscheinen sie und begrüßen das entzückte:
es sind der Genius und die Freiheit.

Romantische Liebe.

Die Liebe ist der Endzweck der Weltgeschichte — das Amen des Universums.
Novalis.

„Was ist denn nun dieses Sentimentale?" fragt Friedrich
Schlegel, nachdem er den Satz aufgestellt hat, daß ein romantisches Buch ein solches sei, das einen sentimentalen Stoff
in phantastischer Form behandele; und antwortet: „Das was
uns anspricht, wo das Gefühl herrscht, und zwar nicht ein
sinnliches, sondern das geistige. Die Quelle und Seele aller
dieser Regungen ist die Liebe, und der Geist der Liebe muß
in der romantischen Poesie überall unsichtbar sichtbar schweben;
das soll jene Definition sagen. Die galanten Passionen,
denen man in der Dichtung der Modernen, wie Diderot
im Fatalisten so lustig klagt, von dem Epigramm bis zur
Tragödie nirgends entgehen kann, sind dabei gerade das
wenigste, oder vielmehr sie sind nicht einmal der äußere
Buchstabe jenes Geistes, nach Gelegenheit auch wohl gar
nichts oder etwas sehr Unliebliches und Liebloses. Nein,
es ist der heilige Hauch, der uns in den Tönen der Musik
berührt. Er läßt sich nicht gewaltsam fassen und mechanisch
greifen, aber er läßt sich freundlich locken von sterblicher
Schönheit und in sie verhüllen, und auch die Zauberworte
der Poesie können von seiner Kraft durchdrungen und beseelt werden. Aber in dem Gedicht, wo er nicht überall ist
oder überall sein könnte, ist er gewiß gar nicht. Er ist ein

unendliches Wesen und mit nichten haftet und klebt sein
Interesse nur an den Personen, den Begebenheiten und Si-
tuationen und den individuellen Neigungen: für den wahren
Dichter ist Alles dieses, so innig es auch seine Seele um-
schließen mag, nur Hindeutung auf das Höhere, Unendliche,
Hieroglyphe der Einen ewigen Liebe und der heiligen Lebens-
fülle der bildenden Natur."

So wäre Liebe und Romantik, nach der Theorie ihrer
Begründer ein und dasselbe. Das Sichlosreißen und Aus-
einanderweichen des Bewußten und Unbewußten im Menschen, womit Hand in Hand geht seine Entfernung von der
Natur, bedingt Sehnsucht nach Wiedervereinigung und Versöhnung des Getrennten, so daß man sagen kann, je größer
die Zerrissenheit und je schneidender der Mangel, desto größer
die Liebe; was auch Novalis' Wort verständlich macht, daß
Liebe durchaus Krankheit sei. Allerdings ist der Charakter
dieser Liebe mehr Drang nach Vereinigung als Kraft zu
ihr, also mehr Sehnsucht als Liebe; dieses Kind von Ueberfluß und Mangel, wie Plato die Liebe definirt, hat mehr
von dem negativen als von dem positiven Element empfangen.
Daß der Geschlechtstrieb nicht an sich Bewahrer der unsterblichen Liebesseele sei, die allein die romantische ist, wurde
von Friedrich Schlegel erwähnt; nicht von dem blinden
tändelnden Kinde ist hier die Rede, dessen Unarten die göttliche Mutter zuweilen mit der Ruthe bestrafen muß, sondern
von Eros, dem ältesten und schönsten der Götter, wie die
griechische Mythologie ihn nennt, der aus dem gährenden
Chaos entstand und die auseinander fliehenden Theile des
Alls festhielt und an Eine Mitte band. Wenn man troß-
dem in der Geschlechtsliebe, wie sie im Leben und in der
Kunst erscheint, ihr Bild zu fassen sucht, obwohl sie weder
die einzige, noch die reinste Art der Liebe ist, so ist es, weil

sie sich an diesem Brennpunkt doch am feurigsten entzündet,
weil die Liebe zwischen Mann und Frau das ganzeste,
packendste Symbol ist für die Alles überwindende Riesen-
leidenschaft des Einswerdens; und gerade ihre Mischung
aus Sinnlichkeit und Geist, daß sie die irdische und die
göttliche Natur im Menschen gleichviel angeht, ihre androgyne Natur, macht sie zum ergiebigsten Ausgangspunkt für
Darstellung und Betrachtung. Daß Lessing sich deswegen
von Goethe's Werther abgestoßen fühlte, weil der Geschlechtsliebe darin eine dem antiken Leben fremde Wichtigkeit bei-
gemessen ist, beweist seine unromantische Natur, beweist aber
nichts gegen die Dichtung; vielmehr macht gerade die maß-
lose Vergötterung der Liebe Werther zu einer unvergänglichen Erscheinung in der modernen Welt. Auch hat man
immer empfunden, daß in der Behandlung der Liebe der
hauptsächliche Unterschied zwischen antiker und moderner
Kunst zu suchen sei.

Man könnte zwar Odysseus und Penelope zum Beweise
anführen, daß auch das antike Leben eine höhere, geistige
Liebe in unserm Sinne kannte; aber wer empfände auch
nicht den romantischen Hauch in der Odyssee, der sie uns
so viel verständlicher macht als die Ilias! Und dann: es
handelt sich da doch weniger um ewige Liebe als um jene
eheliche Treue, die ein Bestandtheil der staatlichen Wohlfahrt,
eine Bürgerpflicht ist und eigentlich nur die Frau angeht.
Zwar ist es rührend und echt romantisch, wenn Odysseus
am Ufer sitzt, unbeweglich, mit trauernder Seele über das
Meer hinaus blickend, aber es muthet uns fremdartig, wenn
auch lieblich zugleich an, wie er gleich darauf in den Armen
der lockigen Nymphe einschlummert, ohne daß ihn ein einziges Mal der Gedanke ankränkelte, ob nicht sein Verhältniß
zu Penelope dadurch entheiligt würde. Reizend gewiß ist

die antike Liebe, wie und wo immer sie erscheint. Selbst
die seelenlose Wonne die Odysseus mit Circe und Kalypso
genießt, oder die behagliche Leidenschaft des Paris und der
Helena erquickt den Sinn, ohne jemals zu verletzen. Denn
alle diese Verhältnisse haben die Gesundheit, Kraft und
Schönheit des Naturtriebes, dem zu seiner Vollkommenheit
nichts gebricht als die Dauer. Denn Alles, was Trieb ist,
ist vergänglich; mit der Vergänglichkeit hat es sich seine
Schönheit erkauft. Das Bewußtsein sucht die flüchtige Natur
zu verewigen, aber diese übernatürliche Begierde wirkt zunächst in ihr als ein Gift, das sie krank macht. Darum
haben wir Augenblicke, wo uns die bewußtlose Herrlichkeit
und unschuldige Lust der antiken Liebe als das Allerschönste
und Allerbeneidenswürdigste erscheint. Die naive Freudigkeit
und unerschöpfliche Genußkraft, mit der jene Götter und
Helden ein Liebesfest an das andre reihen, ohne sich ihre
Wonne trüben zu lassen durch die Erinnerung an das ver-
gangene und die Ahnung des folgenden, erregt uns Wohlgefallen oder Bewunderung oder gar Neid. Denn wir
könnten das nicht nachmachen, ohne entweder roh oder frivol
zu sein; auch Don Juan wäre nicht der bezaubernde Held,
wenn seine Geschichte nicht durch groteske Komik gemildert
wäre, und wenn er nicht andrerseits durch das Antrotzen
gegen die höheren Mächte, das allein schon in dem bewußt
Maßlosen der Anzahl seiner Liebeleien liegt, etwas Titanisches
bekäme, wenn es sich auch in anmuthigster Form darstellt.
Es ist dem modernen Bewußtsein unmöglich, das Ideal der
ewigen und einzigen Liebe abzuschütteln, dieses Gestirn von
unserm Himmel zu reißen, das wir hundert Mal mehr als
Fluch und verzehrendes Feuer als segenbringend empfinden.
Wie oft stellt sich diese Chimäre, wie man sie dann nennen
möchte, der Erfüllung von Wünschen entgegen, die ohne sie

unschuldig wären; fort und fort wird ihr Glück und Leben
wie einem Moloch geopfert. Trotzdem, wenn sich auch alle
die Gequälten zusammenthäten, um den tyrannischen Dämon
zu entthronen, so müßte die Rebellion doch unfehlbar mit
erneuter Knechtung, wahrscheinlich sogar mit freiwilliger
Unterwerfung der Empörer endigen. Wenn wir das Auge
auf die gigantischen Gestalten und unergründlichen Schick-
sale richten, die vom Geiste der romantischen Liebe eingegeben sind, so verbleicht die Anmuth der heidnischen Aphrodite.
Brunhild und Chriemhilde, Siegfried und Gudrun tauchen
aus der Tiefe germanischer Vorzeit — und wir fühlen er-
schauernd und entzückt zugleich den Herzschlag der ewigen
Liebe. Als furchtbar würgende Gottheit, das Schwert in
der Hand, mit unerbittlichem Antlitz steht sie im Mittelpunkt
dieser Dichtung. Was ist die praktische Rache des Menelaos,
der ein geraubtes Gut wieder haben und den Dieb bestrafen
will, und das Unbehagen der bedrohten Helena gegen den
zerreißenden Jammer Chriemhilde's, gegen Gudrun's zwanzig-
jähriges Trotzen und Hassen, gegen Brunhilde's dämonische
Seligkeit, wenn sie Siegfried's Scheiterhaufen besteigt, gegen
die unermeßliche Vernichtung, die mit Blutröthe und Feuer-
schein auf den Untergang der Liebe und Treue hereinbricht!
Um den überirdischen Ursprung der Liebe mit ihrer Unent-
rinnbarkeit, ihrem todüberwindenden Zauber, ihrer geisterhaften Unverletzlichkeit auszudrücken, erfand die romantische
Phantasie den Liebestrank, wie Gudrune ihn Sigurd reicht,
wie ihn Tristan und Isolde trinken. In diesen kolossalen
Leidenschaften wohnt ein zartes geistiges Element, in dem
Flammenathem der starken Recken weht der warme Hauch
seelischer Liebe. Da liegt die Verwandtschaft der Germanen
zum Christenthum. Beides, germanisch und christlich ist die
mittelalterliche Legende von der Liebe des jungfräulichen

Kindes zu dem aussätzigen Ritter, eine Liebe ganz Opfer, ganz Seele, und dennoch leise und süß erwärmt von sinnlichem Blute. In dem Kreise dieser Gestalten fanden die Romantiker sich wieder. „O mein Bruder", sagt Tieck im Phantasus, „gestorben, wie man sagt, sind längst Isalde und Sygune, ja du lächelst über mich, denn sie haben wohl nie gelebt, aber das Menschengeschlecht lebt fort, und jeder Frühling und jede Liebe zündet von Neuem das himmlische Feuer an...." Ja, in den Schriften von Tieck und Novalis wandelt sie, „die flammende Liebe mit den heiligen Gluthaugen!" Eine neue, entkörperte oder verseelte Sprache haben sie erfunden, um ihre ätherische Erscheinung in sich aufzunehmen. Ich will nur ein paar Töne aus der großen Liebessymphonie anschlagen lassen. Das ist aus Tieck's Phantasus:

„Wie könntet ihr doch die Schönheit nur empfinden oder gar lieben, wenn sie unverwüstlich wäre? Die süße Elegie in der Entzückung, die Wehklage um Adonis und Balder ist ja der schmachtende Seufzer, die wollüstige Thräne der ganzen Natur! Dem Flüchtigen nacheilen, es festhalten wollen, das uns selbst in festgeschlossenen Armen entrinnt, dies macht die Liebe, den geheimnißvollen Zauber, die Krankheit der Sehnsucht, das vergötternde Schmachten möglich. — — —"

„Kann die Liebe sterben, das Gefühl, das bis in die fernsten Tiefen meines Wesens blitzt und die dunkelsten Kammern und alle Wunderschätze meines Herzens beleuchtet? Nicht die Schönheit meiner Geliebten ist es ja allein, die mich beglückt, nicht ihre Holdseligkeit allein, sondern vorzüglich ihre Liebe; und diese meine Liebe, die ihr entgegen geht, ist mein heiligster, unsterblichster Wille, ja meine Seele selbst, die sich in diesem Gefühl losringt von der ver-

dunkelnden Materie; in dieſer Liebe ſeh' ich und fühl' ich
Glauben und Unſterblichkeit, ja den Unnennbaren ſelbſt inmitten meines Weſens und alle Wunder ſeiner Offenbarung."

Und noch eine Stelle aus Abdallah ſetze ich her:

„Ach nein, es iſt nicht das, es iſt nicht jenes Gefühl,
das unſre Dichter ſo oft beſchreiben — kein Menſch hat
noch je dieſes hohe, heilige, unausſprechliche Weſen in ſeiner
Bruſt beherbergt, Liebe iſt es nicht, es iſt das Gefühl der
Seligen, mir allein ſeit Ewigkeiten aufbewahrt, mich aus
dieſer Welt hinauszureißen; eine allmächtige Woge hat mich
auf die hohe, jähe Spitze einer Klippe geſchleudert, die Welle
ſinkt in's Meer zurück und ich ſtehe ſchwindelnd über Wolken,
von allen Menſchen, die einſt waren und ſind, auf ewig
abgeriſſen, die Unendlichkeit um mich her. Die Gottheit hat
heute mein Leben von Neuem berührt und durch die leiſeſten
Töne hindurch zittert der allmächtige Stoß."

Am liebſten und am beſten ſchildert Tieck Liebe, die nur
Sehnſucht iſt, die verzückte Seligkeit unabſehbarer Trennung.
Kein Liebespaar ſcheint ſo vollſtändig ſein Ideal zu ver-
körpern als Jeoffroy Rudell und Meliſende, deren Geſchichte
er im Sternbald erzählt. Dieſes wunderbare Feuer, entzündet in der Bruſt des Troubadour durch die Kunde von
der Schönheit einer Dame, die er nie geſehen, die das wilde
Meer von ihm trennt; das ſeinen Leib aufzehrt während
der langen Reiſe zu ihr hin, ſo daß er ſie nur erblickt, um
in ihren Armen im Augenblick der grenzenloſeſten Erfüllung
alles Wünſchens zu ſterben, eine ſolche verklärte Flamme der
Anbetung hütet er im Heiligthume ſeines Herzens. „Wie",
ſagt Jeoffroy zu den ſtaunenden Menſchen, die ſeine be-
gierdeloſe Hingebung an die Entfernte nicht verſtehen, „wenn
ſie mir nun ſelbſt im Gemüthe, in meinem Innern wohnt,
beſitze ich ſie dann nicht näher als jeder andere Sterbliche?"

17*

Unerschütterlich ist sein Glaube, daß, wenn er sie nun sehen
wird, die Wirklichkeit seine Ahnung noch übertrifft. „Ja,
so wird es mit aller Schönheit sein, wenn sie sich einst
schleierlos unserm entkörperten Auge zeigt." Zum Beweise,
daß dies beständige Ueberschwanken aus der irdischen in die
himmlische Liebe nicht nur der Sprache der Dichtung, sondern
auch der des Lebens geläufig war, führe ich aus den Briefen
des Aesthetikers Solger an seine junge Frau eine Stelle
an, wie sich ähnliche in Menge finden: „Ich fürchte nicht
zu fehlen, noch zu sehr auf das Irdische und Vergängliche
zu bauen, wenn ich mein Glück in deine Hände lege. Denn
die wahre Liebe, die Liebe, die allein in deiner reinen Engel=
seele wohnen kann, ist nicht vergänglich. Sie ist selbst einerlei
mit dem Unsterblichen und Ewigen in uns: von dieser reinen
Wahrheit ist mein Innerstes durchdrungen, und ich fühle es
auch in allen ihren Wirkungen, daß ich mich weder in
meinen eigenen Gefühlen täusche, noch in dir. Es ist mir,
als wäre ich durch dich geheiligt, als besäße ich nun in
sichtbarer Gestalt und als den Gegenstand meiner heißesten
Triebe das, was der Religiöse und der Philosoph in fremden
Welten sucht."

Daß in der That Liebe und Religion eins sei, entwickelte Friedrich Schlegel folgendermaßen als Theorie:

Den Zusammenhang mit dem Universum fühlen, das
Göttliche anbeten, ist Religion; aber das Göttliche erscheint
am reinsten im Menschen, er ist ein Bild des Universums,
hat eine Welt in sich. Sie werde geneigt sein, sagt er zu
Dorothea, an die er den Brief über die Philosophie richtete,
wo diese Stelle vorkommt, im Anschluß an diese Lehre ihm
die Frage einzuwerfen: „Wenn es also nur auf die Andacht
und auf die Anbetung des Göttlichen ankommt; wenn das
Menschliche überall das Höchste ist; wenn der Mann von

Natur der erhabenere Mensch ist: so wäre es ja der rechte
und wohl der nächste Weg, den Geliebten anzubeten und so
die menschenvergötternde Religion der menschlichen Griechen
zu modernisiren?" womit er sich einverstanden erklärte, im
Falle nämlich, daß der Geliebte einer solchen Symbolisirung
fähig und werth sei. „Ich wenigstens", so fährt er fort,
„könnte nicht lieben, ohne auf die Gefahr der Chevalerie
etwas anzubeten; und ich weiß nicht, ob ich das Universum
von ganzer Seele anbeten könnte, wenn ich nie ein Weib
geliebt hätte. Aber freilich, das Universum ist und bleibt
meine Losung. Liebst du wohl, wenn du nicht die Welt in
der Geliebten findest?"

Zu demselben Schluß kam Novalis, wenn er die Liebe
zur Geliebten angewandte Religion nannte, was bei ihm
freilich doch noch eine andre Bedeutung hatte als bei
Friedrich, der die Liebe, insofern sie ein geistiges Wesen ist,
nur mit dem Verstande, nicht mit dem Herzen erfaßte.

Was der gemeine Menschenverstand Sichverlieben nennt,
wurde hier zu einem Weltenschicksal, der Begegnung zweier
Gestirne, die in geheimnißvoller Weise einander wechselseitig
Sonne und Planet sind. Wenn auch sicherlich von jeher
jedes liebende Herz seine Liebe mit unbewußter Mystik
„meine Welt" genannt hat, so ist es doch noch ein ganz
Andres, wenn einem denkenden Menschen ein Mensch Symbol
wird für das Höchste, das er zu fühlen und sich vorzustellen
fähig ist, ja wenn er gerade das, was über seine Fassungs=
kraft hinausgeht, in diesem Menschen fassen und sich eins
machen will. Dann entsteht jenes Gefühl der Unendlichkeit
und die Maßlosigkeit, die sich vergeblich in Worten und
Zeichen auszudrücken sucht, und die wesentlich verschieden ist
von der plastischen Umgrenztheit des antiken Empfindens.
Wundervoll malt diesen in's Unendliche verschwimmenden

Liebesdrang eine Stelle in Tieck's Genoveva, wo die alte Gertrud dem Golo räth, sich erst listig schmeichelnd in Genoveva's Gunst zu stehlen und dann die ihm halb Hingegebene durch kühne Ueberraschung sich zu erobern.

Golo: Welch' unverständig Wort hast du gesprochen!
Ist es mir drum zu thun als Schalk, als Knecht,
Als Dieb mir ihre Gunst zu stehlen? Fühlst du nicht,
Was sie mir ist, was ich ihr werden möchte? . . . . .
Gertrud: Was wollt ihr denn?
Golo:					Das Ferne und das Nahe,
Das Mögliche, was doch unmöglich ist,
Was ich in meinem Herzen wünsche, was
Der Feige nie besitzen kann, was kaum
Dem auserwählten Edelsten gegönnt ist,
Das heil'ge Feuer, das die Erd' erleuchtet, .
Den Glanz beglänzt und Licht der Sonne leiht,
Das, was du nimmermehr verstehen wirst,
Das was — o schweig, verstumme, eitle Zunge!
Was soll der Frühling durch den Winter scheinen?
Wer will die Kirche auf dem Markte halten,
Die große Raserei dem Pöbel pred'gen?
Gertrud: Ja, rasend seid ihr, so gehabt euch wohl.

Nur Musik, die wesentlich sentimentale Kunst, kann das „Mögliche, was doch unmöglich ist" ausdrücken; daher Tieck's bekannter Vers:

Liebe denkt in süßen Tönen,
Nur in Tönen mag sie gern,
Denn Gedanken steh'n zu fern,
Alles, was sie will, verschönen.

Es versteht sich von selbst, daß bei einer solchen Auffassung der Liebe hohe Ansprüche an die geistigen Fähigkeiten der Frauen gestellt wurden, wie denn alle Romantiker mehr oder weniger die Ansicht Friedrich Schlegel's theilten, daß die Geschlechtsverschiedenheit nur eine Aeußerlichkeit des

menschlichen Daseins und am Ende doch nichts weiter sei
als eine recht gute Einrichtung der Natur, die man der
Vernunft unterordnen und nach ihren höheren Gesetzen
bilden dürfe. Auch die hübscheste Frau hätte damals kein
Glück gehabt ohne Geist, und eine Gefallsüchtige jenes Zeitalters hätte es umgekehrt machen müssen wie die des jetzigen,
die während sie mit Männern zusammen sind, ihre geistigen
Interessen in einen Winkel schieben und mit einem bunten
Vorhang zudecken. Für den in's tiefste Innere tauchenden
Blick des Romantikers war nur die Schönheit schön, die
eines liebreizenden Geistes durchsichtige Form ist, und die,
mit dem Unsterblichen im Menschen verbunden, in ihrem
eigensten Wesen die vergängliche Materie überlebt. Ueber das
Alter sah man mit den großen idealistischen Augen hinweg.
Man liebte mit derselben himmelstürmenden Leidenschaft
Matronen und Kinder. Karoline war 35 Jahre alt, als
sich der 24jährige Schelling mit löwenhaftem Ungestüm in
sie verliebte. Als sie nach elf Jahren als seine Frau starb,
sagte er, daß sie die Gewalt, das Herz im Mittelpunkt zu
treffen, bis an's Ende behalten habe. Dorothea war neun
Jahre älter als Friedrich, Rahel 13 Jahre älter als Varn-
hagen. Grillparzer erzählt, was für einen wunderbaren
Eindruck diese alternde, keineswegs hübsche, von Krankheit
zusammengekrümmte Frau auf ihn machte. Auf der andern
Seite hatte die spielende Zuneigung, mit der alle Männer
des Freundeskreises Karoline's kleine Tochter Auguste be-
handelten, in ihrer Zartheit und Wärme etwas von Liebe.
Hardenberg's Braut, Sophie v. Kühn, war, als er sie kennen
lernte, 13 Jahre alt, und dieses Kind machte er zur Sonne
seines Lebens. Als die Sonne erlosch, zweifelte er nicht,
daß er ihr nach müsse, wie der Körper sich auflöst, wenn
das Herz nicht mehr schlägt. Es ist nichts Unerhörtes,

wenn auch etwas Seltenes, daß ein Mann sich in der ersten
Verzweiflung über den Tod der Geliebten tödtet; aber
Novalis dachte durch den bloßen Willen zum Tode, durch
den mystischen Umgang mit einer Abgeschiedenen zu sterben.
Er wähnte oder hoffte es nicht etwa, sondern beschloß es.
Ueber die Liebe zu dem gemalten Bilde eines Mädchens,
wie sie Tieck schilderte, schwang sich sein Geist noch hinaus,
indem er sich auf ewig einer Todten widmete. „Eine Verbindung, die auch für den Tod geschlossen ist, ist eine Hochzeit, die uns eine Genossin für die Nacht giebt. Im Tode
ist die Liebe am süßesten; für den Lebenden ist der Tod
eine Brautnacht, ein Geheimniß süßer Mysterien:

„Ist es nicht klug, für die Nacht ein geselliges Lager zu suchen?
Darum ist klüglich gesinnt, wer auch Entschlummerte liebt.“

Wem träfen diese Laute nicht das Herz mit der Gewalt
selbstverständlicher Wahrheit? Bedenkt man nun aber die
Thatsache, daß Novalis sich schon ein Jahr nach dem Tode
seiner Braut wieder verlobte, das häufige Knüpfen und
Lösen von Liebesverhältnissen im Leben der Romantiker
überhaupt, so könnte man vielleicht höhnisch sagen: Das
ist nun die edle, hohe, ewige Liebe! auch die durchsichtigste,
verfeinertste Empfindung ist nur ein silberner Dunst, der
grobe Sinnlichkeit verschleiert; oder es könnte Einer fragen,
ob nicht der simple Mann, der sich schlechtweg in ein hübsches
Gesicht verliebt, sein Mädchen heimführt und vielleicht, wenn
sie vor ihm stirbt, sich nicht wieder verheirathet, weil ihm
keine so gut wie sie gefällt, sich nicht besser auf die echte
Liebe versteht als diese Schwärmer mit ihren hochklingenden
Worten und spitzfindigen Theorien. Worauf zu entgegnen
wäre, daß eben in dem Maße, als das Instinktive in's Bewußtsein tritt, es zunächst an Kraft verliert; Thiere irren
sich nicht in der Wahl ihres Lebensgefährten. Das alte

Sprüchwort sagt — „Wer die Wahl hat, hat die Qual".
Mit dem Wählenkönnen beginnt die Schwierigkeit der Auslese,
die Möglichkeit des Irrens, das Hin- und Hergerissenwerden
zwischen mannigfachen Lockungen und Reizungen. Wo einmal
die Meinung herrschend geworden ist, die Liebe sei die Hauptsache im Leben, wo der Anspruch entstanden ist, das geliebte
Wesen solle einem zur Vervollkommnung und Verklärung behülflich sein, wo zwei eine harmonische Einheit bilden sollen,
bekommt die Personenfrage unendliche Wichtigkeit. Soll die
Frau dem Manne nur Gattin im körperlichen Sinne, Re-
giererin seines Hauswesens und Wärterin seiner kleinen
Kinder sein, so ist kein Grund, warum er nicht mit jeder
gesunden und tüchtigen Frau zufrieden sein sollte. Etwas
ganz Andres ist es, wenn wir eine mystische Seelenverbindung
mit Jemand eingehen wollen, wenn das eheliche Verhältniß
die Grundlage unsres ganzen, auch des innerlichen Lebens sein
soll. Wäre nun ein ruhiges Wählen des ganzen, gesammelten
Menschen möglich, wären wir unfehlbar, so könnte die erste
Liebe uns dauernd befriedigen und die einzige bleiben. Aber
die Sinnlichkeit ist nicht weniger thätig als früher, im
Gegentheil, da sich das Geistige von ihr abgelöst hat, ist
der pure Trieb, der zurückgeblieben ist, um so hitziger und
gewaltsamer. Er wirft sich auf einen beliebigen Gegenstand,
blindlings, hastig, ehe noch das geistige Gefühl sein Urtheil
bilden oder ihm Gehör verschaffen kann. Gerade in der
ersten Jugend ist dieser Trieb am unbändigsten. Wie un-
moralisch, ja unheilig erscheint es von diesem Gesichtspunkt
aus, wenn man die erste Liebe ewig machen will. Es heißt,
den Instinkt sanktioniren. Die Kirche würde hier einwerfen,
daß die Ehe eine erziehliche Einrichtung sei, und daß das
Individuum desto gründlicher erzogen werde, je wider-
strebender das Andre sei, dem es sich anpassen müsse. Aber

dieser strenge, unpraktische Idealismus, der Menschen voraussetzt, wie sie in der Wirklichkeit nie oder fast nie zu finden sind, ist dem modernen Menschen fremd. Er will zwar die Natur beherrschen, aber Unnatürliches und Widernatürliches stößt ihn ab. Das Gefühl, daß jeder Organismus etwas Lebendiges, Bewegliches, Veränderliches, Sichentwickelndes ist, durchdringt die Anschauungen auf jedem Gebiete. Zwischen todter Starrheit und gesetzloser Ungebundenheit soll sich die freie Ausbildung bewegen. Schleiermacher sprach sich über das Vorurtheil der ersten und einzigen Liebe folgendermaßen aus. Alles, sagt er, beginne mit instinktiven Regungen, die sich erst durch Uebung zu bestimmtem Wollen und Bewußtsein entwickelten. „Warum sollte es mit der Liebe anders sein als mit allem Uebrigen? Soll etwa sie, die das Höchste im Menschen ist, gleich beim ersten Versuch von den leisesten Regungen bis zur bestimmtesten Vollendung in einer einzigen That gedeihen können? Sollte sie leichter sein als die einfache Kunst zu essen und zu trinken? Auch in der Liebe muß es vorläufige Versuche geben, aus denen nichts Bleibendes entsteht. Bei diesen Versuchen nun kann auch die Beziehung auf einen bestimmten Gegenstand nur etwas Zufälliges, höchst Vergängliches sein, ebenso vergänglich als das Gefühl selbst. Mach dir ja kein solches Hirngespinst von der Heiligkeit einer ersten Empfindung, als beruhte nun Alles darauf, das etwas Ordentliches daraus würde. Die Romane, die dieses beschützen und zwischen denselben zwei Menschen die Liebe vom ersten rohen Anfang bis zur höchsten Vollendung sich in einem Strich fort ausbilden lassen, sind ebenso verderblich als sie schlecht sind.“ Gerade das, fährt er fort, daß man glaube, jeden Versuch durch Treue verewigen zu müssen, sei das Gefährliche. Er versteigt sich zu der Behauptung, einen neuen Versuch mit demselben Gegenstande anzufangen, sei unter Umständen weit widerwärtiger als die Ehe zwischen Schwester und Bruder.

Auch Schleiermacher liebte ja, und zwar gerade während er dies schrieb, eine verheirathete Frau und hat später die Wittwe eines verstorbenen Freundes geheirathet. Er konnte an sich und an vielen Freunden die Erfahrung machen, daß später und mit Bewußtsein gefaßte Neigungen die frühen Jugendlieben an Fülle und Tiefe übertreffen. Es ist wunderbar, wie in dieser Zeit die höchste Idee von der Wichtigkeit und Ewigkeit der Liebe mit der weitherzigsten Nachsicht gegen Untreue und allerhand Liebesirrungen zu= sammengeht. Scheidungen und Wiedervermählungen waren nichts Seltenes. Schelling's Vater, ein braver schwäbischer Pastor, der außer sich war, als sein Sohn auf der Schule in den Verdacht kam, die Marseillaise in's Deutsche über= tragen zu haben, nahm keinen Anstand, ihn mit der ge= schiedenen Frau Wilhelm Schlegel's, deren wechselvolle Ver= gangenheit ihm gewiß bekannt war, selbst zu trauen. Auch wenn man annimmt, daß Karoline's Liebenswürdigkeit etwaigen Widerstand in ihm besiegte, bleibt es doch be= merkenswerth, mit welcher grenzenlosen Liebe und Hoch= achtung die alten Pfarrersleute stets von ihrer Schwieger= tochter, die 11 Jahre älter als ihr Mann war, sprachen. Wenn auch darüber gesprochen wurde, ging es doch unbe= anstandet hin, daß Schleiermacher, ein Geistlicher, innig befreundet mit der schönen Jüdin Henriette Herz und ihr täglicher Gast war, und daß er die Frau eines andren Geistlichen liebte. Daß diese sich zur Scheidung von ihrem Manne nicht entschließen konnte, machte Schleiermacher ihr zum bitteren Vorwurf.

Anderseits aber lebten diese Menschen häuslich und sittlich.

Eben daß der geschlechtliche Trieb sich ganz in echter Liebe ausleben sollte, daß nichts davon auf der Gasse verschwendet wurde, machte die offenkundigen, gebildeten Verhältnisse so stürmisch und leidenschaftlich. Je mehr die Liebe in's Bewußtsein tritt, je erhabener man sie auffaßt, desto größer muß auch die Rolle werden, die sie, nicht nur in segens= reicher, sondern auch in verhängnißvoller Weise, im Leben spielt. Im Herbste prangen die Blumen in brennenderen Farben als im Sommer, während im Frühling Weiß und blasses Gelb und Blau vorherrscht.

Die entsetzlichsten Folgen gerade für die Liebe hat das Zwiespältige im romantischen Menschen. Er möchte in sich einig sein, möchte in einem Gefühl Alles fühlen, sinnlich und geistig zugleich, aber nur Wenigen wird das zu Theil. Das geistige Gefühl, das mit spiritualistischen Augen die pure Sinnlichkeit beobachtet, schrickt vor ihr zurück. Und dann wieder rächt sich die Natur. Gerade in dem Augenblick, wo der Mensch durch die Schwungkraft der Liebe sich gänzlich von seinem Körper losgerissen zu haben glaubt — ähnliche Wendungen kommen häufig bei Tieck vor — und an das Reich der Geister klopft, fühlt er sich in thierische Faunen= gestalt verwandelt und stürzt, gelähmt vor Entsetzen, auf die Erde zurück.

Man muß nicht glauben, daß die Romantiker dies Alles nicht vollkommen gewußt und durchschaut hätten. „Gewiß ist die sublimirte Mystik und die ordentlich scholastische Pedanterie in der Metaphysik der Liebe vieler moderner Dichter von echter Grazie sehr weit entfernt", sagt Friedrich Schlegel. Und Novalis: „Mir scheint ein Trieb in unsern Tagen allgemein verbreitet zu sein, die äußere Welt hinter künstlichen Hüllen zu verstecken, vor der offenen Natur sich zu schämen und durch Verheimlichung und Verborgenheit

der Sinnenwesen eine dunkle Geisterkraft ihnen beizulegen.
Romantisch ist der Trieb gewiß, allein der kindlichen Unschuld
und Klarheit nicht vortheilhaft; besonders bei Geschlechts-
verhältnissen ist dies bemerklich." Und wer wäre sich des
Ursprungs der Qualen, die ihn selber zerfleischten, besser
bewußt gewesen als Tieck, der im Phantasus sagt: „Im
Mittelalter (er hätte sagen sollen im Alterthum) war die
übersinnliche, außersinnliche Liebe noch nicht von der sinnlichen getrennt, sondern sie waren mit Leib und Seele verbunden, in der höchsten Vergeistigung gesund, in dem freiesten
Scherze unschuldig." Nun stehen die geistigste und die sinnlichste Liebe getrennt, feindselig einander gegenüber. Eine
sinnliche Gluth entsteht in der Romantik, von der der antike
Mensch nichts weiß. Zuweilen weht sie nur wie ein feuchter,
sanft anschmiegender Athemzug, zuweilen aber mit dem ver=
zehrenden Hauche des Wüstenwindes, der sich tödtlich um
den blühenden Reiz der Natur windet. Es ist das lechzende
Verschmachten des kranken, zerrissenen Menschen, der einen
Abgrund in sich ausfüllen will; des Schattenleibes im Hades,
der Blut trinken muß, um irdische Lebenskraft zu gewinnen.
Aus den Gräbern des Mittelalters werden sie wieder herauf=
beschworen die Helden der furchtbar schönen Unersättlichkeit,
die eine dunkle, stürmende Sehnsucht durch's Leben jagt.
Faust, der in seinen eigenen Flammen verbrennt. Keiner
hat diese mörderische Liebesgluth so zerreißend dargestellt
wie Tieck, auch Goethe nicht; wenn auch nur die ihm angeborene Rücksicht auf die Schönheit ihn verhinderte, solche
Laute brennender Sinnlichkeit anzuschlagen. Sie so in sich
erlebt zu haben, war er zu harmonisch vollendet. In Tieck's
Phantasus taucht zuerst das bleiche verwilderte Bild des
Tannhäusers wieder auf. Welches Symbol für den modernen
Menschen! Dieser Jüngling, dessen dämonische Sehnsucht

die Erde nicht sättigt, dem die Göttin der Liebe, hingerissen,
ihr unterirdisches Reich öffnet! „So mochte ein Jahr ver-
flossen sein, als meine Angst bis zur Verzweiflung stieg;
es drängt mich weiter, weiter hinein in eine unbekannte
Ferne, ich hätte mich von den hohen Bergen hinab in den
Glanz der Wiesenfarben, in das kühle Gebrause der Ströme
stürzen mögen, um den glühenden Durst der Seele, die
Unersättlichkeit zu löschen; ich sehnte mich nach der Vernichtung, und wieder wie goldene Morgenwolken schwebten
Hoffnung und Lebenslust vor mir hin und lockten mich nach.
Da kam ich auf den Gedanken, daß die Hölle nach mir
lüstern sei. . . . . . ." Die Venus im Hörselberg hat nichts
zu thun mit der griechischen Aphrodite, deren Reinheit und
ruhige Vollendung der mittelalterliche Mensch nicht mehr
verstand; er sah in ihr nur die eine Seite seines Wesens,
vor der er sich fürchtete und die ihn lockte, er nannte sie
die schöne Teufelin. Das muß man bei Tieck lesen, wie
der Balsam ihrer Wonne die heißen, blutenden Wunden
seiner Seele schließt, wie in einer seligen Berauschung das
ewig drängende, pochende Blut sich beschwichtigt. Nun aber,
da der stachelnde Dämon eingeschläfert ist, öffnet der Engel
in ihm seine reinen Augen entsetzt und jagt den Bezauberten
auf von der weichen Brust, wo er glücklich war. Das ist
die Geschichte, die Tieck weniger wohl im Leben als in seiner
Phantasie erlebte. Das verzweifelte Hin- und Hergerissen-
sein zwischen der heidnischen Venus und der heiligen Elisa-
beth ist das Thema fast aller seiner Jugendwerke. Die
Schärfe und Wahrheit, mit der das Problem im Lovell zum
Ausdruck kommt, macht dies verschmähte Werk so eigenthümlich anziehend und werthvoll. Zuerst die mystische
Wonne der jungen Seele, die sich auf den unsichtbaren,
starken Flügeln eines guten Engels durch die goldene Fluth

des Himmels getragen fühlt, wohin anders könnte es sein, als in den Schoß Gottes, mitten in die Fülle der Liebe, wo alles Weh und Verlangen heilt, wo unerschöpflicher Ueberfluß die irdischen Mängel ausfüllt? Nun kommt der höchste Augenblick, wo die Geliebte sich liebegewährend dem anbetenden Verehrer hingiebt. Aber er macht eine fürchter= liche Entdeckung; denn der Durst ist zwar gelöscht, aber an die Stelle der Sehnsucht ist keine Befriedigung der Seele getreten, sondern Wüstheit und Oede. Alles Gute, Schöne und Hohe scheint mit der Sehnsucht hinweggenommen, ja das Leben selbst. War es denn kein Engel, der ihn so leicht über die Erde wegtrug? War es ein höhnender Teufel, der sich mit ihm herabstürzte, als er in die heilige Gottes= nähe kam? Oder war es nur die lächerliche Einbildung des Rausches, daß er zu schweben wähnte, und er hatte vielleicht die Erde niemals verlassen? Es war nichts als gemeiner, thierischer Hunger gewesen, den körperliche Speise stillte. Lovell geht an diesem Zwiespalt zu Grunde; er kann den Glauben nicht zurückerobern, den er verloren hat, als er zum ersten Mal die Erfahrung machte, daß seine geistigsten Entzückungen auf sinnliche Genüsse hinausliefen.

Tieck aber, obwohl er kaum 20 Jahre alt war, als er den Lovell schreibt, zieht doch, obwohl er seinen Helden schmählich zu Grunde gehen läßt, nicht den Schluß, es gäbe nichts Geistiges, Edles in der Liebe; vielmehr spricht er klar seinen Glauben an Menschen aus, die sinnliches und geistiges Empfinden in sich verschmelzen und dadurch beides veredeln können. „Wenn der Mensch sich in keiner Stunde durch diese Verbindung gestört fühlt, dann, glaube ich, hat er seine schönste Vollendung als Mann erhalten, er ist über niedriger Wollust und über schaler, sein ausgesponnener und langweiliger Zärtlichkeit gleich weit erhaben."

Aber Tieck hat seine Liebe und zugleich sein Leben nicht so vollendet gestalten können. Von seiner „lieben Amalie", mit der er sich als halber Knabe verlobt hatte, weiß man wenig; daß sie einzuschlafen pflegte, wenn er ihr seine Werke vorlas, womit er sonst Jedermann bezauberte, deutet auf geringe geistige Regsamkeit; aus der flüchtigen Art, womit die Freunde des Hauses sie erwähnen, möchte man schließen, daß sie unbedeutend war, aber gutartig und bescheiden. Die Discretion der zahlreichen Freunde Tieck's hat dafür gesorgt, daß nichts Bestimmtes über sein Verhältniß zu der Gräfin Finkenstein, die in seinem Hause lebte und als Familien= mitglied betrachtet wurde, bekannt geworden ist; nur das ist sicher, daß das Glück des Hauses durch diese sonderbare Verbindung zerstört war.

Tieck war ein Genie der Freundschaft, der Liebe nicht; die Frauen waren für ihn ein Element, das die sinnliche Hälfte seines Wesens gewaltsam anzog und sich verband, wodurch er den Zusammenhang und die Einheit in sich ver= lor. Nur der Glückliche, dessen Trieb bewußtlose Weisheit und dessen Geist der Natur befreundet ist, kann sich seinem Herzen hingeben und sein Heil auf die Liebe gründen; diese Grazie und Frömmigkeit des Herzens besaß Novalis. Der Adel seiner Leidenschaft hätte das Seelenlose nicht lieben und die Ueppigkeit seines Geistes sich im Natur= losen nicht wohl fühlen können. Wenn seine Kräfte nicht ganz im Gleichgewicht waren, so lag die Disharmonie darin, daß das Himmlische in ihm das Uebergewicht hatte über das Irdische, oder besser gesagt Sinnliche; denn er lebte ja gern im Lande der Sinne, — so drückte er selbst es aus — nur nicht in dem der Sinnlichkeit. Es war ihm interessant, sich hierin mit seinem Freunde Friedrich Schlegel zu vergleichen, in dessen Lucinde er eine Idealisirung des

Vegetativen sah. An Karoline schrieb er darüber: „Merk=
würdig verschieden hat auf uns beide die höchste Liebe ge=
wirkt. Bei mir war Alles im Kirchenstyl oder im dorischen
Tempelstyl componirt. Bei ihm ist Alles korinthisch." Seine
eigene Ansicht über das Sinnliche in der Liebe hat er in
demselben Briefe klar ausgesprochen in den Worten: „Vielleicht gehört der Sinnenrausch zur Liebe wie der Schlaf
zum Leben. Der edelste Theil ist es nicht, und der rüstige
Mensch wird immer lieber wachen als schlafen. Auch ich
kann den Schlaf nicht vermeiden, aber ich freue mich doch
des Wachens und wünschte heimlich immer zu wachen."
Noch deutlicher wird die Bedeutung des Bildes, wenn er
gelegentlich den Schlaf als eine Entziehung des geistigen
Reizes definirt, der für die schwache Organisation des Menschen jetzt noch nothwendig sei; einst aber würden wir immer
zugleich wachen und schlafen. Was Friedrich Schlegel's
Verstand forderte, daß man in der Geliebten Gott lieben
müsse, war dem schönen Gemüthe Hardenberg's natürlich.
Darum sagte Karoline, man wisse aus seinen Reden nie,
wen er liebe, ob es die Harmonie der Welten oder eine
Harmonika sei; Harmonika nannte sie seine Braut, deren
Dasein sie vermuthete, ohne ihren Namen zu wissen. Die
platonische Liebe, zu der ein Andrer seine Leidenschaft vielleicht erzieht, war die himmlische Lichtnatur seiner elemen-
tarsten, dunkelsten Triebe. Nicht nur um seiner Schönheit
Willen liebe ich den Geliebten, läßt Plato seine Diotima
sagen, sondern weil er mir hilft, das Schöne hervorzubringen.
Viele ähnliche Gedanken finden sich bei Novalis, die sicher
warm und unmittelbar aus der Erfahrung seines Herzens
strömten.

„Das höchste Glück ist, seine Geliebte gut und tugend-
haft zu wissen, die höchste Sorge ist Sorge für ihren Edelsinn."

„Jede unrechte Handlung, jede unwürdige Empfindung ist eine Untreue gegen die Geliebte, ein Ehebruch."

„Eine Ehe sollte eigentlich eine langsame, continuirliche Umarmung, Generation, wahre Nutrition, Bildung eines gemeinsamen harmonischen Wesens sein."

Der Drang, sich mit der Geliebten zu vervollkommnen, ihr zur Vollendung zu helfen, ist die Seele seiner Liebe; vielleicht ist das die allerfeinste und allergrößeste Selbstlosigkeit der Liebe, daß ihm ihre Vollkommenheit mehr am Herzen lag als seine eigene. Nur muß man nicht denken, daß die Folge dieses Idealismus jemals Unduldsamkeit gewesen sei; seine Phantasie weilte nicht bei etwaigen Mängeln, sondern bei der in Vollendung vorschwebenden Gestalt, der sie zu gleichen bestimmt war.

Es ist eigenthümlich, wie Novalis' Auffassung übereinstimmt mit der Liebestheorie des Naturphilosophen Baader, den er zwar über Alles verehrte, dessen darauf bezügliche Schriften aber erst nach seinem Tode entstanden sind. Allerdings ist der Kern von Baader's Lehre nichts Andres als die Mystik Plato's und Jakob Böhme's, zu welchen beiden alle Romantiker eine innige Verwandtschaft fühlten. Baader's Gedankengang ist etwa so: Adam, so wie ihn Gott zu seinem Ebenbilde geschaffen hatte, war Mann und Weib zugleich, ein ganzer Mensch. Er sank aus seiner höheren Natur in die fleischliche dadurch, daß er nach dem Weibe in ihm gelüstete, und mit dieser Spaltung, der Schöpfung des Weibes aus ihm, wurde das Gottesbild zerstört. Die Wiedervollendung des Gottesbildes ist das Ziel des Menschen. Dies Jedem vorschwebende Bild nennt Böhme Idea oder auch Sophia, Weisheit, weil es nämlich die Menschen zur Vollkommenheit weise. Ein einziger Mensch ist auf der Erde erschienen, in dem beide Naturen Eins waren, Christus, der

Gottmensch, der, wie Adam, der erste Halbmensch, am Eingange des alten Testamentes, am Eingange des neuen steht, das die Religion der Liebe verkündet, als Bürge, daß der Mensch das verlorene Paradies wieder gewinnen kann. Auch die Engel, die kein Geschlecht haben, sind Verkörperungen der Androgyne.

Nur hieraus läßt sich begreifen, warum Novalis eine so besondere Freude an dem Namen seiner Braut, Sophie, hatte, und warum er nach ihrem Tode wie ein Feldgeschrei oder eine Parole die Worte: Christus und Sophie! in sein Tagebuch niederzuschreiben liebte.

Wenn nun eine Mannes= und eine Weibesseele fühlen, daß sie mit einander das verlorene Gottesbild herstellen können, so entsteht Liebe. Sie müssen in Sehnsucht zu einander entbrennen, nicht weil sie Hälften eines Ganzen sind, sondern Hälften, aus denen ein Ganzes werden kann. Es ist die Art der Idea, daß sie dem Manne als Frau erscheint, der Frau als Mann, obwohl sie keines von beiden ist. Daraus, daß der Liebende das Bild der Vollkommenheit durch die Gestalt der Geliebten hindurchschimmern sieht, erklärt Baader die Idolatrie der Liebe, und er nennt diese Vision den Silberblick der Liebe, der den meisten Menschen leider allzu rasch entschwinde. Denn in ihrem ersten Stadium ist die Liebe nur Trieb, kräftig, warm, einig, aber gebrechlich. Niemals gleitet sie ganz unmerklich in das zweite über, wo sie bewußt wird. Es bedeutet dasselbe, wenn Friedrich Schlegel einmal sagt: „Was man eine glückliche Ehe nennt, verhält sich zur Liebe wie ein correktes Gedicht zu improvisirtem Gesang"; nur daß man vielleicht in der Art des Ausdrucks eine Vorliebe für das Volksmäßige und also für die Liebe im Gegensatz zur Kunstpoesie und zur Ehe wittern könnte, welche Ansicht aber Schlegel eigentlich fremd war. Man täuscht sich, sagt Baader, wenn man

glaubt, die Liebe könne passiv genossen werden; vielmehr ist
sie ein zu lösendes Problem, Gabe und Aufgabe zugleich.
Er führt das allerliebste Gleichniß von den Affen an, die,
wenn sie die Menschen sich am Feuer wärmen sehen, das
zwar ihnen nachmachen, aber, da sie kein Holz nachlegen,
bald frierend an der Asche sitzen. Die Aufgabe ist, daß
das Bild, das nicht körperlich ist, sondern nur in der Extase
der Liebe wahrgenommen wurde, hervorgebracht werde.
Gegenseitig sollen Mann und Weib sich behilflich sein, ihre
Mannheit und Weibheit in einander zu überwinden und zu
ergänzen, welches Wort ja bedeutet ganz machen, trotz der
Schmerzen, die diese Entwickelung mit sich bringen muß.
Denn das neue Bild kann nicht vollendet werden ohne Zer-
störung des alten. Also kommt Baader zu dem Schlusse,
daß wahre Liebe nicht sein könne, ohne daß Mannheit und
Weibheit ihr geopfert werde; „was auch dagegen sentimentale oder einfältige Dichterlinge und Romanschreiber zur
Apotheosirung der Männlichkeit und Weiblichkeit uns vor-
leiern, womit sie doch nur das Thier im Menschen apo-
theosiren wollen."

Jemand sagte einmal von Tieck's Werken, man müsse sie
nicht einzeln beurtheilen, sondern alle zusammen als ein
Ganzes, wie man etwa einem gothischen Münster gegenüber
verfahren müsse; dies ließe sich ebenso gut auf die Romantik
selbst anwenden. Denn sie wird erst dann zu einer so
majestätischen Erscheinung, wenn man das Ineinandergreifen
und Ineinanderwirken aller Ideen sieht, und wie das Eine
das Andere erleuchtet, bekräftigt, erweitert, so daß in dem
ganzen großen Bilde jedes, was für sich allein betrachtet
vielleicht willkürlich oder verzerrt erschien, an seiner Stelle
das schönste, wahrste Leben hat. Wie vieles zum Beispiel,
ganz unabhängig von Baader Entstandenes vereinigt sich so

glücklich mit seiner Anschauung: so die Ansichten Friedrich
Schlegel's über die Männlichkeit und Weiblichkeit, daß sie
nämlich beide zur höheren Menschlichkeit gereinigt werden
müssen, und in Folge dessen seine Sympathie für die antike
Meinung, daß edle oder himmlische Liebe nur zwischen
Männern zu finden sei; welche Meinung für diejenigen berechtigt ist, die nicht daran glauben oder nicht darauf kommen,
daß das Geschlecht zwar nicht vertilgt werden solle, aber
doch der Menschheit untergeordnet werden könne. Oder
dann, wie schön und bedeutend erscheint auf diesem Grunde
der anmuthige Satz Wilhelm Schlegel's: Mystik ist, was
allein das Auge des Liebenden an dem Geliebten sieht.
Wie klar verständlich wird die fast leidenschaftliche persönliche Liebe zu Jesus in Novalis' geistlichen Liedern. Ganz
wundervoll aber ist es, wie auch diese Untersuchung Baader's
durchaus aus dem Grundzuge der Romantik erwachsen ist,
das Unbewußte bewußt zu machen, aus dem Triebe eine
Kunst werden zu lassen. Wie er immer dagegen eifert,
Glauben und Wissen als etwas nothwendig Entgegengesetztes
zu denken, so bekämpft er hier alle die, welche die
Wissenschaft in und für die Liebe als entbehrlich oder
unmöglich oder schädlich ansehen; „da ja doch die
Schlechtigkeit des nur irdischen, sowie die Vortrefflichkeit
des himmlischen Eros darin besteht, daß jener blind,
dieser hellsehend ist."

Insofern als das Wesen der Liebe Sehnsucht nach Einheit
und die Kraft ist, das Auseinanderfließende zusammenzufassen,
beruht auf ihr die Möglichkeit formellen Lebens überhaupt;
so daß man in thatsächlichster Bedeutung sagen kann: inferi
sunt ubi non amatur. Wenn aber mit dem Drang nach
Vereinigung der nach Vervollkommnung nicht verbunden ist,
so ist die Liebe eigentlich nichts als ein Zurücksinken des vom

Leben ermatteten Menschen in die wonnige Ruhe der bewußtlosen Natur oder, was dasselbe bedeutet, in den Tod. Das
ist der Charakter der heidnischen Liebe, deren verführerischer
Schmelz um so mehr anzieht, weil man fälschlich glaubt, er
müsse nothwendig dem himmlischen Eros fehlen. Das muß
man aber nie vergessen, daß die Romantiker durchaus keine
Spiritualisten waren: mit der unantastbaren Seligkeit der
himmlischen wollten sie die elementare Kraft und Süßigkeit
der irdischen verschmelzen.

Baader beklagte es, daß die Liebe noch nirgends in der
modernen Kunst und Poesie würdig dargestellt sei, und wünscht,
es möge sich ein Dichter diese Aufgabe stellen; sie müßte,
sagt er, als ein rechter Gegensatz zu der Liebe Faust's und
Gretchen's erscheinen, die allerdings alle Schönheit des Triebes
hat, aber tragisch enden muß, weil sie zum Uebergang in
das zweite Stadium nicht durchdringen kann. Novalis hat,
weil er kein vollendetes Werk hinterlassen hat, auch eine
vollendete Darstellung der Liebe nicht geben können. Wahrscheinlich hätte seine Kraft auch nicht dazu ausgereicht. Aber
der Geist dieser Liebe lebt überall in Allem, was er geschrieben
hat, durchleuchtet Alles wie die erwärmende Sonne mit der
lindernden Zärtlichkeit des Mondes. Wie ein goldener
Duft die Bilder mancher italienischer Maler ganz überzieht
oder wie der mystische Karfunkelstein der morgenländischen
Märchen in die entfernteste Dunkelheit glüht, so ist ein
Schmelz von Liebeslust darüber ausgebreitet, zieht der
leise, entzückte Athem einer inbrünstigen Seele hindurch.
Ich will als Beispiel das Liebesgespräch zwischen Heinrich
und Mathilde im Ofterdingen anführen, nachdem sie sich
verlobt haben; ohne übrigens bestreiten zu wollen, daß es
diesen ätherischen Gebilden an kräftiger, packender Erscheinung mangelt.

„O Geliebte, der Himmel hat Dich mir zur Verehrung gegeben. Ich bete Dich an. Du bist die Heilige, die meine Wünsche zu Gott bringt, durch die er sich mir offenbart, durch die er mir die Fülle seiner Liebe kund thut. Was ist die Religion als ein unendliches Einverständniß, eine ewige Vereinigung liebender Herzen? Wo Zwei versammelt sind, ist Er ja unter ihnen. Ich habe ewig an Dir zu athmen; meine Brust wird nie aufhören, Dich in sich zu ziehen. Du bist die göttliche Herrlichkeit, das ewige Leben in der lieblichsten Hülle."

„Ach! Heinrich, Du weißt das Schicksal der Rosen; wirst Du auch die welken Lippen, die bleichen Wangen mit Zärtlichkeit an Deine Lippen drücken? Werden die Spuren des Alters nicht die Spuren der vorübergegangenen Liebe sein?"

„O könntest Du durch meine Augen in mein Gemüth sehen! aber Du liebst mich, und so glaubst Du mir auch. Ich begreife das nicht, was man von der Vergänglichkeit der Reize sagt. O sie sind unverwelklich. Was mich so unzertrennlich zu Dir zieht, was ein ewiges Verlangen in mir geweckt hat, das ist nicht aus dieser Zeit. Könntest Du nur sehn, wie Du mir erscheinst, welches wunderbare Bild Deine Gestalt durchdringt und mir überall entgegenleuchtet, Du würdest kein Alter fürchten. Deine irdische Gestalt ist nur ein Schatten dieses Bildes. Die irdischen Kräfte ringen und quellen, um es festzuhalten, aber die Natur ist noch unreif; das Bild ist ein ewiges Urbild, ein Theil der unbekannten, heiligen Welt."

„Ich verstehe Dich, lieber Heinrich, denn ich sehe etwas Aehnliches, wenn ich Dich anschaue."

„Ja, Mathilde, die höhere Welt ist uns näher, als wir gewöhnlich denken. Schon hier leben wir in ihr, und wir

erblicken sie auf das Innigste mit der irdischen Natur verwebt ... Wer weiß, ob unsre Liebe nicht dereinst noch zu
Flammenfittigen wird, die uns aufheben und uns in unsre
himmlische Heimat tragen, ehe das Alter und der Tod uns
erreichen. Ist es nicht schon ein Wunder, daß Du mein
bist, daß ich Dich in meinen Armen halte, daß Du mich
liebst und ewig mein sein willst?"

„Auch mir ist jetzt Alles glaublich, und ich fühle ja so
deutlich eine stille Flamme in mir lodern, wer weiß, ob sie
uns nicht verklärt und die irdischen Bande allmälig auflöst.
Sage mir nur, Heinrich, ob Du auch schon das grenzenlose
Vertrauen zu mir hast, was ich zu Dir habe? Noch nie
hab' ich so etwas gefühlt, selbst nicht gegen meinen Vater,
den ich doch so unendlich liebe."

„Liebe Mathilde, es peinigt mich ordentlich, daß ich Dir
nicht Alles auf einmal sagen, daß ich Dir nicht gleich mein
ganzes Herz auf einmal hingeben kann. Es ist auch zum
ersten Mal in meinem Leben, daß ich ganz offen bin. Keinen
Gedanken, keine Empfindung kann ich vor Dir mehr geheim
haben; Du mußt Alles wissen. Mein ganzes Wesen soll sich
mit dem Deinigen vermischen. Nur die grenzenloseste Hingebung kann meiner Liebe genügen. In ihr besteht sie ja.
Sie ist ja ein geheimnißvolles Zusammenfließen unseres geheimsten und eigenthümlichsten Daseins."

„Heinrich, so können sich noch nie zwei Menschen geliebt
haben, ich kann's nicht glauben. Es gab ja noch keine
Mathilde. Auch keinen Heinrich. . . ."

Diejenigen, denen diese Sprache unwahr und über-
schwenglich scheint, haben vielleicht die Gefühle ihrer Jugend
vergessen; und was bedeutet es, daß die Erfahrung oft oder
meistens die schwindelnden Traumbilder verzückter Liebe zer=

stört? Was zu überschwänglich erscheint, ist es oft nur nicht
genug. Wer weiß, ob nicht sogar der lächerlichen, sich ewig
wiederholenden Täuschung jedes Liebespaares, nie zuvor sei
so geliebt worden, weil es nie zuvor einen solchen Mann
und eine solche Frau gegeben habe, eine Thatsache von selbstverständlicher Klarheit zu Grunde liegt? „Alle Wünsche der
Liebenden", sagt Friedrich Schlegel, „und alle Bilder der
Dichter sind buchstäblich wahr: nämlich der klassischen Dichter,
der echten Liebenden." Das war ja die Losung der Romantiker, die stolzesten Phantasien des Glaubens in Wirklichkeit
zu versetzen. Grade, was am wunderbarsten und dem Verstande am unzugänglichsten scheint, wählten sie mit Vorliebe
zum Stoff für ihr geharnischtes Denken. Daher ihr beständiges Zusammentreffen mit den dunkeln, gewaltigen Weis-
sagungen der Bibel. Auch in Hinsicht auf die Liebe war
ihnen jene Verkündigung des Apostel Paulus: „— und werden
Zwei ein Fleisch sein. Das Geheimniß ist groß, ich sage
aber von Christo und der Gemeinde"; die Behauptung also,
daß die Liebe zwischen Mann und Frau ein großes Gleichniß
der menschlichen und göttlichen Beziehungen sei, die geläufige
und selbstverständliche. Baader erregte bei Manchen Anstoß
damit, daß er beständig die geistigsten religiös-philosophischen
Vorgänge durch Herbeiziehung erotischer Bilder erläuterte;
denn nicht Jeder konnte die Lauterkeit und Unbefangenheit
dieser Conquistadoren der Wahrheit begreifen. Das Gefühl,
daß die Lösung aller Räthsel im Geheimniß der Liebe liege,
trieb sie zum unermüdlichen Fluge gegen diese Sonne. Und
wie es fast immer Novalis war, der die romantischen Ge-
dankenträume in dem reinsten Krystall wiederspiegelt, so hat
er auch diese Ueberzeugung hell und lieblich gefaßt in das
Märchen von Hyacinth und Rosenblüthchen; und noch kürzer
und schlichter in dem herzlichen Distichon:

Welten bauen genügt nicht dem tiefer langenden Sinne,
Aber ein liebendes Herz sättigt den strebenden Geist.

Was man als Motto über fast alle modernen Romane
schreiben könnte, wo das gewaltige Drängen und Treiben
des Helden stets mit einem Verlobungskuß beschlossen wird.
Und auch darin läge also, soviel es auch verspottet wird,
eine tiefe Bedeutung und Berechtigung.

Romantische Ironie.

Denn der Herr ist der Geist. Wo aber
der Geist der Herr ist, da ist die Freiheit.

Die Kuh, welche auf der Wiese ihr Futter sucht, ver=
bindet ohne Zweifel mit dem Anblick ihrer fettigen grünen
Fläche ein schmeichelndes Gefühl von Wollust. Aber wieviel
beglückender ist die Theilnahme des Menschen, die selbstlos
über dieser Flur ruht und wie unendlich viel edler ist gar
der Genuß des Kindes, das mit der Wiese spielt: dem sie
vielleicht ein Teppich für tanzende Elfen ist, oder ein Zauber=
wald, in dem die goldnen Käfer als verwünschte Prinzen
herumirren, oder ein schwellender Königsthron für die junge
Majestät. Es ist schmerzlich, daß die Menschen die Kunst
zu spielen so bald verlernen, verlustig gehen der erstaun=
lichen Geisteskraft und =freiheit, die dem Kinde aus einem
grünen Blatt nach Belieben einen Teller oder einen Hut
oder einen Schirm macht. Das Kind macht die todte Natur
lebendig oder tödtet die lebende, je nachdem es sie gerade
für das Drama seiner Phantasie braucht: ein Baumstumpf
kann ihm als Mensch dienen und im nächsten Augenblick
ein Mensch als ein Haufen Steine. Wie sein Körper un=
gemeine Leichtigkeit zum Tanz hat, so sein Geist, der über
die Erde hinfliegt mit zärtlicher und doch gleichgiltiger Eile,
da sie ihm nicht als tragender und nährender Boden dienen
muß. Unermüdlich einen bunten Ball in die Lüfte zu werfen

und sich daran zu ergötzen, wie die wirbelnde, immer kleiner
werdende Kugel aufstrebt und wieder zurückgezogen wird,
stundenlang im Grase sitzen und warten, bis eine gewisse
kleine Eidechse mit rosa Leibchen aus ihrem Verstecke schlüpft
— wie bald verliert der Mensch diese glückselige, man
möchte fast sagen erhabene Uneigennützigkeit über zweckvollen
Bestrebungen und gewaltigen Leidenschaften. Allerdings ist
dies Vermögen des Kindes, die Dinge an sich und nicht
nur in Hinblick auf ihre Anwendung und Beziehung auf
uns zu sehen, unbewußt, und nur wenn sie willkürlich wäre,
ziemte sie dem reifen Menschen. Auch ist es nothwendig,
die Dinge benützen und besitzen zu wollen; denn wer ewig
mit der Welt nur spielte, würde sich nie an ihr reiben, und
doch kann man nur in Kämpfen sich entwickeln. Aber nach=
dem der Mensch die verhängnißvollen Kräfte seines Spiel=
zeugs und die schönen, gefährlichen Schätze, die darin ver=
steckt sind, kennen gelernt hat, wenn er dann wieder mit
ihr spielen lernte! Wenige sind dazu stark, frei und rein
genug. Wo unter Erwachsenen gespielt wird, handelt es
sich doch meistens, wenn man von Mode und Ehrgeiz ganz
absieht, um Gewinnen oder um Kräftigung des Körpers,
und so löblich auch das Letztere ist, so kann man doch nur
von Demjenigen wirklich sagen, er spiele, der es aus zweck=
loser Lust thut, die allein mit sich und der Natur einen
Zeitvertreib machen könnte.

Die Aufgabe des Malers sei, sagte Wilhelm Schlegel,
in den Gemälden, die Menschen sehen zu lehren, nämlich
die Dinge so zu sehen, wie sie erscheinen, nicht wie wir uns
gewöhnt haben sie aufzufassen zu untergeordneten Zwecken.
Gerade so in der Poesie: der Durchschnittsleser fragt zu=
nächst, wovon ein Buch handelt — wie in der Malerei,
was ein Bild darstellt — was doch keineswegs das Wesentliche

ist. Wer gern historische Romane liest, aus denen man
beiläufig Belehrung schöpfen kann, thut noch groß damit; Diejenigen, die etwas nach einem philosophischen Gehalte fragen
und Gedanken aufstöbern, glauben vollends auf der Höhe
zu sein und zu den oberen Zehntausend zu gehören. Das
aber macht ebensowenig das Kunstwerk aus, wiewohl der
Künstler natürlich Geist und Gedanken hat, was immer
irgendwie zur Geltung kommen wird. Das schönste Kunstwerk entsteht — wie der schönste Körper — wenn die Kraft
des Dichters groß genug ist, mit dem Stoffe zu spielen, was
desto schwieriger, freilich auch desto schöner in der Wirkung
ist, je schwerer und gehaltvoller der Stoff. Wie wenn der
Mond die Schwerkraft der Erde überwände und willkürlich,
wie man es sich wohl von verklärten, freigewordenen Seelen
vorstellt, sanft und sicher seinen Ring durchkreiste. Oder
wie wenn ein Kind, statt seine Orange zu essen, sie als
Ball in die Luft wirft. Der Wunsch zu fliegen, der immer
wieder in der Menschheit auftaucht und jetzt als ernstlicher
Versuch unternommen wird, ist auch nur die Sehnsucht, die
Schwere des Stoffes zu überwinden. In der Kunst soll
diese Sehnsucht Befriedigung finden. Dasselbe meinten
Schiller und Goethe, wenn sie verlangten, daß die Form —
denn das ist ja die Geisteskraft des Dichters — den Stoff
verzehre. Und dasselbe bedeutet die vielberedete romantische
Ironie, eine von den vielen Begriffsbestimmungen, die
Friedrich Schlegel in die Literatur einführte. Denn das
beständige Vernichten und Neuschaffen seines Gegenstandes,
wozu nach ihm der Künstler fähig sein soll, ist ja nichts
Andres als seine Meisterschaft über den Stoff, den er sich
selbst gewählt, in den er sich vertieft hat, aus dem er sich
aber jederzeit erheben kann, um ihn beliebig zu verwandeln
und in jede Form zu bringen. Ein geistiges Fliegenkönnen.

Aehnlich wie romantische Poesie nichts Andres ist als
Poesie überhaupt, Poesie der Poesie, der Extrakt, der nach
Ausscheidung alles Unpoetischen übrig bleibt, also verdichtete
Dichtung, so daß unromantische Poesie nichts Andres heißt
als unpoetische Poesie, ist auch der Begriff der romantischen
Ironie durchaus nicht etwas so Besonderes, von den Romantikern Erfundenes oder ihnen Anhaftendes, wie man vielfach
gemeint hat. Man könnte romantische Ironie am Besten
mit Geistesfreiheit übersetzen. Nicht naturlos, aber naturfrei
ist der wahre Ironiker. Er hat die Fähigkeit, sich von dem
irdischen Element, in dem er lebt und webt, zu lösen, als
ein Luftschiffer emporzusteigen und die Erde als winzigen
Punkt unter sich verschwinden zu sehen, die verhältnißmäßige
Nichtigkeit der lebenden Kugel zu erkennen, die, so lange
sie fest unter seinen Füßen war, sich so breit machte und
unermeßlich ausdehnte. Auf Erden schon eine solche Ansicht
des Lebens haben können wie ein seliger Geist, der mit
ätherischem Leib, ein wehendes Lüftchen, über den tosenden
Markt des Tages hinstreicht.

Nichts Anderes scheinen mir die verschiedenen Aussprüche
der Romantiker über Ironie zu bedeuten, wenn z. B. Fried=
rich Schlegel sagt: „Ironie ist klares Bewußtsein der ewigen
Agilität des unendlich vollen Chaos" und „Wir müssen
uns über unsre eigne Liebe erheben und was wir anbeten, in
Gedanken vernichten können: sonst fehlt uns, was wir auch
für andere Fähigkeiten haben, der Sinn für das Weltall."

Tieck bemerkt einmal, daß man einen Gegenstand, den
man liebt, erst besitze, wenn man etwas Lächerliches an ihm
finde; daß er keinen Freund und keine Geliebte haben möge,
über die er niemals lachen oder lächeln könne. So ist es
reizende Ironie in den Griechen, wenn sie ihre Götter in
anmuthiger Weise dem Gelächter preisgeben, ohne dadurch

ihre olympische Herrlichkeit anzutasten; wie auch die Götter
selbst über Ares und Aphrodite lachen, die deswegen doch
hehr an Kraft und Schönheit in ihrem Kreise thronen. Und
schließlich beruht es auf derselben Kraft, wenn man, wie
Novalis es von den Menschen verlangt, das ganze Leben
wie eine „schöne genialische Täuschung, wie ein herrliches
Schauspiel" betrachten kann. Sich allzutief in den Schmerz
versenken und in ihm haften bleiben, erachten sie für Sünde,
für Dummheit, wenn man den Scherz auf die Kinder be-
schränken und eines ernsten Mannes unwürdig achten will.
Wie Tieck im Zerbino sagt:

„Habt ihr's schon versucht den Scherz als Ernst
Zu treiben, Ernst als Spaß nur zu behandeln?
Mit Leiden
Und Freuden
Gleich lieblich zu spielen
Und Schmerzen
Im Scherzen
So leise zu fühlen,
Ist wen'gen beschieden.
Sie wählen zum Frieden
Das eine von beiden,
Sind nicht zu beneiden;
Ach gar zu bescheiden
Sind doch ihre Freuden
Und kaum von Leiden
Zu unterscheiden."

Einstimmig waren die Romantiker in dem Ruhme der
Vielseitigkeit, die ohne große Schnellkraft des Geistes, mit
der er sich von dem einen Gegenstande zu einem andern
schwingt, nicht zu erreichen wäre.

Friedrich Schlegel: „Ein recht freier und gebildeter
Mensch müßte sich selbst nach Belieben philosophisch oder
philologisch, kritisch oder poetisch, historisch oder rhetorisch,

antik oder modern stimmen können, ganz willkürlich, wie
man ein Instrument stimmt, zu jeder Zeit und in jedem
Grade."

Novalis: „Der vollendete Mensch muß gleichsam an
mehreren Orten und in mehreren Menschen leben, ihm
müssen beständig ein weiter Kreis und mannigfache Begebenheiten gegenwärtig sein. Hier bildet sich dann die wahre,
großartige Gegenwart des Geistes, die den Menschen zum
eigentlichen Weltbürger macht und ihn in jedem Augenblicke seines Lebens durch wohlthätige Association reizt,
stärkt und in die helle Stimmung einer besonnenen Thätigkeit versetzt."

Wenn man nun sagt, es sei, gerade bei Tieck, die Ironie
Schuld daran, daß er Nichts recht ernst und gründlich habe
erfassen können, oder die Ironie sei eigentlich nur Unfähigkeit,
ein warmes, echtes Gefühl für irgend einen Gegenstand zu
haben, weswegen auch die romantischen Künstler sich bei
dem tiefen deutschen Volke nie hätten einbürgern können, so
ist daran so viel wahr, daß der tiefsinnige, ernsthafte Geist
selten so leicht und schnell ist wie der oberflächliche und
darum oberflächlich, leicht und ironisch oft zusammengehen
und vielfach als unzertrennlich betrachtet werden. Aber
man möge nur an Goethe denken. „Man lasse sich also dadurch", sagt Friedrich Schlegel in seiner Besprechung des
Meister, „daß der Dichter selbst die Personen und Begebenheiten so leicht und so launig zu nehmen, den Helden fast
nie ohne Ironie zu erwähnen und auf sein Meisterwerk
selbst von der Höhe seines Geistes herabzulächeln scheint,
nicht täuschen, als sei es ihm nicht der heiligste Ernst." Leicht
und schwer zugleich, naturfrei, aber nicht naturlos sein, das
ist eben die paradoxe Aufgabe, die dem Künstler gestellt
wird; und so versteht man auch den zunächst etwas dunkel

klingenden Ausspruch Friedrich Schlegel's: „Ironie ist die
Form des Paradoxen. Paradox ist Alles, was zugleich gut
und groß ist."

Es ist eine Kümmerlichkeit, daß die Menschen sich ge=
wöhnt haben, an dem schäbigen, hölzernen Entweder=Oder
zu hinken. Sie würden niemals glauben, daß ein Denker
praktisch sein könne, und wenn er vor ihren Augen, in
Abwesenheit seiner Frau, einen Haushalt mit sieben Kindern
sparsam, vernünftig und geräuschlos regierte, würde man
nach wie vor dabei bleiben, daß er zwar schwerverständliche
Werke schreiben, aber nicht einen einzigen kleinen Koffer
leidlich packen könne. Die Folge davon ist, daß, wer nach
einer gewissen Richtung hin ehrgeizig ist, das Entgegengesetzte oder Gegenüberliegende in sich unterdrückt; wie denn
junge Mädchen und junge Künstler ihren Verstand meistens
verbergen, am liebsten ausrotten möchten, jene um für schön
und naiv, diese um für genial zu gelten. Anderseits hält
man es auch für überflüssig, wenn man eine Gabe oder
Neigung hat und hier ausgezeichnet ist, die anderen Seiten
des menschlichen Wesens auszubilden, aus Furcht, jenes zu
beeinträchtigen oder weil es ja doch erfolglos sein müsse.
Daß es unmöglich sei, zugleich groß und gut zu sein, ist
jedem selbstverständlich, so daß man häufig lesen oder hören
kann, Jemand sei zu groß gewesen, um gut sein zu können;
während man vielmehr sagen sollte, er sei nicht groß genug
gewesen, um zugleich gut zu sein.

Ironie kann und soll zwar in jeder Dichtung sein; aber
die eigentliche Kunstform der Ironie ist die Komödie. Sie
entsteht, wenn die Geisteskraft des Dichters so groß und so
beständig wirksam ist, daß er das natürlich Leidenschaftliche,
woraus das Tragische hervorgeht, vollkommen auflösen und
in geistiges Genießen verwandeln kann. Darum tritt die

Komödie als die späteste Blüthe der Kultur mit der wachsen-
den Besonnenheit und dem Freiwerden des Geistes auf, und
ein Jüngling wird viel eher ein wirksames Trauerspiel als
eine leidliche Komödie verfassen können. Alle Versuche der
Gegenwart, die tragische Kunst neu zu beleben, müssen fehl-
schlagen, aber mehr und mehr wird das Lustspiel, das wahre
Spiel höchster Lust, sich entfalten. Diejenige Komödie, wo
die Heiterkeit nur hie und da aufflackert wie Flämmchen
auf dunklem Grunde, läßt sich dem gewaltigen Erguß der
vernichtenden Leidenschaft im Trauerspiel nicht gleichsetzen;
Energie und Leidenschaft des Jubels, ein rosiger Feuerstrom
der Freude muß das Zukunftslustspiel sein, das Shakespeare's
Muster uns ahnen lassen. Ebenso wie in der Tragödie das
innerste Herz durch den erhabenen Jammer und unausweich-
baren Untergang des Lebens erschüttert wird, so muß es hier
durch den Schwung unsterblicher Wonne von der Erde weg-
gerissen und unter die Götter versetzt werden. Das wäre die neue
Dichtungsart, die Friedrich Schlegel das Entzückende nennt.
Er hat das Wesen und die Zukunft der Komödie meisterhaft
in seinen Schriften über die Griechen besprochen und als
ihre Aufgabe bezeichnet, mit dem kleinsten Schmerz das
höchste Leben zu bewirken.

„Das komische Genie verlangt auch äußere Freiheit, kann
ohne diese sich nur bis zur Grazie, nie bis zum höchsten
Schönen erheben. Sie wird es erreichen, wenn die Absicht
vielleicht in einer späten Zukunft ihr Geschäft vollendet und
mit Natur endigt, wenn aus Gesetzmäßigkeit Freiheit wird,
wenn die Würde und die Freiheit der Kunst ohne Schutz
sicher, wenn jede Kraft des Menschen frei und jeder Miß-
brauch der Freiheit unmöglich sein wird. Alsdann würde
auch die reine Freude, ohne den Zusatz des Schlechten,
welcher jetzt dem Komischen nothwendig ist, an sich genug

dramatische Energie haben; die Komödie würde das vollkommenste aller dramatischen Kunstwerke sein: oder vielmehr
an die Stelle des Komischen würde das Entzückende treten,
und wenn es einmal vorhanden wäre, ewig beharren."

Es lag gewiß nicht nur an dem Mangel äußerer Freiheit,
sondern auch an Tieck's Natur selbst, daß sich sein komisches
Genie nur bis zur Grazie erhob. Vielleicht hatte Friedrich
Schlegel den Begriff der Ironie und Komödie gerade deswegen so durchdringen können, weil ihm, dem Schweren,
Alles fehlte, um ein Kunstwerk in diesem Geiste schaffen zu
können. Aber sein Freund Tieck, von dem er mit gutmüthiger Geringschätzung, der stattlich runde Mann, sagte,
daß er ihm an Leib und Seele gleich mager vorkomme,
verstand sich auf das Tanzen und Fliegen. Und wenn auch
sein Gestiefelter Kater davon fern war, das hohe Ideal der
Komödie, das Friedrich aufgestellt hatte, zu erreichen, so
konnte er doch als kleiner Morgenstern, bescheidener Vorläufer der Sonne gelten und rief in sofern ein berechtigtes
Entzücken unter den Romantikern hervor. Denn dies Lustspiel war wirklich nichts als Spiel, eine lustige Composition,
wie der Dichter selbst sagte, ganz aus Schaum und leichtem
Scherz bestehend. Schon das scheint Spiel, ein Kindermärchen, so ein recht kindisches, muthwilliges, so ernst zu
nehmen, daß man es zum Inhalt eines Dramas macht.
Aber: warum soll eben Inhalt den Inhalt eines Gedichtes
ausmachen? hat Tieck einmal gesagt. Und wie nun die
Entrüstung des Philisters über die thörichte Kinderei mit
auf die Bühne gebracht wird, bemerkt man, daß es sich
garnicht um das Märchen handelt, sondern um das Publikum,
das ihm zusieht. Dennoch kann man nicht sagen, daß auf
eine eigentliche Verspottung des Publikums abgezielt sei,
wodurch in das Spiel eine störende Absicht und Herbigkeit

19*

getragen würde: die biederen, ehrenfesten Männer, die mit
so viel tüchtiger Bestrebung und alles Kunstgefühles bar
in's Theater gehen, werden in Reih und Glied auf die
Bühne gesetzt, und das leise, herzliche Gelächter des guten
Dichters gaukelt beinahe mehr verschönernd als verhöhnend
um ihre breiten Figuren. Man muß sie doch fast lieb-
gewinnen; den treuherzigen, behaglichen Müller, der sich so
recht gemüthlich für die Ewigkeit zurechtsetzt, den Theater-
zettel liest und sagt: „Ich hoffe doch nimmermehr, daß man
die Kinderpossen wird auf's Theater bringen. Ei! ei! nach
all den Wochenschriften, den kostbaren Kleidungen und den
vielen, vielen Ausgaben! Denn es ist das Zeitalter für diese
Phantome nicht mehr." Der aber doch nie abläßt das
Beste zu hoffen und sich innig wünscht, einmal eine recht
wunderbare Ausstattungs-Oper ohne Musik zu sehen oder
denn ein ordentliches Familiengemälde. Dann den idealischen
Schlosser, der nach tiefsinniger religiöser Philosophie und
Freimaurerei verlangt und in dem Kater den verlarvten
Präsidenten einer geheimen Gesellschaft wittert, der in einem
verborgenen Keller für das Edle und Gute wirkt. Den geschmack-
vollen Fischer, dessen scharfem Verstande keine Unnatürlich-
keit und kein Widerspruch entgeht, der aufmerkt, ob die
Charaktere sich auch treu bleiben, der so garnicht prahlt
mit seiner Ueberlegenheit, sondern sie fein und gesetzt, wie
ein paar Orden, die aus alter Gewohnheit schon mit zur
Kleidung gehören, spazieren trägt. Unermüdlich ist der
Dichter bemüht, uns sacht in eine gelinde Illusion einzu-
spinnen, in dem Augenblicke aber, wo wir, schwerfällig dem
Gesetz der Trägheit nachgebend, uns in ihr festsetzen wollen,
faßt uns der Leichtfüßige bei der Hand und wir müssen
ihm folgen, das Gewebe zerreißend, das uns eben den Blick
zu umschleiern begann. Wir meinen dann, das Fliegen ge-

lernt zu haben, während es doch nur das ist, daß der Traumgott uns eine Weile mit sich führt.

Sollte es die Absicht des Dichters sein, Theater mit dem Theater zu spielen, sich über den schlechten Geschmack des Publikums lustig zu machen, so würden wir, obwohl die Dichtung ohne gewichtigen Anspruch auftritt, meinen können, es sei viel Lärm um Nichts geschlagen. Aber, wie Tieck selbst sagt, man kann nicht über das Theater scherzen, ohne über die Welt zu scherzen. Wenn der Zuschauer Wiesener sich über die Husaren freut, die im Gestiefelten Kater auftreten; "denn es sind die Leute selten so dreist, Pferde auf's Theater zu bringen, und warum nicht? Sie haben oft mehr Verstand als die Menschen. Ich mag lieber ein gutes Pferd sehen als so manchen Menschen in den neueren Stücken" und der Nachbar beistimmt und hinzusetzt: "schade daß sie so bald wieder weggingen; ich möchte wohl ein ganzes Stück von lauter Husaren sehen — ich mag die Kavallerie so gern" oder wenn das Publikum keine Ruhe hat, bis Einer im Stück auch durch Feuer und Wasser gegangen ist wie in der Zauberflöte, so handelt es sich da keineswegs allein um ästhetische Dummheit. In jedem Urtheil drückt der naiv urtheilende Mensch sich selbst aus, und insofern als sich auf den Brettern immer ein Stück Leben abspielt, hört man im Urtheil des Publikums über ein Drama seine Auffassung des Lebens. Tieck's Gestiefelter Kater wie auch seine anderen phantastischen Komödien sind trotz aller Beziehungen auf gewisse literarische Persönlichkeiten und Zustände wesentlich ein jubelnder Scherz über die Welt von Philistern, über die Unfähigkeit der Menschen, sich über den nächsten irdischen Zweck zu erheben, über die Behäbigkeit, mit der sie sich in ihrem weichlichen Moraste wohlgefallen, über die Blindheit, mit der sie an der Außen=

 seite der Dinge kleben bleiben. Wie sie beim albernsten
Geschwätz zweier Verliebter so froh sind, daß doch auch
einmal etwas für's Herz kommt, und sich so wohlig fühlen,
wenn sie recht weinen können; wie sie die Narrenspossen
verachten, sich vielmehr bilden und bessern wollen, ohne doch
jemals um einen Zoll von ihrem niedrigen Standpunkt
weiterzurücken; wie der König nicht ohne ein belehrendes
Tischgespräch speisen will, derart: „Wie weit ist die Sonne
von der Erde? Hochgelehrter: Zweimalhunderttausend fünf-
undsiebzig und eine viertel Meile, fünfzehn auf einen Grad
gerechnet. König: Und der Umkreis, den die Planeten so
insgesammt durchlaufen? Hochgelehrter: Wenn man rechnet,
was jeder Einzelne laufen muß, so kommen in der Total-
Summe etwas mehr als tausend Millionen Meilen heraus.
König: Tausend Millionen! Man sagt schon, um sich zu
verwundern: ei der Tausend! und nun gar tausend Millionen!
Ich mag doch auf der Welt nichts lieber hören als so große
Nummern — Millionen, Trillionen — da hat man doch
dran zu denken — wie das den Geist beschäftigt!" ja, wie
am Schluß die beste Dekoration mit dem Feuer- und
Wasserzauber herausgerufen und beklatscht wird, während
die Dichtung durchgefallen ist — bei alledem denkt man
nicht an Theater-Literatur, sondern lachend mit dem übermüthigen Dichter: ja so, so sind sie! Immer nehmen sie
den Schein für das Wesen, niemals wissen sie, worauf es
ankommt.

Und gegenüber den schwerfälligen Menschenthieren, die
er an uns vorbeiziehen läßt, des Dichters eigner Geist, der,
einem lebendig quellenden Füllhorn gleich, unaufhörlich
seine muthwilligen oder tiefsinnigen Einfälle um sich her
ausschüttet, daß man sich zunächst nur an der Fülle freut,
wie wenn man vor einem übereinander geworfenen Haufen

Blumen steht, ohne die eine um die andre zu betrachten.
Seifenblasen scheinen aufzusteigen: während der Blick der
einen folgt, die so wonnig schimmernd, leicht und feierlich
dahinschwebt, sind schon andre da und locken das Auge zu
sich, so, daß es kaum gewahr wird, wie schnell die einzelne
zerplatzt und sich auflöst. Wie reizend ist es im Zerbino,
wenn der Waldbruder dem unglücklich verliebten Helikanus
räth, die Einsamkeit zu suchen und sich an der Betrachtung
Gottes zu trösten, und Helikanus so ungebärdig seinen Rath
verschmäht; und wie, wenn Helikanus, durch alle unendlichen
Liebesschmerzen aufgelöst, endlich doch auf den Ausweg geräth, sich dem Einsiedler zu ergeben, dieser unterdessen seiner
Beschaulichkeit überdrüssig geworden ist und sich nach thätigen
Werken unter den Menschen zurücksehnt. Wie eigen muthet
es uns an, wenn der kindische alte König mit Bleisoldaten
spielt und immer den fünfzehnten Mann erschießen läßt:
er nennt es Schicksal spielen.

> „O weh, der schönste Mann geht zur Vernichtung
> Ach ja, das Schicksal kehrt sich nicht an Kronen,
> An Schönheit, Reichthum und Talente nicht!
> Die unerbittlich blinde Hand, gelenkt
> Von einem dunkeln, räthselhaften Willen,
> Greift unversehns hinein und führt die Leute
> Zum Orkus, ohne sie nur zu betrachten.
> Wenn wir die Fünfzehn, die geheime Regel
> Der Mächte doch erforschen könnten, die
> Wir nur die himmlischen zu nennen pflegen,
> Weil himmlisch uns das Unbekannte ausgedrückt.“

Und wieviel dreister, entzückender Muthwillen, wenn
Zerbino, der Rolle, die der Dichter ihn spielen läßt, über=
drüssig, seiner Existenz ein Ende machen will, indem er die
Maschine des Stückes zurückdreht bis hinter die Scene, wo
er zum ersten Mal aufgetreten ist, und nur die vorletzte

Scene wiederkommt mit ihren Personen, die sehr unwillig
sind, daß sie ihre vorigen Reden nun rückwärts sprechen
sollen und noch dazu mit ihren damaligen Wünschen und
Meinungen in Conflikt kommen; wodurch sich aber Zerbino
nicht stören läßt, der vielmehr unermüdlich dreht und schraubt,
daß ihm der Schweiß von der Stirne läuft, bis Verfasser,
Kritiker und Setzer herzulaufen, ihn überwältigen und
binden und dann das Stück schleunig zu Ende bringen,
ehe sich dergleichen wiederholen kann. Neben dem Scherz
und der Tollheit geht aber beständig leise, süßklingende
Wehmuth, halb verborgener Tiefsinn und unerschöpfliche
Liebeswonne her.

Einem schönen Feuerwerk, das bald mit Knistern und
Prasseln, bald sanft und gemach, sprühend und in den
buntesten Farbentönen leuchtend in die Tiefe des dunkel-
blauen Nachthimmels versinkt, gleicht das Musikmärchen vom
Ungeheuer und dem bezauberten Walde. Es möchte dem
Gestiefelten Kater an Rundung und glänzender Laune vorzuziehen sein; aber im Kater herrscht die Ironie vor, hier
das Märchenhafte. Ueber ein bilderreiches, groteskes, mehr
romanisches als germanisches Märchen ist das Ganze hin-
gesponnen: eine böse königliche Stiefmutter, die mit Hülfe
von bösen Feeen den edeln Königssohn in ein Ungeheuer
verzaubert hat und dem zweiten Prinzen nach dem Leben
stellt, und wie nun die Guten den Schlimmen entgegenwirken und der junge Prinz, ohne es zu ahnen, den Bruder
erlöst, indem er ihn bekämpft.

> „Giebt die Welt noch andre Freuden
> Neben Wein und Rundgesang?
> Mag der Held am Ruhm sich weiden,
> Keiner wird ihn je beneiden
> Bei dem süßen Becherklang!“

So versetzt uns ein schäumendes Lied, im Garten zwischen
Springbrunnen und Statuen von jungen Männern und
Frauen gesungen, gleich in die volle Freudenmitte hinein.
Unter diese tritt der bedenkliche Minister Sebastiano, der in
einer prächtigen Arie das Singen als eine unerlaubte
Schwelgerei mit Zunge und Sprache verbietet:

> „Bei hoher Strafe wird geboten
> So hier als auch im ganzen Land,
> Wen man ertappet über Noten,
> Der wird im Augenblick verbannt:
> So hat das Reich durch mich erkannt.
> Was sollen diese Trillerkünste,
> Durch die man sonst den Mond beschwur?
> Sie sind ein Nichts und leere Dünste
> Und immer gegen die Natur.
> Spricht Leidenschaft in Paukenschlägen?
> Der Schmerz in Flötenmelodie?
> Empfindung geht auf andern Wegen;
> Was sagt dazu Philosophie?

Unnachahmlich ist die komische Würde und majestätische
Einfalt, womit er von den Heimsuchungen des Landes er=
zählt und seine Besorgniß, man möchte ihrer nie ledig
werden, da seine Gesundheit ihm nicht erlaubt, nach dem
Rechten zu sehen; und daneben die Unverblüfftheit des auf=
geklärten Minister Lomelli, der dem Könige die Sorge über
das Ungeheuer und den verzauberten Wald damit ausredet,
daß diese Phantome einer kindischen Imagination ja gar=
nicht existiren, und daß ein blühendes, mit geistreichen
Köpfen und einsichtsvollen Leuten angefülltes Land nicht
ein Ball in den Händen der Dummheit bleiben darf. Und
dazwischen der gänzlich rathlose alte König, der bald diesem
glaubt, bald dem Jammer des Volkes und feurig beschließt,
daß binnen Kurzem alle diese Ungeheuer, verzauberten Haine,

Propheten und Weiſſagungsfelſen ihm über die Grenze
tanzen ſollen; ohne daß ſich jemals Menſch oder Geiſt um
ſeine Befehle kümmerte. Zuletzt der Zweikampf im Gebirge:
der Prinz ringt mit dem Ungeheuer, zwei Nebenbuhler
ſchlagen ſich um ein Liebchen, die beiden Miniſter, weil
Lomelli dem Sebaſtiano vorwirft, er habe den König im
Aberglauben an das Ungeheuer beſtärkt, das garnicht exiſtire.
Sebaſtiano wird beſiegt:

> Willſt du dich ergeben?
> Ich will mich gern ergeben,
> Nur ſchonen Sie mein Leben —

im Augenblick aber, wo Sebaſtiano, um ſein Leben zu
retten, einen Schwur thut, daß es kein Ungeheuer gibt, weil
dieſe Zeit vorüber ſei, da erſcheint es, und beide Miniſter
entfliehen unter entſetzlichem Wehgeſchrei Hals über Kopf
nach verſchiedenen Seiten. Zwiſchen dieſer tollen Komik
das leiſe Liebesgeflüſter des Prinzen und Angelika's, das
Schwirren der guten und böſen Geiſter, das holde Lied der
dienenden Mädchen, die der Königin folgen:

> Zieht, ihr warmen Lüfte,
> Durch die Blumenfelder hin,
> Stehlt dem Frühling ſeine Düfte,
> Bringt ſie unſrer Königin.
> Wo ſie wandelt, ſpielen Weſte,
> Folgen ihrem hohen Gang,
> Vöglein freuen ſich im Neſte,
> Grüßen ſie mit Lobgeſang —

ſtolze, ſchmetternde Jagdfanfaren und der reizende Wahnſinn
des verzauberten Waldes, in welchem Trappola allein ſeinen
Verſtand behält; denn der alte Satz beſtätigt ſich an ihm,
„daß gewiſſe Leute nicht unſinnig werden können, wenn man
auch alle Anſtalten dazu trifft."

Daß Tieck diese Art von ironischer Komödie, die sich
selbst aufhebt und mit sich selbst Theater spielt, nicht er=
funden hat — denn Aristophanes, Shakespaere, Gozzi,
Holberg waren seine Vorbilder — ist bekannt; übrigens
gleichgültig, denn es thut ihrem Werthe keinen Eintrag.
Ebenso wenig, wie ich beiläufig noch einmal erwähnen will,
darf man das gegen sie anführen, daß alle die literarischen
Beziehungen uns ohne Commentar nicht mehr verständlich
sind; denn sie machen den Kern der Dichtung nicht aus.
Und trotzdem ist es gerechtfertigt, daß diese realistischen
Märchenspiele auch von ästhetischen Feinschmeckern nicht zur
höchsten Kunst gerechnet werden, daß ihnen etwas zu wünschen
übrig bleibt; ja selbst Schiller's Urtheil, der sie nichts als
leer und geschwätzig fand, so beschränkt es auch ist, läßt
sich doch bis zu einem gewissen Grade wenigstens verstehen.
Im Prolog zum Zerbino sagt Tieck:

> „So haltet unser Spiel für nichts als Spielwerk.
> Kein Vogel darf mit schwerer Ladung fliegen,
> Ein Liebesbriefchen tragen wohl die Tauben,
> Die Schwalbe Wolle nach dem warmen Nest,
> Nur jenem großen Vogel Rock ist es
> Vergönnt, die Luft mit kühnem Flug zu theilen,
> Den Elephanten in den Klauen haltend.“

Da haben wir das Problem ausgesprochen: der Ueber=
mensch, der Zukunftsmensch oder wie man das Ideal nennen
will, dem wir entgegenwachsen, ist von dem Geschlechte jenes
fabelhaften paradoxen Vogels. Tieck wußte, daß er selbst
nicht das wundervolle Geschöpf war, das schwer belastet in
die Wolken steigen kann; man muß die Freiheit seines
Intellektes bewundern, die ihm ermöglichte, sich über das
so klar zu sein, was seine Größe und was seine Schwäche
war. Auch über die Geschwätzigkeit, die Schiller ihm vor=

warf, wußte er Bescheid: auf ihn selber paßt, was der
Narr in der Verkehrten Welt sagt, als ihm Lisette schmeichelt:
Sie drücken sich sehr angenehm aus! „Ich schüttele die
Worte zwischen den Zähnen herum und werfe sie dann dreist
und gleichgültig wie Würfel heraus. Glauben Sie mir,
es geräth dem Menschen selten, alle Sechse zu werfen, er
mag nun besonnen oder unbesonnen spielen." Diesen Ein=
druck hat man wirklich, als wenn ein übermüthiger Ver=
schwender, beim Spiele sitzend, in seinen glitzernden Haufen
hineingreift und austheilt, Zahlpfennige und Goldstücke
durcheinander, wie es gerade kommt. Es ist selten, daß
Einer so verschwenderisch ist, wenn er zugleich bedächtig genug
ist, um auszulesen. Wenn man an Tieck die Gediegenheit,
Schwere und Kraft vermißt, die im Charakter liegt, muß man
daran denken, daß er eben diesem Mangel an Gewicht die
entzückende Leichtigkeit verdankt, mit der er schweben konnte.
Es läuft immer wieder auf den Vogel Rock heraus; nur
das kann man Tieck vorwerfen, daß er der geflügelte Löwe
nicht war, der doch der Sage nach nur alle hundert oder
tausend Jahre erscheint. Er hat selbst unter dem Gefühl
des frevelhaften Leichtsinns gelitten, der ihm eigen sei, und
der ist ohne Zweifel die Ursache, daß seine Werke zu dem
neigen, was man spielerisch, leichte Waare, unecht nennen
kann. Man kann sich einen Dichter denken, der sich von
seinem Gegenstande, den er leidenschaftlich an's Herz ge=
drückt hat, kraftvoll losreißt und mit dem Schwunge der
Anstrengung siegreich lächelnd über ihn erhebt, während Tieck
ihn von vornherein nicht als etwas Gleichgültiges, aber doch
als etwas Entbehrliches scherzend umflattert. Wenn man den
Liebreiz und die vielen höchst dichterischen Einfälle in seinen
Märchendramen genießt und bewundert, fragt man sich oft,
warum trotzdem das Ganze nur mit einem Flügelschlage an

unserm Herzen vorüberfliegt, während jede Komödie von Shake=
speare sich sofort darin festhaft und es innig mitzittern macht.
Jene sind eben nur vom Geiste erzeugt und darum ergreifen
sie auch einseitig nur unsern Geist, nicht unsre Natur mit.

Aber schwelgt auch das Gefühl nicht mit an diesen
Symposien, die Tieck's dramatische Muse veranstaltet, so ist
doch auch der zarte Rausch des Geistes, den sie einflößt,
reizend und angenehm.

„In welcher Trunkenheit jauchzt unser Geist, wenn es
ihm vergönnt ist, tausend wechselnde, bunte, schwebende,
tanzende Gestalten zu erblicken, die stets erneut und ver=
gnügt in ihm aufsteigen. Angerührt, angelacht von tausend-
fältiger Liebe wickelt die Seele sich in Lieder von aller Farbe
und jubelt himmelan, daß dies träge, alltägliche Leben ihn
lange nicht wiederfindet." So spricht das Allegro in einer von
Tieck's Wort-Symphonien; und das war gewiß sein Idealbild
der Komödie.

Romantische Bücher.

Alle heutige Kunst beruht auf dem
Roman, selbst das Drama.

Solger.

Der Roman ist ein romantisches Buch, sagte Friedrich
Schlegel; das heißt, es ist bestimmt, gelesen, nicht dargestellt
zu werden wie das Drama und es soll einen sentimentalen
Inhalt in phantastische Form fassen, nämlich gemischt aus
Erzählung, Gesang und Wechselrede. Keineswegs sei der
Roman mit dem Epos verwandt, was man daraus sehe,
daß im epischen Styl die subjektive Stimmung nicht sichtbar
werden dürfe.

So ist mit der allmäligen Entwickelung des Menschen
aus dem objektiven Epos der subjektive Roman geworden:
der alte epische Dichter, der vorzüglich äußeren Sinn und
Weltbewußtsein hat, schildert den Menschen nur, insofern er
die Welt schildert, der moderne Romandichter mit seinem
erweiterten Ich=Bewußtsein giebt den Menschen und in ihm
die Welt — das All wird Person. Nicht auf das, was
der Dichter darstellt, kommt es also an, sondern ihn selbst
suchen wir in seinen Büchern, und was für eine Welt seine
Organe ihm schaffen. Darum verlangten die Romantiker
nach Selbstschilderungen und Bekenntnissen und erklärten
Rousseau's Confessionen für einen weit vorzüglicheren Roman
als seine Heloïse. „Mancher der vortrefflichsten Romane",
sagt Friedrich Schlegel, „ist ein Compendium, eine Ency-

klopädie des ganzen geistigen Lebens eines genialischen Individuums; Werke, die das sind, selbst in ganz andrer Form,
wie Nathan, bekommen dadurch einen Anstrich von Roman.
Auch enthält jeder Mensch, der gebildet ist und sich bildet,
in seinem Innern einen Roman. Daß er ihn aber äußre
und schreibe, ist nicht nöthig." Und es folgt daraus, was
er weiter sagt, daß es überflüssig zu sein scheine, mehr als
einen Roman zu schreiben, außer wenn etwa der Künstler
ein neuer Mensch geworden sei. Als den Hauptunterschied
zwischen antiker und moderner Poesie bezeichnet er, daß die
moderne auf historischem Grunde ruhe, nämlich Selbsterlebtes schildere: „was gut ist, da liegt immer wahre Geschichte zu Grunde." Und sind unsre modernen großen
Romane etwas andres als Bekenntnisse? Nur Erlebtes ist
uns schön und lieb: der Mensch mit unkundigen, ungeübten
oder schwachen Augen will durch ein fremdes Ich wie durch
ein geschliffenes Glas die Welt schöner und klarer erkennen.

Nicht das ist die Meinung, es könnten etwa gut ge-
zeichnete, interessante Charaktere ein Buch werthvoll machen:
„Das bloße Darstellen von Menschen, von Leidenschaften
und Handlungen macht es wahrlich nicht aus, so wenig
wie die künstlichen Formen, und wenn Ihr den alten Kram
auch Millionenmal durch einander würfelt und über einander wälzt." Sondern der Duft, der unsichtbar darüber
schwebe, der milde Widerschein der Gottheit im Menschen,
das, sagt Friedrich Schlegel, mache das Buch romantisch
und macht es überhaupt erst zur Dichtung. Die unermeßliche, unerforschte Innenwelt des Menschen, die also soll der
tiefste Grund sein, den die bewegliche Meeresoberfläche des
Romanes widerspiegelt „oder, was dasselbe ist, die Gottheit
des Dichters, seine Religion." Wiederum führt die romantische Poesie durch die Person hindurch zum All. Ein

durchsichtiges, bewegliches Element ist das romantische Buch,
das in allen seinen Theilen durchleuchtet und durchseelt
werden kann, „ein Meer, dem der Widerschein der Tiefe
oder des Himmels die Farbe, den Charakter, den Ton giebt."
Die innerliche Welt des Dichters ist die versunkene Stadt,
die der träumende Schiffer wahrnimmt, der sich Nachts über
den Rand des Schiffes beugt, das schwimmende Geläut, das
er sehnsüchtig vernimmt, ohne zu wissen, von wo es ausgeht,
die farbige Wunderwelt, die in der Finsterniß des unbe-
sonnten Grundes ihr heimliches Leben spielt. Das Symbol
eines Ich kann man kurz das romantische Buch oder den
modernen Roman nennen.

Als das große Muster des Romanes betrachten die
Romantiker den Don Quixote. Hier fanden sie die Mischung
aller Formen, in den Gang des Ganzen eingestreute Novellen
und Lieder, sie fanden jeden Ton des Ernstes und Scherzes
angeschlagen und alle die Theile des mannigfaltigen Chaos
verbunden durch den Geist des Dichters, der darüber schwebt,
leicht und mächtig, frei, herrschend, ein Lichtäther, der Alles
durchdringt und es hell und kenntlich macht: die romantische
Ironie. Hier kommt es eigentlich nicht auf die Handlung
an — so reizend auch die bunte Menge der Abenteuer ist
— sondern auf das, was nirgends mit Worten gesagt ist
und was man doch überall in der Seele fühlt: ein lebendiges,
unsterbliches Ich, Spiegel einer Welt und Keim einer Gottheit.

Und nun erschien mitten aus der Gegenwart heraus,
von einem bekannten und verehrten Meister geschaffen, ein
Buch, das wie zum Beispiel für die Theorieen der Romantiker gemacht schien. „Wer Goethe's Meister gehörig
charakterisirte", schrieb Friedrich Schlegel, „der hätte damit
wohl eigentlich gesagt, was es jetzt an der Zeit ist in der
Poesie. Er dürfte sich, was poetische Kritik betrifft, immer

zur Ruhe setzen." Es ist eins seiner bekanntesten Paradoxen, daß er den Meister neben der französischen Revolution und Fichte's Wissenschaftslehre für die größte Tendenz des Jahrhunderts erklärte. So fängt seine Abhandlung über Wilhelm Meister an: „Ohne Anmaßung und ohne Geräusch, wie die Bildung eines strebenden Geistes sich still entfaltet, und wie die werdende Welt aus seinem Innern leise emporsteigt, beginnt die klare Geschichte;" und in diesen Worten liegt schon Alles angedeutet, was die Romantiker an dieses Buch fesselte, nämlich, daß es in fertiger vollendeter Form etwas Werdendes darstellte. Wie kommt im Grunde Wilhelm Meister dazu, daß eine ganze Welt sich um ihn dreht, der der Held eines Buches heißt und doch von den meisten Nebenpersonen der Handlung an Charakter und Tüchtigkeit überragt wird? „Sein ganzes Thun und Wesen", sagt Schlegel, „besteht fast im Streben, Wollen und Empfinden." Gerade diese „grenzenlose Bildsamkeit" aber und „vielseitige Empfänglichkeit" macht ihn geeignet, Held einer Entwickelungsgeschichte zu sein. Er ist, was ich einen romantischen Charakter genannt habe; seine Vorsätze und Handlungen laufen — das ist wieder ein Ausspruch Schlegel's — in parallelen Linien neben einander her, ohne sich je zu stören oder zu berühren. Wenn er nicht handeln kann, so hat er dafür die „Vorempfindung der ganzen Welt" und durch ihn hat sie das ganze Buch. Man darf es nicht nehmen „als einen Roman, wo Personen und Begebenheiten der letzte Endzweck sind. Denn dieses schlechthin neue und einzige Buch, welches man nur aus sich selbst verstehen lernen kann, nach einem Gattungsbegriff beurtheilen, das ist, als wenn ein Kind Mond und Gestirne mit der Hand greifen und in ein Schächtelchen packen will." Es ist eben der moderne Roman, das romantische Buch, das, soviel auch von Theater und

Kunst darin die Rede ist, doch immer das große Schauspiel
der Menschheit und die Kunst des Lebens im Auge hat.

Aelter als Wilhelm Meister ist William Lovell. Die
Sonne Goethe'scher Gesundheit hat auf den unheilbar wunden
Jüngling nicht geschienen: blaß, mit wehvollem Blick aus
tiefen, flackernden Augen, schwanken Schrittes tritt er uns
entgegen. Viel schärfer und einseitiger als bei Goethe
treten hier die neuen Tendenzen in's Leben: die Fabel und
ihr Zusammenhang ist dem Dichter so gleichgültig, wie es
dem Helden ist, ob er einen zersetzten Mantel und einen
abgegriffenen Hut trägt. Nichts als ein Mensch ist das
ganze Buch oder besser gesagt: als eine Seele, die rastlos,
krampfhaft, immer und immer wieder versucht sich darzustellen, um sich selbst zu erkennen und erkannt zu werden.
Es ist eine Scene in dem Buche, so innig und erschütternd,
daß sie sich aus der verschwommenen Masse des Ganzen
klar heraushebt und dem Gedächtniß einprägt, nämlich wo
Eduard seinem einst und noch immer geliebten Freund
William, der inzwischen zum Verbrecher geworden ist und
ihn selbst in der Wildheit seines kranken Gemüthes von sich
gestoßen hat, der ihm die Schwester, ohne sie zu lieben,
nur aus seiner zerstörungssüchtigen Verzweiflung heraus,
verführt hat und im Begriff ist, sie zu entführen, vorsichtig
und treu, der Getäuschte, das Geleit giebt, um ihm zur
sicheren Flucht behülflich zu sein.

„Wie im Traume ging ich mit ihm fort, keiner von
uns ließ einen Laut vernehmen, wie zwei Gespenster schlichen
wir durch den Garten. Es war mir wunderbar, als wir
den Lauben und den Bänken vorübergingen, wo ich so oft
mit ihm gesessen hatte; die Bäume neigten sich wehmüthig,
als wir unter ihren Wipfeln hinweg gingen. — Arm in
Arm war ich sonst hier mit Lovell auf- und abgegangen,

hier hatte sich uns mit Entzücken die Welt Shakespeare's aufgeschlossen, hier hatte ich ihn am Morgen zuerst gesucht, und noch der Abend traf uns in diesen Gebüschen, wenn die Uebrigen schon längst zu den Zimmern zurückgekehrt waren, — hier hatte er mir sein ganzes Herz enthüllt, und ich ihm das meinige; — o! und nun gingen wir mit dicht verschleierten Seelen neben einander, kein Mund öffnete sich, keine Hand streckte sich nach einem Drucke aus."

Da spürt man deutlich, nicht um Eduard und William handelt es sich hier, sondern Tieck selbst ist es, der mit bohrenden, entsetzten Augen seinen eigenen Dämon anstarrt, der halb verhüllt neben ihm wandelt, dessen Hauch und Einfluß er fühlt, den er einmal deutlich sehen möchte, wenn ihm auch graut vor dem Augenblick, wo ihm vielleicht ein verzerrtes, hassenswürdiges Antlitz aufginge. Kaum glaublich ist, wie der Dichter uns dadurch glaubte täuschen zu können, ja sich selbst dadurch täuschte, daß er den vielen auftretenden Figuren verschiedene Namen anheftete; denn aus jeder der stereotypen Masken glühen uns dieselben Augen, spricht uns dieselbe zerrissene Seele an. Der Blick in die wirre Ueber= fülle dieser Brust macht es uns begreiflich, daß da kein Raum für die Außenwelt ist, und nur ein solches Ich kann uns auch dafür entschädigen. Es ist unzweifelhaft, daß ein vollendeter Charakter schöner wäre; aber was für ein reizendes und bezauberndes Schauspiel ist es auch, in das gährende Chaos eines Werdenden hineinzusehen. Man ahnt da die Möglichkeit eines Genusses, der ebensosehr wissen= schaftlich wie künstlerisch ist; freilich im Lovell ahnt man sie nur. Der Künstler, der dieses zerfließende Werk verwirft, weil es keine organische Gestalt, kein körperliches Leben hat, wird doch, wie hoch er auch immer seine bildende Kraft schätzen mag, mit Bewunderung oder Neid auf die Ver=

schwendung von Seele blicken, die hier wuchert. Es ist
einem beim Lesen zu Muthe, als ginge man über einen
mit Blumen bestreuten Festweg und müsse auf der Hut sein,
die vielen Blüthen und Blätter nicht zu zertreten.

Ironie ist nicht im Lovell; während er seine Qualen
schildert, steht der Dichter immer noch am Marterpfahle.

Verwandt und ähnlich, aber doch anders geartet ist
Tieck's zweiter Roman, Franz Sternbald, der wandernde
Maler, dessen bürgerlicher Name Wackenroder ist. Ein sehn=
süchtig brennendes Auge sieht uns an unter einer demüthigen
Stirn, aus einem Gesicht von rührender Zartheit, das man sich
nur als das eines kindlichen Jünglings denken kann. Man
sieht es dem gläubigen Schwärmer an, daß er das Mark
und die aufgespeicherte Kraft nicht in sich hat, um auszureifen
und ein Mann zu werden, und so wundert man sich nicht,
daß der Dichter ihn verläßt und aufgiebt, nachdem er seine
Blüthe reichlich besungen hat und man anfängt auf Früchte
zu warten. Diese Wanderungen sind Lehrjahre wie Meister's,
aber von einem geschrieben, der nicht über seinem Stoffe
stand, sondern der selbst ein einseitiger Romantiker war,
und das war die Ursache, warum das junge Geschlecht von
dem grünen, unvollendeten, unkünstlerischen Sternbald noch
innerlicher ergriffen wurde als von dem Goethe'schen Meister=
und Musterwerke. Sternbald half ihnen mehr sich selbst zu
suchen und zu finden; denn er hat nichts marmornes, styli=
sirtes oder idealisirtes, durch seine kränklich durchsichtige
Haut sieht man das jagende, sickernde, ewig zwischen brausen=
der Hitze und sterbender Ermattung wechselnde Blut.

Als Tieck und Wackenroder, zwei junge, einander liebende,
überschwänglich strebende und hoffende Menschen über die
waldigen Hügel Mitteldeutschlands und durch die alterthüm=
liche Pracht Nürnbergs streiften, träumte Tieck davon, der

Entdecker des vergangenen, vergessenen Deutschlands zu
werden, wie es sich seinem schwelgenden Herzen darstellte,
und es in einem Buche zu schildern, das wie eine hin=
reißende Dichtung wirken sollte. Anstatt dieses Buches, das
nicht geschrieben wurde, kann man Sternbald's Wanderungen
nehmen. Es ist ein Echo jener seligen Frühlingstage, ein
klagendes, weil inzwischen der eine der wandernden Ge=
nossen seinen Freund verlassen hatte. Zum ersten Male
thut sich hier in engem Zusammenhange jene mittelalterliche
Welt auf, die das Eldorado der Romantiker werden sollte:
die ernsthaften frommen Malerkünstler, die reuigen Pilger
und stillseligen Eremiten, die reisenden Kaufleute und Kunst=
jünger, die über die Alpen herüber und hinüber wandern,
die ragenden gothischen Thürme, die Städte voll Gewerb-
fleiß und Handelsmacht, die unergründlichen Wälder voller
Hirsche und Rehe. Die ersten zarten Skizzen zu einem
solchen Bilde hatte Wackenroder in seinen Herzensergießungen
eines kunstliebenden Klosterbruders entworfen und hatte die
goldige mystische Farbenstimmung, in der die Traumfiguren
wie in einem fernen Abendrothe wandern, darüber gehaucht.

Man weiß längst, daß das wirkliche Mittelalter ganz
anders aussah, als die ersten Romantiker es sich reconstruirten.
Es kam ihnen ja auch nicht darauf an, zu ergründen, wie
es wirklich gewesen war: sie knüpften nur ihre Luftschlösser
an den Ruinen der alten Zeit fest, bauten ihren Ballon
an eine gothische Thurmspitze und überließen sich den Winden
und Wolken. Die ganze mittelalterliche Decoration ist über=
haupt nur etwas Negatives, nämlich die Sehnsucht des
Dichters, sich von jeder Schranke, die ihn festhält innerhalb
des Wirklichen, Thatsächlichen, zu befreien. Damit dies Ich
nirgends anstößt, wird die allzugreifbare Gegenwart hinweg=
geräumt, die es einengen möchte, aber die Folge ist, daß es

aus Mangel an Gegendruck in die unermeßliche Phantasien-
welt zerfließt. Goethe hatte sich's zugetraut, seine Menschen
inmitten der bekannten Alltagswelt groß und poetisch erscheinen zu lassen, allerdings nicht ohne zu allerhand Wunder-
lichkeiten die Zuflucht zu nehmen, die statt des Wunderbaren
dienen sollten. Tieck flüchtete sich aus seiner Zeit in eine
Nicht-Zeit; denn das ist eigentlich sein vorgebliches Mittelalter. Daß er es sich zu leicht gemacht hat, rächt sich an
seinem Werke, dem es an aller Wahrhaftigkeit und Eindrucks-
fähigkeit fehlt, wenn es auch phantastisch genug sein möchte;
es ist wie eine süße Speise, von der man nicht zu viel vertragen kann und die zwar schnell übersättigt, aber nicht nährt.
Keinesfalls aber darf man sich durch die fremdartige Ein-
kleidung täuschen lassen, als sei der Sternbald etwas Andres
als Selbstbekenntniß so gut wie Meister oder Lovell. Die
ganze Außenwelt ist ja nur für das Innere da; was außer
dem Gemüthe da ist, hat keinen andern Werth, als etwa
den eines Gürtels, an dem man das Schwimmen lernt.
Was sollen im Grunde die zahllosen Schatten, die an uns
vorüberstreifen, die Handwerker, Bauern, Nonnen, Bildhauer
und Eremiten; was sind sie anders als Seelenspeise für
Franz? Sie haben kein eigenes Leben, sie sind Automaten,
Phantome, an denen er leben lernt. Man würde ihrer
mechanischen Gestikulationen bald müde, wenn nicht die wohl-
bekannte Stimme des Dichters beständig den Sinn dieses
Puppentheaters so ernst und rührend erläuterte.

Wer nicht die Ansicht der Romantiker theilt, daß Bildung,
also Entwickelung des Ich, das höchste Gut und das allein
Nützliche ist, sollte allerdings ein solches Buch nicht in die
Hand nehmen.

Als eine ärgerliche Mißgestalt mischt sich die sonderbare
Lucinde in den Reigen dieser phantastischen Gebilde. Niemand

mag ihr die Hand reichen, vereinsamt und grämlich steht sie
zur Seite. Nicht schön ist sie, noch reizvoll, noch interessant,
noch liebenswürdig, obwohl sie Alles das zu sein behauptet;
verwachsen, langweilig und anspruchsvoll, hat sie niemals
vermocht, Herzen zu gewinnen. Von Anfang an schreckte
die sehnsüchtig erwartete und breitspurig verkündete Lucinde
sogar die nächste Verwandtschaft und Freundschaft ab. Friedrich
in seiner naiven Autorfreude hatte Herolde mit Trompeten
vor ihr hergeschickt, die es ausblasen sollten, was für eine
epochemachende, nochniedagewesene, echt romantische Erschei-
scheinung ihnen folgte. Man hatte sich, nicht ohne ängstliche
Spannung, auf etwas vielleicht Groteskes oder sehr Gewagtes
oder schwer Verständliches gefaßt gemacht: und es kam eine
Mißgeburt, keine laidour intéressante, nichts als ein un-
ansehnlicher, etwas widerlicher Krüppel. Wilhelm erklärte
die Lucinde für einen Unroman, in welcher bündigen Kritik
allerdings Alles enthalten ist, was sich darüber sagen ließe.

„Was werden Sie zu dieser Lucinde sagen", schrieb
Karoline an Novalis. „Uns ist das Fragment im Lyceum
eingefallen, das anfängt: Sapphische Gedichte müssen wachsen
oder gefunden werden. Ich halte noch zu dieser Zeit diesen
Roman nicht mehr für einen Roman als Jean Paul's Sachen,
mit denen ich es übrigens nicht vergleiche —." Und Novalis
antwortete: „Friedrich lebt und webt darin. Vielleicht giebt
es nur wenig individuellere Bücher. Man sieht das Treiben
seines Innern, wie das Spiel der chymischen Kraft in einer
Auflösung im Zuckerglase, deutlich und wunderbar vor sich.
Tausend mannigfache, helldunkle Vorstellungen strömen herzu,
und man verliert sich in einen Schwindel, der aus dem
denkenden Menschen einen bloßen Trieb, eine Naturkraft
macht, uns in die wollüstige Existenz des Instinkts verwickelt.
An romantischen Anklängen fehlt's nicht, indes ist das Ganze

und das Einzelne noch nicht leicht und einfach und rein von
Schulstaub genug. — An den Ideen ist übrigens nichts
auszusetzen. — Der Roman hat zu früh das Licht der Welt
erblickt. — Es müßte den Titel haben: Chymische Phan=
tasien oder Satanisten."

Wenn eine vorsichtige Freundin sich so ausdrückt, Lucinde
sei kein Roman, sondern ein Romanextract, daraus nun Jeder
selbst welche machen könnte, ist im Grunde dasselbe damit
gesagt: die schöpferische Kraft hat gefehlt, die aus dem Embryo
etwas Lebendiges hätte machen können. Nur der bewußte
Gedanke hat dies künstlichste Kunstwerkchen, wie Friedrich
selbst es nannte, hervorgebracht. Wiederum bezeichnete er
es als „das wundersame Gewächs von Willkür und Liebe";
womit es vorzüglich charakterisirt wäre, wenn man statt Liebe
Lust setzte.

Willkürlich und phantastisch genug ist die Form: Briefe,
beschriebene Zettel, Märchen, Betrachtungen, ein Zwiegespräch,
ein Stückchen Biographie, Allegorien — das war der Witz
der Form, worauf er sich so viel zu Gute that, das Chaos,
die romantische Verwirrung, die er so viel im Munde führte;
nur freilich nicht das Chaos, aus dem die Welt entspringen
kann. Auch ist der Inhalt, nach romantischer Vorschrift, nur
Selbsterlebtes; aber es hängt als eine klebrige Masse an
ihm, die sich nicht ablösen und formen läßt.

Das Wunderlichste ist, daß die Lucinde gewissermaßen ein
Lehrbuch der Liebe sein sollte; denn aus einem verlorenen
Vers, den ein Handwerksbursche singt, aus einem alten Reim,
einen Gassenhauer, kann man mehr über das Wesen der
Liebe erfahren. Und doch ist auch hier an den Ideen, wie
Novalis sagt, nichts auszusetzen; woraus allein zu erklären
ist, warum in ein Buch, an welchem die oberflächliche oder
verderbte Gesellschaft Anstoß nahm, sich ein reines Herz,

Schleiermacher meine ich, mit Entzücken vertiefte. Als ein
ganz unkünstlerischer Mensch nahm er nichts auf, als die
Absichten des Verfassers. Nur Kopf auf Kopf und Kopf
auf Gemüth wirkte hier; kein genialer Instinkt war da, der
das Lebensunfähige, das Todte von sich stieß. Den Zweck
aber Friedrich's, die Liebe darzustellen als eine Gottheit
zwiefacher, nämlich geistiger und sinnlicher Natur, die Sinn=
lichkeit in der Liebe nicht heuchlerisch oder beschämt zu ver=
hüllen, sondern sich ihrer zu freuen, ja stolz auf sie zu sein,
den durchschaute und billigte er, um dessentwillen haupt=
sächlich war ihm das ganze Buch theuer. Die bisherigen
Schriftsteller, schrieb er in einem seiner vertrauten Briefe,
hätten aus der Sinnlichkeit nichts Andres zu machen gewußt,
als ein nothwendiges Uebel. „Denke recht lebhaft daran,
welche Sehnsucht uns diese Einseitigkeiten erregten, die gött=
liche Pflanze der Liebe einmal ganz in ihrer vollständigen
Gestalt abgebildet zu sehen und nicht in abgerissenen Blüthen
und Blättern, an denen nichts von der Wurzel zu sehen ist,
welche das Leben sichert, noch von dem Herzen, woraus sich
neue Blüthen und Zweige entwickeln können. — Hier hast
Du die Liebe ganz und aus einem Stück, das geistigste und
das sinnlichste . . . auf's Innigste verbunden." Die Auf=
gabe des modernen Menschen sei, die aus der neuen Ent=
wickelung hervorgegangenen Ideen mit den alten zu verbinden,
nicht die neuen den alten entgegenzusetzen; so müssen wir
suchen, die antike, sinnliche Liebe mit unsrer intellektuellen
zu einem vollkommenen Ganzen zu verschmelzen.

　　Auch Schleiermacher's vertraute Briefe über die Lucinde
sind der Ansatz zu einem Roman. Er und Eleonore, die
von ihm geliebte Frau eines Andern, wären die Hauptpersonen
gewesen. Friedrich's Idee, daß jeder Mensch, der sich bildete,
einen Roman in sich hätte, lockte alle Freunde, in die Marmor=

brüche oder Thongruben des Innern einzufahren und ein
Bild ihres Ich zu entwerfen. Aber Schleiermacher war zu
klug. Auf Eleonore's Bitte, er möge aus ihrer Liebe ein
Gegenstück zur Lucinde machen, antwortete er ablehnend:
„Nicht jeder Liebe folgt auch die Kunst, nicht jeder Pfeil,
den der Sohn der Venus Urania abschießt, verwandelt sich
in einen Griffel. Einen großen freien Stil des Denkens
und Lebens haben wir uns selbst gebildet, und ein zartes,
bewegliches Herz haben uns die Götter gegeben. So lasse
uns handelnd, wie wir bisher thaten, die schöne Vereinigung
der Selbständigkeit und der Liebe darstellen."

Ebensoviel Einsicht und Geschmack hatte Karoline, die
es bei einem Plane zur Geschichte ihres Werdens bewenden
ließ; wozu ihr freilich auch eine gewisse Bequemlichkeit ge-
holfen haben mag. Der geschlossenste und lebendigste unter
den romantischen Romanen wäre er wahrscheinlich geworden.

Noch eine Erscheinung, die vornehmste von allen, sei
beschworen! Wie anders tritt er neben die plumpe, breit-
hüftige Lucinde, Heinrich von Ofterdingen. Sein Schritt
scheint über schwellende Wolken zu streifen. sein Auge strahlt
einen Himmel voll unendlicher Liebe über die Erde aus,
sein Haupt scheint einem sanften Zuge nach oben nachzugeben,
als sauge er die lichte Aetherluft, die von den Höhen sich
ergießt. Für liebliche Rede und inbrünstige Küsse scheinen
seine Lippen geschaffen; sie sind geschlossen, als bewahrten
sie ein großes Geheimniß, aber nur leicht, als wollten sie
es gerne keuschen Seelen anvertrauen. Wer könnte diese
schwebende Gestalt ohne Rührung und Bewunderung betrachten, eben weil man ihr ansieht, daß sie vergehen wird,
ehe sie ihr Schönstes und Tiefstes offenbart hat! Allwissend
sind die großen Augen, aber der zarte Mund wird das Wort
nicht finden, um das Ungeheure auszusprechen, die allzu-

schlanken Hände werden das Gebilde nicht formen können, das dem prophetischen Blicke vorschwebt.

Nicht nur die ganze irdische Welt sollte der enge Rahmen des einen Buches umfassen, die Geschichte aller Völker, die harmonische Schönheit der Griechen, die brennenden Gedanken-phantasien der Araber, die Märchenzeit der Kreuzzüge, Norden und Süden — für alle Räthsel des Daseins sollte sich hier die Lösung finden. Was uns Wunder scheint, das sollte in selbstverständlichen Symbolen, für Kinder faßlich, daraus hervorgehen; was wir für wirklich und alltäglich halten, davon sollten die äußersten Wurzelfasern bloßgelegt werden, die im Lande des Wunders haften. Das Diesseits und Jenseits sollte der Leser dieses Buches überblicken so mühelos, wie unser Auge von der Terrasse herab einen Garten und das Stück Himmel darüber umspannt.

Es war nicht jugendliche Unreife, die Novalis einen mehr als zu großen, einen unendlichen Stoff wählen ließ; er hatte die Ueberzeugung, daß die Goethe'sche Weisheit von der Selbstbeschränkung zu Gunsten der Vollendung engherzig sei und ein feiges Verzichten. Keiner hatte Wilhelm Meister, als er erschien, so bewundert wie er; auswendig gewußt hatte er ihn beinahe. Aber wie er allmälig zu seiner eigenen Individualität vordrang, änderte sich seine Ansicht, und das einst geliebte Vorbild haßte und bekämpfte er zuletzt. So lautete sein Urtheil darüber:

„Wilhelm Meister's Lehrjahre sind gewissermaßen durch-aus prosaisch und modern. Das Romantische geht darin zu Grunde, auch die Naturpoesie, das Wunderbare. Das Buch handelt bloß von gewöhnlichen Dingen, die Natur und der Mysticismus sind ganz vergessen. Es ist eine poetisirte bürgerliche und häusliche Geschichte, das Wunderbare darin wird ausdrücklich als Poesie und Schwärmerei behandelt.

Künstlerischer Atheismus ist der Geist des Buches. Die
Oekonomie ist merkwürdig, wodurch es mit prosaischem,
wohlfeilem Stoff einen poetischen Effekt erreicht. Wilhelm
Meister ist eigentlich ein Candide, gegen die Poesie gerichtet."

So schrieb er seinen Osterdingen im bewußten Gegensatz
zum Meister. Er hat alle Vorzüge, die man an diesem
vermissen kann. Die Unendlichkeit der Persönlichkeit, ihre
seelenwanderische Wandelbarkeit, die Versöhnung aller Gegen-
sätze, der Tod im Leben und das Leben im Tode, das Ver-
borgenste und Heiligste, Alles strömt duftend aus dem tiefen
Kelche dieser wunderbaren Geschichte. Könnte man sie mit
Meister in Eins schmelzen, es gäbe keinen schöneren Roman.
Nun ist in Osterdingen wohl das Wirkliche in Wunder aufgelöst, nicht aber umgekehrt das Wunder in Wirklichkeit
verdichtet.

Für die Form hatte Novalis das bekannte romantische
Ideal. „Aeußerst simpler Styl, aber höchst kühne, romanzen-
ähnliche, dramatische Anfänge, Uebergänge, Folgen — bald
Gespräch, dann Rede, dann Erzählung, dann Reflexion, dann
Bild und so fort. Ganz Abdruck des Gemüths, wo Empfindung, Gedanke, Anschauung, Bild, Gespräch, Musik u. s. w.
unaufhörlich schnell wechselt und sich in hellen klaren Massen
neben einander stellt." So sollte sein Osterdingen werden.
Aber daneben hatte er auch ein deutliches Gefühl für das
Ganze. Die Bibel, sagte er, sei das Ideal eines Buches,
und diese Form nachzubilden hat er angestrebt; nämlich daß
die zweite Hälfte die Erfüllung der ersten sei, wie das
Neue Testament die des Alten. Diese Zweitheilung sollte
wohl der entsprechen, die die ganze Welt trennt, bindet und
erhält, eben weil ja jedes Kunstwerk Abdruck des Gemüthes,
also der Welt, sein sollte.

Mit einem Traume beginnt die Geschichte und endet mit

einem Traume; unaufhörlich geht sie in's Märchen über,
gemäß den Uebergängen aus dem Endlichen in's Unendliche,
die der Dichter darstellen wollte. Man fühlt beständig, daß
nicht das, was geschieht, das Wichtige ist, sondern das, was
es bedeutet. Man könnte sagen, es sei die Geschichte von
dem, der die blaue Blume suchte, und wie er sie fand; die
blaue Blume ist aber das, was Jeder sucht, ohne es selbst
zu wissen, nenne man es nun Gott, Ewigkeit, Liebe, Ich
oder Du. Wenn Novalis selbst sagt, der Roman handele
von der Poesie, so ist das nur insofern richtig, als Poesie
eben das Unendliche, das Ewige, die blaue Blume ist; nicht
etwa als solle die Poesie als Kunst unter andern Künsten
charakterisirt werden. Man könnte auch sagen, Osterdingen
sei die poetisch gefaßte Biographie Hardenberg's. Nur da=
durch ist er so verschieden von den übrigen romantischen
Ich=Romanen, daß Novalis nicht sich suchte — seiner war
er sicher — sondern die Welt, das Nicht=Ich.

Novalis hatte mehr als die übrigen Romantiker die
Idee des Ganzen gehabt, als sein Osterdingen in ihm auf=
ging, und man könnte mit einem Schein von Berechtigung
sagen, nur sein früher Tod habe ihn verhindert es auszu=
führen. Es ist aber doch nicht so. Auch dieser Roman
war als Fragment empfangen, es gehört zu seinem Wesen,
nicht vollendet werden zu können. Zu Ende bringen hätte
der Dichter ihn wohl können, aber ein Ganzes wäre er
deswegen doch nicht geworden. Könnte man nicht auch von
Wilhelm Meister sagen, daß er nur unter ein Nothdach ge=
bracht sei? Muß nicht vor allen Dingen das Ich eine
Stufe der Vollendung erreicht haben, ehe es seine Ent=
wickelungsgeschichte schreiben kann? Es ist schon übergenug
davon gesagt worden. Die unbewußte Kraft, die mit in=
stinktiver Sicherheit die Form bildet, fehlte den Romantikern.

Sie waren zu wenig Griechen. Sie preßten das duftendste
ätherische Oel aus allen Blumen der Heimath und Fremde,
aber geeignete Gefäße sie zu sammeln hatten sie nicht bereit
gehalten; nur ihre Finger trieften von Wohlgerüchen, die
bald verflogen, in die Erde versickerten, mit der Luft sich
mischten.

Wie gut wußten sie selbst darüber Bescheid! Im Phantasus sagt Tieck, da wo von Goethe's Märchen die Rede ist:

„Bei aller dieser scheinbaren Vortrefflichkeit fehlt die
beherrschende ordnende Seele, die der flüchtigen Schönheit
den ewigen Reiz geben muß. Der Dichter will:

> Es soll sich das Gedicht zum Ganzen runden,
> Er will nicht Märchen über Märchen häusen,
> Die reizend unterhalten und zuletzt
> Wie lose Worte nur verklingend täuschen.“

Bei Novalis findet sich die Bemerkung:

„Die Idee eines Ganzen muß durchaus ein ästhetisches
Werk beherrschen und modificiren. Selbst in den launigsten
Büchern. Wieland, Richter und die meisten Komiker fehlen
hier sehr oft. Es ist so entsetzlich viel Ueberflüssiges und
Langweiliges, recht eigentliches hors d'oeuvre in ihren Werken.
Selten ist der Plan und die große Vertheilung ästhetisch.“

Und Friedrich:

„Es giebt so viel Poesie und doch ist nichts seltener
als ein Poem. Das macht die Menge von poetischen Skizzen,
Studien, Fragmenten, Tendenzen, Ruinen und Materialien.“

Eine Einheit haben aber die romantischen Bruchstücke
doch, welche Novalis die „geistige Einheit“ nennt, nämlich
die Seele des Dichters, welche in der Sprache uns erscheint.
Es wäre eine wundervolle Aufgabe, aus der Sprache, wie
sie sich durch die Romantik, Goethe als ihr Ausgangspunkt
genommen, entwickelt hat, zu zeigen, welche Erweiterung die

Bewußtseinswelt seitdem erfahren hat. Wie der Roman die moderne Form der Dichtung κατ' ἐξοχήν ist, so die Prosa die Sprache der modernen Dichtung. Sie ist der natürliche Ausdruck des Bewußtseins, die Poesie der des Unbewußten. Wenn nun das Ideal der Zukunft Einswerden von Instinkt und Geist, Trieb und Absicht ist, so muß die Sprache der Zukunft Prosa-Poesie, das heißt eine poetische Prosa oder prosaische Poesie sein. Und wie könnte man sich verhehlen, daß die Poesie mehr und mehr von der Prosa verdrängt, daß aber diese dafür immer poetischer wird! Wie viel Melodie und Rhythmus ist in der Prosa Goethe's, Tieck's, Hardenberg's! Wie unendlich viel poetischer ist sie als zum Beispiel die gebundene Rede Schiller's oder gar Lessing's.

Als das Muster moderner Prosa bezeichneten die Romantiker — das heißt Friedrich Schlegel — die des Cervantes. Sie sei durchaus modern. In keiner andren sei die Stellung der Worte so ganz Symmetrie und Musik, keine andre wirke in ihren Abwechselungen, sowie Massen von Farbe und Licht. „Darum ist auch die Prosa des Cervantes dem Roman, der die Musik des Lebens phantasiren soll ... so angemessen, wie die Prosa der Alten den Werken der Rhetorik oder der Historie."

Auch die Sprache also soll in das Innere dringen — romantisirt werden; denn nun soll sie nicht mehr, wie die Geschichte thut, Ereignisse schildern, oder wie die Rhetorik durch starke allgemeine Schlagwörter den sinnlich beschränkten Menschen treffen, sondern den langsam aus dem Dunkel des Unbewußten an's Licht schwellenden Gefühlsmassen soll sie zur Geburt helfen. Darum nennen ja die Romantiker die Sprache Poesie, Allegorie, das erste unmittelbare Werkzeug der Magie, weil wir ein Ding gleichsam dadurch schaffen, daß wir es benennen. Es ist in dem Augenblick, wo wir

ihm einen Namen geben. In Zeiten, wo große Massen von
Unbewußten sich ablösen und das Bewußtsein zu erfüllen
beginnen, muß die Sprache mitwachsen. Unaufhörlich er-
tönt in den Schriften der Romantiker die Klage über die
Unzulänglichkeit der Sprache. „O ihr Liebenden", ruft
Tieck aus, „vergeßt doch niemals, wenn ihr ein Gefühl den
Worten anvertrauen wollt, was läßt sich denn überhaupt in
Worten sagen? Ist doch so Vieles schon dem Blick zu un-
geistig und körperlich." Und ein andres Mal sagt er, daß
die Menschen sich nicht verstehen können, weil sie etwas
Andres aussprechen als sie meinen: „in jedem Körper liegt
die Seele wie ein armer Gequälter in dem Stiere des
Phalaris, sie will ihren Jammer und ihre Schmerzen ausdrücken und die Töne verwandeln sich und dienen zur Be-
lustigung der umgebenden Menge." Oder an andrer
Stelle: „Unsre Sprache besteht darin, daß wir ganze
Massen von Gedanken und Bildern als einen Begriff hin-
stellen, wir nehmen die Phantasie zu Hülfe, um der fremden
Seele zu erläutern, was uns selbst nur halb deutlich ist;
und auf diese Art entstehen Gemälde, die dem kälteren
Geiste, der nicht gespannt ist, Mißgeburten scheinen. Es
ist ein Fluch, der auf der Sprache des Menschen liegt, daß
keiner den Andern verstehen kann, und dies ist die Quelle
alles Haders und aller Verfolgung: die Sprache ist ein
tödtliches Werkzeug, das uns wie unvorsichtigen Kindern
gegeben ist, um Einer den Andern zu verletzen." So spricht
die Bitterkeit einer Seele, die sich wund gerungen hat, um
Unsägliches zu sagen.

Am ergreifendsten und am lehrreichsten ist es, den Kampf
der Sprachentfaltung mit seinen Schmerzen und Wonnen
in Wackenroder's Büchlein zu verfolgen. Zahllose Empfindungen und werdende Begriffe bestürmen ihn und flehen

um Erlösung durch ein Zauberwort: das ist ja die Aufgabe des Dichters, die schwankende Welt des Unbewußten und Halbbewußten zu verewigen, dadurch daß er ihr Ausdruck giebt, sie benennt, sie verdichtet. Und nun sucht er und sucht, immer leidenschaftlicher wird sein Stammeln, immer wunderbarer und feiner werden die Klänge, mit denen er das verzauberte Heer beschwört, aber es weicht nicht von seiner Brust, wo es sich drückend wie ein Alp gelagert hat. Er verzweifelt an seiner Macht — nur die Musik könnte ihn befreien; wollen denn seine Worte nicht Musik werden?

Wie sich Prosa und Poesie gegenüberstehen, so in einem weiteren Kreise Poesie und Musik, wo nunmehr die Poesie das Bewußte, Musik das Unbewußte vertritt. Und auch hier kann man beobachten, daß die Poesie Musik werden will und die Musik Poesie: die Poesie bemächtigt sich der dunklen Stimmungen, die allgemein wie Ton, Farbe und Geruch auf unsern tiefsten Wesengrund einwirken, die Musik dagegen möchte wie das Wort unserm bewußten Geiste bestimmte Vorstellungen erregen.

Es ist schwer, sich ein andres als ein visionäres Traumbild davon zu machen, wie das erscheinen und wirken könnte, was man vielleicht in unendlicher Zukunft Kunst nennt, wenn es nur eine Kunst giebt, so nämlich daß jede Einzelkunst sich willig der allgemeinen hingiebt, ohne daß sie doch die Kraft verlöre, sie selbst zu sein. Schon aber deuten alle Zeichen darauf hin, daß auch hier das bewußte Chaos am Ziele der Entwickelung steht.

Das Märchen.

Das Märchen ist gleichsam der Canon
der Poesie. Alles Poetische muß märchen-
haft sein. Der Dichter betet den Zufall an.
Novalis.

Wenn wir lesen, wie Novalis seinen Osterdingen zu
Ende zu führen gedachte: daß Heinrich in einem tiefen
Wasser einen goldenen Schlüssel finden sollte, der ihm das
Wunderland aufschließt, wo Pflanzen, Steine und Gestirne
sprechen und handeln wie Menschen; daß er sich in einen
klingenden Baum und einen goldnen Widder und dann
wieder in sich selbst verwandelt, so finden wir uns allerdings, wie es seine Absicht war, völlig im Märchen. Nur
die höchste Ueberlegenheit des Geistes, die klügste, besonnenste
Schreibart könnte uns dabei noch an den Roman glauben
machen.

Novalis' Ansicht, der Roman müsse Märchen werden,
ist nicht so überspannt, wie man zunächst denken möchte.
Wenn man sich etwa vornimmt, die Lebensläufe verschiedener,
beliebiger Menschen nach Märchenart zu erzählen, indem
man sie liebevoll genau betrachtet, die kleinen seltsamen
Zufälligkeiten und Verknüpfungen sich nicht entgehen läßt
und Alles als bedeutend ansieht, so wird man finden, daß
jedes, auch das ärmste Leben so wunderbar wie irgend ein
Märchen ist. Und will man noch die Personifikationen und
wunderbaren Anschauungen der Natur haben, die wir im
Märchen gewöhnt sind, so brauchen wir uns als Erzähler

nur ein Kind oder einen mit kindlich frischer Phantasie begabten Menschen vorzustellen. Unter den neueren Romanen
kommt Keller's Grüner Heinrich diesem Ideale sehr nahe.

Wie die Romantiker überhaupt darauf ausgingen, die
Umrisse der Künste, wie die der Sinne, zu verwischen und
in einander überfließen lassen — die romantische Verwirrung
— so wurde unter ihren Händen jede Dichtungsart, auch
das Drama, zum Märchen. Das ist ja eben Romantik,
daß dem Wunderbaren nicht nur mehr ein Winkel im Garten
der Poesie gewidmet sein sollte, Sage, Märchen oder
Mythos benannt, sondern daß es ein einziger Wundergarten
sein sollte; etwa wie Novalis von seinem Ofterdingen wünschte,
das ganze Buch solle denselben Farben-Charakter behalten
und an die blaue Blume erinnern. Daneben aber haben
die Romantiker das Märchen doch auch als besondere
Gattung behandelt, ja sogar mit Vorliebe; denn bis man
der einen großen romantischen Zukunftspoesie einmal mächtig
war, blieb es doch der Tummelplatz, wo sich die sonst überall
durch die Wirklichkeit beschränkte Phantasie gehörig aus=
toben konnte. Es gehört mit zu den größten praktischen
Verdiensten der Romantiker, daß sie den verschütteten Quell
des Volksmärchens wieder aufgegraben haben. Das Berliner
Durchschnittspublikum war rathlos verwundert, die alten
Geschichten von Rothkäppchen, Blaubart, Gestiefeltem Kater,
von Tieck in den verschiedensten Variationen aufgetischt zu
bekommen.

Der Blaubart ist zu Felde gezogen; daheim sitzt seine
junge Frau und reibt an dem goldenen Schlüssel. Bald
scheint es, als wolle der Blutfleck schwinden, bald denkt sie,
er sähe ihn nicht oder würde den Schlüssel gar nicht zurück=
fordern; aber die Angst wächst und wächst, während sie sich
vergeblich müht. Da schleicht die alte Dienerin herein mit

ihrem verwitterten Hexengesicht, um ein Märchen zu erzählen, damit ihrer Herrin die Zeit nicht lang wird. Und
nun erzählt sie:

„Es wohnte ein Förster einmal in einem dicken Walde;
der Wald war so dick, daß der Sonnenschein nur immer
in kleinen Stückchen hinunterfallen konnte; wenn das Jagd-
horn geblasen ward, so klang es fürchterlich. In der
dichtesten Gegend des Forstes lag nun gerade das Haus
des Jägers. Die Kinder wuchsen in der Wildniß auf und
sahen gar keine Leute als ihren Vater; denn die Mutter
war schon seit Langem gestorben.

Um eine gewisse Jahreszeit traf sich's immer, daß der
Vater sich den ganzen Tag im Hause eingeschlossen hielt,
und dann hörten die Kinder ein seltsames Rumoren um
das Haus herum, ein Winseln und Jauchzen, in Summa:
ein Gelärm wie vom leibhaftigen Satanas. Man brachte
dann die Zeit in der Hütte mit Singen und Beten zu, und
der Vater warnte die Kinder, ja nicht hinauszugehen.

Es traf sich aber, daß er auf eine Woche, in die der
Tag grade fiel, verreisen mußte. Er gab die strengsten
Befehle; aber das Mädchen, theils aus Neugier, theils weil
sie den Tag aus Unachtsamkeit vergessen hatte, geht aus der
Hütte heraus. Nicht weit vom Hause lag ein grauer, still-
stehender See, um den uralte verwitterte Weiden standen.
Das Mädchen setzt sich an den See, und indem sie hinein-
sieht, ist es ihr, als wenn ihr fremde, bärtige Gesichter
entgegensehen; da fangen die Bäume an zu rauschen, da ist
es, als wenn es in der Ferne geht, da kocht das Wasser
und wird immer schwärzer und schwärzer; mit einem Male
ist es, als wenn so Frösche darin umher hüpfen, und drei
blutige, ganz blutige Hände tauchen sich hervor und weisen
mit den rothen Zeigefingern nach dem Mädchen hin" —

Ein Schauder überläuft uns, wie die arme zitternde Frau des Blaubart, über das Märchen im Märchen. Nur die Eingangsworte von dem Förster, der in dem dicken, dicken Walde wohnte — und wir hören schon das dumpfe Wehen der uralten schwarzgrünen Tannen und sehen das vermummte Schicksal geisterhaft um das kleine todtenstille Jägerhaus schleichen. Es ist ein Ton da angeschlagen, der alles heimliche, ahnungsvolle Grauen der Brust zugleich beschwört. Ob aber aus diesem Anfang ein rechtes echtes Märchen hätte werden können? Wie es in den 7 Weibern des Blaubart fortgesetzt wird, ist es nichts als ein verwildertes Entsetzen, eine phantastische Fratze. Fast alle Märchen Tieck's sind schaurig. Ich erinnere mich des Abends, als ich zum ersten Mal in einem vergilbten altmodischen Lesebuch den Blonden Eckbert las, athemlos, zwischen Grausen und Entzücken. Da wandert das kleine Mädchen mutterseelenallein durch das breite Gebirge, tagelang, zwischen Felsen und Felsen, ohne einen Ausgang zu finden, bis sie in das Tosen eines Wasserfalls hinein die alte Frau husten hört, die sie mit sich nimmt. Und nun das stille Leben im Walde bei der geheimnißvollen Alten mit ihrem Vogel und ihrem Hündchen, auf dessen Namen sich die hohe Frau, da sie ihrem Manne und seinem Freunde ihre kindlichen Erlebnisse erzählt, gar nicht mehr besinnen kann. Was für ein Gefühl aber, wenn nun der Ritter, der still zugehört hat, sich erhebt und indem er sich verabschiedet zu der Dame sagt: „Ich kann mir Euch recht lebhaft vorstellen, wie Ihr den kleinen Strohmian füttertet!" Man begreift es, daß sie vor Entsetzen krank wird und stirbt.

Die Begebenheit an sich wäre nichts ohne die liebliche Sprechweise, die wie ein Geläut aus der Ferne an unser Ohr klingt, die alles Unbedeutende ausgeschieden zu haben scheint, dem Tropfen Rosenöl vergleichbar, der aus Hunderten von Rosen herausgepreßt, das Süßeste darstellt, das nach Vertilgung des Vergänglichen übrig geblieben ist: eine verdichtete, also echte Dichtersprache. Wiederum könnte man sagen, daß das Liedchen von der Waldeinsamkeit, das mit leichten Abwandlungen immer wiederkehrt, eine liebe Melodie, die einen nicht loslassen will, der Tropfen Rosenöl sei, von dem aus der weiche Duft sich gleichmäßig durch die kleine Dichtung verbreitet; nannte doch Friedrich Schlegel diesen Vers einen Extrakt der Tieck'schen Poesie überhaupt, der Einem ihr Wesen am eindringlichsten zu genießen gebe.

Ebenso schaurig, aber noch unklarer und unbefriedigender ist das Märchen vom Runenberge. Es erzählt von einem jungen Gärtner, der eine träumerische Sehnsucht nach der Erde hat, ihrem innersten Schoße, wo die kostbaren Metalle und bunten Gesteine durch einander glänzen. Von der friedlichen Blumenwelt weg zieht es ihn zum steinernen Berge. Und da kommt er zu einer alten, halb verfallenen Ruine, hoch oben über jähem Abhange, Nachts, wo bei Tage kein Mensch sich hinwagt, und sieht dort ein Weib von übernatürlicher Schönheit. Ist es die Natur, die heimlich und mächtig in der Erdtiefe wirkende? Ist der Blick, mit dem ihr dämonisches Auge ihn durchdringt und bindet, ein böser oder guter? Man weiß das nicht, auch nicht ob es ein böser oder guter Genius ist, der ihn wieder fort aus dem öden Gebirge unter die einfachen Menschen eines Dorfes führt, wo er ein Mädchen lieb gewinnt und heirathet. Aber nach manchem Jahre faßt ihn der Bergzauber wieder. Das Gold sieht ihn mit lachenden, funkelnden Augen an und gewinnt Gewalt über ihn, und fort muß er, zurück in das furchtbare Gebirge, von wo er noch einmal, verwildert, uralt, wahnsinnig, ein wankendes, unbegreifliches

Phantom, wieder zurückkehrt. Elend und Verderben ist das Ende.

Wir wissen, daß das Märchen vom Runenberge aus den Anregungen der Naturphilosophie entstanden ist. Tieck war damals mit Steffens befreundet, der noch im hohen Alter von den schaurigen Wundern der einsamen norwegischen Gebirgswüste so lebendig zu erzählen wußte. Steffens und Novalis hatten in Freiberg den Bergbau, unter Werner Geologie studirt; ihre Erinnerungen daran, mit romantisirendem Sinn aufgenommen, kehren häufig wieder. Das Leben des Bergmannes hatte für alle Romantiker etwas höchst Anziehendes. Das Erdinnere, wo ungesehen die allerkostbarsten Kleinodien, todt und doch lebendig, wachsen, die Erstlinge der Natur, der Reichthum der Oberwelt, das leuchtendste, farbige Licht in Krystalle gebunden, in der schwarzen Nacht, wohin die Sonne nicht dringt, heimisch; das Erdinnere, das zuweilen gewaltsam aufreißt und die inneren Kräfte furchtbar schön offenbart, sich im flüssigen Feuer ergießend, ist gleichsam das Unbewußte der Erde. Es ist kein Wunder, daß die Romantiker sich davon gefesselt fühlten.

Aber während Novalis sein frohes starkes Berglied daraus dichtete, konnte Tieck nicht aus dem beklemmenden Dunkel herauskommen. Ein Beherrschtwerden der elementaren Natur durch den Menschen konnte er sich nicht vorstellen; sie war ihm eine Frau Venus von verderblicher Schönheit, eine Teufelin, die den Menschen in ihre Arme zieht durch ihren Alles übersteigenden Reiz, aber nur um ihn zu tödten. Nur Derjenige, der sie kindlich verehrt, ohne ihrer zu begehren, der nie den tollkühnen Wunsch empfunden hat, ihren Schleier zu lüften, dem ist sie die mütterliche, segenspendende Göttin. Im Leben sah Tieck überall nur

unlösbare Verwirrung. Ein beständiges ängstliches Grauen
über das steinerne Schicksal mit den festgeschlossenen Lippen,
das die Puppen nach einem räthselhaften Plane hierhin
und dorthin setzt, in einen Winkel wirft, vertauscht, um=
kleidet, in Purpur oder Lappen hüllt, zertrennt, zersetzt,
köpft und wieder zusammennäht, war sein Gefühl gegenüber
dem Marionettenspiele des Lebens; eine dämmernd romantische Stimmung, geeignet zur Darstellung des Schaurigen.
Denn das Schaurige ist eben Unklarheit, Verwischung und
Umrisse im Zwielicht. Etwas Schreckliches, dessen Ursprung
und Art wir deutlich sehen, ist nicht grausig; dagegen wissen
wir ja, wie, wenn die Nacht hereinbricht, auch das Ge-
wöhnlichste unheimlich werden kann. Die schaurig dunkle
Stimmung in den Tieck'schen Märchen macht sie wirkungs-
voll; aber ästhetisch ist diese Schwüle nicht und noch viel
weniger gehört sie in das Märchen, wenn man an dem
herkömmlichen Begriff festhält. Ein Kunstwerk mag wohl
durch Nacht und Grauen hindurchgehen, soll uns aber doch
schließlich zum Lichte führen; denn dazu ist der Künstler da,
daß er den durch Zweifel und Rathlosigkeit gemarterten
Menschen die verworrenen Erscheinungen deutend löse. Das
eigentliche Märchen vollends ist immer klar und zufrieden-
stellend; denn es ist, mindestens in seinem Kerne, ein Stück
Volksglauben, also in religiösen Gemüthern erwachsen, und
der Gläubige, sei es nun daß er dem naiven Volksglauben
anhängt oder sich eine reine Weltanschauung erworben hat,
sieht überall Harmonie, Gerechtigkeit und Nothwendigkeit,
und kann deshalb, auch wenn er es wollte, ein Kunstwerk,
das seinen unbewußten Willen abspiegelt, nicht in einen
Mißklang ausmünden lassen. Das grausam blinde Schicksal,
das irgend Einen herausgreift, ihm eine Schuld anklebt,
für die er sich nicht verantwortlich fühlt, und durch die er

doch leidet, gehört nicht in das Märchen. Es schließt
niemals mit einem Fragezeichen. Es mögen in einem
Märchen die fürchterlichsten Verwickelungen angeknüpft sein,
wie zum Beispiel, daß der alte König seine eigene schöne
Tochter heirathen will, oder daß die Stiefmutter auf das
Verderben der verwaisten Kinder sinnt, oder daß die böse
Fee einen Fluch über das unschuldige Kind verhängt hat,
immer löst sich das ärgste Verhängniß spielend und sicher
mit Hochzeit der Guten und Holden und Untergang der
Schlechten und Häßlichen. Niemals ist beim Volksmärchen
etwas Andres beabsichtigt, als die Erzählung einer schönen,
wunderbaren Begebenheit; daß ein tiefer Sinn darin liegt,
rührt daher, daß es mythologische Bruchstücke sind und
Mythologie nichts Andres als Symbol ist, ja selbst wenn
das nicht wäre, weil es ein Stück Natur und ein Stück
Leben ist und als solches Gleichniß. Alles Unbewußte ist
Symbol für das Bewußtsein, das es betrachtet.

Mit Staunen und Entzücken sieht der Romantiker in der
Märchendichtung jenes wogende Chaos, jene magische Verwirrung, aus der eine harmonische Welt entstehen kann.
Schon die nüchternen Köpfe, Bodmer und Breitinger, haben
geahnt, daß im Wunderbaren irgendwie das Wesen der Poesie
liege, wenn sie auch kaum wußten, was eigentlich wunderbar
sei. Gewiß ist das Wunder ein Klang aus dem, was wir
Jenseits nennen, ein Zeichen der intelligibeln Welt, eine Bürgschaft unsrer Freiheit und unsrer magischen Kräfte.

„Alle Märchen", sagt Novalis, „sind nur Träume von
jener heimatlichen Welt, die überall und nirgend ist. Die
höheren Mächte in uns, die einst als Genien unsern Willen
vollbringen werden, sind jetzt Musen, die uns auf dieser mühseligen Laufbahn mit süßen Erinnerungen erquicken."

Das Vergnügen, das die romantischen Bewußtseins-

menschen an dem Märchenquell des Unbewußten hatten, war
ein doppeltes, weil in der Aufklärungszeit alles Wunderbare
in Verruf gekommen war und das Märchen höchstens dazu
diente, auf scheinbar kindliche Art Lebensweisheit oder satirische
Ausfälle an den Mann zu bringen. Als Tieck damit anfing,
seine geliebten Märchen wiederzuerzählen, von denen er wohl
wußte, daß sie weit mehr Poesie und Weisheit enthielten,
als dicke Bände voll Aufklärungsprodukte, wie seine Zeit-
genossen sie liebten, that er es mit dem kecken Uebermuth
eines Schuljungen, der in der hohen Krone des Birnbaumes
sitzend vor den Augen des dicken Philisters unten die schönste
Frucht verspeist und ihm hie und da eine auf die Nase fallen
läßt. Er erzählt sie nicht unbefangen, sondern indem er
zugleich den Spott seines Publikums verspottet.   Was ist
dabei aus Blaubart und Rothkäppchen, der schönen Magel-
lone und der schönen Melusine und den andern Sagen und
Volksbüchern, die er uns neu geschenkt hat, geworden? Rein
und lieblich zwar ist die Sonntagsstimmung in dem stillen
Zimmer der Großmutter, wo Rothkäppchen seinen Kuchen
auspackt und so altklug-kindisch mit der alten Frau plaudert,
die ohne es zu wissen mit dem kleinen Mädchen dieselbe
Geistesstufe einnimmt, auf dem Rückwege begriffen. Und das
Herz klopft uns mit der jungen Blaubartsfrau in ihrer Angst,
Todesnoth und Hoffnung, wie genau wir auch den Ausgang
kennen.   Der Blaubart selbst hebt in einem recht märchen-
haften Bösewichtstone zu sprechen an, während er rechts
und links köpfen läßt, was ihm in den Weg kommt; aber
er und alle andern Personen verfallen auf jeder Seite in
die kecke Tieck'sche Redeweise, die in jedem Satze unzählige
Beziehungen andeutet, zugleich den albernsten Unsinn und
den zartesten Tiefsinn anklingen läßt und eine grübelnde,
wehmüthige Philosophie aushaucht.   Wie wenig finden wir

hier die melancholisch-weisen Shakespearischen Narren an
ihrem Platze.

Man darf aber nicht denken, Tieck habe etwa seine
Märchen so eingekleidet, weil er es nicht anders gewußt
oder gekonnt habe. Er sagt vielmehr gelegentlich, daß man
den schlichten Kinderton des alten Buches nur mit Vorsicht
und Maßen wieder verwerthen dürfe, wenn man es wieder-
erzählen wolle; wobei ohne Zweifel seine Meinung war,
daß dem modernen Menschen nun einmal die Anschauungsweise eines von der Kultur noch unberührten nicht mehr
eigen sei und er deshalb gut thue, sie sich nicht anzuempfinden,
da alles Anempfundene unwahr und somit unkünstlerisch sei.
Auch jetzt giebt es noch Menschen, die in einer Welt kindlicher
Vorstellungen leben; aber die verfallen nicht darauf, Märchen
zu erfinden. Einen Menschen, der die Kultur unsrer Zeit
empfangen hat und zugleich so urthümlich sieht und empfindet, daß er selbsterlebte, selbstgeschaffene Märchen mit der
vollen Wahrhaftigkeit und Treuherzigkeit erzählen könnte,
die uns so sehr bezaubert und rührt, hat es noch nicht gegeben, und er wird wohl auch erst in jener Zukunft möglich
sein, der das Wunder wieder zur zweiten Natur und das
Gesetzmäßige zum Wunder geworden ist.

Man sollte meinen, wenn Einer, so sei Goethe naiv genug
gewesen, um ein gutes Märchen zu ersinnen. Sein Märchen,
welches unter den Novellen der Ausgewanderten seinen Platz
hat, wurde das Muster der romantischen. Auch kann man
nicht anders als die behagliche Anmuth und den seligen
Frohsinn bewundern, der diese Fabelei von innen her ver-
goldet und durchglänzt, wie das verschluckte Gold den bieg-
samen Leib der edeln Schlange, die eine Hauptrolle darin
spielt. Dennoch windet sich die Geschichte stellenweise durch
mühseligen Staub der Langeweile und unverständlichen alle-

gorischen Kleinkram und das vorwiegende Gefühl, am Ende,
ist doch eine gewisse Enttäuschung und Rathlosigkeit. Liest
man aber gar, wie Goethe selbst darüber redete, fühlt man
sich vollends ernüchtert; er schrieb nämlich an Schiller, daß
er nun auch dieses Feld gehörig bearbeiten wolle und etwa
noch ein Dutzend Märchen zu machen im Sinn habe. Schiller
seinerseits berichtet von den zahllosen und höchst verwickelten
Erklärungsversuchen, die zu dem Märchen sogleich gemacht
wurden, die er aber alle als untauglich abthut, um eine
ebenso mühsam ausgetüftelte dagegen vorzubringen.

Wenn aber auch von Alledem nichts im Märchen ist, was
man gewöhnlich vom Märchen erwartet, so hat Goethe doch
damit das Muster einer neuen und berechtigten Art auf=
gestellt; und insofern ist die Begeisterung, mit der die Ge=
brüder Schlegel diese Dichtung begrüßten, ganz und gar
verständlich. Warum sollte nicht auch der moderne Mensch
seine Märchen haben? An die man andre Anforderungen
stellen dürfte, ja müßte als an die alten Volksmärchen?
Der Romantiker sieht durch das buntgewirkte mit seltsamen
Figuren bestickte Märchenkleid hindurch weiße, feenhafte
Formen schimmern; diese verborgene Schönheit entzückt ihn,
die er durch den kindisch-bunten Putz hindurch sieht, der
allein ihn niemals mehr reizen könnte. Und von dieser
Schönheit handeln auch seine Märchen. Das Goethe'sche
Märchen läßt den Leser keinen Augenblick darüber in Zweifel,
daß es symbolisch ist; nur kann man leider das zarte Leibchen,
auf das es doch ankommt, nicht recht erkennen; mag es nun
an ungeschickter Bekleidung liegen oder, was wahrscheinlicher
ist, daran, daß der Dichter es allzu nachlässig formte und
eine Hülle darüberwarf, die für Alles aufkommen sollte.
So ist Tieck's Urtheil zu erklären, der von dem Goethe'schen
Märchen sagte, es habe keinen Inhalt. „Ein Werk der

Phantasie", sagt er in Bezug darauf, „soll gar keinen bitteren Nachgeschmack zurücklassen, aber doch ein Nachgenießen und Nachtönen; dieses verfliegt und zersplittert aber noch mehr als ein Traum, und ich habe deshalb das herrliche Märchen von Novalis, soweit ich es verstehen konnte, diesem weit vorgezogen."

In Wahrheit leidet Novalis' Märchen an demselben Grundfehler wie das Goethe'sche, nämlich an Unverständlichkeit; nur daß das Kleid, das Goethe seinem Märchen übergeworfen hat, stellenweise reizend genug ist, um einen allenfalls glauben zu machen, es sei die Hauptsache und Gestalt sei nicht da, während das von Novalis eine offenbare, unzweideutige Allegorie ist, das sich Niemand die Mühe nimmt zu Ende zu lesen, der sich nicht für die Bedeutung interessirt. Gelehrte Männer haben es sich angelegen sein lassen, es auszulegen, vielleicht richtig, vielleicht nicht; jedenfalls sollte auch ein modernes Märchen nicht der Gelehrsamkeit bedürfen, damit man es genießen könne.

Hie und da erscheinen in den Werken der Romantiker zufällige Märchen oder Ansätze zu Märchen, die das „höhere Märchen", so nannte es Novalis, wenn „ohne den Geist des Märchens zu verscheuchen, irgend ein Verstand, Zusammenhang, Bedeutung hineingebracht wird", glücklicher als die genannten großen, kunst= und sinnreichen vertreten. So bei Tieck, da, wo die alte Zauberin, dem Blaubart zu Ehren, der sie in ihrer unterirdischen Höhle besucht, ein Turn- und Ritterspiel veranstaltet. Da erscheint auf einen Trompetenstoß eine prunkvolle Versammlung von Vögeln und Insekten: „Jetzt wurden die Schranken eröffnet, und auf einem stattlichen Hahn ritt ein rothgefleckter Papagei hinein und stellte sich in die Mitte. Auf einem andern Streitroß kam ein blaugepanzerter Uhu, der seine Lanze gegen den muthigen Papagei schwenkte, sie trafen auf einander, und der Uhu war aus dem Sattel gehoben. Trompeten und Pauken verkündigten den Sieg des schönen Ritters, und oben auf dem Altan sah man, wie sich die Versammlung der Prinzessinnen freute, lauter bunte Tauben, die gegen einander mit den Köpfen wackelten und sich Bemerkungen über die kämpfenden Ritter mittheilten. Ein Specht ritt nun gegen den Papagei und ward ebenfalls überwunden, und so ging es eben einer Rohrdommel und zwei Reb= hühnern; der rothe Papagei blieb unüberwindlich und eine grünliche Taube oben vergoß häufige Freudenthränen.

Der Papagei blieb als Sieger übrig und er erhielt den Dank des Turniers, der in einer schönen Schärpe bestand, aus hundert Schmetterlingsflügeln gewebt. Der Papagei senkte sich ehrfurchtsvoll auf ein Knie nieder, indes ihm ein andrer Ritter dieses kostbare Geschenk um den Leib gürtete. Dann stand ein Hahn auf, der ein guter Barde war, und besang sein Lob in folgenden feurigen Versen:

> Wessen Lob ist es, daß die Sterne singen,
> Von wem sprechen die künftigen Jahre und alle Zeiten?
> Auf den Flügeln des Sturmwinds rauscht's daher
> Und alle Völker horchen ehrfurchtsvoll,
> Dem Kühnen, Unüberwindlichen singen
> Sterne, Zeiten, Zukunft und Gegenwart,
> Erden, Sonnen und tausend mal tausend Völker
> Sprechen nur von Dir, Du bist der Rede einziger Inhalt.
> Fielen nicht, rasch von Deinem Arm getroffen,
> Selbst der tapferste Uhu, Specht und Sperber nieder?
> Niemals hat die uralte Zeit, die seit lange
> Denken kann, einen Mann, einen Helden gesehen,
> Dir nur ähnlich.“

Grade, daß der Dichter hier so naiv offenkundig alle= gorisirt, macht die kleine Dichtung erfreulich. Die unver=

stellte Absichtlichkeit wirkt beinah wieder kindlich. Ja sogar
die ganz überflüssige Erklärung, die die Zauberin dem Blaubart giebt, stört nicht, sondern scheint durchaus am Platze
zu sein. „Sieh", sagte die Fee, „Dir zu Gefallen habe
ich ein solches Spiel angestellt. Betrachte die lebendige,
wirkliche Welt, und es ist nicht anders. Ruhm und Unsterblichkeit ist nur ein Hahnengeschrei, das früher oder später
verschallt, das die Winde mit sich nehmen und das dann
untergeht ... Die Zukunft streicht mit plumper Hand über
Alles hinweg und wischt es aus wie eine unbedeutende
unrichtige Rechnung von einer Tafel; dann ist das ver-
schwunden, was im Grunde nie war, und der leere Raum
treibt mit der Vergessenheit da sein Spiel, wo sonst die
irdischen Träume standen."

Der Gehalt dieser Märchenfabel ist, wie fast immer bei
Tieck, etwas leicht, aber desto graziöser schwebt es daher.
Weltumfassend ist der Sinn des kleinen Märchens, das
Novalis in seinem unvollendeten Roman, den Lehrlingen zu
Saïs, erzählt. Hyacinth und Rosenblüthchen haben einander
lieb. Er war recht bildschön, sah aus wie gemalt und tanzte
wie ein Schatz. Sie war so lieblich, daß wer sie sah, hätte
vergehen mögen. Aber auf einmal war die Herrlichkeit vorbei.
Es kam ein wunderlicher alter Mann aus der Fremde, setzte
sich vor das Haus, wo Hyacinth's Eltern wohnten, und
Hyacinth bewirthete ihn ... „Da that er seinen weißen
Bart von einander und erzählte bis tief in die Nacht";
und von nun an war es mit dem Glück der Liebe vorbei.
Hyacinth ging einsam und sorgenvoll in die Wälder und
bekümmerte sich nicht um Rosenblüthchen, obgleich er sie nicht
vergessen hatte. Bis er auf einmal seinen Eltern erklärte,
daß er fort in die Welt müsse, nur das könne ihn gesund
machen. Dahin wolle er, wo die Mutter der Dinge wohne,

die verschleierte Jungfrau; nach der sei sein Gemüth ent=
zündet. Und weit ging die Reise und höher wuchs die
Sehnsucht, immer schneller schien die Zeit zu gehen. Endlich
kam er zur Wohnung der Göttin. „Es dünkte ihm Alles
so bekannt, und doch in niegesehener Herrlichkeit; da schwand
auch der letzte irdische Anflug, wie in Luft verzehrt, und er
stand vor der himmlischen Jungfrau. Da hob er den leichten,
glänzenden Schleier, und — Rosenblüthchen sank in seine
Arme.“

Die Romantik ist eine werdende Poesie, und das Ideal
des romantischen Märchens ist noch nicht erreicht, so reizend
auch das ist, dessen Inhalt ich eben angedeutet habe. Es
müßte so scheinbar zusammenhangslos vorübergaukeln, wie
das von Goethe an manchen Stellen thut, und dabei doch
so einfach reich sein, wie dies letzte von Novalis. „Ein
Märchen“, sagt Novalis, „ist wie ein Traumbild ohne Zusammenhang. Ein Ensemble wunderbarer Dinge und Begebenheiten, z. B. eine musikalische Phantasie, die harmonische
Folge einer Aeolsharfe, die Natur selbst.“

Symbolische Kunst.

Alle heiligen Spiele der Kunst sind nur
ferne Nachbildungen von dem unendlichen
Spiele der Welt, dem ewig sich selbst bil=
denden Kunstwerk. Mit andern Worten:
Alle Schönheit ist Allegorie.

Fr. Schlegel.

„Können Sie ihm den Unterschied zwischen allegorischer
und symbolischer Behandlung begreiflich machen", schrieb
Goethe an Schelling in Bezug auf einen jungen Maler
Namens Martin Wagner, „so sind Sie sein Wohlthäter,
weil sich um diese Axe so viel dreht." Ob und wie Schelling
das ausgeführt hat, weiß ich nicht zu sagen. Zwei Zeit-
genossen aber, Tieck und der Aesthetiker Solger, welche eben=
falls über das Verhältniß dieser Begriffe viel nachgedacht
hatten, kamen zu dem folgenden Schlusse. Der Punkt, wo
Philosophie, Religion und Poesie sich berühren, ist die Mystik.
Mystik — so könnte man etwa das, was sie meinten, zu-
treffend ausdrücken, ist das unmittelbare Gefühl des Eins-
seins mit der Welt und Gott. Kunst ist angewandte Mystik.
Auf bewußt angewandter Mystik beruht die Allegorie, auf
unbewußt angewandter die Symbolik. „Beide haben ihre
Grenze", so heißt es in Solger's eignen Worten, „wo die
Allegorie in bloßes Verstandesspiel und die Symbolik in
Nachahmung der Natur übergeht." Zwischen diesen beiden
äußersten Punkten geht denn in der That die Wellenbewegung
der Künste auf und nieder.

Bemerkenswerth ist, daß Solger keineswegs das Alle=
gorische gänzlich verwirft. Wie sollte er auch, als Zögling

der Romantiker, die der vom Bewußtsein geleiteten Kunst
das Wort redeten, ja, für die das bewußt=unbewußte Schaffen
der Höhepunkt der Kunst war. Erst da, wo die Allegorie
in Verstandesspiel übergeht, verläßt sie das Gebiet der Kunst.
So einfach und schlagend diese Fassung des Unterschiedes
zwischen Allegorie und Symbolik ist, so schwierig ist doch
die Anwendung im einzelnen Falle, ebenso schwierig wie die
unendlich vielen, unendlich feinen Uebergänge aus dem Unbewußtsein in's Bewußtsein zu erkennen sind.

Daß jeder große Künstler Symboliker gewesen sei und
sein müsse, durften die Romantiker, nach dieser Erklärung
des Begriffes, füglich behaupten. Für den Materialisten
ist die Welt, für den Spiritualisten bedeutet sie etwas,
dem Romantiker — oder sage man Künstler oder Idealisten
— ist und bedeutet sie gleichviel, wie wenig er sich dieser
inneren Ueberzeugung bewußt sein möge. Im Zeitalter der
Romantik freilich mußte auch dem naivsten Menschen einmal
von irgend woher ein Denk-Reiz anfliegen; die meisten
Künstler verstanden sich ebenso gut oder besser auf den Sinn
ihrer Schöpfungen als auf das Schaffen.

Da in der neuen deutschen Kunst — wie auch in der
Wissenschaft — die Theorie der Praxis voraufgeht, will ich
zuerst anführen, welches die Ansichten der ersten romantischen
Aesthetiker über die Malerei war. In dem Gespräch über
die Gemälde, wo Wilhelm Schlegel und seine Frau Karoline
ihre in der Dresdener Galerie gewechselten Betrachtungen
niederlegten, definirten sie die Malerei als die Kunst des
Scheins*) gegenüber der Plastik als der Kunst der Formen.

---

*) Das Wort „Schein" muß man hier natürlich nicht in dem
philosophischen Sinne verstehen, wo es im Gegensatze zu Sein gebraucht wird. Hier, im Gegentheil, soll Schein Licht, das Seiende
bedeuten, im Gegensatz zur Materie, die durch ihn sichtbar wird.

Kunst des Scheins, weil Färbung und Beleuchtung, die
Mittel, wodurch die Körper erscheinen, nicht etwa nur einen
nebensächlichen Reiz des Bildes ausmachten, sondern recht
eigentlich die Hauptsache wären; denn eben diesen Schein,
den man im gewöhnlichen Leben, wo es einem nur auf die
Körper ankommt, nicht sieht, gewissermaßen sogar unaufhörlich vernichtet, den zu sehen solle der Maler uns lehren,
indem er ihn idealisirt, ihm einen Körper giebt. Daraus,
daß das Erscheinen — das bloße Phänomen, wie Wilhelm
sagt — das Wesentliche ist, folgt, daß auf den Körper
weniger ankommt. In diesem Gefühl wird auch das Still-
leben, eine Gattung, die damals als ganz untergeordnet
betrachtet wurde, lebhaft in Schutz genommen. Als die
höchste aber empfinden sie die Landschaft. Ganz wurden sie
sich nicht darüber klar, warum; sie meinten, weil gerade
dort das bloße Phänomen — die Beleuchtung — eine so
wichtige Rolle spiele. Unter den Landschaften der Dresdener
Galerie zogen die düstern Phantasien Salvator Rosa's sie
am Meisten an. Das erklärten sie daraus, „weil er die
Natur bloß wie eine Schrift gebraucht, in deren großen
Zügen er seine Gedanken hinwirft."

Da sieht man schon alle Grundzüge einer Symbolik bei
einander. Nicht der vergängliche Körper ist das Wesentliche,
sondern der erscheinende Geist. Daß das ohne den Körper
nicht möglich ist, versteht sich von selbst. Aber darin zeigt
sich eben der große Künstler, daß er die Körperwelt nicht
so malt, wie wir uns gewöhnt haben sie zu sehen, als Ding
an sich, als Hauptsache, als etwas Seiendes, vielmehr als
durchsichtige Hülle für etwas Ewiges. „Wenn der Maler
dem Schein einen Körper giebt, so muß er ihm ja auch eine
Seele einhauchen, und das darf doch wohl seine eigene sein."
Man sieht, wie sehr man die Meinung des Begründers der

romantischen Schule mißverstehen würde, wenn man dächte, er wollte das Bild für das vorzüglichste angesehen wissen, das sich schlechtweg durch schöne Farbe und Beleuchtung auszeichnet. Auch der Schein kann materiell aufgefaßt und dargestellt werden.

Als einer der Erstlinge der Romantik erschien bald nach dem Schlegel'schen Gespräche Tieck's Maler=Roman Franz Sternbald. Die Romfahrt eines Schülers von Albrecht Dürer, der für die Romantiker das Muster eines echt deutschen Künstlers war, ist der Inhalt des Buches. Merkwürdig ist es nun, wie, trotz der grenzenlosen Verehrung Dürer's, die überall anklingt, Alles, was Sternbald malt und über Malerei äußert, so weltverschieden von der Kunst seines Meisters ist. Das Mittelalter war für Tieck nichts Andres als ein Gestell, das er mit Kostümen seiner Erfindung bekleidete. Für die ganz moderne Kunst, von der Franz Sternbald träumt, gab es Vorbilder nur in der Phantasie Tieck's und seiner Genossen. Das erste Bild, das Franz selbständig entwarf, war für den Altar einer Dorfkirche bestimmt und stellte die frohe Botschaft von der Geburt des Herrn dar. Es hatte zwei verschiedene Licht= quellen: auf den Bergen dämmert ein dunkles Abendroth — die Sonne ist schon lange untergegangen — und in der Ferne schreiten zwei Engel durch das Korn, von denen ein himmlischer Glanz über die Landschaft ausstrahlt. Dorthin blicken die Hirten in sehnsüchtiger Verzückung, nur ein junger sieht wehmuthvoll der untergegangenen Sonne nach, als sei mit ihr die Freude der ganzen Welt versunken. Ein alter Hirte aber berührt seinen Arm, wie wenn er ihn auf die Herrlichkeit des neuen Lichtes aufmerksam machen wollte, das bereits aufgegangen ist. „Einen solch zarten, trost= reichen und frommen Sinn hatte Franz für den vernünftigen und fühlenden Beschauer in das Gemälde zu bringen gesucht."

Waldscenen locken den wandernden Maler besonders. Er denkt sich die schattigen Gründe beseelt durch irgend einen leidenschaftlich menschlichen Vorgang, so aber, daß doch die Landschaft die Hauptsache bleibt. „Wenn ich mir unter diesen dämmernden Schatten die Göttin Diana vorübereilend denke, den Bogen gespannt, das Gewand aufgeschürzt und die schönen Glieder leicht umhüllt, hinter ihr die Nymphen in Eile und die Jagdhunde springend, so wird mir das von selbst zum Bilde. Oder stelle Dir vor, daß dieser Fußweg sich immer dichter in das Gebüsch hineinwindet, die Bäume werden immer höher und wunderbarer, plötzlich steht eine Grotte, ein kühles Bad vor uns und in ihm die Göttin, mit ihren Begleiterinnen, entkleidet. Da ist die Einsamkeit, Grün, Felsen und Bäume und die nackte Schönheit maje- stätischer, hehrer und jungfräulicher Leiber vereinigt: füge vielleicht den Aktäon hinzu, so tritt jener wundersame Schreck und die seltsame Freude noch in das Gemälde, in seinen Hunden kannst Du schon die thierische Wuth und den Blutdurst darstellen, so ist hier das Wider- sprechendste in ein poetisches Bild nothwendig und schön verknüpft."

„Oder hier im tiefen Walde die Leiche eines schönen Jünglings, und über ihm ein Freund und die Geliebte im tiefsten Schmerz, vielleicht Venus und Adonis, oder ein lieb- licher Knabe, von wilden Räubern erschlagen; die dunkel- grünen Schatten, unter ihnen die blendenden Jugendgestalten, der frische Rasen, die einzelnen zerspaltenen Sonnenstrahlen von oben, die nur das Gesicht und einzelne kleine Theile hell erleuchteten, der Eber oder die Räuber in der Ferne, wie von Gewitterschatten eingehüllt, Alles dies zusammen

müßte ein vortreffliches Gemälde der Schwermuth und Schönheit ausbilden."

Man sieht aus den letzten Worten deutlich, daß nicht
der Gegenstand an sich wirken sollte, sondern bestimmt war,
den ganz allgemeinen Sinn der Landschaft dem Beschauer
desto inniger zu vermitteln. Aber auch so sind die Bilder
noch zu gegenständlich, zu begrenzt. Wie die Wirklichkeit
eine Schranke ist für unser Sehnen und Streben, so sind
alle Figuren, in denen die treibende Natur sich beschränkt
und bestimmt, ein Hinderniß für das unendliche Fühlen,
das der Maler in's Bild fassen möchte.

"Es wurde Abend, ein schöner Himmel erglänzte mit
seinen wunderbaren, buntgefärbten Wolkenbildern über ihm.
Sieh, fuhr Rudolph fort, wenn ihr Maler mir Dergleichen
darstellen könntet, so wollte ich euch eure beweglichen Histo-
rien, eure leidenschaftlichen und verwirrten Darstellungen
mit allen unzähligen Figuren erlassen. Meine Seele sollte
sich an diesen grellen Farben ohne Zusammenhang, an diesen
mit Gold ausgelegten Luftbildern ergötzen und genügen, ich
würde da Handlung, Leidenschaft, Composition und Alles
gern vermissen, wenn ihr mir, wie die gütige Natur heute
thut, so mit rosenrothem Schlüssel die Heimath aufschließen
könntet, wo die Ahnungen der Kindheit wohnen, das glänzende
Land, wo in dem grünen, azurnen Meer die goldensten
Träume schwimmen, wo Lichtgestalten zwischen feurigen
Blumen gehen und uns die Hände reichen, die wir an unser
Herz drücken möchten. O mein Freund, wenn ihr doch diese
wunderliche Musik, die der Himmel heute dichtet, in eure
Malerei hineinlocken könntet! Aber euch fehlen Farben, und
Bedeutung im gewöhnlichen Sinn ist leider eine Bedingung
eurer Kunst."

Auch die Malerei also sollte ihr Gebiet erweitern, in

die benachbarten Künste, Musik und Poesie, überfließen. Auch hier sollte alles Ueberflüssige, Alles, was nur Mittel war, beseitigt werden, damit, wie eine Poesie der Poesie, eine Malerei der Malerei entstehe. Nicht alle die Zufälligkeiten der Natur sollten ferner mehr in die Kunst aufgenommen werden. Hat doch die Natur, um sich auszudrücken, die unendliche Zeit und den grenzenlosen Raum, die Kunst nur ein Stückchen Leinwand oder ein paar Verszeilen — was für verschiedene Sprachen müssen sie sprechen, um gleichviel zu sagen! Nur die Essenz der Erscheinungen kann die Kunst geben — Tausende und Tausende von Rosen, immer mehr muß man zusammenpressen, um den einzigen, süßesten Tropfen Rosenöl zu gewinnen.

Ein alter Maler, der im Rufe steht wahnsinnig zu sein und auch vom praktisch bürgerlichen Standpunkte aus so genannt werden muß, zeigt Franz die Gemälde, die er in seiner weltabgeschiedenen Gemüthsversunkenheit entworfen hat. Darunter ist ein Nacht- und Waldstück: in eine fast unkenntliche Masse hat das Dunkel Berg und Thal verschmolzen. Durch diese Nacht zieht ein Pilgrim mit Stab und Muschelhut, eine von verstohlenem Mondschein umzitterte einsame Gestalt. Voll aber ergießt sich die Fluth des Mondlichts auf ein Crucifix, das vom fernen Hügel, wo sich die Wolken theilen, herabglänzt. „Seht", rief der Alte, „hier habe ich das zeitliche Leben und die überirdische, himmlische Hoffnung malen wollen; seht den Fingerzeig, der uns aus dem finstern Thal herauf zur mondglänzenden Anhöhe ruft. Sind wir etwas weiter als wandernde Pilgrime? Kann etwas unsern Weg erhellen als das Licht von oben? Vom Kreuze her dringt mit lieblicher Gewalt der Strahl in die Welt hinein, der uns belebt, der unsre Kraft aufrecht hält. Hier habe ich gesucht, die Natur

wieder zu verwandeln, und das auf eine menschlich künstlerische Weise zu sagen, was die Natur selber zu uns redet;
ich habe hier ein sanftes Räthsel niedergelegt, das sich nicht
Jedem entfesselt, das aber doch leichter zu errathen steht,
als jenes erhabene, das die Natur als Bedeckung um sich
schlägt." Auf Franzen's Bemerkung, man könne dieses Gemälde ein allegorisches nennen, erwidert der Alte, alle Kunst
sei allegorisch. „Was kann der Mensch darstellen, einzig
und für sich bestehend, abgesondert und ewig geschieden von
der übrigen Welt, wie wir die Gegenstände vor uns sehen?
Die Kunst soll es auch nicht. Wir fügen zusammen, wir
suchen dem Einzelnen einen allgemeinen Sinn anzuheften,
und so entsteht die Allegorie. Das Wort bedeutet nichts
Andres als die wahrhafte Poesie, die das Hohe und Edle
sucht und nur auf diesem Wege finden kann." Auch an
andern Stellen des Buches wird ausgesprochen, daß das
allegorische Gemälde am ehesten erfüllt, was man von der
Malerei wünscht. „Hier ist recht der Ort, wo der Maler
seine große Imagination, seinen Sinn für Magie der Kunst
offenbaren kann: hier kann er gleichsam über die Grenzen
seiner Kunst hinausgehen und mit dem Dichter wetteifern."
Als ein Beispiel aus der älteren Kunst wird das berühmte
Bild des Orcagna in Pisa angeführt, deswegen weil es
das ganze menschliche Leben symbolisch darstelle.

In Tieck's Roman malt nicht nur Franz Sternbald,
sondern fast ein Jeder, der auftritt, was er auch sei, mindestens mit der Phantasie, eben um den Malern von Beruf
zu beweisen, wie ungenügend ihre Kunst bisher gewesen sei.
Seht, ruft Einer aus, den Tieck zum eigentlichen Helden des
unvollendeten Buches bestimmt zu haben scheint, wenn ich
malen könnte, „dann würde ich einsame, schauerliche Gegenden
abschildern, morsche, zerbrochene Brücken über zwei schroffen

Felsen, einem Abgrunde hinüber, durch den sich ein Waldstrom schäumend drängt: verirrte Wandersleute, deren Gewänder im feuchten Winde flattern, furchtbare Räubergestalten
aus dem Hohlwege heraus, angefallene und geplünderte
Wagen, Kampf mit den Reisenden. Dann wieder eine
Gemsenjagd in einsamen, furchtbaren Felsenklippen, die
kletternden Jäger, die springenden, gejagten Thiere von
oben herab, die schwindelnden Abstürze. Figuren, die oben
auf schmalem, überragendem Steine Schwindel ausdrücken
und sich eben in ihren Fall ergeben wollen, der Freund,
der jenen zu Hülfe eilt, in der Ferne das ruhige Thal.
Einzelne Bäume und Gesträuche, die die Einsamkeit nur
noch besser ausdrücken, auf die Verlassenheit noch aufmerksamer machen. Oder dann weiter den Bach und Wassersturz mit dem Fischer, der angelt, mit der Mühle, die sich
dreht, vom Monde beschienen. Ein Kahn auf dem Wasser,
ausgeworfene Netze. Zuweilen kämpft meine Imagination
und ruht nicht und giebt sich nicht zufrieden, um etwas
durchaus Unerhörtes zu ersinnen und zu Stande zu bringen.
Aeußerst seltsame Gestalten würde ich dann hinmalen, in
einer verworrenen, fast unverständlichen Verbindung, Figuren,
die sich aus allen Thierarten zusammenfänden und unten
wieder in Pflanzen endigten: Insekten und Gewürm, denen
ich eine wundersame Aehnlichkeit mit menschlichen Charakteren
aufdrücken wollte, so daß sie Gesinnungen und Leidenschaften
possierlich und doch furchtbar äußerten; ich würde die ganze
sichtbare Welt aufbieten, aus jedem das Seltsamste wählen,
um ein Gemälde zu machen, das Herz und Sinne ergriffe,
das Erstaunen und Schauder erregte."

Das ist die romantische Verwirrung, wie Tieck sie liebte;
was seinen letzten Grund darin hat, daß die allmälige Verwandlung des uranfänglichen Chaos in das bewußte Chaos

den Grundgedanken der romantischen Philosophie, wie aller
Entwickelungsphilosophie überhaupt bildet.

Wem, der diese Phantasien über Malerei liest, drängte
sich nicht Böcklin's Name beständig auf die Lippen! Damals, vor hundert Jahren, färbten diese Gemälde-Träume
den morgendlichen Himmel des neuen Jahrhunderts; die
Wende unsres Jahrhunderts schmückt die wundervolle
Wirklichkeit, die Erfüllung. Auch darin ist Böcklin der
Künstler, den die Romantiker verlangten und prophezeiten,
daß er Maler, Musiker und Dichter zugleich ist; nicht in
der Weise der großen Künstler der Renaissance, die oft
mehrere Künste neben einander trieben: das Ziel des modernen Künstlers ist, den Geist mehrerer Künste in einer
zu umfassen und auszudrücken. Wie fast jeder Prophet ein
Moses ist, dem das gelobte Land höchstens von ferne zu
schauen vergönnt ist, haben auch die Romantiker eine volle
Verwirklichung ihrer Ideen auf dem Gebiete der Malerei
nicht erlebt, und als sie endlich kam, war sie von ihren
Zeitgenossen nicht heiß ersehnt, wurde nicht augenblicklich
erkannt und willkommen geheißen; denn die Romantik war
inzwischen erst verachtet, dann vergessen, und als wunderbare, mißdeutete Erscheinungen gingen die ersten Bilder
Böcklin's an der Mitwelt vorüber.

Allerdings auch auf die Malerei ihrer Zeit wirkten die
Romantiker. Als ihren Ideen am meisten entsprechend
rühmten sie den Landschaftsmaler Friedrich, Kaspar David
Friedrich, aus Greifswald gebürtig. In seinen Bildern
lebte die Stimmung der Ostsee, seines heimatlichen Strandes.
Seine Vorfahren waren alle biedere, gewerbtreibende Leute
gewesen; er besaß die strenge Rechtlichkeit, Gradheit und
Abgeschlossenheit des nördlichen Volkes. Nie hatte er auch
nur versucht, eine fremde Sprache zu erlernen, durch und

durch deutsch war er und wollte er sein. Er wird geschildert als ein Mann von hagerem, starkknochigem Körper
mit bleichem Gesicht und blauen Augen, die tief verborgen
unter stark vorspringenden, buschigen blonden Augenbrauen
lagen. Er war von melancholischem Temperament, nie zufrieden mit seinen Leistungen, was zusammen ihn vielleicht
dahin gebracht hatte, einen Selbstmord zu versuchen, an
dessen Ausführung er gehindert wurde. Etwas dunkel Geheimnißvolles schien ihn zu umgeben. Studirt hatte er,
wie es damals vielfach geschah, in Kopenhagen, dann in
Dresden, wo er Mitglied der Akademie und Professor der
Landschaftsmalerei wurde. Aber er blieb immer einsam,
fast ohne Verkehr. Die Dämmerung war sein Element,
erzählte einer seiner wenigen Freunde; vor dem ersten
Morgenlicht und nach Sonnenuntergang pflegte er allein
seine Spaziergänge zu machen. Das Zimmer, wo er arbeitete, war stark beschattet; dort brütete er stundenlang über
seinen Kunstschöpfungen, die eine schroffe, finstere, eigenthümlich poetische Art hatten.

Sein Grundsatz war, ein Bild solle nicht erfunden,
sondern empfunden sein; woraus man schließen darf, daß
die seinigen aus einer lyrisch-musikalischen Stimmung heraus
entstanden. Zu seinen Besonderheiten gehörte, daß er nie
eine Skizze, Karton oder Entwurf irgend welcher Art zu
seinen Bildern machte, weil die Phantasie — in ihrem
ersten Erguß dort ausgeströmt — dadurch erkalte. Eigen
war ihm ferner ein entschiedenes Gefühl für reine Concentration des Lichts, und er behauptete — höchst charakteristisch —, daß ein Traum ihm zuerst die rechte Erkenntniß
darüber gegeben habe. Meist malte er Seebilder, die für
den damaligen Geschmack barock waren, stets aber die der
Ostsee eigenthümlichen Lichtwirkungen mit tiefer Empfindung

wiedergaben. Drei Eichbäume neben einem schneebedeckten
Hünengrabe — Der Mönch am Meeresstrande — Die
Abtei im Eichwalde in Abendbeleuchtung — Felsen mit
einem Kreuz im Morgennebel — diese Titel erwecken eine
Vorstellung von seiner Art. Es wird erzählt, daß ein
Friedrich besuchender Kunstfreund eins seiner Seestücke ver=
kehrt auf die Staffelei gestellt und den dunkeln Wolken=
himmel für die Wellen, das Meer aber für den Himmel
gehalten habe. Ein andrer damals berühmter Kunstkritiker
hielt ein Bild Friedrich's, das eine weite, neblige Gebirgs=
ferne mit einem einzigen darüberschwebenden Adler darstellte,
für ein Seestück, dessen Schönheit und tiefe Bedeutung er
anwesenden Damen erklärte. Auch diese kleinen Züge geben
eine Idee von dem Charakter der Bilder, bei denen jeden=
falls die starke davon ausgehende Stimmung das Wesent=
liche war.

Der eigentliche Maler der Romantik aber, der auch
theoretisch mit Bewußtsein der neuen Richtung anhing, war
Philipp Otto Runge, wie Friedrich aus dem Ostseegebiet,
aus Wolgast, stammend. Seine Freunde verglichen ihn
mit Novalis; wie ein Fremdling auf Erden erschien er
ihnen. Ein echt romantischer Charakter insofern, als die
eigentlich hervorbringende Kraft ihm fehlte, aufgelöst war
in feinstgefasertes Denken und Empfinden. Grade dadurch
konnte er mehr als die naiv schaffenden Künstler anregend
auf seine Freunde wirken, und da überhaupt Unkundige die
Fähigkeit, Pläne zu entwerfen, von der Fähigkeit, Pläne
auszuführen, selten genau unterscheiden, erwartete man all=
gemein das Höchste von ihm. In keinem andern der jungen
Maler war die Ueberzeugung so lebendig, daß Alles, was
man bisher Kunst genannt habe, überlebt sei, daß der neuen
Stufe der Entwickelung, auf der man angelangt sei, auch

eine neue Kunst entspreche, die naturgemäß allmälig ent=
stehen müsse. Den Charakter dieser neuen Kunst zu be=
stimmen, sie zu verkündigen und mit herbeizuführen, ihren
triumphirenden Einzug vorzubereiten, war das Ziel, das er
sich gesteckt hatte.

Die Kunst der Formen, das war seine Ansicht, hätte bei
den Griechen ihren Höhepunkt erreicht. Vergebliches Be=
mühen sei es, jemals die Plastik wieder zu einer ähnlichen
Blüthe bringen zu wollen. Auch innerhalb der Malerei
habe es eine Kunst der Formen gegeben, nämlich die Histo=
rienmalerei, die den Gipfel zur Zeit der italienischen Re=
naissance erreicht habe. Der Neuzeit sei es vorbehalten,
diejenige Art der Malerei zu entwickeln, die die Griechen
kaum gekannt hätten, die mit der Renaissance erst in's
Leben getreten sei: die Landschaft.

Und warum die Landschaft? Vielleicht weil in ihr das
bloße Phänomen eine so große Rolle spielt, hatte Wilhelm
Schlegel gesagt; der Maler giebt der durchleuchteten Luft
einen Körper und haucht ihm seine Seele ein. So philo=
sophirte Runge: Zuerst sah man im Geiste, nämlich im
Menschen, die Natur, jetzt sieht man umgekehrt den Geist
in der Natur. Damals betrachtete man den Menschen wie
eine der vielen Gestaltungen der Naturkraft, seine Handlungen
wie ein Wirken der Elemente, und diese Anschauung zeitigte
das Historiengemälde. Dort kommt ja nicht das geheime
Leben des inneren Menschen zur Geltung, sondern die
großen, allgemeinen Strömungen, die uns als Massen=
geschöpf, als Naturwesen kennzeichnen. Michelangelo's jüngstes
Gericht nennt er als das Höchste und Aeußerste, was aus
dieser Kunstrichtung hervorgegangen sei.

„Jetzt fällt der Sinn", schreibt Runge in einem Briefe,
„mehr auf das Gegentheil. Wie selbst die Philosophen

dahin kommen, daß man Alles nur aus sich heraus ima-
ginirt, so sehen oder sollen wir sehen in jeder Blume den
lebendigen Geist, den der Mensch hineinlegt, und dadurch
wird die Landschaft entstehen, denn alle Thiere und die
Blumen sind nur halb da, sobald der Mensch nicht das
Beste dabei thut; so drängt der Mensch seine eigenen Gefühle den Gegenständen um sich her auf, und dadurch erlangt Alles Bedeutung und Sprache. Wenn wir so in der
ganzen Natur nur unser Leben sehen, so ist es klar, daß
dann erst die rechte Landschaft entstehen muß, als völlig
entgegengesetzt der menschlichen oder historischen Composition.
Die Blumen, Bäume und Gestalten werden uns dann aufgehen und wir haben einen Schritt näher zur Farbe gethan.
Die Farbe ist die letzte Kunst, die uns noch immer mystisch
ist und bleiben muß, die wir auf eine wunderlich ahnende
Weise wieder nur in Blumen verstehen."

Es ist derselbe Gang den die Dichtkunst genommen hat:
die Beseelung der Natur, ihr Mithineinziehen in das Geistesleben des Menschen, verleiht der modernen Poesie seit Goethe
ihren Charakter.

Wenn denn die Natur, so etwa lief Runge's Gedankengang weiter, für sich nichts Ganzes ist, erst der Beseelung
bedarf, ist sie also nur ein Körper, eine Hülle, ein Kleid,
und zwar Gottes; denn Gott ist ja eben der unendliche
Geist. Gott aber kann man nur ahnen, einzig seiner selbst
ist man gewiß: „was du in deiner ewigen Seele empfunden,
das ist auch ewig, was du aus ihr geschöpft, das ist unvergänglich; hier muß die Kunst entspringen, wenn sie
ewig sein soll." Gott also, insofern Gott in einem selber
zum Bewußtsein gelangt. Demnach ist auch für Runge
die Natur der Leib, dem der Künstler seine eigene Seele
einhaucht.

Als Erfordernisse eines Kunstwerks stellt er in diesem Sinne folgende auf:

1. Unsre Ahnung von Gott,

2. Die Empfindung unserer selbst im Zusammenhange mit dem Ganzen, und aus diesen beiden,

3. Die Religion und die Kunst; das ist, unsre höchsten Empfindungen durch Worte, Töne oder Bilder auszudrücken.

Da er klar empfand, daß das Licht, die Farbe, in der Landschaft eine ganz andre Rolle spiele als im Historiengemälde, wurde die Symbolik der Farbe im Lieblingsgegenstand seines Nachdenkens, dessen Resultat er in einem kleinen Werk, die Farbenkugel betitelt, niederlegte. Namentlich diese Arbeit brachte ihn in Verkehr mit Goethe, den dasselbe Problem beschäftigte. Auch über die Analogie der Farben und Töne verfaßte er ein Gespräch, worin von dem Satze ausgegangen wird, die Tonleiter in der Musik sei, was die Abstufung der Farben in Weiß und Schwarz.

Mit seinen in Gespräch und Brief entwickelten Theorien gingen nun aber Versuche der Ausführung Hand in Hand. Mit besonderer Vorliebe malte er Blumen, weil sie die Träger der Farbe seien. Er selbst, sagte er, würde keine Blumen=Composition ganz ohne menschliche Figuren malen, weil die neue Kunst noch zu unverständlich sei, um nicht der Vermittlung zu bedürfen. Erst allmälig würden die Künstler die Symbolik der Natur so in ihre Gewalt bekommen, daß sie des erklärenden Beiwerks entrathen könnten, um sich dem Beschauer mitzutheilen.

Beladen mit so viel Absichten und Ideen ließ sich nur schwer und langsam schaffen. Von einem seiner Bilder, der Quelle, sagte er, es solle eine Quelle im weitesten Sinn des Wortes werden: die Quelle aller Bilder, die er noch machen werde, die Quelle der neuen Kunst, die er suche,

und auch eine Quelle an und für sich. Auf diesem Bilde
liegt eine Nymphe an der Quelle und spielt mit den Fingern
im Wasser, wodurch sich Blasen bilden; darin sitzen muntere
Knaben und wollen heraus, und wie die Blasen zerspringen,
fliegen die Knaben in gewisse zu ihnen gehörige Blumen
und Bäume, deren Charakter sie so völlig ausdrücken, daß
sie ordentlich körperlich einen Begriff von ihnen geben. Ein
Oelgemälde, die Lehrstunde der Nachtigall, war durch folgende
Verse Klopstock's entstanden:

Flöten mußt du, bald mit immer stärkerem Laute,
Bald mit leiserem, bis sich verlieren die Töne;
Schmettern dann, daß es die Wipfel des Waldes durchrauscht,
Flöten, flöten, bis sich bei den Rosenknospen
Verlieren die Töne.

Das eigentliche Hauptbild stellte eine weibliche Gestalt
dar, die im laubigen Baume auf Amor's Flöte lauscht. Für
Runge war aber beinahe das wichtigste die arabeskenartige
Umrahmung seiner Bilder. „Ich lasse unten im Bilde ein
Stück von der Landschaft sehen. Diese ist ein dichter Wald,
wo sich durch einen dunkeln Schatten ein Bach stürzt; dieses
ist dasselbe in dem Grunde, was oben der Flötenklang in
dem schattigen Baume ist. Und in dem Basrelief kommt
oben über wieder Amor mit der Leyer; dann auf der
einen Seite der Genius der Lilie, auf der andern Seite
der Genius der Rose. Auf diese Weise kommt eines und
dasselbe dreimal in dem Gemälde vor und wird immer
abstrakter und symbolischer, je mehr es aus dem Bilde
heraustritt." Wahrscheinlich meinte er aus diesem Grunde,
daß das Bild dasselbe sei, was eine Fuge in der
Musik.

Sein größtes Werk, die vier Tageszeiten, in allen
Einzelheiten gründlich zu erläutern, bedürfte es Seiten und

Seiten. Kurz gefaßt sollten sie die vier Dimensionen des geschaffenen Geistes bedeuten.

Der Morgen ist die grenzenlose Erleuchtung des Universums.

Der Tag ist die grenzenlose Gestaltung der Creatur, die das Universum erfüllt.

Der Abend ist die grenzenlose Vernichtung der Existenz in den Ursprung des Universums.

Die Nacht ist die grenzenlose Tiefe der Erkenntniß von der unvertilgbaren Existenz in Gott.

Daß diese Bilder nur einen kleinen Kreis von Freunden fanden, versteht sich von selbst. Zu diesen gehörte Tieck, was Runge freilich die Zustimmung vieler Andrer ersetzen konnte; denn Franz Sternbald war ihm in seinem ersten dunkeln Tasten nach der neuen Kunst eine erlösende Offenbarung gewesen. Mit Genugthuung sah Tieck in Runge's Bildern den Zusammenhang von Mathematik, Musik und Farben deutlich vor Augen; aber andrerseits tadelte er das allzuweit gehende Allegorisiren und sah mit Bedenken, welches Uebergewicht hier die Betrachtung über die hervorbringende Kraft erlangt hatte. „Alle echte Kunst, sei sie welche sie wolle", schrieb er ihm, „ist nur Armirung unsres Geistes, ein Fernrohr unsrer inneren Sinne, durch welches wir neue Sterne am Firmamente unsres Gemüths entdecken wollen: das geheimste Wunder in uns, welches wir nicht aussprechen, nicht denken und nicht fühlen können, diese innerste Liebe sucht ja eben in wehmüthiger, liebender Aengstlichkeit und zitterndem Entzücken nach den magischen, symbolischen Zeichen der Kunst, stellt sie anders und will sie neu gebrauchen. Aber", fügt er hernach mahnend hinzu, „wenn wir etwas schaffen wollen, müssen wir unserm Tiefsinn eine willkürliche Grenze setzen; so entsteht alle Wirklichkeit, alle Schöpfung, daß die Liebe sich auch in der Liebe ein Ziel, einen Tod setzt: die liebende Angst zieht sich plötzlich in sich zurück und übergiebt ihr Liebstes der Gleichgültigkeit, der Existenz, sonst könnte nie etwas entstehen."

Runge aber scheute sich nicht, mit einer Folgerichtigkeit, die man immerhin bewundern muß, die äußersten Schlüsse aus seiner Ueberzeugung von der Kunst zu ziehen. Was thäte es, wenn ich ein theoretischer Künstler würde? Freien ist gut, Nichtfreien ist besser. So gebe es auch in der Kunst etwas, das besser sei als Kunstwerke machen. Das Machen, das ihm so schwer wurde, konnte ihm oft als etwas Feindseliges, Hassenswürdiges erscheinen. Immer vergleicht er, was man kann, mit dem, was man thun könnte. Er will ja nichts als sich äußern, sich mittheilen. Wäre der Körper nicht, dieser schwere Vorhang, der Seele von Seele trennt, hätten die Menschen einen Sinn, der sie befähigte, sich gegenseitig unmittelbar wahrzunehmen, brauchte man keine Kunst. „Ich wollte, es wäre nicht nöthig, daß ich die Kunst treibe, denn wir sollen über die Kunst hinaus und man wird sie in der Ewigkeit nicht kennen."

Die Kunstkritiker, die nach Runge's frühem Tode das Wort über ihn ergriffen, betonten Alle, daß seine Kunst eine Kunst der Arabeske sei. In der modernen Literatur ist es nicht anders: viele Bücher gleichen reizenden Arabesken, denen nichts fehlt als der feste Kern, den sie umranken sollten. Zierrath, Dekoration, was als krönender Schmuck aus dem Stamme herauswächst, ist selbständig geworden und schwankt als ein befremdendes Wunder in der Luft.

„Und wie sollen wir die Weise nennen, in der diese Bilder gedacht erscheinen?" Mit diesen Worten beschließt der Mystiker Görres seine begeisterte Besprechung des ver=

storbenen Malers. „Sollen wir sie Arabesken heißen?
Wir würden ihm Unrecht thun, indem wir, was tiefer Ernst
und Sinn gebildet, vergleichen wollten mit dem, was bloß
aus spielendem Scherz einer heitern Phantastik hervorgegangen. Die Arabeske ist Waldblume in dem Zauber-
lande, die höhere Kunst aber windet Kränze aus den Blumen
und kränzt damit die Götterbilder.

Nennen wir sie lieber daher Hieroglyphik der Kunst,
plastische Symbolik.“

Die alte Religion.

Manche Leute hängen wohl darum so
an der Natur, weil sie als verzogene Kinder
sich vor dem Vater fürchten und zu der
Mutter ihre Zuflucht nehmen.

Novalis.

„Ein Weltumsegler unsres Innern wird auch wohl noch
einmal die Rundung unsrer Seele entdecken, und daß man
nothwendig auf denselben Punkt der Ausfahrt zurückkommen
muß, wenn man sich gar zu weit davon entfernen will."
Das altbekannte Wort: les extrèmes se touchent drückt
dasselbe aus. Gerade aus dem Kreise der Romantiker
bieten sich so viele Beispiele dazu, weil sie eben die Weltumsegler waren, die mit bohrender Folgerichtigkeit den besten
Gründen und Ergebnissen jeder Erscheinung nachgingen. So
wurden sie zugleich die Entdecker der vaterländischen Vergangenheit und der schönen Fremde; das Heimischste wie das
Ausländischste nahmen sie in die Dichtung auf. Sie waren
zugleich ultra-demokratisch und ultra-aristokratisch, schwuren
ebenso theuer auf äußerste Natürlichkeit, wie auf höchste
Künstlichkeit. Und dahin gehört es, daß ihr kühner, alle
Schranken der Autorität und des Herkommens überspringen-
der Forschungsgeist, der den Gedanken einer neuen Religion
zu fassen wagte, damit endigte, in den Hafen der alten,
der katholischen einzulaufen.

Im Leben jedes Einzelnen kann man den Weg wohl
wahrnehmen, den seine Seele zurücklegte, um zu diesem Ziele
zu gelangen.

Tieck, der von jeher häufig in poetische Stimmungen
verfiel und sich dann von seiner aufgeklärt verständigen
Umgebung nicht verstanden und angekältet fühlte, äußerte
als Knabe einem seiner Lehrer gegenüber, wie gut er die
Sehnsucht eines vom Leben verwirrten Menschen mitfühlen
könne, sich in ein Kloster zurückzuziehen, um in andächtiger
Glaubensversenkung Ruhe zu suchen. Die Entrüstung des
wohlmeinenden Protestanten, dem der liebebedürftige Knabe
noch das meiste Verständniß von Allen zugetraut hatte,
bestärkte ihn in seiner Vorliebe für das weiche, tiefe Gemüths-
element im Katholicismus. Allen seinen unbestimmten Wünschen und Ahnungen, die aus der einseitig gebildeten Gegenwart verbannt waren, schaffte seine Phantasie Raum in der
Vergangenheit; denn die Kühnheit und Kraft besaß er nicht,
mit ihnen die Zukunft zu erobern, ihnen neue Formen zu
schaffen. Er erging sich mit ihnen in den alten Zeiten,
mit denen der Katholicismus unzertrennlich verbunden war.
Ebenso machte es sein Freund Wackenroder. Unbefriedigt
von der Kunst der Gegenwart, besonders in der Malerei,
wendete er sich voll Andacht zurück nach den alten Meistern
und übernahm den katholischen Glauben gewissermaßen als
Requisit der Zeit, in der sie lebten. Daher betonte er
immer nur den Glauben im Allgemeinen als fruchtbar für
die Kunst und ihr verwandt, daß es eben der katholische
war, und daß daraus allerlei Folgerungen sich ziehen ließen,
fiel erst dem mehr beobachtenden Tieck ein, welcher denn
auch in das Büchlein seines Freundes jenen Brief einfügte,
in dem Franz Sternbald seinem in Nürnberg zurückgebliebenen
Freunde die Veranlassung seines Uebertritts zum katholischen
Glauben schildert. Er erzählt, wie oft schon seine katholische
Braut in liebevoller Angst ihn angefleht hat, seine Seele
zu retten; wie er denn einmal in die Peterskirche eintritt,

eigentlich nur um sie zu sehen; wie dann aber die Feierlich-
keit der religiösen Handlung, die Macht des hehren Baus,
die überirdische Musik und der lateinische Gesang ihn
trunken machen, die ineinsströmende Inbrunst der anbetenden
Menge, zu der auch die Geliebte gehört, ihn hinreißt, daß
er mit entzücktem und zerknirschtem Herzen gelobt, ihren
Glauben zu bekennen. „Die Kunst hat mich allmächtig
hinübergezogen, und ich darf wohl sagen, daß ich nun erst
die Kunst so recht verstehe und innerlich fasse."

Damit, daß Tieck Stimmungen wie diese schilderte, ist
nicht bewiesen, daß er Handlungen wie diese hätte ausführen
können. Selbst wenn etwa sein eines Ich ihn dazu getrieben hätte, würde sein andres Einsprache erhoben und
seine entgegengesetzten Bedürfnisse geltend gemacht haben.
Weil er in dem flachen Berliner Protestantismus Befriedigung der dunkeln, mächtigen Glaubenstriebe nicht fand,
wollte er doch keineswegs auf die Rechte seines feinen,
aufmerksamen Verstandes, auf die Freiheit zu protestiren,
verzichten. Nichts ärgerte ihn deswegen mehr, als wenn
später junge Leute mit unklaren modischen Uebertrittsgelüsten
sich auf ihn beriefen. Das mag ihm gewesen sein, als
wenn etwa alle Selbstmörder in der Wertherzeit Goethe für
ihr Vorbild hätten erklären wollen.

Eine durch und durch protestantische Natur war Wilhelm
Schlegel. Ohne alle Mystik, ohne alle Sehnsucht nach
Bildern und Formen, die etwas unaussprechlich in ihm
Wogendes ausgedrückt hätten. Er und Karoline, die mit
ihrem unmittelbaren Naturzusammenhang heidnisch im Goethe=
schen Sinne genannt werden könnte, kamen ganz unbefangen
und zufällig dazu, sich in die Schönheit der katholischen
Welt zu vertiefen. Als sie in Dresden die Gemälde studirten,
wurden sie mit Nothwendigkeit darauf hingeführt. Karolinen's

Andacht vor der Sixtinischen Madonna veranlaßte Wilhelm
zu der Bemerkung: „Sie sind in Gefahr katholisch zu
werden", worauf sie zur Antwort giebt: „Wie dann und
wann heidnisch. Es ist kein Gefahr dabei, wo Rafael der
Priester ist." Da hat man ganz den modernen Menschen,
der sich nach Belieben katholisch oder heidnisch stimmen
kann. Nichts unterscheidet so sehr Menschen hoher Kultur
vom Naturmenschen, der etwas ist, etwas sein muß, weil
er den blinden Willen dazu in sich hat; wir können uns
und die Welt überblicken und in die zahllosen Metamor-
phosen, durch die wir im Laufe unsrer Entwickelung hindurchgegangen sind, uns spielend hineinträumen. Ganz
parteilos verglich Wilhelm das Entstehen der protestantischen
Religion mit dem ersten Aufkommen des Christenthums
überhaupt, und sein eigenes Gefühl dem Katholicismus
gegenüber mit dem, welchem Schiller in den Göttern
Griechenlands Ausdruck gegeben habe.

Anders war es mit Friedrich. Er hatte zwar als
Atheist begonnen, dann aber einen Umschwung erlebt und
fühlte sich zum Religionslehrer berufen. Für die ungeheure
Masse von Ideen, die in ihm aufgespeichert waren, suchte
er beständig nach zusammenfassenden, einreihenden Be=
zeichnungen, wenn er sich wissenschaftlich aussprechen sollte.
In ganz ähnlicher Weise suchte er nach Symbolen für die
künstlerische Mittheilung. Er, der kein Dichter war, sah
die Mittel und Fähigkeiten künstlerischen Schaffens zu sehr
in äußerlichen Dingen. So kam er zum Schlusse, daß es
vornehmlich an dem Mangel der Symbole läge, wenn die
künstlerischen Hervorbringungen der Modernen, mit den
antiken und mittelalterlichen nicht zu vergleichen wären.
Ohne Zweifel ist es dem Künstler bequem, ja bis zu einem
gewissen Grade nothwendig, was jeder fühlt, aber keiner

fagen kann, in allgemein verständliche Bilder einzukleiden.
Auch hatten ja thatsächlich alle Dichter und Künstler, denen
die Madonna, die Heiligen und Engel des katholischen
Himmels fernstanden, auf die alten Heidengötter, griechische,
ja sogar germanische zurückgegriffen. Friedrich's Meinung
war nun, die neue Religion, die uns entspreche, müsse auch
ihre neue Mythologie mit sich führen. Und leuchtet das
nicht als ein zutreffender und großartiger Gedanke ein,
daß auch die Natur und der Geist mit ihren Kräften, wie
wir sie kennen, in ewigen Gestalten und Bildern sollte
erscheinen können? Es lag aber um so näher, sich der schon dagewesenen zu bedienen, als die nächstliegende Vorzeit beinah ausschließlich die antiken gebraucht hatte und die mittelalterlich-
katholischen ganz gut für neu und unabgegriffen gelten
konnten. Die Menschheit pflegt ja nach gewissen Zwischen-
pausen immer ihren alten Hausrath von Ideen wieder hervor-
zusuchen, so wie Kinder ein uraltes, verstaubtes, in der
Rumpelkammer wieder aufgefundenes Spielzeug dem schönen
neuen vorziehen; es liegt ein duftiger Erinnerungsgoldglanz
darüber. Auch Wilhelm hatte im Anfang mit Prometheus,
Aphrodite, den Musen und Grazien gewirthschaftet. Aber
die unnennbaren unendlichen Seelenstimmungen wurden
durch diese plastischen Gestalten nicht gedeckt. Das Feinste
das Zarteste, gerade das Wichtigste blieb immer ungesagt.
Die Romantik war ja ein neu erstehendes Mittelalter.
Wie natürlich, daß mit Faust und mit Götz und der heiligen
Vehme auch Gott und der Teufel und ihr ganzes Gefolge
zurückkehrten. Es ist eine Renaissance wie die des 15. Jahrhunderts, nur daß man damals das Alterthum neu belebte,
weil man den mittelalterlichen Idealen entwachsen war,
jetzt das Mittelalter. Die antike und die mittelalterliche
Mythologie sind die Ur-Symbole von Natur und Geist,

mit denen die Menschheit abwechseln wird, bis es ihr gelingt,
in einer dritten beide zu verschmelzen. Auf Generationen
von vorzugsweise handelnden und nach außen lebenden
Menschen folgten jetzt jüngere, die mehr nach innen schauten,
beschauliche, denkende, zweifelnde, zwiespaltige Seelen, die
für die von ihren Eltern und Voreltern verketzerte Zeit
sympathisches Verständniß hatten und den Sinn der Symbole
rasch begriffen, die ihnen von einigen vorschauenden, spüren-
den Anführern gezeigt wurden. Die himmlische Gestalt der
göttlichen Jungfrau, der die Romantiker auf so vielen der
bewunderten Bilder vergangener Jahrhunderte begegnet waren,
schwebt nun durch Novalis' geistliche Lieder:

> Was hab' ich Armer dir gethan?
> Noch bet' ich dich voll Sehnsucht an,
> Sind deine heiligen Kapellen
> Nicht meines Lebens Ruhestellen?
> Gebenedeite Königin,
> Nimm dieses Herz mit diesem Leben hin!
> Du weißt, geliebte Königin,
> Wie ich so ganz dein eigen bin.
> Hab' ich nicht schon seit langen Jahren
> Im Stillen deine Huld erfahren?
> Als ich kaum meiner noch bewußt,
> Sog ich schon Milch aus deiner sel'gen Brust.

Die Jungfrau Maria fing an diesen Protestanten ganz vertraut zu werden. Nach dem Tode der kleinen Auguste empfahl
Wilhelm Schlegel in einem zartgedachten Gedichte das geliebte
Kind, das der zärtlichen Fürsorge seiner irdischen Mutter
entrissen war, dem gütevollen Herzen jener himmlischen
droben. Ein ganzes Panorama der mittelalterlich-katholischen
Welt breitete Tieck in seiner Genoveva aus. Das Ineinander-
übergehen der entgegengesetzten Triebe und Leidenschaften,

das Aneinandergrenzen von Heiligkeit und Sinnlichkeit lockte
ihn zu diesem Legendenstoffe. Eine heimliche Gluth sollte
die Brust der keuschen Genoveva, ihr selbst halb unbewußt,
umhüllen; inbrünstige Flammen brennen in ihrem Mädchen-
herzen, von denen sie selbst nicht weiß, ob sie dem Heiland
oder dem unbekannten Geliebten gelten. Sie bebt vor Scham
in den Armen ihres verehrten Gemahls und sehnt sich nach
der verzehrenden, tödtlich ihr Wesen aufsaugenden Leidenschaft
Golo's, den sie sucht und flieht. Golo selbst sollte der Held
sein, dem alle Herzen gefallen, den die Natur zum König
der Erde geschaffen hatte, und der, was Niemand anders
vermocht hätte, mit dämonischer Lust sich selber zu Grunde
richtet, um zuletzt als Büßer willig zu sterben. Ueber dem
blühendsten Lebensdrange sollte das Kreuz erscheinen als
Symbol der Marter und des Opfertodes, mit den süßesten,
hinsterbendsten Liebesliedern sollten sich Gesänge reuiger
Entsagung vermischen. Nicht daß Tieck Alles dies wirklich
dargestellt hätte; man merkt nur, daß er es beabsichtigte.
Wenn die altchristlichen Helden in der Genoveva mit Sehn=
sucht von den frommen Männern der Vorzeit sprechen, die
sie eben vorstellen sollten, verräth Tieck, daß er selbst nicht
mittelalterlich=katholisch empfand, nur Sehnsucht nach einem
solchen naiven Glauben hatte. Und was war es, daß die
Jenenser Studenten so entzückte, die in der Mitternachts-
stunde das „treffliche Werk" unter Andacht und Jubel zusammen lasen? Sie sahen eine Pforte sich aufthun und
köstlich bunte Gestalten daraus hervorwallen mit einem
Hauch unnennbaren Lebens, leidenschaftlich, geheimnißvoll;
das Reich der Unbewußten, das lange verschüttet gewesen
war, stieg wieder an's Licht hervor. Viele von ihnen mochten
sich einbilden, mit der Wiedereinführung des katholischen
Glaubens würde auch die ganze Prozession edler Gottes=

streiter, wunderthätiger Heiliger, barmherziger Frauen wieder über die Erde ziehen.

Wie wenig die Romantiker an eine thatsächliche Wieder=
einführung dachten, kann man an dem Eindruck sehen, den eine kleine Schrift von Novalis machte, die er unter dem Titel: Die Christenheit oder Europa, ein Fragment; im Jahre 1799 in's Athenäum rücken wollte. An dieser Schrift ist vielleicht das auszusetzen, daß die Weltgeschichte darin von einem zu hohen Standpunkte aus überblickt wird. Novalis betrachtet die Zeit des ungebrochenen Katholicismus als die Zeit der Eintracht — der Eintracht vor der Spaltung — also gewissermaßen der bewußtlosen, nothwendigen und deshalb verdienstlosen und unsicheren Vollkommenheit. Der Protestantismus ist nun die Spaltung, an sich häßlich und beklagenswerth, aber nothwendig als Mittel zum Zweck, als erstes Symptom des Selbstbewußtwerdens. Bevor steht nun eine Wiedervereinigung — Novalis glaubte sie schon nahe —, eine bewußte und freie Einheit, ein neuer Katholicismus, aber eben ein neuer. So verschieden vom alten, wie be=
wußte Vollkommenheit von unbewußter, wie ein Heiliger von einem kleinen Kinde. Das ist etwa der nackte Gedanken=
gang des höchst farbigen, prächtigen Prosa=Dithyrambus.

„Es war eine schöne, glänzende Zeit, wo Europa ein christliches Land war, wo eine Christenheit diesen menschlich gestalteten Welttheil bewohnte; ein großes gemeinschaftliches Interesse verband die entlegensten Provinzen dieses weiten geistlichen Reiches." So beginnt er mit einer idealisirenden Schilderung des Mittelalters. Ganz persönliche Erinnerungen klingen rührend an, wo er den schönen menschlichen Sinn des verpönten Reliquienglaubens erläutert: „So bewahren liebende Seelen Locken oder Schriftzüge ihrer verstorbenen Geliebten und nähren die süße Gluth damit bis an den

wiedervereinigenden Tod. Man sammelte mit inniger Sorgfalt überall, was diesen geliebten Seelen angehört hatte,
und Jeder pries sich glücklich, der eine so tröstliche Reliquie
erhalten oder nur berühren konnte. Hin und wieder schien
sich die himmlische Gnade vorzüglich auf ein seltsames Bild
oder einen Grabhügel niedergelassen zu haben. Dorthin
strömten aus allen Gegenden Menschen mit schönen Gaben
und brachten himmlische Gegengeschenke: Frieden der Seele
und Gesundheit des Leibes zurück."

Wenn sich Novalis aber auch ein Ideal dieser Zeit
bilden konnte, übersah er doch nicht, wie wenig die Wirklichkeit ihm gleichgekommen war: „Noch war die Menschheit
für dieses herrliche Reich nicht reif, nicht gebildet genug.
Es war eine erste Liebe, die im Drucke des Geschäftslebens
entschlummerte."

Den Grundfehler des Protestantismus nennt er die
Vergötterung des Buchstabens durch Alleingültigkeit der
Bibel, was dem heiligen Geist die freie Belebung, Ein-
dringung und Offenbarung erschwert habe. Man könnte
mit andern Worten sagen, es war eine Ausschließung, Ver-
schüttung der unerschöpflichen Quellen des Unbewußten im
Menschen zu Gunsten des Verstandes, der ohne diese
Nahrung verwelkt oder erstarrt.

Als besonders anstößig mochte den Freunden die merkwürdige Stelle erscheinen, wo Novalis den Jesuitenorden
verherrlicht: „Ewig wird diese Gesellschaft ein Muster aller
Gesellschaften sein, die eine organische Sehnsucht nach unendlicher Verbreitung und ewiger Dauer fühlen, aber auf
ewig ein Beweis, daß die unbewachte Zeit allein die klügsten
Unternehmungen vereitelt. . . . . . Jetzt schläft er, dieser
furchtbare Orden, in armseliger Gestalt an der Grenze von
Europa, vielleicht daß er von daher sich, wie das Volk, das

ihn beschützt, mit neuer Gewalt sich über seine alte Heimath, vielleicht unter anderm Namen, verbreitet."

In der Geißelung der Aufklärungszeit hatten alle Romantiker Uebung. „Der Religionshaß dehnte sich sehr natürlich und folgerecht auf alle Gegenstände des Enthusiasmus aus, verketzerte Phantasie und Gefühl, Sittlichkeit und Kunstliebe, Zukunft und Vorzeit, setzte den Menschen in der Reihe der Naturwesen mit Noth obenan und machte die unendliche schöpferische Musik des Weltalls zum einförmigen Klappern einer ungeheuren Mühle, die, vom Strome des Zufalls getrieben und auf ihm schwimmend, eine Mühle an sich, ohne Baumeister und Müller, und eigentlich unechtes Perpetuum mobile, eine sich selbst mahlende Mühle ist."

Seine äußerste Spitze erreicht der Protestantismus in der französischen Revolution. Aber eben sie, und dies war auch eine alte Lieblingsansicht Friedrich Schlegel's, ist heilbringend, indem sie den Umschwung nothwendig macht. Denn: „Wahrhafte Anarchie ist das Zeugungselement der Religion. Aus der Vernichtung alles Positiven hebt sie ihr glorreiches Haupt als neue Weltstifterin empor." Darum, nachdem die unfruchtbare, zerstörende Zeit vorüber ist, gebührt auch ihren Verdiensten Anerkennung. „Jetzt stehen wir hoch genug, um auch jener obenerwähnten, vorhergegangenen Zeit freundlich zuzulächeln — dankbar wollen wir jenen Gelehrten und Philosophen die Hände drücken. Reizend und farbiger steht die Poesie wie ein geschmücktes Indien den kalten, todten Spitzbergen jenes Stubenverstandes gegenüber."

Es folgt zum Schlusse die entzückte, seherhafte Prophezeiung der neuen Religion. „Soll der Protestantismus nicht endlich aufhören und einer neuen, dauerhaften Kirche Platz machen? — — — Die Christenheit muß wieder

lebendig und wirksam werden und sich wieder eine sichtbare
Kirche bilden, die alle nach dem Ueberirdischen durstigen
Seelen in ihren Schoß aufnimmt und zur Vermittlerin der
alten und neuen Welt wird."

Nach eifrigen Debatten wurde, namentlich auch auf
Goethe's Schiedsspruch hin, die Europa nicht in das Athenäum aufgenommen, doch wohl weil man eine Aufforderung
darin sah, zum Katholicismus zurückzukehren, oder wenigstens
fürchtete, es könne so ausgelegt werden. Man wundert sich,
daß diese Schrift so mißverstanden werden konnte. Auch in
späterer Zeit thaten die protestantischen Freunde des verstorbenen Dichters gern etwas geheim damit, um zu ver-
hüten, daß die Convertiten sie als Beweis für Novalis'
katholische Gesinnung benützten.

Friedrich Schlegel war zu schwer, träge und gründlich,
um nur zu spielen; er machte mit all den Stimmungen,
Phantasien und Gedankenträumen Ernst. Eine besondere
Stellung zum Katholicismus hatte er, solange er sich noch
mit der Gründung der neuen Religion beschäftigte, nicht
genommen. Gradezu antikatholisch hatte sich Dorothea vernehmen lassen. Für sie, die phantasievolle, aber im Denken
anlehnungsbedürftige Frau, hatte zwar der Gedanke etwas
Reizendes, einen Glauben zu haben, noch dazu ein und
denselben mit Friedrich. Sie wäre gern auf Schleiermacher's Vorstellungen eingegangen, der ihr zuredete, protestantisch zu werden, hätte sie nicht auf ihren guten, redlichen Mann, Simon Veit, Rücksicht nehmen wollen, der
zwar durchaus kein beschränkter, unduldsamer Jude war,
aber es, etwa im Sinne des alten Moses Mendelssohn,
überflüssig gefunden hätte, seine Glaubensgenossen zu verlassen, nur um eine Form zu wechseln, durch die der eigentliche Kern und Werth des Menschen nicht verändert werden

konnte. Später, als sie mit Friedrich in Paris war, verständnißlos und unverstanden, vereinsamt — Friedrich betrachtete sich „als Idealisten oder Poeten in partibus in-
fidelium" und schrieb seinem Bruder von dem Elephanten
in der Menagerie, er habe ihm viel Achtung und Theilnahme eingeflößt und sei nächst ihm unstreitig derjenige,
welcher am wenigsten hier zu Hause gehöre — fühlte sie
noch mehr als sonst das Bedürfniß nach einer innerlichen
Stütze. Sie las viel in der Bibel und schrieb an Schleiermacher, das protestantische Christenthum gehe sie viel mehr
an als das katholische, welches viel Aehnlichkeit mit dem
Judenthum habe, „das ich verabscheue". Im Herzen sei
sie Protestantin, halte aber ein öffentliches Bekenntniß für
überflüssig, worin ihr sogar „katholische Ostentation, Herrsch-
sucht und Eitelkeit" zu liegen scheine.

Ob nun ein solcher Hang zur Ostentation allmälig in
ihr rege wurde oder schon immer in ihr verborgen gewesen
war, im April 1804 ließ sie sich protestantisch taufen.
Nicht zwei Jahre später warf ihre Freundin, Frau Professor
Paulus, mit der sie von Jena her innig befreundet war,
ihr vor, sie lasse sich von der modernen katholischen Wuth
hinreißen, worauf Dorothea sehr gereizt und mit einem
vollständigen Mangel an Logik, Kenntniß und Belehrbarkeit
antwortete.

„Ob ich glaube, fragst du, daß die ewige Jugend im
katholischen Glauben stäte? Freilich glaube ich das — —
es ist merkwürdig genug, wie die katholischen Dichter so
bis in das späteste Alter in voller Jugendkraft blühten.
Calderon ist über 80 Jahre alt geworden, und seine letzten
Sachen sind von den Jugendsachen an Kraft nicht zu unterscheiden. Cervantes war so alt, als jetzt Goethe ist, als
er den ersten Theil des Don Quixote schrieb. Dagegen ist

in Shakespeare, dem ersten der protestantischen Dichter, sehr
bemerkbar, wie seine Jugendsachen gegen seine im Alter
geschriebenen abstechen."

„Schon weil er so uralt ist, ziehe ich den Katholicismus
vor. Alles Neue taugt nichts."

„Ob ich glaube, fragst du, daß die Künste in Deutschland eine Folge des Katholicismus seien? Allerdings
glaube ich das. Wenigstens sind sie mit dem Katholicismus
versunken, so wie sie mit diesem geblüht haben. Alles ist
schlecht seitdem, ja Deutschland selber ist daran zu Grunde
gegangen und keine Kraft und kein Wille mehr darin, als
etwa noch in dem unglücklichen, unterdrückten und betrogenen
Rest, wo auch ein kleiner Schimmer jenes alten Glaubens
noch sparsam glimmt."

Als Frau Paulus sich nicht enthalten konnte, Dorothea
daran zu erinnern, daß Friedrich einstmals eine neue Religion habe stiften wollen, antwortete sie mit der fröhlichen
Sicherheit, die naiven Augenblicksmenschen eigen ist, das
könne er nicht gewollt haben; wenn er von Religion gesprochen habe, so sei es immer die alte gewesen. Friedrich,
dem gewiegten Denker, mochte die unbefangene Beweisführung
denn doch peinlich sein, und mit einem Rest seines alten
Freimuths fügte er ihren fanatischen Bravaden die Nach=
schrift bei: „In Ihre dogmatischen Streitigkeiten mit meiner
Frau mische ich mich nicht. Sie sehen selbst, was Sie sich
für eine Predigt zugezogen haben. Wenn Sie uns für
etwas parteiisch halten für die Katholiken, so muß ich nur
gestehen, daß das zum Theil der Fall ist aus persönlicher
Freundschaft. Diese allgemeine Achtung und diese herzliche
Freundschaft fand ich nur bei diesen sehr verdammten
Menschen."

Dorothea hatte das Talent, solche offene Zugeständnisse

ihres Mannes völlig zu übersehen. Sie war stets bereit,
jede seiner Absichten und Meinungen vor sich, ihm und der
Welt zu verklären. In der Hoffnung, freundliche Aufnahme
und Unterstützung in Oesterreich zu finden, ging er mit dem
Plan um, ein Drama zu schreiben, in dem Karl V. ver=
herrlicht würde. „Wie rührend", schrieb sie, sogleich Feuer
und Flamme dafür, um ihn in dem Gedanken zu bestärken,
„war mir gleich dieser sanfte königliche Held in seinem
Kampfe gegen die schlechte Zeit, die er vergeblich aufzuhalten
bemüht war; wie tragisch und heilig, daß er endlich er=
mattet und noch liebevoll diesen ganzen Kampf gegen sich
selbst wendet und durch seine Büßung versucht, den Himmel
zu versöhnen."

Das Merkwürdigste ist, wie in dem Maße, als der
Fanatismus sich in ihr entwickelte, jedes andre Gefühl, von
der Liebe zu Friedrich abgesehen, jede Rücksicht auf Freunde
und Angehörige abnahm. An Schleiermacher, der der neuen
Wendung nicht sympathisch gegenüberstand und sich immer
enger an das protestantische Preußen anschloß, schrieb sie
einen feindseligen Brief voller Vorwürfe und Ermahnungen,
und während sie ihm gegenüber betheuerte, daß diese nur
von alter Freundschaft, Sorge und Angst um ihn eingegeben
seien, schrieb sie gleichzeitig an Friedrich: „Um mir einige
Gemüthsergötzung zu schaffen, habe ich ihm [Schleiermacher]
geantwortet und meine üble Laune in ein leises Schimpfen
auszudrücken gesucht; wenn er böse darüber wird, ist es
auch gleichgültig." Als Friedrich sich bedachte, den förm=
lichen Uebertritt auszuführen, weil er seine Geschwister und
namentlich seine Mutter allzusehr zu betrüben fürchtete,
stellte sie ihm vor, daß es ja ganz im Geheimen geschehen
könne; denn „das geräuschvolle Bekanntmachen ist ganz dem
katholischen Wesen entgegen, ist vielmehr protestantisch"; als

Huch, Romantiker.   24

er aber den vollzogenen Uebertritt nun wirklich seiner Familie nicht gleich eingestand, trieb sie ihn unablässig zur Veröffentlichung an, damit durch sein Beispiel Andre — besonders auf Wilhelm hatte sie es abgesehen — hinüber- gezogen werden. Von Rücksichten dürfe diesen Verpflichtungen gegenüber keine Rede sein.

Dorothea's schwärmerische Anhänglichkeit an die katho- lische Kirche war übrigens aufrichtig, wie schlecht sie sie auch zu begründen wußte. Sie war, was sie anging, sogar ehrlich genug, zuzugeben, daß sie den wirklichen eigentlichen Glauben nicht habe; anstatt dessen begnügte sie sich mit dem Glauben an den Glauben und mühte sich redlich, ihn allmälig zu gewinnen durch häufigen Besuch der Messe, Beten in der Kirche und Beten in der Kammer, Lesen und Bedenken der Heiligengeschichten. Die Aufopferung des eigenen Denkens, um Gott in sich denken zu lassen, wurde ihr durchaus nicht schwer, die Aussicht, als Lohn dafür Vergebung der Sünden zu empfangen und eine auserwählte, ausgezeichnete Person zu sein, befriedigte den romanhaften Hang, der immer in ihr gelegen hatte. Und es kam wohl auch in Betracht, daß ihr Verhältniß zu Friedrich, das auf durchaus ungesetzlichem Boden begründet war, durch die katholische Kirche eine nachträgliche Weihe erhielt und un- auflöslich gemacht wurde.

Am peinlichsten berührt die Art, wie Dorothea ihre beiden Söhne aus erster Ehe, Jonas und Philipp, für die Kirche zu gewinnen suchte. Philipp, der unter ihrem und Friedrich's täglichem Einflusse stand, ganz mit ihren Ideen zu erfüllen, war nicht schwer. Er bekam in Köln einen Geistlichen zum Lehrer, der ihn in den katholischen Glauben einführte; Dorothea, selbst schlug ihm vor, sie wollten in Briefen die Lehren des Paters immer unter dem Namen

Moral zusammenfassen, ohne Zweifel damit der wahre Zweck
nicht verrathen werde. Schwieriger war es, Jonas, dem
älteren Sohne, beizukommen, der unter der Leitung seines
Vaters aufgewachsen war; ein schwerblütiger, melancholischer
Grübler, entschloß er sich erst nach vielen innerlichen
Qualen und Kämpfen, der Mutter und dem jüngern Bruder
nachzufolgen. Die seelischen Leiden Simon Veit's, der mit
schlichter Großmuth Dorotheen auch in ihren materiellen
Nöthen immer ein Helfer war und der nun zusehen mußte,
wie alle die Seinigen, eins nach dem Andern, ihn verließen
und sich auch innerlich von ihm trennten, scheinen ihr das
Bekehrungswerk nicht schwerer gemacht zu haben, geschweige
denn daß dadurch Zweifel an seiner Berechtigung in ihr
erregt wären.

Im April 1808 traten Friedrich und Dorothea in Köln
zur katholischen Kirche über; zwei Jahre später erst Philipp
und dann Jonas Veit in Wien.

So berechtigt in vielen Fällen der Uebertritt zu irgend
einem Bekenntniß sein kann, von Friedrich Schlegel muß
man es als etwas Tragisches ansehen. Er streckte die
Waffen, er kapitulirte schmählich. Wie ein Soldat, der dem
Feinde, dem er sich ergeben hat, schwören muß, nie wieder
ein Schwert für sein Vaterland zu ziehen. Er strich selbst
seinen Namen aus der Liste der guten Kämpfer und ließ
sich die Hände binden. Bestimmt, für die Wiedervereinigung
der beiden Glaubenshälften, der katholischen und der protestantischen, zu einem neuen, vollendeten Ganzen zu streiten,
gab er nicht nur den Kampf auf, sondern sogar die schon
errungene Stufe preis, um sich auf die tiefere behaglicher
Bewußtlosigkeit zurücksinken zu lassen. Sünde gegen den
heiligen Geist. Dahin passen die strengen Worte von Novalis:

„Der Mensch besteht in der Wahrheit. Giebt er die

Wahrheit preis, so giebt er sich selbst preis. Wer die
Wahrheit verräth, verräth sich selbst. Es ist hier nicht die
Rede vom Lügen, sondern vom Handeln gegen Ueberzeugung."

In eigenthümliche Conflikte gerieth Dorothea, wenn
Bekannte, die ihr früher unlieb waren, gleichfalls den
Glauben wechselten, indem sie sich verpflichtet fühlte, sich
darüber zu freuen, andrerseits aber dadurch irre gemacht
und geängstigt wurde. Sie half sich dann wohl damit, daß
sie die Güte der Beweggründe in Zweifel zog, indessen
hoffte, die Kirche werde nachträglich die ihr zugefallenen
Kinder ihrer werth erziehen. So etwa war ihre Stimmung
den Tieck's gegenüber, von denen zuerst im Jahre 1805,
wo sie sich in Italien aufhielten, das Gerücht ging, sie
seien katholisch geworden. Soviel ich weiß, ist es niemals
mit voller Sicherheit zu ermitteln gewesen, ob Ludwig Tieck
thatsächlich übergetreten ist oder nicht; indessen spricht Alles
dagegen und jetzt wird Niemand mehr daran glauben.
Tieck's Schwester Sophie hingegen, in der das Schwanke,
Unklare, das im Wesen des Bruders lag, noch mehr ausgeprägt gewesen zu sein scheint, vollzog den Uebertritt; sie
gehöre nun einmal zu den Zugvögeln und müsse hin, wo
der Wind hingehe, sagte Dorothea von ihr.

Welche Veränderungen das Verhältniß zu alten Idealen
und alten Freunden erlitt, das machte sich allerwärts schmerzlich fühlbar. Erinnert man sich, wie Dorothea im Sommer
1799 klopfenden Herzens Goethe, den höchstverehrten Mann,
kaum anzureden sich getraute, wie begierig sie in seinen
Mienen forschte, ob er ihrem Friedrich wohl gewogen sei,
berührt es eigen, zu lesen, in welchem Tone sie sechs Jahre
später über ihn schrieb: „Den Winkelmann von Goethe habt
ihr doch gewiß schon gelesen? Was sagst Du zu diesem
sächsisch-weimarischen Heidenthum? Ich gestehe Dir, mir

kommt das Ganze sehr flach, ja gemein, Goethe's Styl un-
erhört steif und pretiös und die Antipathie gegen das
Christenthum sehr affektirt und lieblos vor, und wahrhaftig,
wenn man alt ist, so ist man noch lange nicht antik. Aber
wenn man sich so gewaltsam versteinert und durchaus antik
sein will, dann wird man vielleicht alt."

Freilich zog sich Goethe desto ablehnender in sein herbes,
stylisirtes Griechenthum zurück, je mehr die Schwärmerei
für das bunte, wundermächtige Mittelalter um sich griff.
Die Uebertritte fingen an, zahlreicher zu werden. Die Zeit
aber gehört schon nicht mehr in das erste Blüthenalter der
Romantik, dessen Gedächtniß ich diesen Band bestimmt habe.
Damals wurde nur mit verschwenderischer Hand Samen
ausgestreut, der hernach die vielen verschiedenen eßbaren,
ungenießbaren und giftigen Früchte trug. Nur, da die katholische Stimmung im Grunde von Bildern her zuerst
unter die Romantiker ausgestrahlt war, sollte man noch
wissen, was nun die Malerei wiederum von ihnen in dieser
Hinsicht empfing. In den Bildern Friedrich's, des Lieb-
lingsmalers der älteren Romantik, ist kein katholisches
Symbol zu finden. Denn wenn er etwa auch einsame
Kapellen oder Abteien im Walde oder gar Mönche und
Krucifixe malte, so waren das doch nur Ausdrucksmittel
für andächtige oder gottsuchende Stimmung.

Runge, der die Kunst durchaus auf der Religion auf-
gebaut wissen wollte, war deswegen von einer Neigung
zum Katholicismus doch weit entfernt. Auch sein Freund
Klinkowström, der späterhin katholisch wurde, sprach sich
Anfangs sogar nachdrücklich dagegen aus; denn, sagte er,
das Christenthum bestehe eben in der Vereinigung, man
wechsle mit dem Bekenntniß nur die Form und solle nicht
neuen Most in alte Schläuche füllen. Trotzdem bediente er

sich auf seinen Bildern schon damals katholischer Symbole;
vermuthlich auch deshalb, weil er nicht so viel Erfinderkraft
besaß wie Runge, der sich eigene schuf. Im Jahre 1804
malte er einen St. Georg, von dem er sagte, er habe ihn
ganz romantisch genommen, knieend auf einem großen
springenden Pferde, rechts davon die Maria, links den
tanzenden David, die Sonne aus Köpfchen in Strahlen
gebildet. Die Maria mit dem Kinde und dem geschwungenen
Rauchfaß sollte die Religion sein. Ueberhaupt sollte das
Bild, nach seiner eignen Erklärung, die stille Religiosität,
die Freude, Liebe, Macht und Herrlichkeit derselben ausdrücken. Wie ganz religiös er aber auch das Bild angesehen
wissen wollte, war ihm doch der Gedanke, die Leute würden
nichts als eine Versenkung in den Katholicismus darin erblicken, peinlich, und er hätte das sogar gern vermieden.
Von den Brüdern Riepenhausen aus Göttingen, die siebzehn-
und achtzehnjährig nach Dresden kamen, um katholisch zu
werden, erzählte er Runge mit mißbilligendem Spott ihren
Ausspruch: „Wir haben nun ganz den griechischen Styl
fahren lassen", anstatt dessen fingen sie eine Malerei in Nachahmung der alten Deutschen an, ganz flach, ohne Schatten
und Licht. Klinkowström sah bei ihnen eine religiöse Composition: um die Maria mit dem Kinde, die auf einem
Throne sitzt, zwei Engel mit traurigen Gebärden in großen
altdeutschen, steifen Kleidern, die das Alte und das Neue
Testament vorstellen sollten. Das Bild wie die ganze
Richtung mißfielen Klinkowström durchaus. Vieles sei nur
der Drang, auf die Kniee zu fallen, urtheilte er, Sinnen-
trunkenheit, durch die neuere Poesie veranlaßt. Auch er
suchte, wie Friedrich Schlegel und Andre mit ihm gethan
hatten, eine neue Religion; der alten wich er beinahe mit
einer gewissen Aengstlichkeit aus, als wäre er sich heimlich

bewußt gewesen, daß sie ein Armida-Zaubergarten werden
könnte, in dessen erschlaffender Pracht man die Eroberung
des heiligen Landes vergäße. „Und alle meine Worte
sollen nur soviel enthalten", schrieb er an Runge, „daß ich
die christliche Kirche wie meine Braut suche, aber man liebt
von eignen Anschauen und kann sich nichts von der Liebe
erzählen oder sich lehren lassen."

Wie Manchem schwebt das Ideal einer Braut vor, wie
er sie besitzen möchte; wenn aber einiges Suchen erfolglos
geblieben ist, nehmen die Meisten mit einer zwar nicht ganz
entsprechenden, aber doch greif- und genießbaren Wirklichkeit
vorlieb.

Tieck vergleicht einmal die Menschheit mit dem Pudel,
der, wenn er eine Weile auf den Hinterbeinen gesessen und
Männchen gemacht hat, glückselig ist, wenn er wieder auf
die Vorderpfoten zurückfallen und auf allen Vieren laufen
kann.

Daran muß man denken, wenn man den Lebenslauf
dieser strebenden Idealisten betrachtet, die die unsichtbare,
alle Geister umfassende Kirche auf Erden verwirklichen
wollten und nach kurzem Ringen im weichen Schoße der
alten katholischen untergingen.

Tod.

Während Schelling die letzten Stunden des Jahres 1800
in Weimar zwischen Lärm und Lust zubrachte, in der Gesellschaft von Goethe und Schiller, saß Karoline in Braun-
schweig mit ihrer Schwester allein vor einer Schale Punsch;
Wilhelm, der sich nicht wohl fühlte, lag in einem oberen
Zimmer auf dem Sopha und schlief. „Der Schlag zwölf
überraschte uns", schrieb Karoline an Schelling, „ich wollte
Schlegel noch wecken, ehe es ausgeschlagen, denn es war
mir, als könnten üble Folgen daraus entstehen, wenn einer
dabei nicht wachte, gleichsam als ob er das Zusammen-
klingen seiner Sterne verschliefe — also lief ich hinauf, er
hatte den Schlag gehört, sich zusammengerafft und zu uns
hinuntergehen wollen, also begegneten wir uns wie die
beiden Jahrhunderte auf der Treppe."

Wie hatte sich das frohe Lebensbild für die Freunde
Alle verändert! Das Schicksal hatte in den kleinen Kreis
gegriffen und ihn mitten auseinandergerissen. Im Sommer
des Jahres 1800 hatte sich zum ersten Male ein un-
gewünschter, furchtbarer Gast in ihrer Mitte gezeigt und
sich nicht verscheuchen lassen, der Tod. Die Jüngste und
Vielgeliebteste hatte er mit sich genommen: die kleine Auguste.

Karoline, die immer kränkelte, war zur Erholung in das

kleine Bad Bocklet bei Bamberg geschickt; es verstand sich
von selbst, daß Auguste mit ihr ging. Schelling geleitete
die Beiden. Daß er und Karoline einander damals schon
liebten, ist ohne Zweifel. Wie war es aber mit Auguste?
Welche Rolle spielte sie zwischen der über Alles geliebten
Mutter und dem jungen Manne, der nicht viel Jahre mehr
als sie zählte, als Karoline älter als er war? Schelling's
Neckereien — welcher von den Freunden des Hauses spielte,
scherzte, tändelte nicht mit dem Kinde! — nahm sie mit
trotziger Sprödigkeit auf. Hatte sie ihn lieb und zürnte sie
ihm, daß er statt ihrer die Mutter erkoren hatte? Oder
war sie im Gegentheil auf ihn eifersüchtig und mißgönnte
ihm die starke Zuneigung ihrer Mutter? Das Letztere ist
wahrscheinlicher. Es scheint, daß in dem schüchternen kind=
lichen Herzen die Liebe zur Mutter jedes andre Gefühl
überwog. „Ich danke Dir recht sehr", schrieb sie aus Bocklet
an Schelling, „für das Mittel, das Du mir an die Hand
gegeben hast, Mütterchen zu amüsiren, es schlägt herrlich
an, wenn ich auch noch so viele Narrenspossen treibe, sie
zu unterhalten, und es will nicht anschlagen, so sage ich
nur: „wie sehr er dich liebt", und sie wird gleich muthig;
das erste Mal, als ich es ihr sagte, wollte sie auch wissen,
wie sehr Du sie denn liebtest, da war meine Weisheit aus,
und ich half mir nur geschwind damit, daß ich sagte: „mehr
als Alles"; sie war zufrieden und ich hoffe, Du wirst es
auch sein."

Aber auch für Karoline, bei aller Leidenschaft für den
geliebten Mann, war das Kind der Mittelpunkt des Daseins.
Es hat den Anschein, als habe sie, die an die Möglichkeit
einer Verbindung mit Schelling nicht dachte, für sich ver=
zichtet und anstattdessen gehofft, er könne mit Auguste das
Glück, das ihr ein Traum bliebe, verwirklichen.

Da Karoline sich unter Augusten's Pflege eben zu er-
holen anfing, erkrankte plötzlich das Kind. Es schien nicht
gefährlich zu sein. Schelling, der sich viel mit Medicin
beschäftigt hatte, übernahm selbst die Pflege und behandelte
die Kranke nach den Grundsätzen seiner eignen Theorie, die
zu der Zeit in Bamberg bedeutende Vertreter hatte. Aber
die Krankheit nahm rasch zu und in wenigen Tagen war
die Kleine todt.

Wilhelm, der mit der innigsten Zärtlichkeit, die er zu
empfinden fähig war, an dem Kinde gehangen hatte, eilte
nach Bocklet. Furchtbare Auftritte, deren Charakter wir
nur ahnen können, müssen unter den verzweifelten Menschen
stattgefunden haben. Von gegnerischen Aerzten war sofort
die Beschuldigung gegen Schelling erhoben worden, Auguste
sei infolge seiner Behandlung gestorben. Was für einen
Eindruck mußte das auf Wilhelm machen, dem die Innigkeit der zwischen Schelling und seiner Frau bestehenden
Zuneigung nicht fremd war. Er ließ sich hinreißen, ihr,
die außer sich, selbst leblos fast vor Schmerz über den Verlust ihres Lieblings war, diese Dinge vorzuwerfen. Später,
als Schelling's Feinde schamlos genug waren, ihn hämisch
unter der Hand zu verdächtigen, als habe er gleichsam einen
fahrlässigen Mord an diesem doch auch ihm so theuren
Kinde begangen, war Wilhelm der Ritter, der sich seine
Ehrenrettung angelegen sein ließ und den Angreifern öffentlich
die Grundlosigkeit ihrer Beschuldigung darthat, wie auch die
Niederträchtigkeit ihres Benehmens vorwarf.

Der Tod des reizvollen Kindes, das nichts als Zärtlich=
keit, noch keinerlei Neid oder Eifersucht erweckt hatte, erschütterte Alle, die dem Freundeskreise angehört hatten.
„Mußte dies blühende Mädchen sterben können!" schrieb
Dorothea, „es ist, als ob man sich schämen müßte vor ihr."

Der Umstand, daß Wilhelm seinen Kummer schon so bald in Reime fassen konnte, darf bei ihm keinen Zweifel an seiner Echtheit erregen; denn ein so starkes Gefühl, das ihm verwehrt hätte, sich selbst darin zu spiegeln, konnte er überhaupt nicht fühlen. Jedenfalls gehören seine Gedichte auf ihren Tod zu den empfundensten, die er gemacht hat.

> Oft wenn sich ihre reine Stimm' erschwungen,
> Schüchtern und kühn, und Saiten drein gerauschet,
> Hab' ich das unbewußte Herz belauschet,
> Das aus der Brust melodisch vorgedrungen.
> Vom Becher, den die Wellen eingedrungen,
> Als aus dem Pfand, das Lieb' und Treu' getauschet,
> Der alte König sterbend sich berauschet,
> Das war das letzte Lied, so sie gesungen.
> Wohl ziemt sich's, daß der lebensmüde Zecher,
> Wenn dunkle Fluthen still sein Ufer küssen,
> In ihren Schoß dahingiebt all sein Sehnen.
> Mir ward aus liebevoller Hand gerissen
> Schlank, golden, süßgefüllt, bekränzt der Becher,
> Und mir zu Füßen braust ein Meer von Thränen.

Auch Onkel Fritz, der seine kleine Tyrannin mit so viel gutmüthiger Laune und uneigennütziger Zärtlichkeit verwöhnt hatte, setzte die schwerfällige, künstliche Maschine seines Dichtens in Bewegung. Kalt und geziert mochten alle diese Verse Karolinen, der untröstlichen Mutter, erscheinen.

Kaum ein Jahr nach Augusten's Tode starb Novalis. Am 5. April 1800 schrieb er, ganz in der Freude auf seine Hochzeit mit Julie von Charpentier lebend, die in kurzer Zeit stattfinden sollte, an den alten Freund Friedrich Schlegel: „Mit mir nimmt's hoffentlich bald ein fröhliches Ende. Zu Johannis denke ich im Paradiese zu sein." Bald darauf zeigte sich ein bedenklicher Bluthusten an ihm und die Hochzeit mußte aufgeschoben werden. Seine Braut kam nach Dresden, um ihn dort zu pflegen; von seiner dort verheiratheten Schwester erfuhr Wilhelm, daß er nur noch ein Schatten seiner selbst sei, völlig erschöpft, nicht im Stande, an der Unterhaltung theilzunehmen, oft in der Gesellschaft einschlafend, wo er dann als ein Todter unter den Lebenden sitze. Im März des Jahres 1801 starb er in den Armen Friedrich's, der nach Dresden gereist war, um seinen Freund noch zu sehen, und unter den Klängen des Klaviers, das sein jüngerer Bruder auf seine Bitte spielte. Er sei bis zum letzten Augenblicke von unbeschreiblicher Heiterkeit gewesen, erzählte Friedrich Schlegel. Kaum lasse sich glauben, daß es möglich sei, so schön zu sterben.

Den von der Erde scheidenden Freund bat Wilhelm in einem Gedicht, seinem Kinde im Himmel schmerzliche Grüße zu bringen. Aber die Zurückgebliebenen mußten wohl oder übel versuchen, sich hienieden wieder einzurichten. Trotz des leidenschaftlich innigen Charakters, den die Neigung Schelling's und Karolinen's angenommen hatte, woraus sie auch Wilhelm kein Hehl machten, dachten die Eheleute an keine Scheidung. Sie hatten sich gegenseitig von jeher volle Freiheit zugestanden. Wilhelm konnte seinen Hang zum Kourmachen und Kokettiren nie unterdrücken, und wenn auch solche Tändeleien nicht so verhängnißvoll waren wie jetzt Karolinen's entschiedenes, ausschließliches Gefühl, so störten sie doch von Anfang an die Sicherheit und das Vertrauen der Ehe. Karoline machte ihm keine Vorwürfe und ließ ihn gewähren; aber mehr als Freundschaft und Treue glaubte sie ihm nun auch nicht schuldig zu sein. Diese gelobte sie sich ihm zu halten, was, wie es scheint, Schelling's männlich stürmische Liebe ihr zuweilen schwer machte. Aber die Trauer um den Tod des geliebten Kindes stimmte sie zur Demuth und Entsagung. Grade ihre Briefe an Wilhelm, der ohne sie nach Berlin

übersiedelte, um dort Vorlesungen zu halten, sind zuweilen
von zarter und rührender Wehmuth überströmt. „Ich bin
nun froh", schrieb sie ihm aus Jena, wohin sie im Früh-
jahr 1801 zurückkehrte, „hier das Erste überstanden zu
haben und verlasse mich für das Zukünftige ruhig auf
Deine Freundschaft und die stille Gewalt meines eignen
guten Gemüths. Diese werden schon wieder etwas bilden,
ein Hüttchen anbauen unter den Trümmern alter Herrlichkeit. O mein Freund, ich baute oft und riß oft ein. Dieses
sind nun die letzten Zweige, Zweige der weinenden Weide,
die ich über meinem Haupte zusammenflechte, um unter
ihrem Schatten den Abend zu erwarten."

Und da sie sich wegen vermehrter Ausgaben entschuldigte,
die besonders daraus entstanden waren, daß sie neue Gläser
hatte anschaffen müssen, schrieb sie in der unter Thränen
lächelnden Art, die ihr eigen war: „Ich dachte daran, wie
Du mich mit dem ersten splendiden Einkauf der Gläser
necktest und mußte lächeln, was auch ebenso ein Weinen
hätte sein können, über diesen Refrain des Geschicks; Du
wirst gewiß wieder finden, daß ich zu viel gekauft habe.
Ich weiß nicht, warum es mir immer mit den Gläsern so
geht. Dieses soll nun gewiß nicht wieder so bald brechen."

Es ist ein Aberglaube, daß man nicht dahin zurückkehren
soll, wo man einmal sehr glücklich war. Nur fünf Jahre
waren vergangen, seit Karoline an Wilhelm's Seite fröhlich
in Jena einzog. Jetzt war Alles ebenso traurig und das
Herz zerreißend wie vorher Leben und Hoffnung schwellend.
Das Haus war verödet. Allerdings traf sie Schelling, der
noch seine Professur innehatte, und die alte Freundin Luise
Gotter schickte ihre Töchter, die Spielkameradinnen der
kleinen Auguste, zu Besuch. Aber wie bitter mußten grade
diese sie an das eigne Kind erinnern, und wie viel pein-

lichem Gerede setzte sie sich durch ihren Verkehr mit Schelling
aus, besonders da ihre Feindin Dorothea sie beobachtete.
Friedrich fing damals an, Vorlesungen über Philosophie zu
halten. Im Senate der Professoren hatte er wenig Freunde;
die Alten hatten jetzt gesiegt und bedienten sich ihrer Macht.
Bei der Disputation, die seiner Habilitirung voraufging,
drängte man ihm Opponenten auf, die die Sache viel ernster
nahmen, als üblich war, und von denen einer die Takt-
losigkeit hatte, Friedrich's „tractatum eroticum Lucinde"
als Beweismaterial gegen ihn heranzuziehen. Friedrich bewies die ganze Feinheit und Würde, die ihn bei solchen
Gelegenheiten immer als den Ueberlegenen zeigten, bedeutete
dem betreffenden Manne ruhig, daß er ein Narr sei und
hatte alle Einsichtigen auf seiner Seite. Bei seinen Vor-
trägen indessen schadete ihm die schwere Masse seines Ge-
hirns und sein Mangel an Virtuosität. Er war viel zu
gründlich. Er langweilte die Zuhörer mit seinen wühlenden,
grabenden Denkoperationen. Gegen Schelling, der viel un-
bedenklicher und zweifelloser dreinfuhr, dem aber, wie Novalis
einmal sagte, die „wahre Strahlenkraft von einem Punkt in
die Unendlichkeit" eigen war, konnte er nicht aufkommen.
Er erlitt eine entschiedene Niederlage. Die Bitterkeit, die
das einschloß, war um so empfindlicher, als Schelling
Karolinen's Freund war, zwischen ihr und Wilhelm, Friedrich's
Bruder, stand. Weit mehr als Schelling hatte Karoline
unter diesen Verhältnissen zu leiden. Dorothea, deren mit
der Zeit nur unbedingter werdende Anbetung ihren Mann
für alle Mißerfolge draußen entschädigen mußte, zog ihn
auch dadurch immer fester an sich, daß sie ihn vollends von
Karoline trennte. Seine Besuche bei der einst so geliebten
und verehrten Frau wurden immer seltener, die Worte, die
gewechselt wurden, immer schärfer und verletzender. Karo-

linen's pietätvoller Sinn litt darunter. „Mir ist selbst
oft", schrieb sie an Wilhelm, „als könnte ich nicht ruhig
sterben, ohne mich mit ihm zu verstehen. Wenn sie [Doro-
thea] nur Jemand todtschlagen wollte, ehe ich sterbe."

Karoline konnte in der Abneigung so hingebend und
ausschließlich sein wie in der Liebe.

Wie es nun kam, daß das Verhältniß zwischen Wilhelm
und Karoline doch nicht in dieser Weise bestehen blieb, ist
im Einzelnen schwer zu sagen. Im Grunde freilich wäre
es wunderbarer, wenn es unter solchen Umständen hätte
dauern können. Schelling's ungestümem und herrischem
Wesen war das Maaß, das Karoline beobachtet wissen
wollte, unleidlich. Und im tiefsten Innern strebte sie ebenso
leidenschaftlich zu ihm wie er zu ihr. Man fühlt aus
jedem Wort der Briefe, die sie an ihn gerichtet hat, daß
sie jetzt zum ersten Male eine volle Genüge in der Liebe
fand; daß ihr endlich die überschwängliche Ergänzung zu
Theil geworden war, nach der sie sich gesehnt hatte. Wie
hätte sich dabei der Schein zufriedner Freundschaft aufrecht
erhalten lassen, zumal da Beide an demselben Orte lebten!
Daß Wilhelm, wenn er auch seinerseits natürlich volle
Freiheit genoß, der Gedanke an Karolinen's Umgang mit
Schelling, solange sie seinen Namen trug, doch eben nicht
angenehm war, läßt sich denken. Obschon er es nicht äußerte,
verrieth seine Gereiztheit doch Eifersucht. Vielleicht war
sie ihm noch jetzt mehr, als er ihr je hatte sein können.
Um das gute Einvernehmen neu zu befestigen, besuchte
Karoline ihn in Berlin. Aber grade da zeigte sich, wie
sehr sie sich schon auseinandergelebt hatten. Der Beifall,
den Wilhelm's Vorlesungen gefunden hatten, mochte seine
Eitelkeit noch gesteigert haben. Es mißfiel Karoline, daß
er gar so viel Zeit „mit Waschen, Kämmen und Kokettiren

draufgehen ließ". Verwöhnt durch die Liebenswürdigkeit
der Berliner schöngeistigen Damen, war seine Empfindlichkeit gegenüber Karolinen's aufrichtiger Gradheit auf's Höchste
gereizt. Möglich ist es auch, daß sie sich durch offenkundige
Aufmerksamkeiten, die er verschiedenen Damen erwies —
Tieck's Schwester Sophie Bernhardi war darunter — ver-
letzt fühlte. Kurz, während ihres dortigen Beisammenseins
scheint es ihnen klar geworden zu sein, daß sie diesem
Zwiespalt durch Scheidung ein Ende machen müßten.

Sie hatten dabei einen mächtigen Helfer, der aber nicht
genannt sein wollte. Es war ohne Zweifel Goethe. Die
Fassung des Gesuchs, das sie dem Herzog einreichten, die
Darlegung der Verhältnisse, war von ihm berathen. Sie
beriefen sich auf die vom Herzoge kurz zuvor vollzogene
Scheidung des Professors Mereau von seiner Frau — der
nachmaligen Gattin Brentano's —, die gleichfalls keinen
andern Grund als mangelndes Einverständniß angegeben
hatten. Am 17. Mai 1803 wurde die Scheidung ausgesprochen, und bereits am 26. Juni wurden Schelling und
Karoline von seinem Vater, der Prediger war, getraut.

Schelling's junger Ruhm wuchs schnell. Aber mit den
Ehren, die eine beneidenswerthe Stellung einträgt, nahmen
auch die Anfeindungen zu. Je mehr leidenschaftliche Anhänger er gewann, desto erbitterter wurden seine Gegner.
An ihrer Spitze stand derjenige, der bis vor Kurzem das
alleinige Haupt der Philosophen gewesen war, Fichte, als
dessen Schüler und Freund Schelling seine Laufbahn begonnen hatte. Allmälig hatte sich das Verhältniß geändert.
Als Fichte im Jahre 1801 seinen sonnenklaren Bericht
über das Wesen der neuesten Philosophie erscheinen ließ,
parodirte Schelling, der Karolinen das Büchlein vorgelesen
hatte:

Zweifle an der Sonne Klarheit,
Zweifle an der Sterne Licht,
Leser, nur an meiner Wahrheit
Und an deiner Dummheit nicht.

Die letzte Zeile, die dem Scherz erst seine anmuthige Spitze giebt, machte Karoline. Goethe, dem Schelling den artigen Witz seiner Freundin mittheilte, hatte sein herzliches Vergnügen daran. Bei solchen harmlosen Späßen blieb es aber nicht. Auf Fichte's immer gehässigere Angriffe antwortete Schelling im Jahre 1806 mit der „Darlegung des wahren Verhältnisses der Naturphilosophie zu der verbesserten Fichte'schen Lehre". Hier beschuldigte er Fichte, daß er vom Geiste der Naturphilosophie in seine eigne Lehre aufgenommen habe und sie nur deshalb beschimpfe, um zu bemänteln, wie er sich durch sie bereichert habe. Wenn Fichte gesagt hatte, das System nüchterner Erfahrung sterbe ab, das System wilder Schwärmerei mit all seinen ordnungzerstörenden Folgen beginne die grause Herrschaft, entgegnete Schelling, Fichte's Gefühl gegen die Natur sei das des rohesten und verrücktesten Asketen, der sich in spitzigen Dornen wälzt, nicht aus Heiligkeit, sondern um damit seiner Unheiligkeit und Unreinheit zu entfliehen.

Das war denn allerdings wohl der wesentliche und unüberbrückbare Unterschied, daß Schelling eine Natur war und Fichte nicht, daß in Schelling die Natur dachte, während Fichte nur die Natur denken konnte. Oder daß in Fichte der Quell des Unbewußten mit einem unbeweglichen Steine verschlossen war, während er in Schelling, nur allzu jäh manchmal, aufschäumte.

So kam es, daß sie von Angriffen auf ihre Werke und Meinungen zu Angriffen auf die Person übergingen. Fichte warf den Naturphilosophen vor, sie berauschten oder be-

geisterten sich, wenn die Einfälle nicht recht fließen wollten,
durch physische Reizmittel. Schelling glaubte, daß das auf
ihn gemünzt sei, da grade dieser Verdacht von seinen Geg-
nern öfters gegen ihn geltend gemacht wurde. Es wurde
ihm sogar prophezeit, wie er selbst sagt, daß er nur noch
wenige Jahre zu leben habe. In diesem traurigen Streite
war Schelling, als der Wärmere, am meisten zu bedauern.
Ihm that es weh, daß die einstige Verehrung und Freund=
schaft in diese bittere Entzweiung verwandelt worden war.

Goethes fortdauerndes, herzliches Wohlwollen konnte
ihm eine überreichliche Entschädigung sein. Auch brachte es
Karolinen's magnetisches Gemüth zuwege, daß in München,
wo Schelling im Jahre 1807 eine Professur angenommen
hatte, sich wieder ein Freundeskreis um sie herum bilden
zu wollen schien. Aber der alte Schwung war nicht darin.
Auch wenn sich die Freunde aus der Jenenser Zeit wieder
blicken ließen, wollte die frühere Freudigkeit nicht mehr
aufkommen.

Schon die äußeren bedrohlichen Zeitereignisse verscheuchten
die ehemalige Sorglosigkeit. Kurz bevor der Krieg Jena
heimsuchte, besuchte Gries, der Uebersetzer, Karoline in Würzburg, wo Schellings die ersten Jahre nach ihrer Verheirathung
zubrachten. „Er reiste nach Heidelberg", schreibt Karoline,
und ging von Jena weg, in der Ahnung unstreitig, daß
dessen Ruin nahe wäre, wie man wohl Störche und andere
häusliche Vögel vorempfindend die Stätte verlassen sieht,
deren Mauern und Thürme nächstens in Schutt zusammen=
fallen sollen. Wie hat mir selbst schon das Herz um Jena
und alle friedlichen Hügel geblutet!"

In München kehrte Wilhelm mit Frau v. Staël, in
deren Begleitung er reiste, in Schelling's Hause ein. Seine
ritterliche Correktheit und Karolinen's Talent zu lieben er=

möglichten einen unbefangenen, ja freundschaftlichen Verkehr. Von Schelling war Wilhelm unzertrennlich. Kein Augenblick der Spannung war trotz der peinlichen Verwickelungen zwischen diesen beiden Männern gewesen. Eine Zeitlang, während die Scheidung im Gange war, hatten sie nach Einstellung des Briefwechsels zwischen Wilhelm und Karoline, alles geschäftliche Nothwendige allein miteinander verhandelt, niemals die gegenseitige Höflichkeit, Achtung und Zuneigung beiseitesetzend. In manchen Fragen der Poesie und Kunst fuhr Schelling fort sich von Wilhelm belehren zu lassen. Für Wilhelm, der ähnlich wie nach Friedrich's Urtheil Schleiermacher, immer in Gefahr zu verwelken war, war die quellende Naturkraft Schelling's eine Erquickung.

Am Ende desselben Jahres fanden sich, von Italien zurückkehrend, Tieck und seine Schwester Sophie in München ein. Er ist noch der alte, schrieb Karoline von ihm, die Anmuth seiner Sitten hat sich nur mit einer gewissen Würde vermählt, die aber absonderlich ihren Sitz in den von der Gicht gesteiften Beinen genommen hat. Mit Tieck zugleich tauchte eine problematische Heldin der neuen Romantik auf, Bettina Brentano, mit deren potenzirter, karrikirter Besonderheit die einfach klare Karoline sich nicht befreunden konnte. Es war ihr ein merkwürdiger und zuweilen abstoßender Anblick, das sonderbar ausstaffirte Geschöpf mit dem kranken Tieck kokettiren und zugleich den abwesenden Goethe anbeten zu sehen. Einen vollends unverständlichen und widerwärtigen Eindruck machte ihr das katholische Wesen, das die Reisenden frisch von Rom heimbrachten. Tieck's Schwester hatte in Rom die Madonna der christlichen Künstler-Partei vorgestellt, gegenüber der heidnischen Venus in der Person der Frau von Humboldt. Die Hauptsache dabei waren Abenteuer und allerlei Ränke gewesen. Karo-

25*

line, die in dem Glauben an ihr eignes Herz und im Sich-
einsfühlen mit der Natur, im Vertrauen, daß Alles, was
geschehe, gut und nothwendig sei, eine schöne Frömmigkeit
immer besessen hatte, ohne jemals mit Christenthum zu
kokettiren, sah mit Befremden Sophie Bernhardi ein großes
Aufheben von ihrer Gläubigkeit machen und doch in be-
ständiger Unzufriedenheit und Verwirrung leben.

Das Glück, das Karoline als Schelling's Frau genoß,
war so vollkommen, wie Erdenglück irgend sein kann, aber
von kurzer Dauer. Wenn nicht ihre Kränklichkeit sie mit
dem Gedanken des Todes vertraut gemacht hätte, so würde
es die Sehnsucht nach dem verlorenen Kinde gethan haben.
Als sie im Jahre 1805 den Tod Huber's erfuhr, mit dem
sie sich bei einem Wiedersehen in Würzburg völlig aus-
gesöhnt hatte, hatte sie einen Traum, den ich sie in ihren
eignen Worten erzählen lassen will, weil es mir unmöglich
scheint, ihn schöner wiederzugeben. „Ich ging durch eine
Gasse an einem Fenster vorbei, wo Huber stand; ich sah
ihn nur halb, der Hut, der mir tief in den Augen saß,
hinderte mich, das Gesicht zu sehen, aber ich erkannte die
Gestalt, den Schnitt der Kleider und eine Weste, die er zu
tragen pflegte. Indem ich mich bemühte, ihn zu sehen, verwandelte sich das Fenster in diejenige Glasthür, welche aus
meinem blauen Zimmer in das kleinere führt. Er stand
dahinter und kam herein. Unser Eßtisch steht da jetzt, da
ich im Winter das kleinere Zimmer bewohne; es war für
drei oder vier wie gewöhnlich gedeckt, er setzte sich aus der
Thür herein mir gegenüber, wir erwarteten, daß Schelling
herunterkäme, und sprachen indeß ruhig mit einander, aber
er und ich wohl wissend, daß er todt war. Von Freundschaft war nicht die Rede. Ich frug ihn, warum er uns
so betrübt hätte und ich würde gern mit ihm getauscht haben;

denn, Huber, sagte ich, ich habe doch noch mehr im Himmel
zu suchen wie Sie. Mir lag Auguste im Sinn, wie sie
mir immer gegenwärtig ist. Er sagte, ist das Ihr Ernst,
so geben Sie mir Ihre Hand — ich gab sie ihm über den
Tisch, die seinige war ganz warm, das fiel mir auf, da er
doch nicht lebte, und hierüber wachte ich auf."

Erst viereinhalb Jahr später, im Herbst 1809, starb sie
in Maulbronn, wo sie mit ihrem Manne zu Besuch bei
seinen Eltern war. „Die ganze letzte Zeit war sie lieblicher
und sanfter als je", schrieb Schelling an ihren Bruder
Philipp; „ihr ganzes Wesen in Süßigkeit aufgelöst." Nicht
müde wurde der verzweifelte Mann zu schildern, wie himm=
lisch verklärt sie im Tode gewesen sei, von welcher Anmuth
beseelt der erlöschende Körper. Ihre stets melodische Stimme,
sagte er, töne wie sanft gestimmte Harmonikaglocken, wie
geistige Klänge, immer in seinem Herzen fort.

Auf ihr Grabmal ließ Schelling die Worte setzen: „Gott
hat sie mir gegeben, der Tod kann sie mir nicht rauben.
Sie wird wieder mein werden oder vielmehr sie ist mein
auch in dieser kurzen Trennung."

Ein Mann von so sinnlicher Naturkraft konnte Liebe
auf die Dauer nicht entbehren. Nach einigen Jahren ver=
heirathete er sich mit Pauline Gotter, der jüngsten Tochter
von Karolinen's alter Freundin, deren Freundschaft und
Verehrung er wie ein Vermächtniß der Verstorbenen über=
kommen hatte.

Ein Jahr nach Karolinen's Tode starb in München
noch ein Angehöriger des Freundeskreises der Romantiker
in Jena: Ritter, der noch im engen Verkehr mit Baader
die eigenthümlichsten Beobachtungen auf dem Gebiete der
Nachtseiten der Natur gemacht hatte und zum Entdecker des
Unbewußten geworden war. Von den Uebrigen trafen sich

zwei: Schleiermacher und Steffens, in Halle wieder, wo
Steffens Professor geworden war. Halle war eine Stätte
der Erinnerungen: am romantischen Giebichenstein, wo
Reichardt wohnte, Tieck's Schwager und Steffens' Schwieger-
vater, hatte die hoffende Jugend umhergeschwärmt wie auf
den Hügeln von Jena. Hier hatte Tieck in seiner Studien-
zeit mit dem zärtlichen Wackenroder beseligende Feierstunden
der Freundschaft verlebt. Auch jetzt durchstreiften hier wohl
Schleiermacher und Steffens in angeregten, ja begeisterten
Gesprächen die Gegend. Aber Schleiermacher's Bahn hatte
die Romantik nur eine Wegstrecke lang begleitet, um dann
eine ganz andere Richtung einzuschlagen. Die für ihn
wesentliche Zeit, wo er sich so bildete, wie er auf die Nach-
welt gekommen ist, lag noch vor ihm. Steffens, obwohl
auch er noch ein langes Leben vor sich hatte, betrachtete
die Jahre in Jena immer als die schönste und reichste
Epoche seines Lebens, als die Blüthe der Jugend. Das
jähe Ende, die vollständige innere und äußere Zerstreuung
machte die Rückerinnerung an diese Zeit um so schmerzlicher
und zugleich um so lieber. Sie erschien ihm wie der Thurm-
bau zu Babel, der aufgegeben wurde, weil die Sprache der
Arbeiter sich untereinander verwirrte und sie sich wechselseitig nicht mehr verstanden. „Bist du der, mit dem ich
mich vereinigt träumte? fragt Einer den Andern. Ich kenne
deine Gesichtszüge nicht mehr, deine Worte sind mir unverständlich, und ein jeder trennte sich in die entgegengesetzten
Weltgegenden — die meisten mit dem Wahnsinn, den Babel-
thurm dennoch auf ihre eigene Weise zu bauen." So
schreibt Steffens im Jahre 1814 an Tieck.

Vor allem erschütternd traf ihn der volle Eindruck der
Veränderung, als er 1811 Jena wieder besuchte. Er fühlte
sich wie auf einer Wahlstatt ritterlicher geistiger Kämpfer.

Aber von Allen fand er nur den kleinen Gries wieder, der die liebgewordene Gegend, nachdem der Krieg vorübergerast war, getreulich wieder aufgesucht hatte. „Als ich in die zierliche Stube hineintrat, erschrak ich heftig; denn Schränke, Tische, Stühle, Büsten standen grade wie zehn Jahre früher, dieselbe Magd begrüßte mich, und der kleine Dichter mit dem gelben Teint und den schwarzen Augen saß noch da. Er und seine Umgebung erschienen mir fast wie einbalsamirte Leichen aus einer schönen lebendigen Zeit." In einer andren, in erhabener Weise stellte ihm Goethe das Bleibende im Wechsel dar. Er war derselbe geblieben, aber stetig wach= send mit seiner Zeit, so daß er immer gleich lebensvoll und gleich groß erschien und seine Gewalt über die Geister nicht abnahm.

Wieviel jugendlicher erscheint dieser langsam sich be= wegende, würdevolle Greis als die ehemaligen Götterbuben, Wilhelm und Friedrich, da sie eben erst die Grenze des Alterns streiften! Wenige Verhältnisse haben so viel tragisches wie der Ausgang dieser Brüder. Seitdem Wilhelm nach Berlin, Friedrich mit Dorothea nach Paris ging, haben sie nie mehr dauernd zusammen gelebt. Dennoch, wie unver= ständlich und unerfreulich für Wilhelm auch. Friedrichs Uebertritt zur katholischen Kirche war, hielten sie an dem alten Ideal der Bruder-Einheit beharrlich fest. Wilhelm, der ohne Häuslichkeit war und weil ihm kein eigner Urquell im Innern sprudelte, auf fremde geistige Zufuhr angewiesen war, hätte, obwohl praktischer und äußerlich weit glänzender gestellt als Friedrich, des Haltes der Freundschaft doch viel mehr als dieser bedurft. Rührend ist das lange Gedicht, das er den ihm unrettbar entschwindenden, sich entziehenden Bruder nachruft:

„O Bruder, mir entzogen
	Durch fremder Länder Weiten,
	So ungern eingebüßt.“

Die Natur habe sie deshalb gepaart und zu Brüdern gemacht, sagt er in diesem Gedichte, daß sie dem einen gegeben habe, was dem andern gebreche. Eine Rinde hält sie umschlossen, einen Baum bilden sie, aber Friedrich senkt die Wurzeln in die Erde und saugt Nahrung für beide, Wilhelm streckt im Wipfel liebevoll den Gestirnen, dem Aether die Arme entgegen. Dieser Eintracht verdanken sie das Gedeihen. Die Fahrt in's offene Meer wollen sie nun wagen: Friedrich soll das Steuer lenken, er selbst will nach dem Wetter spähen und die Segel richten. Oder Friedrich soll die edlen Erze aus der Tiefe fördern, er selbst will künstliche Schalen daraus bilden.

Wahrer und feiner konnte die Naturverschiedenheit der Beiden nicht ausgedrückt werden. Und gewiß hatte Wilhelm den Bruder in diesen Bildern nicht die schlechtere Rolle spielen lassen. Aber Dorothea, unfähig den Sinn zu fassen, war beleidigt, daß ihr Friedrich die schlechte Wurzel des Baumes sein sollte, während Wilhelm die Krone für sich behielt. Und unter diesem gutgemeinten, doch nicht guten Einflusse stehend, verkannte auch Friedrich die Wahrheit und seine Erwiderung des Gedichtes entbehrt der unbefangenen Innigkeit, obwohl er stolz darin betheuerte, daß der hohe Bruderbund ihm das einzig Feststehende und Erprobte in den Stürmen des Lebens geblieben sei. Da nun einmal die Willigkeit der Liebe fehlte, machte sich die vorher als so willkommene Ergänzung empfundene Verschiedenheit nur noch als Anderssein und unversöhnliches Auseinanderstreben geltend. Aber von beiden Seiten wurde das ängstlich verschwiegen. Wilhelm machte noch einmal einen Heirathsversuch, der kläglich fehlschlug. Seine Ehe mit Sophie Paulus, der Tochter von Dorothea's einstiger Freundin, ging schon nach einigen Tagen in der häßlichsten Art aus einander. In dieser peinvollen Zeit war Friedrich dem unglücklichen Bruder reich= lich mit Rath= und Trostbriefen zur Hand, in denen er für Wilhelm's Geschmack nur vielleicht zu häufig darauf hinwies, daß die sicherste Hülfe und Beruhigung im Gebet zu finden sei. Dergleichen Redewendungen mochten den alten Freunden anstößig sein nicht nur, wenn sie sie mit seinen früheren Ueberzeugungen, sondern vorzüglich wenn sie sie mit Fried= rich's gegenwärtigem Leben verglichen.

Zur Zeit, als er noch in Köln war, vernahm man schon von Friedrich, er habe Anlage, ein Ketzerverfolger zu werden und solle fast schon so fett, bequem und schwelgerisch wie ein Mönch sein. Es ist bezeichnend, daß Dorothea einmal die Bemerkung machte, sie fürchte sich vor nichts so sehr, als dem Materialismus, und es gehe ihr damit wie den Leuten, die sich vor Gespenstern fürchten und immer welche zu sehen und zu hören glauben. In ihm wie in ihr hatte immer die Gefahr dieser Art des Sinkens gelegen. Die Frömmigkeit, an die sich Dorothea mit verdoppelter Aengst= lichkeit klammerte, das Beten, Messehören, Kirchenbesuchen, konnte das geistige Lahmwerden nicht verhindern noch ver= hüllen. Als Henriette Herz die Jugendfreundin 1811 in Wien wiedersah, fand sie ein zufriedenstellendes Verhältniß — „aber wohin war die Poesie entschwunden, welche das frühere, von der Welt so verpönte durchdrungen hatte! — Eines Abends war Dorothea leidend. Ich saß vor ihrem Bett. Wir klapperten beide ein wenig vor Fieberfrost. Schlegel saß uns gegenüber an einem Tische, aß Orangen und leerte dazu eine Flasche Alicante! Ich weiß nicht, ob er auch uns dadurch von einiger südlicher Gluth zu durchhauchen suchte.“

Keiner von seinen ehemaligen Freunden konnte den alten Friedrich in ihm wiederfinden. Er sprach in einem mystisch messianischen Tone, hielt dunkel verschnörkelte, unerquickliche Vorträge, bei denen der hohe katholische Adel vornehm und verständnißlos zuhörte und ließ sich nicht herbei, auf die Ideen der Andern einzugehen noch den Sinn seiner eigenen begreiflich zu machen. Einige Mönche, einige überspannte junge Leute, einige Damen, die seine Salbung und seine priesterliche Erscheinung überwältigte, bildeten seinen intimen häuslichen Verkehr. Man nahm an, es sei ihm im Grund nichts ernst, als ob der Wein gut und das Essen gerathen sei.

Indessen wurde er österreichischer Diplomat, erhielt vom Papst den Christusorden und erneuerte den alten Familienadel.

Wehmüthig sieht man zurück auf seine mühevoll ringende Jugend, wo sein hochfahrender Geist die ganze Welt in die Schranken rief. Wenn er in seinen letzten Lebensjahren die Briefe noch einmal hätte lesen können, die er als Jüngling an seinen Bruder richtete, ob sie ihn zur Wehmuth oder zur Ironie gestimmt hätten? „Es kommt nur auf dich an, ein großer Mensch zu werden." „Was könnte wohl eher die Sonne des Lebens genannt werden als der Enthusiasmus oder die Liebe? Ich wüßte nicht, zu was ein Alter ohne sie lebte, als etwa seinen Geist stückweise abfaulen zu sehen." „Es giebt nur ein unbedingtes Gesetz — Vernunfteinheit; nämlich daß der freie Geist stets siege über die Natur." Das sollte in der Kunst gelten; aber ist nicht auch das Leben ein Kunstwerk? Sein Leben ist ein trauriges Märchen, wo die Liebende den verwünschten Prinzen nicht hat erlösen können und er nun fernerhin als ein dumpfes, gieriges Thier, das in der Geisterstunde sich qualvoll seiner hohen Bestimmung und schnöden Erscheinung bewußt wird, den Zauberwald durchirren muß.

So traurig auch die erzwungene Freundschaft war, die Wilhelm und Friedrich einander noch vorspiegelten, diese Geschichte sollte ganz untröstlich, ganz unversöhnlich enden. Nachdem die zerreißende Feindseligkeit erbitterter Liebe oft genug aus ihren Briefen geklungen hatte, kam es schließlich dahin, daß Wilhelm dem Bruder in einem merkwürdigen Schreiben die alte Freundschaft persönlich aufkündigte:

„Bei den noch freien Römern pflegten Männer, die als Freunde miteinander gelebt und gemeinschaftlich gewirkt hatten, wenn sie nun nach ihrer Ueberzeugung von den öffentlichen Angelegenheiten sich trennen und einander entgegenwirken mußten, ihre Gegnerschaft sich förmlich aufzukündigen. Dies thue ich Dir jetzt als Schriftsteller. Mache Dich darauf gefaßt, nächstens Angriffe von mir auf Deine späteren Schriften, mit oder ohne meinen Namen, in Deutschland oder auswärts, mit den Waffen des Scherzes oder ernster Beredsamkeit ans Licht treten zu sehen. Ob die Römer dabei die geselligen Verhältnisse des Privatlebens vorbehalten, weiß ich nicht. Ich bin aber der Meinung, daß man es thun könne und müsse, und wenn Du mir durch einen Besuch die Gelegenheit dazu schaffst, so werde ich es durch die That beweisen und an der brüderlichen Aufnahme nichts fehlen lassen."

Ganz der alte Wilhelm: etwas gespreizt aber nicht geschmacklos, und so correct! Also auch jetzt noch fristete die Bruderliebe ein trübselig erlogenes Schattendasein. Was den endgültigen Bruch herbeiführte, war eine kümmerliche Geldangelegenheit. Wilhelm hatte im Laufe der Jahre dem stets bedürftigen Bruder Geld geliehen: nun auf einmal forderte er eine noch ausstehende Schuld zurück. Es mochte ihn kränken, daß Friedrich noch Nutzen von ihm zöhen, da er doch sonst nichts mehr von ihm wissen wollte. Da nun Friedrich sich anstellte, als habe Wilhelm kaum einen An-

spruch auf das Geliehene und sich durchaus nicht aus seiner
bequemen vornehmen Ruhe bringen ließ, erbitterte sich Wilhelm
mehr und mehr. Darüber wurden die Briefe, die in dieser
erbärmlichen Sache hin- und hergingen, spitzer und kälter;
einige Monate vor seinem plötzlichen Tode, im September 1828,
empfing Friedrich den letzten, den er nicht mehr beantwortete.
Das Wenige, was Wilhelm öffentlich über seinen Bruder
äußerte, verräth noch von der früheren Liebe und dem nie
zu verwindenden Schmerz über ihr Auseinandergehen. Zu
einer Zeit, als die Uebertritte zum Katholizismus zunahmen
und man auch Wilhelm ganz ungerechterweise dafür verantwortlich machen wollte, hielt er es für geboten, sich über
seinen Standpunkt vernehmen zu lassen. Indem er nun
davon sprach, wie man sich durch Verzicht auf die freie
Forschung gleichsam den Gebrauch der eigenen Augen opferte,
fuhr er fort: „Mancher hat hierbei nicht viel zu verlieren,
weil er schon zuvor blödsichtig war. Wenn aber einmal ein
Adler, von der Natur bestimmt, gerade in die Sonne zu
schauen und mit ausgespreiteten Fittigen sich ihr entgegen-
zuschwingen, wenn dieser sich mit seinen eigenen Klauen
blendete, das wäre in der That ein beklagenswerthes Schauspiel." Wieviel verhaltene Liebe spricht aus diesen Worten,
bei denen er ohne Zweifel Friedrichs gedachte.

Wilhelm überlebte seinen Bruder um siebzehn Jahre.
Er hatte es immer empfunden, daß die Jugend sein guter
Genius war. Nichts hatte er so gefürchtet wie das Alt-
werden: er mochte ahnen, daß ihm ein langes Leben beschieden
war ohne die Gabe, seinen Geist jung zu erhalten. Nicht
daß seine rüstige Thätigkeit nachgelassen hätte. Aber was
Friedrich geweissagt hatte, vollzog sich buchstäblich: eine unzufriedene Kälte wurde herrschend bei ihm. Als er noch
das frische Empfinden und die reizbareren Sinne der Jugend

gehabt hatte, war seine maßvolle Verständigkeit eine Tugend
gewesen, später wurde ein leeres Virtuosenthum daraus. Ein
Freund Tiecks durfte ihn mit dem alten Nikolai vergleichen,
der einst die Zielscheibe seines übermüthigen Witzes war.
„Der Theil von Schlegel", schrieb Löbell an Tieck, „welcher
oft mit Horaz, Boileau und andren Helden der Correktheit
seinen Spott getrieben, ist verraucht und verflogen und der
übrig gebliebene hat es immer halb unbewußt und heimlich
mit ihnen gehalten, und nun kommen diese Geister in seinem
Alter über ihn und rächen sich für die ihnen früher an-
gethane Schmach, indem sie sich seiner ganz bemeistern."
Ohne Sympathie für die übertreibenden Jünger, die ihm
als einem ruhmwürdigen Haupte eine herkömmliche Verehrung widmeten, ganz ohne Sinn für die späteren Umstürzler andrer Art, das sogenannte Junge Deutschland,
stand er vereinsamt, der versteinerte Gelehrte der Romantik.
Wenn er auch zu eitel war, um es zuzugestehen, er empfand
seine Vereinzelung bitter und war mit sich so wenig zufrieden wie mit der Welt. Im Innersten sehnte er sich nach
der schönen Wärme, die in der sonnigen Jugendzeit in seinem
Blute gewesen war, nach der Fröhlichkeit und dem herzlichen
Gelächter, das einst im Kreise der Freunde erklungen war.
Tieck, der in Dresden gichtbrüchig im Lehnstuhle saß, von
der Gräfin Finkenstein, seiner Frau und seinen Töchtern
allzu reichlich vergöttert, und seinen Bewunderern jahraus,
jahrein Holberg, Shakespeare, Calderon und andrer Dichter
Dramen vorlas, sah er noch zuweilen. Es gab wohl für ihn
etwas Neid und Eifersucht zu überwinden angesichts der
ausgedehnten und ungemessenen Beliebtheit und Berühmtheit
seines einstmaligen Schützlings, aber das gab sich im Bei-
sammensein und unter dem erwärmenden Einflusse, den das
zarte Gemüth des Freundschaftskünstlers Tieck ausübte.

Welches Leiden es aber für den tändelnden Gesellschafts-
schmetterling, für den ewig Verliebten war, als er bemerken
mußte, daß seine Huldigungen kein Frauenherz mehr schneller
schlagen machten, davon giebt das folgende Gedicht Zeugniß,
dessen bescheidene Klage und schmerzende Wahrheit aus diesem
oft gezierten, immer bewachten Munde doppelt rührend ist:

> Zu spät! zu spät! und wollte sie auch gerne.
> Die Jugend, die mein Haupt gekrönet,
> Die Poesie, die meine Brust durchtönet,
> Sie sind entflohen. Es blassen meine Sterne.
> Ach! warum blieb ich einsam nicht und ferne?
> Längst hatt' ich süßem Trug nicht mehr gefröhnet,
> Doch war des Wahnes Schuld noch nicht versöhnet,
> Und Zeit ist's, daß ich in mir sterben lerne.
> Ein Weib begegnet mir voll Huld und Milde,
> Doch ist ein heil'ger Engel ihr Gefährte.
> Ich darf nicht bitten und sie darf nicht geben,
> Ich schaue sehnend nach dem zarten Bilde,
> Da winkt der Cherub mit dem Flammenschwerte:
> Nimm Abschied von der Liebe, von dem Leben!

Das war das Traurigste, daß er dennoch nicht Abschied
nehmen konnte. Daß er den Schein der Jugend, deren
Entweichen er so deutlich fühlte, gewaltsam festzuhalten suchte.
Wenn schon einst Karoline darüber lachte, wie er sich salbte,
putzte und schmückte, betrieb er jetzt dergleichen Künste mit
noch vermehrtem Eifer. Mit welcher seltsamen, beinah unheim-
lichen Mischung von Geckenhaftigkeit und schmerzlichem Hohn
über die eigene Narrheit malt er seine Erscheinung lebendig vor
in einem Briefe an Tieck aus dem Jahre 1836: „Du sagst,
ich halte mich tapfer. Ich bestrebe mich freilich. Diesen
Frühling reite ich sogar wieder. Abends bei hellem Kerzen-
lichte, sauber geputzt und mit meinen beiden Pompons angethan, in der neuesten, noch nicht fuchsig gewordnen Per-

rücke bringe ich noch eine leibliche Decoration heraus. Schöne Damen sagen mir, ich müsse wohl ein Geheimniß besitzen, um mich immerfort zu verjüngen. Aber die Pflege des Leibes nimmt Zeit weg. Dazu bedarf ich viel Schlaf und zu ungelegenen Stunden. Das artet zuweilen in das Murmel- thierische aus. Sei aber nur nicht bange vor meiner Schlaf- mützigkeit. Wenn ich wach bin, so bin ich es recht, besonders wenn eine geistige Anregung hinzukommt, und an guten Späßen soll es nicht fehlen." Wie das karrikirte Gespenst des hübschen Jünglings von einst war er anzusehen, ein Gegenstand des Spottes für die Jungen, die sich um den tragischen Sinn der lächerlichen Erscheinung nicht kümmerten. Im Jahre 1838 besuchte David Friedrich Strauß den etwa Siebzigjährigen und fand in dem Besuchszimmer, das des Hausherrn eigene Büste und in Oel gemaltes Bild schmückte, einen elegant in blauen Frack gekleideten Mann, mit brauner, jugendlich lockiger Perrücke, der den Ankömmling mit fast frivoler Beweglichkeit, wie Strauß sich ausdrückt, begrüßte. Als Strauß am Abend nochmals empfangen wurde, saß am Kamin ein altes Männchen im Schlafrock, ohne Perrücke, das kahle Haupt mit einem schwarzseidenen Mützchen bedeckt. Daß der Greis den Fremden durch eine Masse rasch her- ausgesprudelter Kenntnisse zu blenden suchte, ohne im mindesten ein Wechselgespräch aufkommen zu lassen, vervollständigte den betrübenden Eindruck.

Ein andres, eigenthümlich ergreifendes Bild hat Henriette Herz von dem alten Freunde entworfen; vielleicht daß sie als Frau ihn mit andern Augen ansah oder weil sie ihn als den verwöhnten, ritterlichen Dichter in seiner schönen Jugend gekannt hatte. Freilich war es 20 Jahre vor Strauß, daß sie ihn in Bonn wiedersah. „Wie war er schon äußerlich verändert", erzählt sie. „Das sonst so

glänzende Auge war erloschen, der Teint bleich, verschossen,
die früher schlanke Gestalt aufgedunsen, sein sonst so geist-
reiches Wesen war nur noch zu ahnen. Wir machten eine
Land- und Wasserpartie mit Bonner Professoren und ihren
Frauen. Sie waren lustig und laut, aber je mehr sie
dies wurden, desto ernster und stiller wurde Schlegel. Zuletzt saß er mit völliger, aber anständiger Theilnahmlosig-
keit da, ganz wie ein ältlicher Franzose, der nicht deutsch
versteht, in einer deutschen Gesellschaft dasäße, und auch sein
Aeußeres widersprach diesem Bilde nicht. Eigentlich verstand
er auch nicht, was um ihn her gesprochen ward, wenn er
auch die Worte verstand. Es machte einen schmerzlichen
Eindruck auf mich."

Man kann kein lebhafteres und rührenderes Bild haben
von der sterbenden Romantik im Lärm der neuen, that-
kräftigen Zeit. Hamlet, der dem eisenklirrenden Fortinbras
den Platz räumt. Ja, sie verschwanden spurlos, die stürmen-
den Eroberer, wie die glänzenden Gothen, die so herrlich
und zuversichtlich begonnen hatten, wie die blonden Vandalen,
die ihre heimische Kraft rasch unter glühender Sonne ver-
schwelgten. In dem Kriege der Menschheit mit dem Schicksal
hatte für diesmal das Schicksal gesiegt. Was darüber Tröst-
liches und Erhebendes gedacht werden kann, liegt alles in
diesen Worten von Novalis: „Fortschreitende, immer mehr
sich vergrößernde Evolutionen sind der Stoff der Geschichte.
Was jetzt nicht die Vollendung erreicht, wird sie bei einem
künftigen Versuch erreichen oder bei einem abermaligen; vergänglich ist nichts, was die Geschichte einmal ergriff, aus
unzähligen Verwandlungen geht es in immer reicherer Gestalt erneut wieder hervor."